中國學術思想 研究輯刊

二 編

林 慶 彰 主編

第2冊

儒學中有關「天命流行」一義之探討

鄧 秀 梅 著

花木蘭文化出版社

國家圖書館出版品預行編目資料

儒學中有關「天命流行」一義之探討／鄧秀梅 著 —— 初版 ——
台北縣永和市：花木蘭文化出版社，2008〔民97〕
目 2+302 面；19×26 公分
（中國學術思想研究輯刊 二編：第 2 冊）
ISBN：978-986-6528-03-3（精裝）
1. 儒學　2. 天命論
121.2　　　　　　　　　　　　　　　97016379

ISBN - 978-986-6528-03-3

9 789866 528033

中國學術思想研究輯刊
二 編 第 二 冊　　　　　　ISBN：978-986-6528-03-3

儒學中有關「天命流行」一義之探討

作　　者　鄧秀梅
主　　編　林慶彰
總 編 輯　杜潔祥
出　　版　花木蘭文化出版社
發 行 所　花木蘭文化出版社
發 行 人　高小娟
聯絡地址　台北縣永和市中正路五九五號七樓之三
　　　　　電話：02-2923-1455／傳真：02-2923-1452
網　　址　http://www.huamulan.tw 信箱 sut81518@ms59.hinet.net
印　　刷　普羅文化出版廣告事業
封面設計　劉開工作室
初　　版　2008 年 9 月
定　　價　二編 28 冊（精裝）新台幣 46,000 元

儒學中有關「天命流行」一義之探討

鄧秀梅　著

作者簡介

鄧秀梅，中國文化大學哲學博士，專研中國哲學、宋明理學與儒家易學。現任環球技術學院助理教授。

提　　要

　　本文係以儒家道德形上學為研究主題。儒家形上學之主題原是研究天理與氣化之關係，要言之，即是理與氣之關係。此兩者可以一名詞概括，即「天命流行」是也。儒家所謂天命原具兩義：一為「天命之謂性」之性理義，另一則是「居易以俟命」之命限義。前者以天理為主，後者則與氣化有關，天命流行者即是合理與氣一體而觀，最終希冀理與氣可以諧和相即而至圓善之妙境。此為儒家形上學之大要內容，然而欲詮釋理和氣的關係，自古及今，雖是鴻儒碩達，所解亦有差異。究竟何種方式方是切合道德的形上學應有之詮釋？此即為本文欲探討之論題。基於此論點，本文選出十多位古今知名儒者，從其解釋的入徑與方式做比較，考察哪一種解釋方式較貼合道德形上學之精神，也藉此廣闡申論道德形上學之究竟處與獨到處。

目

次

第一章　導　論

第一節　釋　題

　　儒家哲學以道德實踐爲主要論點，道德乃人類所不能免、必須面對的課題，人之存在必同時與其周遭世界相接觸，人之處事成務，他的行動得當不得當，立即被意識到。隨著行動之得當不得當，馬上也會意識到道德上的得當不得當。我與人接觸，若周旋之不得當，我立刻覺得羞恥；應當做之事而不做，我亦覺得難過，而羞恥、難過或是悔愧，都是德行上之事。這是最尖銳、最凸出，而最易爲人所意識及者。對於德行加以反省以求如何成德而使心安，即是儒家重要課題。

　　道德雖最易爲人所意識及者，但人人是否皆有能力加以反省以求心安？依據孔孟以來的教誨，人人的確均有能力實踐道德，此能力即內具於心性當中，是我固有之也，非由外鑠我也。針對人早已有的道德行爲，追問何謂道德？怎麼樣才是道德？對道德作一種形上學的研究，徹底解析道德本身之基本原理，此爲「道德底形上學」，純是就道德而論道德。〔註1〕就道德而論道德，首先討論道德實踐所以可能之先驗根據，此即心性問題；復討論實踐之下手問題，此即工夫的入路問題。前者是道德實踐所以可能之客觀根據，後

〔註1〕道德「底」形上學與道德「的」形上學，意義有別。前者是關於道德的一種形上學的研究，討論道德的基本原理爲主，所研究的題材是道德，而不是形上學本身。後者則以形上學本身爲主，而從道德的進路入，這才是道德的形上學。參見牟宗三《心體與性體》，第一冊，頁140。

者則是道德實踐所以可能之主觀根據；前者是「本體」問題，後者是「工夫」問題。兩者合起來，便是儒學之全部內容。

如我們不設限道德僅為經驗的人文範圍，致力德性動源之開發，通過踐仁以知天，或如孟子所言盡心知性以知天，由道德心性通澈天命，知道德主體不僅主宰吾人之生命，同時也主宰宇宙之生命，從道德性當身所見的本源滲透至宇宙之本源，此時即是由「道德底形上學」進至「道德的形上學」了。

「天命流行」一語實包含甚深且廣之意義，幾可說包羅道德形上學的所有涵義，所以，探討「天命流行」一義之內涵，其實便是探究道德的形上學之內涵。本文實即一部討論道德之形上學的論文，而以「儒學中有關『天命流行』一義之探討」代之。

「天命」之說其來甚遠，其最初之義如何，實有必要追究一番，下文即著手討論「天命流行」一語之初義。

第二節 「天命流行」之原初始義

中國之言「天命」而有文籍足以徵者，可遠溯至周初，依據《詩》、《書》所言，周人之天命觀原初係以政權交替無常為首出，意即「天命靡常」之觀念。此一觀念或由周人見殷人之敬事鬼神，終墜厥命而有之領悟，因復以之警戒周之子孫。〔註2〕譬如《尚書・康誥》曰「惟命不于常」，〈召誥〉言「皇天上帝，改厥元子茲大國殷之命」，《詩經・大雅文王》說「帝命不時，……天命靡常」，這些都表達一個意思，即天未嘗預定孰永居王位，而可時降新命，以命人為王。所以才有「周雖舊邦，其命維新」（《詩・大雅文王》）的說法。

「流行」一辭較早見諸於《左傳・僖公十三年》「天災流行，國家代有。救災恤鄰，道也。行道有福。」此中之「流行」有發生、蔓延、擴大之義，天災的發生蔓延，都有可能禍及每個國家，救災恤鄰，乃治國之道也。至《孟子》一書則有「德之流行，速於置郵而傳命」的說法。《孟子・公孫丑章句上》道：

> 今時則易然也。夏后、殷、周之盛，地未有過千里者也，而齊有其地矣；雞鳴狗吠相聞，而達乎四境，而齊有其民矣。地不改辟矣，民不改聚矣，行仁政而王，莫之能禦也。且王者之不作，未有疏於

〔註 2〕 見《唐君毅全集・中國哲學原論導論篇》，台灣學生書局，頁 524。

> 此時者也；民之憔悴於虐政，未有甚於此時者也。飢者易爲食，渴
> 者易爲飲。孔子曰：『德之流行，速於置郵而傳命。』當今之時，萬
> 乘之國行仁政，民之悦之，猶解倒懸也。故事半古之人功必倍之，
> 惟此時爲然。

意思是德政的流行，比置或郵這類快遞運輸還快，此處所謂「流行」者，其義也不出「擴大」、「流衍」，有從此處移至彼處的行動。天命與流行兩辭的結合，意義應該也是天之所命有「自此流衍至彼」的意謂。若以《詩》、《書》的天命觀來看，則是王天下之政權由此氏族轉移至另一氏族，交替無常，流動不居。

　　雖說天命靡常，然而天之命於人一新命，亦非隨意擇人而命，乃是修德在先，德聞於上天，於是天降命於此人，譬如文王之受命，即以其厥德不回而得天之厚愛而有其命。故天之降命，乃後於人之修德，而非先於人之修德者。且其命於此人或此宗族後，此人或此宗族更應聿修厥德，以保此天命，《詩·大雅文王》云：「殷之未喪師，克配上帝；儀監于殷，峻命不易。」道得眾則得國，失眾則失國，得國失國全在統治者是否繼續克修其德，須知峻命不易啊！故天之命於人，乃兼涵命人更努力於修德，以自定其未來。

　　上述爲唐君毅先生對「天命」的大略解釋，依循此義，唐先生而有如下之結語：

> 吾人如知上所言受命之義，一涵天命後於人德之義，二涵受命以後
> 更須聿修厥德，又報償不必在當身而在後人之義；則知《詩》《書》
> 中之言天降命與人受命，何以同重其繼續不已之故。蓋天之降命既
> 後於人之修德，而人受命又必須更顧命而敬德，則人愈敬德而天將
> 愈降命於其人，其人即愈得自永其命，而天命亦愈因以不已。是爲
> 天之降命與人之受命，同其繼續不已。〔註3〕

雖然天命是一政權賦予之觀念，但古人是將之附驥在修德之後，即修德爲首出，政權尾隨其後，是「修天爵而人爵從之」，故「疾敬德」方是首要。唐先生由天降命之不已而引申人之受命敬德不已，在他的詮解下，「天命」仍是政權賦予之義，故其解《詩·周頌》〈維天之命〉一詩仍秉此義而說此爲「徑言天命自身之繼續不已者」。〔註4〕按〈維天之命〉一詩內容如下：

> 維天之命，於穆不已！於乎不顯！文王之德之純。

<hr />

〔註3〕見《唐君毅全集·中國哲學原論導論篇》，頁526。
〔註4〕參見《唐君毅全集·中國哲學原論導論篇》，頁526。

假以溢我，我其收之。駿惠我文王，曾孫篤之。

依唐先生的註解，天命之所以靡常，亦正在人王之不能修德以自永其命，天即不能不授命於他人，以成其自身之於穆不已。〔註5〕所以這種解釋亦不出政治意義。

可是如若考察其他諸家解釋《詩·周頌》〈維天之命〉一詩之義涵，當可發現唐先生的解析祇是群家解釋之一而已，非可代表此詩全部而唯一的義涵，譬如勞思光先生，他就將此詩解為：

> 此處所謂「天之命」即是天之法則及方向，故即是後世所謂「天道」；天道運行不息，故說「於穆不已」。「不」即「丕」字之通假，「不顯」即「丕顯」，意思即是，如此運行不息之天道，至為明顯；下接「文王之德之純」，乃因本詩原是歌頌文王之作，故即以文王之德比擬「天道」。〔註6〕

在勞先生的解釋下，天命不再是政權賦予的意義，而是「天之法則及方向」，換言之，即是所謂「天道」。天道運行不息，自有它的法則及方向，理序和規律，其中已經由天之「意願性」轉為「無意願性」之運作。論政權的轉移，從無德轉至有德者上，雖是以「德不德」作為轉替的關鍵，但歸根究底亦是以上天之「意願」為依歸。所以勞先生對天命不已的解析，實質上已擺脫傳統的政治性的解釋與天意，而邁向「形上天」之說。所謂「形上天」觀念，「即指以『天』作為一『形上學意義的實體』的觀念。這種『天』觀念，與宇宙論意義的『天』及人格化的『天』均有不同。」〔註7〕怎麼不同？形上意義的「天」與「人格天」的差別在哪裡？勞先生解道：

> 形上之「天」只表一實體，只有理序或規律，而無意願性，故對應於「天道」觀念。而人格意義之「天」則表一主宰者，以意願性為本；對此「天」縱有理序可說，亦必繫於意願而說，換言之，對應於「天意」觀念。故「形上天」與「人格天」之分別，實「天道」與「天意」二觀念之分別。〔註8〕

如果勞先生所言不錯，那麼遠在古史質樸的先民，已經不純是由人格意志來

〔註5〕 參見《唐君毅全集·中國哲學原論導論篇》，頁526～527。
〔註6〕 見勞思光《新編中國哲學史》，第一冊，頁80。
〔註7〕 見勞思光《新編中國哲學史》，第一冊，頁80。
〔註8〕 見勞思光《新編中國哲學史》，第一冊，頁82。

看「天」，形上天之觀念無形中已滲入他們的想法。牟宗三先生也說：「《詩》《書》中的帝、天、天命雖常有人格神的意味，然亦不如希伯來民族之強烈與凸出。《詩》《書》中之重德行已將重點或關捩點轉移至人身上來，此亦可說已開孔子『主體性』之門。孔子之提出『仁』，實由《詩》《書》中之重德、敬德而轉出也。是故《詩》《書》中的帝、天、天命只肯認有一最高之主宰，只凸出一超越之意識，並不甚向人格神之方向凸出。」〔註9〕

　　不論勞先生或牟先生，他們皆有一共識：先民之所謂「天」者，不全然是一有意志的人格天，即使初期這種人格天的意味很濃，但隨著重德、敬德之意識，對於天的「意願性」已愈來愈淡薄，故帝、天或天命只凸出而為最高主宰，或一超越之意識。此超越意識，其意味甚為肅穆，它對於天地萬物甚具有一種「超越的親和性」，冥冥穆穆運轉萬物以前進，是這樣意味的一個「天」。〔註10〕顯然，就勞、牟二先生的詮述分析，他們都有一共同指向，即天是一「形而上的實體」，而此看法均來自「維天之命，於穆不已」一詩。勞先生對於此詩的看法已述之於前，至於牟先生的看法則是：

> 此將「天命」理解為天道健行之不息，「命」理解為流行之命，後來宋儒理會為「天命流行之體」不誤也。文王精進其德亦如此，法天也。為此詩者確有其形而上的深遠之洞悟，亦有其對於道德踐履之真實感與莊嚴感。〔註11〕

上文曾述及勞先生將「天命」解為天之運作法則及方向，亦即等於天道；而「天道作為一實體看，即成為萬理之存有性根據。人心之所能認知之『理』，皆由此實體而來，或說皆是此實體之顯現。」〔註12〕這是勞先生為「天道」所做的註腳。至於牟先生則以為天命固為天道健行之不息，然「命」者是為「流行之命」，流行之命是否可以完全等同勞先生所謂「天道」？恐怕不然。依據勞先生為「天道」所下的定義，是：萬理之存有性根據。人心所能認知之理皆由此來，天道就是「理」。這個推論是依循《詩·大雅烝民》一詩：

> 天生烝民，有物有則，民之秉彝，好是懿德。

勞先生以為此詩所言乃先民具有形上天之觀念的另一證明，依據的就是「有

〔註 9〕見牟宗三《心體與性體》，第一冊，頁21。
〔註10〕參見牟宗三《心體與性體》，第一冊，頁22。
〔註11〕見牟宗三《心體與性體》，第一冊，頁211。
〔註12〕參見勞思光《新編中國哲學史》，第一冊，頁82。

物有則」一句，依此句觀之，則此天是理序之根據，本身表一必然性，而不表意志，故爲形上天而非人格天。〔註13〕每一物均有它的存在理則，人所秉彝者，即是「好是懿德」。懿德便是人所執守之常理，人所追尋之價值，這一切都以天道實體作爲歸宿。因此，天道是理序之根據，是萬理之存有性根據，便是勞先生對「天道」所下的註腳。循此義而反觀牟先生所謂「流行之命」，流行固然顯示某種方向，某種理序，但不應純然僅是一種法則、方向，或是理序、規律，它可能還帶有「氣化生發」之意，這一點就超出勞先生所註「天道」之義。

綜觀牟先生所有的著作，其對「天命流行」一語之解釋，大致可分爲兩義，一是天命於人而爲人之「性體」義；另一則是帶著氣化而創生萬物之義。此二義在《心體與性體》一部書中，處處可見，其源頭亦在於「維天之命，於穆不已」一詩。他說：

> 此詩影響甚大，於儒家對於天道之體悟與對於德性人格之嚮往有決定性之影響，此確能反映出儒家心靈之核心。後來通過孔子而進一步發展的《中庸》與《易傳》皆可說是承此詩之理境而爲進一步之闡揚。其進一步處即在認此「於穆不已」爲性體，天道與性命打成一片。但此詩則尚未至此。此詩只是對於天道有此洞悟，只是贊美文王之德行，尚未至即以此「於穆不已」之體爲吾人之性體也。就德行言，尚只是作用地或從成就上（所謂盃顯）說，尚未至內在化點出吾人所以能日進其德之內在而固有的性體，即內在而固有的道德創造之眞幾。然由此詩之理境而向此進一步之義亦是理上應有之發展。〔註14〕

此於穆不已之天命內在於吾人而爲吾人之性體，乃牟先生解析「天命流行」一語的其中一個涵義。此義雖非原詩本義，但之後的《中庸》、《易傳》以至宋明儒者，皆自此詩引申「天命內在於吾人而爲性體」一義。自此，「天命流行」不再拘限於它的原初始義，而另有它的引申發展，下一節即詳論它的引申義。

第三節 「天命流行」之引申義

《中庸》第廿六章述天道之生生不息，其所以能生生不息者，以其至誠

〔註13〕參見勞思光《新編中國哲學史》，第一冊，頁81。
〔註14〕見牟宗三《心體與性體》，第一冊，頁211～212。

無妄，是以能博厚、高明以至悠久無疆。總而言之，「天地之道可一言而盡也：其為物不貳，則其生物不測。」縱然是一撮土之地，及其無窮也，日月星辰繫焉，萬物覆焉。此皆發明由於天道之不貳不息以致盛大而能生物之意。結尾遂引《詩‧周頌》〈維天之命〉一詩以證之：

> 《詩》云：「維天之命，於穆不已。」蓋曰天之所以為天也。「於乎不顯！文王之德之純！」蓋曰文王之所以為文也，純亦不已。

天之所以為天，在於生生不已之運行，所以能載物、覆物而成物。然而天之所以能於穆不已，原其不貳專一之誠，是故〈維天之命〉之詩雖不明言天之流行不已之因，但《中庸》作者已順勢點出「至誠無息」乃為天之所以為天之內容，而文王之所以為文，在乎其德「純亦不已」。文王純亦不已之德當然也是來自他「至誠無息」。不論人道或天道，皆以「誠」為其依據與內涵。第廿五章亦說：

> 誠者物之終始，不誠無物。是故君子誠之為貴。誠者非自成己而已也，所以成物也。成己，仁也；成物，知也。性之德也，合外內之道也，故時措之宜也。

萬物之終始生成，皆有「誠」流注其中，無誠即無有物。誠就是萬物生化之實體，就人而言，誠者非自成己而已也，所以成物也。成己，是仁的表現；成物，是智的表現。不管仁或智，均為性之德也。而此性之德，溯其源，皆來自誠體，故我們實可說先秦儒家發展至《中庸》，已有「天道性命貫通」之意，或說天道實體內蘊於吾人而為吾人之性，此義實可說已蘊含於《中庸》的思想。再溯及第一章：

> 天命之謂性，率性之謂道，修道之謂教。

《中庸》開宗明義即示天所命給吾人者即叫做是「性」，或者，天定如此者即叫做是「性」。自然，單憑這一句尚不能見出天所命而定然如此之性是哪一層面的性，是氣性之性？或道德仁義之性？均無法論斷。然依下文所言「中也者，天下之大本也」一語，如果「中」字即指性體言，則作為天下之大本的中體、性體，理當不會是氣性之性。又依《中庸》後半部言至誠，言盡性，性應當便是誠體，不太可能是氣性之性。

此解如不虛，則「天命之謂性」者，意謂天命下貫於個體而具於個體即是性。命者「命令」之意，自天道之命於吾人言，曰命；自人之所受言，曰性。命在此好像完全是「動詞」字，作用字，然而此「命」字即涵蘊有內容

之名詞義，在天之命於吾人中，已隱含天道實體，亦即天道以其自己命於人而為吾人之性。〔註 15〕究實論之，天道、性、命同一事也。單就天道論，天道即等於天命。天命中「命」之動用義即等同於實體義，故說「天命流行」。換言之，天命流行亦即天道自身之創生流行，天道之命永遠不已地起作用，這即是它的流行。可是天道無聲無臭，何處得見它的流行？曰：即在人身上得以見出它的流行。當其流行於人而為人之性，性體必然起命令作用而成道德創造，此便是吾人之性分，人遵守此性分所定而毫無他顧，這便是完成天道於自己生命之中，天道流行即於此處顯現。

如果緣於「命令」一詞通常夾帶「意志性」為它的附帶內容，遂說無論人或天而言「命令」時，皆常假定一意志之要求。故「命令義」之「命」，在古代資料中，大半與「人格天」觀念相連。〔註 16〕此說未必然。命令一詞確實難免「意志性」夾附其中，然若論「維天之命」而依舊斷定此天乃人格天，則顯得拘泥不通。人格天固可憑其意志下達命令，但實體意義之天亦可有「命令」之意，不過兩者的命令義不同。前者有意志性，後者僅可說「賦予」義，命令之即賦予之。前者的命令是外在的、強迫的命令人非如此做不可，後者則是實體以其自己內具吾人而為人之性，人之道德實踐非遵循外在強制的命令，而是我固有之性不已地下命令，起作用，故我源源不絕地行道德行為。「命」於此義下，僅為表示性之源來自天，有其超越根據，可以通於天道耳，強制性的、夾帶著意志性的「命令義」，可以說淡化到無的程度。假使《中庸》「天命之謂性」一語有其根源，其根源十分可能源自「維天之命，於穆不已」一詩，則「天命」便不能僅停留在強制性的命令義，也不能說凡是命令義之命，大半與人格天相連，畢竟《中庸》所言之天絕非人格天；而其源頭——《詩·周頌》〈維天之命〉所云之天，應當也不是人格天之意。所以此論恐不合乎事實。

回顧上文，依勞先生的陳述，「天之命」是天運行之法則與方向，是一種理序或規律，天命就是天道的另一種表述。天道是萬物之實體，而非人格天；牟先生的看法亦不離於此，不過論到「天命流行」，牟先生有較勞先生多一層意思，此即：天命流注於吾人而為吾人之性體之義，性體不已地起道德創造，便是天命於穆不已地起作用。這一層意思便非勞先生所及。可是牟先生多出

〔註 15〕參見牟宗三《心體與性體》，第一冊，頁 329。
〔註 16〕參見勞思光《新編中國哲學史》，第一冊，頁 97～98。

的這層義理，是否為原典所允？若配合《中庸》以觀，牟先生多出來的這一層義理，並非無中生有，獨創出來的。若再配合《詩經》其他詩文，以及《孟子》等書，更可確定牟先生之論天命為吾人之性體無差。

孟子證四端之心人皆有之時，引述《詩・大雅》〈烝民〉篇「天生烝民，有物有則，民之秉夷，好是懿德」證明其言有據，順便再引孔子評語：「為此詩者，其知道乎！故有物必有則，民之秉夷也，故好是懿德。」（《孟子・告子章句上》）夷通「彝」字，常也，意即萬民所秉持之常性，自會好是美德。民之好美德，乃天生人之則。凡天生萬物必有其法則，而人之生，他的法則便是「好是懿德」，以是觀之，人之性善歷歷可見。是以孔子贊美為此詩者「其知道乎」，因為詩人洞見到人之性善，若非知道者，何能云此！而萬民之有此好是懿德的善性，亦是天生烝民的法則，換言之，為天所命、所賦予，這也是「天命之謂性」的思想，所以方有後來《中庸》的發展。是故牟先生對「天命流行」的解釋並無違經典之義。

但牟先生關於「天命流行」的解析並不止於此，蓋云「天命流行」，天乃一形上實體，無形無象，何有「流行」之狀可見？因此朱子這般解釋：天命自身無所謂流行，流行是假託氣之動靜而說。流行之實在氣之動靜，天命流行是仗託氣之實流行而虛說耳。朱子之有此論，自然與他的義理體系有關，蓋天命只是「理」，「理」是不活動的，理的流行必須仰仗氣的流行才說得通。在朱子的學問體系之下，必如此方可。關於朱子的義理系統第四章會有詳細解說，於此不詳述。

這是朱子獨到見解，若撇開朱子的講法，單獨就天命之體而言，天命之體未必僅是理而不活動者，則所謂「流行」最初應是就此體自身之「於穆不已」說。「於穆不已」是形容此體永遠不停止地起作用，即就此「不已地起作用」說「天命流行」。雖是就體說流行，然亦實是流而不流，無流相也，行而不行，無行相也。〔註17〕既如此，何故採「流行」一詞？牟先生於此解道：

> 唯因其不已地起作用遂有氣之生化不息之實事呈現，就此生化不息之實事言，遂流有流相、行有行相之實流行，此是氣化之流行也。……在先秦古義，天命流行是實說（剋就不已地起作用說），然卻是流而不流之流，行而不行之行，故無流相、無行相，只是一如如的不已地起作用也，故得為體。氣化流行自亦是實說，然此卻是

有流相、有行相。〔註18〕

「天命流行」通常意謂「天命流行之體」，不過此體亦非掛空地起作用，它之起作用必連帶氣化流行而起作用，畢竟它同時也是萬物生化之源，萬物之動靜、聚散、來去，諸種種起落之相，便是一生化不息的總流行相。此有流行相的氣化流行即以無流行相的天命流行為其體。因此「天命流行」一詞可有兩指：一指「天命流行之體」，另一則是在天命不已地起作用下所生發的氣化流行，兩義併合方為齊全。這也是牟先生異於勞先生之處。

牟先生這樣的講法是否有違原典？以《論語》為例，子曰：「天何言哉？四時行焉，百物生焉，天何言哉？」（《論語‧陽貨第十七》）雖然在孔子心中很難確切指出究竟「天」所指為何？是帶有意志的人格天？抑或是形上實體之天？也許二者皆有。不管如何，依此章的語句脈絡，天的具體朗現就在「四時行焉，百物生焉」這一生化事實上面，所以孔子才屢屢致嘆「天何言哉」，意即在此。或如《中庸》經常詠嘆的：「辟如天地之無不持載，無不覆幬，辟如四時之錯行，如日月之代明。萬物並育而不相害，道並行而不相悖，小德川流，大德敦化，此天地之所以為大也。」（《中庸‧第卅章》）此亦表示天命流行不離氣化演變，與仲尼之言無異。牟先生循此引申「天命流行」兩義，亦是順適而自然。

雖則「天命」始義只是單純的解釋「政權賦予」之義，可是後世儒者由〈維天之命〉一詩所得到的啟發卻不止於此，它幾乎等同於「宇宙生成論」的代名詞，貫穿整部儒學發展，若說儒家之形上學以「天命流行」一觀念為核心，其他諸觀念均環繞此中心發揮，亦不為過。而此語又以上述之兩義為其基本要義，一為體（天命流行之為體），一為用（氣化生生之為用），能兼賅闡述此體用二義者，方是全盡「天命流行」一語之義。本文即以此二義作為檢視後世儒者的標準，亦以此設為本文寫作之大綱。

第四節　本文結構大綱

「天命流行」首出之義乃「天道實體」這一「本體」概念，中國儒學之論本體與西方哲人迥然有異，西哲習於概念共相的層層探究，中國哲人則是「反身自證」，證知本體不離吾身，不在吾身之外。著眼於此，極力鋪陳本體

〔註18〕見牟宗三《心體與性體》，第一冊，頁376。

顯現之境，及其變化宇宙之妙，此爲當代儒者熊十力先生傾注全力所欲闡揚之觀點。他的哲學可說就是一部「本體論」〔註 19〕，專論本體所行境界，與其如何朗現自己。熊先生之說當然極其精妙深微，在論述大化之生生不已，闃然流動，遷流不息時，無人能出其右。總論熊氏哲學，幾可說是一部「天道顯現」論，而天道顯現的方式是綜合心、物二者之相反相成的辯證發展，而昭顯其自己；最終，宇宙所有（亦即心、物二者）又化歸天道，一切皆是天道的顯現。心物不過是天道藉以彰顯自己的兩大作用，心代表的是精神健闢之用，而物則是物質翕聚之用，心物看似截然相反，事實上卻是互助以完成天道朗現的兩大勢力，無「實質」的存在。

在熊先生的論述底下，天道、心、物三者無明顯的形上、形下區分，物是天道勢用的「幻現」，心雖可說是本體自性力之顯發，就是本體自己，但衡定熊氏哲學所有的涵義，「心」之一名亦是假設而有，主要爲對應「物」之名而有。既然心與物同樣皆爲假名，則可知熊先生的重心依然在「天道實體」，而不在「心」，更不在「物」。是以綜論此三者，仍然要回歸天道自身，眞正具有實質者唯有天道，心物不過是它的顯現作用罷了。是故三者之區分在熊先生的哲學體系下，實無多大意義，三者畢竟還是同一個東西——即天道自身。一言以蔽之，熊氏哲學就是一部「天道顯現論」。

這樣的陳述固然精妙至極，也頗能展現儒家生生不息的創生動力觀，而此正是儒學異於佛老之處。不過，這種陳論方式卻無法分別形上之道與形下之器，換言之，理氣之分不明，「氣化」完全沒有獨立而實質的意義，僅歸於天道之「幻現」而已。可是「氣」之研究一直是中國哲學一門十分重要的課題，雖然氣化之源免不了仍得上溯天道實體，可是它畢竟有它的實質內容與特殊結構，一概將之還原天道本體，不賦予它獨特的地位，總遺留些難以解決的疑惑。此乃十力先生建構其「體用不二」哲學必有的疑難。本文之所以將熊先生的哲學置於正文首章，原因便在他的說法引起寫作本論文之動機，以期解決熊先生遺留下的疑惑，故接續展開以下各章節之內容。

〔註 19〕依據西方哲學爲「本體論」所作之定義，本體論乃研究實在之終極本性之學也。但此定義仍得施以二種解釋。其一謂就所思考者所認識者之實在，而研究其本性。以是爲解，則與認識論之以研究思考之性質及認識之性質爲事者，恰相對舉。其誼，與曰形而上學，或曰純正哲學無異。其二，解以狹義，則本體論乃專指考就萬有之本性者言之，與狹義之宇宙論對舉。參見台灣商務印書館編纂《哲學辭典》，台北市，民國 56 年版，頁 118。

　　既然熊先生之說有難以釐清的困惑，假設不採其那套「體用不二」的方式，而取與他完全相反的觀點論述「天命流行」，效果會如何？於是就有繼第二章〈熊十力先生的「天命流行」觀〉之後，與熊氏哲學相反的，無「本體」觀念的「唯氣論」之內容。此即為第三章〈唯氣論者的「天命流行」觀〉主要討論的部分。擬定這個標題或許也點張冠李戴，蓋某些唯氣論者根本不討論天命流行不流行的問題，如何在他們身上安置一個「天命流行觀」呢？從本文的論述角度來看，「天命流行」一語乃代表中國思想探究宇宙生成的代名詞，凡是探討宇宙如何生發、形成，以數千年延遞下來的傳統而論，中國哲人難有不用上理、氣這一類概念來表達他的想法的。一旦用上這些概念，所有學派均不出本文研討的範圍，所以第三章取用「唯氣論者的天命流行觀」一名，只是單純地想探索依照唯氣論「無本體」的思路，是否比熊氏的體用不二哲學更能善表傳統對宇宙生成的認識。是故此標題未必全然不適當。

　　所謂無「本體」觀念者，即此輩之人認「天地間唯一氣而已」，論法則、理序也是氣化本身自有的規則、條理，與本體不相干；或者應說氣之上無本體主宰之、生發之，萬物之生化源於氣化生生，無須再另尋一個源頭做為萬物存在之源。此乃唯氣論者的共識。這種「唯氣無體」的想法，自然不能全盡「天命流行」之義，因為他們已經摒除「天命流行之體」，唯注目於「氣化」之事實。是以熊先生所論固有其缺失，而唯氣論者的過失更甚於熊先生，雖然他們保住「氣化」之獨立性與特殊性，卻將更重要的「本體」遺忘了。

　　能兼顧並重道與器（亦即理與氣）不失，又能區分二者形上形下之別者，朱子可稱得上是箇中翹楚，為儒門之一大家。可是朱子對本體天理的詮釋方式，導致他無法說明理如何主宰運化氣行，理與氣一分為二，不離不雜，永遠不交融。縱然他一再強調沒有無理之氣，也無無氣之理，可是理和氣依舊是兩個東西；再者，天理雖為萬物存在的根源，但是靜止而不活動的理如何「生」氣，換言之，便是理如何「妙運」氣，也叫人費解。而且依照朱子的分解，世界被分割成兩體，一為理的世界，一為氣化的生生不息，本體與萬物不能互為一整體，中間有一道深深的溝痕。體用不二、即體即用，在朱子的哲學架構下，是無法證成的，而此正是儒家形上學最終必達到的境界目標。此若無法證成，則示此體系有缺陷而不圓滿，朱子哲學正有此無法彌補的缺憾。此為第四章〈朱子的理氣論〉的內容。

　　朱子哲學的缺陷緣於他無法解釋「理生氣」如何可能，欲證明理生氣，

首須肯定理不僅是萬物的存有之理，它同時也能活動，而爲實現萬物存在的創生之源，如此方能充分保住「維天之命，於穆不已」的原初本義。但是理怎樣「生」氣呢？理生氣的法則是什麼？北宋前三家——周濂溪、張橫渠與程明道皆有宏深精闢的析論，這些內容陳述於第五章〈理「生」氣之妙運義〉。濂溪與橫渠對天道生化著墨多些，明道則於理氣一本而化的圓頓境界獨擅其場。三家均不以爲理是存有而不活動者，而是「即存有即活動」，源於理之活動，方有萬物的生發存在。可是天理之「即存有即活動」如何得知？此須反身自證，默而冥契，才能證知天理之「即存有即活動」，此中之關鍵便在「心」。

如依朱子所陳論心之狀態，則心永難證知理之「即存有即活動」，爲其將心只視爲「形氣」之心；既是形氣之心，自然無法「即心是理」，心與理永遠割截爲二物，心如何證知理之動或不動？陽明等人便不如此，而是進一步認定心即是理、心即是道，理之活動便在心之即寂即感中冥冥契知，是以云證知天理之「即存有即活動」，此中之關鍵便在「心」。

北宋三家除明道之外，其餘二家的敘述著眼於天道的部分多些，相對之下，對於「心」這一主觀實踐原則就少了。明道則是天道之客觀原則與心之主觀原則並重，兩面皆充實飽滿；至南宋陸象山，則純自孟子「心即理」這一路線發展，對探討天道生化的興趣，明顯降低。此表示儒學的發展漸漸由天道之客觀原則回歸到心之主觀原則，這發展是必不可免的，畢竟天道並非掛空的抽象原理，它得經由心體的實踐方能證得，因此自象山開始，除了朱子學派，後起之儒家學者較著意於以「心體」當作會通天道性命的支點。

明代最顯赫、最具影響力之學莫過於陽明學派，此學派自陽明始，經王龍溪、錢緒山等人之大力闡發，至羅近溪以「自然平常」爲宗，寓化境於平常，極高明而道中庸，儒學已從理論建構邁向於落實在日常之用顯眞實工夫，工夫踐履達至純熟之境，亦即是彰顯天命具體地流行於人間之際。這就是第六章〈天命流行之化境〉的扼要內容。

「天命流行」一義之引申發展，大體如同上述，其中包含甚深且複雜多端的問題，首要而迫切的問題乃是：「理生氣」（亦即天道之生化）應以何種方式界定較符合儒家的道德形上學？前文提到天命實體之流行乃「流無流相、行無行相」，必須顯現在具體的日用流行才能顯發它的「流行」義，那麼熊先生的分析命題式的「本體顯現論」是否可以全然表述「天命流行」之意？如若肯定氣化有不能化歸於天道的獨立性，以及個體生命具有實質意義，則

大化之生生不息、滅滅不停依然能肯定否？這些錯綜複雜的疑問其實都指向一個核心問題——對於「存有」〔註20〕應當如何看待？

依照宋明理學諸家的闡釋，人心顯然有兩層意義，一是「習心」，另一則是「本心」。習心乃習於官能外逐、思慮計度之心，本心則爲超拔一切感性情緒、思慮計度等習性之心。前者受制於感官結構與心理情緒，後者則不受任何制約，自我立法而行；相對於兩種不同的「心」，或說兩種觀照事物的「意識」，而有兩樣不同的存有面貌呈現，牟宗三先生借用西哲康德的理論分別兩者曰「現象與物自身」，現象爲意識受限於自然的「執的存有論」，物自身則爲不受制約的「無執的存有論」。兩重存有論非表兩種不同的東西，而是同一事物的兩重身分。現象顯現在受限的感性意識前，物自身呈顯於超脫感性限制的「智的直覺」；兩者的區別，端視主體以何種方式觀物。

現象與物自身的區分若能釐清，則上述那些看似複雜淆亂的疑點將可一一釋清，此即是第七章〈兩重存有論〉的主要內容，目的是在解釋別析儒家形上學的某些引人質疑的問題。

第五節　結　語

以「天命流行」爲主題而寫作的論文，目前學術界並不多見，本文以此爲主題，用心乃在於闡述儒家學問的殊特之風貌，雖然其中談及甚多此門學問的發展演變，但絕非一部儒家形上學發展史。儒家之學乃以道德爲進路的「道德的形上學」，此種形上學有其特殊的基本立足點，雖然它的最高化境與風格頗類似釋、道兩家，但畢竟與佛老有異；它也談本體、實體，不過與西方式的實體論完全不相干。若以這些神似的風貌論斷儒家形上學，非但無法見識無聲無臭之至德境界，反損及儒家形上學之本質。先賢講學固然有其精妙處，但若以現代哲學的眼光審視，其中不無疏忽而說不清的地方，因此本文借用某些當代哲學學者的理論建構，爲的便是釐析此中很難令人一目了然的複雜內涵。

〔註20〕存有的原始意義是指眞實的存在，因此存有者（1）首先指存在者。由於有限事物祇具備存在而並不必然存在，所以其存在以可能存有或純粹可能性爲基礎。因此廣義說來，存有者（2）包括可能者，即指具備存有或可能具備存有之物。見布魯格編著、項退結編譯《西洋哲學辭典》，國立編譯館印行，民國65年初版，頁60。

　　探討儒家形上學之工作，當代某些知名學者已作了不少，例如熊、唐、牟諸位先生，以及後起的勞思光先生等；對於歷代儒者之學，研究的學者更多，他們皆有相當可觀的成績展現，可是若施以客觀的學術評量，到底未知孰是孰非。本文再次重覆這項工作，主要用意在擷取多位學者的觀點，多方比較，試著找出最貼切天命流行一義之詮釋。其次，任何一位研究者均有他的特別著重的觀點，他的觀點也許是以往前人所無法兼顧的，或是昔日根本不曾有此問題發生，到了今日，各種詮釋之學通通出籠，有些詮釋觀點與儒學貌似神合，究其實，筆者以為仍有不能自圓其說的缺陷在。既有缺陷存在，可見這種詮釋方法無法完全貼合儒家義理，而須檢別出來，以免混淆視聽。儒家的道德形上學有其永不磨滅的價值存在，從各種角度立場再度釐清它的義理脈落與基準，剔除似是而非的說辭，如此更能保持儒學的純度，使其光芒永遠綻放不滅。

　　文中所引用書目較集中在少數幾位哲學家的作品，未能達到廣泛地引述，然而本文之所以採此集中引介的做法，原因有三：一是絕大部分的作品，他們的論述觀點以及方式十分雷同，若有差別之處，也僅限於小細節上，故本文只取一兩家之說，以代表其餘類似的講法。次者，雖然研究王充、戴震、北宋三家、朱子或陽明之學的人不少，不過其中所側重的內容與本文不大相關，所以也不介紹。再其次，許多學者的大作，內容雖是量多豐富，幾可鋪天蓋地，可是細讀之下，若不是流於浮光掠影，便有斷章取義之嫌。這類作品，本文亦不採納。最後，不止於某一專家研究，尚能博古通今、學貫兩千多年的中國哲學史的學者，放眼國內，真是少之又少，引述他們的作品，較可浮顯出他們個人對儒學的一貫思想，如此既兼廣度又具深度，恰符合本文引述文籍的原則，是以本文較集中於少數幾位哲學家作品，原因在此。

第二章 熊十力先生的「天命流行」觀

　　「天命流行」依從上章的析釋，乃儒家最源遠流長的形上學觀念，凡涉及儒家形上學領域者，此觀念是不可錯過的；而且依據他對此觀念的解析，亦可立見其人對於形上學的體悟屬於何種類型，達到何種程度，這些均可於「天命流行」四字的解釋看出端倪。熊十力先生，有人稱他是中國現代哲學史上，最富有思辨性和形而上氣味的原創型哲學家。〔註1〕將儒家的學問用思辨哲學架構來詮釋的學者，十力先生可能是第一位。這種做法既可會通中西哲學文化，亦可充分展現儒家的學問特色，而免除「中國無哲學」之譏嘲。而熊先生之展示儒家的學問特色，也正在於他陳述天命流行一義流露出。那麼熊先生怎樣看待「天命」一觀念呢？他說：

> 知天命者，知天之不容已於流行也。〔註2〕

天之不容已於流行，此為古今儒者之共識，端看如何詮解「天之不容已於流行」這句話。首先，「天」絕非指謂超絕於萬物之上的「天帝」，這是熊先生畢生反對的觀點，看他解〈維天之命〉一詩即可知：

> 我國古詩有云：「維天之命，於穆不已。」這裏所謂天，不是宗教家所謂神或帝的意思，而是用為最極的真實之代語。命者，流行義。於穆者，深遠義。不已者，生滅滅生，恆相續起，無有斷絕也。此言真實的力用之流行，恆是生滅相續，無有已止，所以嘆其深遠也。一切物生滅相續者，實際上元是真實的力用之流行。〔註3〕

〔註1〕 參見景海峰《熊十力》，東大出版社，民國80年版，頁3。
〔註2〕 見熊十力《乾坤衍》，台灣學生書局，民國65年版，頁168。
〔註3〕 見熊十力《新唯識論》（語體文本），頁344。

所謂「天命流行」者，在熊先生的解釋底下，唯是一個「真實的力用之流行」，固然這「真實的力用」也是萬物根源的實體，但實際上，它就是一團浩浩蕩蕩，運作不息的「力用」。而此力用之「流行」恆是生滅滅生，相續綿延，無有斷絕。此觀點乃熊先生整個學問體系的中心思想，縱橫貫徹所有的著作。故論熊先生的「天命流行」觀，其實便是討論「生滅滅生，恆相續起」這一看法。

這一套迥異於前人的思想，據他言，乃源出於《大易》。《讀經示要》曾述曰：「吾平生之學，窮探大乘，而通之於易。尊生而不可溺寂，彰有而不可耽空，健動而不可頹廢，率性而無事絕欲。此《新唯識論》所以有作，而實根柢大易以出也。」〔註4〕所以他這一套哲學體系雖多方採自唯識學之名言概念，但推其實，並非欲新設一套佛學理論，而是藉由佛學的「色、心無實」一觀念來闡述他的獨特的「天命流行」之意義。

在諸多著作裏，《新唯識論》堪稱為熊先生的成熟代表作，〔註5〕本文擬以其《新唯識論》一書作為陳述其學之綱維，再旁攝其餘諸書之論點，探討先生怎樣建立天命流行之義。

第一節　境、識皆無實自體

《新唯識論》開宗明義即說：「今造此論，為欲悟諸究玄學者，令知實體非是離自心外在境界，及非知識所行境界，唯是反求實證相應故。」〔註6〕可知熊先生的目的在於闡發「實體」的意義，令諸有志研究玄學者，悟知實體非是離自心外在境界，亦非知識所行境界，唯是反求實證而已。真見體者，是能夠反諸內心，了解自他無間，徵物我之同源，泯除時空之分段，而動靜一如，沖漠無朕，萬象森然。是以《新論》以下所開展陳述的，不論是辨別境不離識，或駁斥「識有實自體」，唯有一個終極目的：藉以明發「實體」之真諦，而非僅僅泛論「萬法為空」的佛教義理。

〔註4〕見熊十力《讀經示要》卷三，洪氏出版社，民國71年初版，頁48。

〔註5〕1923年，熊先生開始在北京大學講授此論，1932年印行文言文本，抗戰期間翻譯成語體文。以後的《體用論》、《明心篇》問世，都是進一步發揮了《新論》的基本思想。參見郭齊勇《熊十力與傳統中國文化》，遠流出版社，民國79年台灣初版，頁77。

〔註6〕見熊十力《新唯識論》，文津出版社，民國75年版，頁43。

一、境不離識

為破由世間慧所構畫搏量之虛妄分別，首破執有實外境者。綜觀境執者，所以堅持有心外獨存的境界，大概由二種計：一、應用不無計。二、極微計。前者因應用事物的串習，而計有外在的實境，認為有瓶、盆等實物，或總計有日用宇宙。後者於物質宇宙推析其本，說有實際的微小分子，也離識而有。近人立原子、電子，亦其流也。茲一一逐駁如下。

一般計現前有多麤色境者，如世所計瓶，視之而白，觸之而堅，為離識獨存。乃若實事求是，這些視之而白，觸之而堅的瓶境，一旦離開視、觸綜合等諸識相，果復有瓶哉？如說：若無瓶之實境，何來之白、堅等相？莫非皆由識所妄構的嗎？答：縱令堅白等相果然屬於外物，不即在識，但是這堅和白等相，要自條然各別。換言之，眼識得白而不可得堅，身識得堅而不可得白。堅白既分，將從何處得到整個的瓶？究實說來，整個瓶境純由汝意虛妄構成，離識何曾有如是境？

又或難言：瓶等麤色，也許不是真的實有，然而堅白等相，雖從識現，豈無外因而識得以呈現？若無外因而識得現者，理當不視時識恆現白，不觸時識恆現堅。今既不爾，是以堅白等相，自有外因，理當成立。答：識現堅白等相，有境為它現起的因，這意義可被允許。但此為因之境，一定不離識而獨在，以境與識本為一體故。境識一體，故得交感。由交感之故，假說境於識有力為因，令帶己相。可是一般之言外因者，允許離內識而獨在，此即不應理。因為內外離隔，兩不相到，兩不相親，焉有為因之義？此乃妄習起故。

或有人以現量 [註7] 證外境有，以為萬法應由量來決定有無，一切量中，現量最勝。如我今眼見一色，若無實境，怎能有此覺？此誠諦論，但彼論者忽略眼、耳等五識現量證境之時，並不執境為外，以其皆無計度分別的緣故。須待意識起，虛妄分別，乃執有外境。意識分別與感識現量，不可能同時起作用，當感識所證之境過去時，意識方起。所以意識所執之外境，必非現量，是散心位，[註8] 能見已消失的緣故。且感識覺色等之時，譬如眼識，所見之

〔註7〕 色等諸法，以現實量知其自相，毫無分別推求之念者，稱為現量；如以眼識見色、以耳識聞聲等，乃八識中前五識之用。以分別之心，比類已知之法，量知未知之法，稱為比量；如見煙而比知有火，此乃八識中第六識之作用。參見《佛光大辭典》「二量」條目。

〔註8〕 意識散動，名散心位。參見熊十力《新唯識論》，頁48。

現境，與彼能見之眼識，俱時謝落。因此今所言之色等現量，實已不及現境，焉能以現量證外境離識獨在？

又有執「極微」計者，譬如佛家小乘師，執「極微」是團圓之相，以七微合成阿耨色為一單位，此七微復與多數之阿耨色合，輾轉成几、椅等或山河大地，乃至無量世界。吾今所憑依之世界，其中具有無量數之阿耨色，吾身憑藉它而可不憂其墜陷。此執易破，以「有無方分」相逼即可。若言極微有方分者，既有方分，應更可析，可析便非極微。若曰極微無方分，無方分者即非色法；既非色法，遂不能成色，無能構造萬象，是故極微實有之論，義不得成。

或有計眾多極微皆有實體，如瓶、盆等器為眼識境時，實即一一極微各別為眼識境。瓶、盆等麤顯境，但是和合假法，唯有極微才是實有。眼識緣實不緣假，須有實體方能引生眼識。此執亦不難破，蓋各別極微，縱許為引生感識之緣藉，可是一定非感識所緣慮。為什麼？識在所緣起緣慮的時候，必現起它所緣境相故，今眼等識上都無極微相，可知極微非感識所緣。

或有執持多微和合為境，此中一一實微非感識所緣境，唯多微和合所成的麤顯境，方是感識所緣境，雖然所緣境其體是假。或有執多微和合集成為境，如多極微集成山等，多微相資相藉，即一一微各有山等量相，故與感識作所緣緣。

上述之執，皆容易破解，茲引熊先生之總結：外小僅在世間極成之範圍內假說極微實有，固亦與科學在經驗範圍之內假定原子、電子為實有者，同其旨趣。顧自玄學言之，則對於世間或科學所假定為實有之事物，不能不加以駁正。何則？「玄學所求者為絕對真實。世間或科學假定為實有之事物，從玄學觀察，即泯除其實有性，而齊攝入絕對真實中故也。」〔註9〕意思是說，原子、電子等假定只是現象，本非實有，僅實體才是唯一實在。

二、識無自體

綜括前說，並非不承認有境，只是不承認有離心識獨存的外境。「識」乃對境彰名而有的，纔說識，便有境，若無境，則識之名亦不立了。由此以觀唐窺基法師序《唯識》曰：「唯遮境有，執有者喪其真，識簡心空，滯空者乖

〔註9〕見熊十力《新唯識論》，頁52。

其實。」（《成唯識論述記序》）熊先生自然以為「此非了義，夫妄執有實外境，誠為喪真，不可無遮。而取境之識，是執心故，即妄非真，云何而可不空？若以妄識，認為真心，計此不空，是認賊作子，過莫大焉。」〔註10〕遮撥識為實有，乃熊先生詮釋唯識學與釋子不同之處。境與識，本是具有內在矛盾的發展的整體，雖然推述到極點，此「整體」也不是實在的，唯是實體力用的顯現。是故境與識的區分，在於兩者不同的作用，實際上卻是全體流行，不可截然析成兩片。由吾自身以迄日星大地乃至他身，都是境。自身境與自身識不離，人皆知之；日星大地乃至他身等境，皆為自識所涵攝流通而會成一體，初無內外可分，而人盡昧焉，以為此皆離自識而獨在者。這是有根據的嗎？日星高明不離於吾視，大地博厚不離於吾履，他身繁然並處不離於吾情思，可見一切境與識同體，故能感而遂通，其應如神，因為識與境本一體無離隔故。說「唯識」者，只是遮撥離識獨存的外境，不是否認境的存在，以境與識同體不離的緣故，故言「唯識」。「唯」者殊特義，非唯獨義。它是了別境的，力用特殊，故於識而說「唯」。〔註11〕既然言境不離識，豈言唯識便謂境無？

這樣看待境、識有什麼好處？若將境、識完全劃開，又會導致什麼後遺症？熊先生特別強調道：

> 吾國先哲對於境和心的看法，總認為是渾融而不可分的。如《中庸》一書，是儒家哲學的大典，這書裡面有一句名言。他說，明白合內外的道理，隨時應物無有不宜的。這句話的意思是怎樣呢？世間以為心是內在的，一切物是外界獨存的，因此，將自家整個的生命無端劃分內外，並且將心力全向外傾，追求種種的境。愈追求愈無饜足，其心日習於逐物，卒至完全物化，而無所謂心。這樣，便消失了本來的生命，真是人生的悲哀咧。如果知道，境和心是渾然不可分的整體，那就把世間所計為內外分離的合而為一了。由此物我無間，一多相融。雖肇始萬變，不可為首，而因應隨時，自非無主。
> 〔註12〕

本來境和心（或說境和識）是不可分的整體之兩面，若能透析這一點，也不

〔註10〕見熊十力《新唯識論》，頁46。
〔註11〕參見熊十力《新唯識論》（語體文本），頁53。
〔註12〕見熊十力《新唯識論》（語體文本），頁273～274。

必說識名「唯」，但爲對治把境看做離心獨存的這種倒見，因此要說「唯識」。
再者，復依循二義，不得不說唯識。

　　一、會物歸己，得入無待故。如果把萬物看作是心外獨存的境，便
　　有萬物和自己對待，而不得與絕對精神爲一。今說唯識，即融攝萬
　　物爲自己，當下便是絕對的了。二、攝所歸能，得入實智故。能謂
　　心，所謂境。心能了別境，且能改造境的，故說心名能。境但是心
　　之所了別的，且隨心轉的，故說境名所。唯識的旨趣，是把境來從
　　屬於心，即顯心是運用一切境而爲其主宰的，是獨立的，是不役於
　　境的。但這個心，是眞實的智，而不是虛妄的心，此不容混。〔註13〕

這其中便有「眞實的智」和「虛妄的心」兩樣差別。本來心識與境是渾然一
體不可分的，它們均是全體流行的作用幻現，但心可以了別境，亦可改造境，
故納境來從屬於心，凸顯心是一切境之主宰。此爲心之原貌，乃本有之實智。
可是識之現起，常與妄習恆俱，即妄計一切境離心獨在，妄執心爲實在，這
就於本來的心起了計執，成了「妄執的心」，或說「取境的識」，於是假說緣
生，以闡明識相虛幻無實。緣者，藉義，眾相互相藉待，故說爲緣。生者，
起義，識相不實而幻起故，姑說爲生。既然說「緣生」，則可知識相即眾緣相。
易言之，此識相唯是眾緣互待而詐現，捨此無別識相可得。故識者，元無自
性，此非實有，義極決定。

　　有何眾緣以成識相？曰：因緣、等無間緣、所緣緣、增上緣。因緣者，
大乘舊師本建立種子爲因體，他們揣度心識現起，厥有來由，故立種子爲因，
而以心識爲種子現行之果。且種子個別分殊，於是心識遂有差別。此說，熊
先生不以爲然，理由是：彼不悟心識爲流行無礙之全體，而妄析成八聚，已
有擬物之失；又復計心從種生，能所判分，其謬滋甚。〔註14〕熊先生遂改定
因緣界訓曰：心識現起，原爲自動而不匱，假說因緣，非謂由有種故，定能
生識，方予因名。〔註15〕

　　這是熊先生與其他唯識學者特異的地方，因爲此乃熊先生以他的形上學
爲脈絡所形成的特殊解法。其根據之脈絡爲何？心識者，爲流行無礙之全體，
是實體之作用幻現，而實體之現起作用，是生生不息、滅滅不停的。故識者，

〔註13〕見熊十力《新唯識論》（語體文本），頁275。
〔註14〕參見熊十力《新唯識論》，頁58。
〔註15〕參見熊十力《新唯識論》，頁58。

必是念念新新而起，即爲念念新新而自動。即依自動義，假說爲因。但又應知，說識起是自動者，原不謂心有自體，只是剗取動勢而名心識，是幻現而本無自體。說「自動」，僅是爲了顯明此動勢不從官體生，亦不從境界生，不能就此聯想實有本體，眞正的本體在於「實體」。

等無間緣，指由前念之心法開路、避讓而引生後念心法之作用。等，同等之義。前念與後念的心與心所之數，雖有增減，而各自之體用同等一樣，並無一法而二體並起者。前念、後念各爲一而相等者，即稱爲等；前後二念之間，念念生滅，刹那不停，無有間隔，稱爲無間。無間緣者，前心與後心之間，無有間隔。所謂無有間隔者，熊先生於此強調，乃無時分可容間斷。順此可知心識所以遷流不息，唯有新新，都無故故。

所緣緣者，爲緣之法必是有體，方有力用，能牽生識。但「有體」之義非如世俗計有瓶等得爲緣者，此爲倒見，特妄情所執耳。唯視之有白、觸之有堅之白與堅，誠有非無，方得爲緣。這才是「有體」之義。又如意識緣空華時，應知意識此時現似所緣影像，妄作華解。華雖本無，識上所現似華境之影像，彰彰不無，即此影像，亦名有體。再者，所緣緣者必有所托，凡有體法，對於能緣識而作所緣緣的時候，它有一種牽引的力量，得爲能緣識所托，而令能緣識與己同時現起。識不孤起，須托境故。復所緣緣者具所慮義。如果不是有能慮的東西，把境界作它的所慮，那麼，這個境界便無所緣緣義。譬如鏡子有能照的作用，它會照人照物，但人和物並非鏡子之所慮，因爲鏡子根本非能慮的東西，所以，不能說人和物對於鏡子得名所緣緣。

增上緣者，有勝用義。爲緣之法必具勝用，不徒於果法爲密邇之助，但不障者即其力也。準此，則增上緣者寬廣無外，世間之科學所云因果，相當於此，以其但甄明事物相互之關係。爲何要分析這些緣呢？因爲一般人多半把妄執的心，看做是獨立的實在的東西。現在要破斥他們這種執著，所以把他們計爲獨立的實在的心，分析爲一一的緣，於是而說此心是緣生的。

雖說心識乃因緣所生，然切勿在「緣生」一詞上添加「構造」意義。緣生絕無構造義，取彼一詞僅是站在玄學或本體論的觀點上，欲掃蕩一切相，而冥證一眞法界，故如此說。〔註16〕蓋欲見本體，必先空現象而後可見，若以爲緣生含構造義，那便是承認現象爲實有了。我們應知，說「緣生」是爲了導正那些把心或識看成有自體的一般人，對他說心或識只是眾多的緣互相藉待而詐現

〔註16〕參見熊十力《新唯識論》（語體文本），頁297。

的一種虛假相，唯一真實者即是那夐然絕待的本體。是以緣生的說法，只對彼把心識看做是獨立的、實在的東西的人，以此說法攻破他的迷執。《阿含經》言：「佛語諸比丘，諸行如幻，是壞滅法，是暫時法，刹那不住。」這是對治有常住者、有實有者而說，與說「緣生」之用意相同，皆爲破除有「實物」的謬執。言暫時法者，實亦無暫時可說，以不容於此起時分想，所以云刹那不住，非真許有暫時法。諸行包括色法、心法，色心兩法皆刹那刹那生滅，無有暫住者。此義十分重要，熊先生於此發揮大化轉變流行之義。

第二節　本體之流行

　　熊先生於其書反覆申論境不離識、而識無自體之義，其義不在爲了證空，而是在於論證「天道本體」這一形上根據。是以在他的論述過程當中，可以不斷見到「全體流行之作用」一辭，全體者，意即天道本體與現界萬物整體而說，於大化流行之生生不已中，兩者統體爲一，不能截然劃分區別，故云「全體」也。

一、本體乃恆轉之勢能

　　雖道本體與現界，不可劃分爲二，但熊先生的理論基礎實在於天道本體，自此本體以明諸行之幻相遷流，萬法其實皆自本體轉變而來。其云：

> 變不從恆常起，恆常非是能變故。變不從空無生，空無莫爲能變故。爰有大物，其名恆轉。淵兮無待，湛兮無先，處卑而不宰，守靜而弗衰。此則爲能變者哉！變復云何？一翕一闢之謂變。〔註17〕

由上文可以得見所謂「大物」者，其實乃本體之謂；而稱彼爲一「大物」，非果真有一實物，僅是一假名耳。其實指在於「恆轉」一義。說「恆」表示非斷，說「轉」表示非常。非斷非常，即刹那刹那捨其故而創新不已。此大物生化萬物之至秘也。是故論其實，本體並非一靜態的超越實體，而是一動態的變化功能。諸行在其驅使下，頓起頓滅，無少法可容暫住。上文所引《阿含經》之語，姑不論《阿含經》說此言之實義爲何，熊先生是以「恆轉勢能」爲其根據而肯定之。隨後熊先生尋檢九項義據，以徵明「諸行無住」。〔註18〕

〔註17〕見熊十力《新唯識論》，頁68。
〔註18〕此九項義據，請詳見熊十力《新唯識論》，頁70～73。

其實皆爲了證成本體變化之生生不息耳。

　　此本體沒有另一因使它如此，也非本無而後有。既幽隱無形相，遍爲萬物實體，又非超物而存，守湛寂而非頑空。然則本體如何轉變？曰：一翕一闢之謂變。原來恆轉之動，本相續不已；既動而不已，元非浮游無據，故恆攝聚。惟恆攝聚，乃不期而幻成無量動點，勢若凝固，名之爲翕。翕則有疑於動而乖違其本，因爲恆轉者雖有而非物，一有翕聚，則勢若凝固而將成乎物矣。然與翕聚同時，常有力焉，健以自勝，而不肯化於翕。畢竟恆轉常如其性故，所以知其有似主宰用，乃以運乎翕之中而顯其至健，有戰勝之象。就此顯其至健者而言，名之爲闢。一翕一闢，若將相反而以成其變也。夫翕凝而近質，依此假說色法。夫闢健而至神，依此假說心法。色無實事，心無實事，只有此變。〔註19〕

　　此「變」非世所計「變化」之義，熊先生以三義明「變」：一、非動義。二、活義。三、不可思議義。世俗之言變也以動，動者，物由此方通過餘方，此緣於俗諦，起是妄執。翕闢之變未始有物，即無方分可以構畫，實則只有刹那刹那別別頓轉無間似續而已，不可作「動」想。

　　「活義」者，活之爲言，但遮頑空，不表有物，說是一物即不中，故無作者義即是活義。〔註20〕既不得作者，由此，變無固定之方，活義乃成。可是雖無作者，但有功能。功能者，無有實物可得，體是虛僞，猶如雲氣，闢然流動，遷流不息，幻似萬物，刹那移形，風力廣大，蕩海排山，唯「活」能爾。故幻有義亦是活義。此中有一大勢力，遍爲萬物實體，若極言其燦著，則一華一法界，一葉一如來。世界之森羅萬象，無非清淨本然，觸目皆眞實。此圓滿義也是活義。譬如王船山所云：「大化周流，如藥丸然，隨拋一味，味味具足。」宇宙無偏而不全之化理，吾人思想所及，無往不呈全體，攝億劫於刹那，涵無量於微點，都無虧欠，焉可溝分？再擴充此活義，萬物雖莫不齊，然不齊而齊，各如其所如，因而莫不互相交遍，乃若眾燈，交光相網，各各遍滿而不相礙，高下遺蹤而成適，唯活能爾。

　　此極至之理非思議所可相應，超出染慧範圍，唯由明解可以理會，故有「不可思議」義。若計度運轉似機械，或規定大用有鵠的，此是順世俗之變而執爲物。是爲以物觀變而變死，乃逞思議之過也。

　　〔註19〕參見熊十力《新唯識論》，頁68—69。
　　〔註20〕參見熊十力《新唯識論》，頁74。

　　熊先生以三義明變，然此唯是轉變不息的本體之動勢，剋就本體而論，乃一恆轉之功能。功能者即是實性，非現界背後之因緣。熊先生以為現界自性本空，唯依妄情執取故有。〔註21〕但現界雖空，實本有不空之實性，元來亦只有此實性，別無現界與之對。熊先生欲吾人所反證者，原是證知此不空之實性。能了實性之義者，即知森羅萬象，無非清淨本然，實未曾有如世間情見所執山河大地等相可得，是以如能見體，則知現界本空。

二、不易與變易相即不離

　　現界遷流萬象，變化萬千，其實乃有不易之實性為之主宰。而此不易之實性如何與瞬息萬變之現界相即不離呢？熊先生在闡發《周易》之易理的時候，於此義有更清楚的解釋。

　　《易》曰：「生生之謂易。」生而又生，動而健，此全易主旨。而萬物之能生而又生，蓋其背後有一宇宙本體曰「太極」也，若代以《新唯識論》的術語，即是恆轉，即是實性。《讀經示要》述曰：

> 極有二義：曰中，曰至。至者謂理之極至；中者，不偏之謂中。總言之，謂此極至之理為萬理所會歸，萬化所自出，是乃絕待而至圓滿，非若現實界之事物，彼此各囿於一偏。〔註22〕

太極又名「太易」，太易本旨有三，《易乾鑿度》云：「易者易也，變易也，不易也。」所謂「易者易也」，此易字當讀為難易之易，意思是「無繁擾相」。蓋易通情無門，藏神無內，光明四通，傚易立節。其體則虛無感動，清淨炤哲，不煩不擾，淡泊不失。此為易所以為萬有之本體也。變易者，言其氣也。天地不變則不能通氣，不能通氣，則萬有皆死物矣。五行迭終，四時更廢；以人事取象言，能消者息，必專者敗。此其變易也。最後，不易者謂本體之成變化而恆不改易其德。綜此三義，第一義乃說明易之德，第二義則明宇宙萬有之變化，雖然萬有之變化遷流不息，但不妨礙易體本身恆保其德，此為第三義之義。

　　根據〈乾鑿度〉之文，「易」具有不易與變易兩相反之義，可是兩相反之義如何可以同時形容同一個東西？

> 夫不易者乃常體之名，常體者正以其德常而不變；至於變易者，則

〔註21〕參見熊十力《新唯識論》，頁79。
〔註22〕見熊十力《讀經示要》卷三，頁51。

> 以本體備萬德、涵衆理，故顯爲大用流行，而現似萬物。譬如大海
> 水顯爲衆漚，大海水喻本體，衆漚喻大用或變易。衆漚看似爲實在，
> 其實無實體，其體本在大海水，正如大化現似萬物，萬物無實自體，
> 只依大用流行而爲之名耳。〔註23〕

此義喫緊，熊先生的易學與形上學思想皆自此衍化而成。本體整個顯爲「大
用流行」，萬有正是它的生化作用的展現。欲觀本體者，唯自萬物之紛然變化，
而見出本體之流行。因此熊先生才以「大海水喻本體，衆漚喻大用或變易」，
用意在此。是以不易與變易看似矛盾而相反，實則正由此以見本體與萬有之
關係，從變易之萬有而見不易之本體，是謂由體成用，即用識體，即不易即
變易，即變易即不易，熊先生於此豁然有悟體用不二的形上學之義理之妙。

　　然彼體用不二的形上學之義理之妙，尚有待於陰陽二氣之變，正如《新
唯識論》所說，本體之變化有待於一翕一闢之作用。一陰一陽，其實就是一
翕一闢。物之化生實由陰陽二氣凝聚而成，可是隔了一層氣化，尚能保持體
用不二之妙嗎？據熊先生的看法，「凡言陰陽二氣之氣，與後儒言理氣之氣，
皆當爲作用之名。」〔註24〕本體雖是清淨炤晢而無形質，但非無作用，作用
者即是本體之流行也。蓋本體之顯現只有猛烈之勢用，而無實質，故以氣形
容之。至於常途所云氣質之氣，或四時寒暑之氣等，則已是斥指現實事物而
名之，不可以言易也。這樣解釋即能貫徹萬物無實自體之義，因爲「勢用」
或「作用」皆表示一種趨向或動作，實際上並無實質東西在內。順此，萬有
皆可還原爲本體之作用，所以事實上，仍是只有一個宇宙本體，而無許多千
差萬異之物。

第三節　心、物之發展

　　上文已明本體者實爲恆轉不息之勢能，就此勢能而名之曰「功能」。故功
能者，即是本體之別稱。《新唯識論》一書羅列三點以分別說明何謂功能。首
當注意者，「功能即實性，非因緣。」〔註25〕此言何意？其實也不過是反對將
現界與本體判爲相對待的「因果兩重」。熊先生評舊唯識師：「護法計有現行

〔註23〕見熊十力《讀經示要》卷三，頁54～55。
〔註24〕參見熊十力《讀經示要》卷三，頁53。
〔註25〕參見熊十力《新唯識論》，頁78。

界，因更計有功能沉隱而爲現界本根，字曰因緣。此巨謬也。夫其因果隱顯，判以二重，能所體相，析成兩物。」〔註26〕將本體與萬物析成因果、能所兩重關係，是熊先生最反對的觀點。爲此觀點會導致將本體與現界截成兩片，而非一物之虞。若如此者，則「即體即用，體用不二」遂不可說。是爾熊先生一再強調：

> 余以爲現界自性本空，唯依妄情執取故有。若了現界實無，則知因緣亦莫從建立，唯由妄情所執現界空故，而本有不空實性，方乃以如理作意得深悟入。元來只此實性，別無現界爲之對，是故我說功能，但依實性立稱，不以因緣相釋。〔註27〕

有人據此而稱熊先生的「本體」非一超越而夐然獨存的本體，他所謂的功用是不離本體的。正因爲功用之生生不息，乃成就爲一個統體之體（totality）；而即此統體之體而言，其實爲本體。〔註28〕此說精闢，確實道出熊先生「本體」要義。既然本體、現界渾然一物，則宇宙所有一切，包括心、物一切諸行，又是如何形成的？

一、心體之健而闢

第一節曾略言心識無實自體，純爲全體流行之作用表現，但未能完全彰顯「心」義，熊先生另闢〈明心篇〉以陳論心之實義。

心者，實爲恆轉之動而闢也，因此故，心之實性就是恆轉，而無實自體。不僅心如此，物亦然。爲有心物之幻現，遂有「有情」之假名。恆轉者，至靜而動，本未始有物，然其動即不能不攝聚，一有攝聚，便翕而幻成乎物。此爲物質存在之由來，下文將詳述之。可是恆轉之動，剛健不撓，豈能成乎物便化於物而不守自性哉！其行之至健，常物物而不物於物。就此物物而不物於物之自性力，對翕而言則謂之闢，對物而言則謂之心。心者，即是不落於物而爲恆轉自性力之顯發也。故心即恆轉本體也，即萬有之實性也。

何以知心爲自性力之顯發？此須反躬自證，質驗之倫理實踐，的確有一純粹精誠、超脫小己利害計較之心，譬如親親仁民愛物之切至，與夫四海疾

〔註26〕見熊十力《新唯識論》，頁78。

〔註27〕見熊十力《新唯識論》，頁79。

〔註28〕參見熊十力《原儒》林安梧先生所寫之〈代序〉，明文書局，民國86年版，頁3。

痛相連之感，證明此心沒有彼我之限制。由此可明「一人一物之心即是天地萬物之心，非形質所能隔別，故恆互相貫通。」〔註29〕人類爲生物進化之最高點，能實顯本體之無限心靈，所以能精誠實踐，超脫小己利害之計較，破形物之錮縛，順實性而創新。以心宰物、以闢運翕者在於是。其他動物則無此能事。此點只須反躬自省，即能灼然有識。

不過人情之蔽，恆昧其固有之神明寶藏，而自視爲一物矣。耳目口鼻內臟百骸，固皆物也。耳所取聲，目所取色，口鼻所取嗅味，乃至百骸所觸，又無往而非物交物。如果宇宙人生誠爲一大塊物質，則有何生命可言？是以熊先生莊重否認道：

> 耳則能聽，以聽於聲也而顯其聰焉；目則能視，以視於色也而顯其明焉；乃至百骸則能觸，以於一切所觸而顯其覺了焉。今故應問：此聰明覺了爲發自耳目等物乎？彼既是物，如何能發生聰明覺了？抑爲發自聲色等物乎？彼亦是物，又如何能發生聰明覺了？且物若能發生聰明覺了者，則物即神矣，何可名物？故知聰明覺了者，心也。此心乃體物而不遺，是以主乎耳目等物而運乎聲色等物。語其著則充周而不窮，語其隱則藏密而無閒，渾然全體，即流行即主宰，是乃所謂生命也。〔註30〕

雖然恆轉功能之顯發，必現爲物以神其用；既現爲物，故分化而成個體，遂與恆轉之生命力互相憑藉。於是，生命力以憑物而顯故，常有淪於物質之中，膠固而不得解脫之虞，此徵之植物與動物而可見者。何以人類獨可破形物之隔以顯生命力之創發？「蓋生物界經累級演進，迄至人類，神經系統始益發達，則由生命力潛滋默運，有以改造物質而收利用之效。故心靈煥發，特有主宰之權能，乃足以用物而不爲物用，轉物而不爲物轉。」〔註31〕

心即是本體，即是恆轉之自性力，乃渾然不可分之全體，可是不妨從各方面以形容之，則將隨其分殊而取義，而名亦滋多矣。

> 以其爲吾一身之主宰，則對身而名心焉；然心體萬物而無不在，本不限於一身也。不限於一身者，謂在我者亦即在天地萬物也。今反求其在我者，乃淵然恆有定向，於此言之，則謂之意矣。……若其

〔註29〕參見熊十力《新唯識論》，頁101。
〔註30〕見熊十力《新唯識論》，頁102。
〔註31〕見熊十力《新唯識論》，頁103。

> 感而遂通，資乎官能以趣境者，是名感識。動而愈出，不倚官能，
> 獨起籌度者，是名意識。〔註32〕

心、意、識三者，於熊先生之解釋下，其實爲一，不過各有取義而已。

　　心、意二者無問題，感識緣實境不緣假法，亦無問題；最易陷於虛妄者，唯意識而已矣。因爲意識發展，由對應外境故，恆假借感識以爲資具，直趣前境。雖然意識之特色在於「觀境共相，明辨而審處之」，但也因此常有「不守自性」而墜陷。何以言之？熊先生解道：

> 如緣外色等境時，識上必現似外色等影像，雖復所緣本非外境，而
> 識上亦現似所緣影像。此等影像亦如外境，同作所緣緣故，即於無
> 法而起無解，識亦現似無之影像，是法本無而在識成境矣。故知意
> 識常帶境相，剛陷乎顯中之象也。〔註33〕

緣於有此「現似外色等影像」之功用，是故意識常有執取之患，以致有種種虛妄分別而生，譬如執有實色、實心者，皆源自於此。若意識能時時反觀照察自己，則可了境唯心，而不逐於境；會物爲己，斯不累於物。如是，意識雖現起而不爲患矣。

　　以上言「心、意、識」三者，唯是大略分別之，尚未能究心之變；如欲窮究其變，心上之所有法必不可少。彼心上所有法，不即是心，而是繫屬心故，得「心所」名。夫心不孤起，必得心所相助，方能成事。兩者之別，依《三十論》之說，乃「心於所緣，唯取總相。心所於彼，亦取別相。」例如緣青色，心唯了青色，不於青上更起差別解；而心所則不然，不唯了別青色，更於青上著順違等相。至於熊先生之解則有更進於是，其曰：

> 然二法根本區別云何？此在舊師，未嘗是究。……據實言之，心既
> 是性，義亦詳前，故知此心發用壹本固有，感通莫匪天明。若心所
> 者，則乃習氣現行，斯屬後起人僞。〔註34〕

心所就是習氣，習氣乃形生神發而後有，故云「後起」。再者，習氣爲吾人有生以來一切經驗之所累積，本非天性固有，唯是一團幻妄勢力，厚結不散，所以道它是「人僞」。既然心所非天性所固有，何故心必得心所之助，方能成事？原夫「心即性故，隱而唯微。所即習故，麤而乘勢。心得所助而同行有

〔註32〕見熊十力《新唯識論》，頁113～114。
〔註33〕見熊十力《新唯識論》，頁116。
〔註34〕見熊十力《新唯識論》，頁120。

力，所應其心而毋或奪主，則心固即性而所亦莫非性也。反是而一任染數縱橫，以役於形溺於物，而心乃受其障蔽而不得顯發，是即習之伐其性也。習伐其性，即心不可見而唯以心所爲名，所謂妄心者此也。」〔註35〕

此中大約可見眞心與妄心之別。眞心是恆轉實性，先天固有，感通莫匪天明；妄心則爲習氣人僞，後天之經驗厚結，有障蔽眞心使不得顯發的勢力。若再回溯歸結前破實色、實心之文，大抵眞心乃天道流行的作用之一，表健而闢的精神力量，不拘錮於成形之物，能夠照體獨立，迥脫諸塵，知一切法而不留一法，泯一切相而不拒諸相。能緣、所緣俱空，境相不生，灑落自在。至於妄心，也非眞心外另有一心名「妄心」，應是後天人爲增添於眞心上的多餘勢力；此勢力固然矗顯有力，足以助成眞心成事；但它更有可能妨礙眞心顯發，使人役於形而溺於物，揣摩度量，妄以外境皆獨立實有，吾心均有實自體，如此則大違宇宙眞諦，遺卻吾生之本源。心之本義，大概若此，於此明澈，則「物」之本相眞義，亦可清楚無疑。

二、物質之翕而聚

前文已略述心與物其實無自體，蓋兩者皆是本體之兩大作用。一般有情眾生，之有此「有情」之假名，緣於有情爲依心物幻現得名，若除去心物兩方面，則有情之名無從立也。說「有情爲依心物幻現得名」，幻現者，即謂心物本非實在法故，兩者的實性實爲恆轉本體。熊先生云：

> 恆轉者，至靜而動，本未始有物也。然動而不能不翕聚，故乃翕而
> 幻成乎物。此所以現似物質宇宙而疑於不守自性也。〔註36〕

是故物質之形成有對礙相者，唯是恆轉動勢之幻似耳。何以恆轉之動非有物質之翕聚不可？因爲若不攝聚，則恆轉之力浮游無據，何以見其力之行乎？此義若參照熊先生解《周易》坤卦之總義，更可見出翕聚於大用流行乃不可免：

> 原夫太極之顯爲大用，必先有一種凝聚處，以爲其自身表現之資具。
> 此即所謂坤也。……〈說卦〉曰：「坤以藏之。」藏者，造化有所凝
> 聚，而生化勢能常於此藏，乃即利用所藏處，得以自表現也。使造
> 化無凝聚處，只是莽蕩無物，則生化勢能又如何可見？故凝聚者，

〔註35〕見熊十力《新唯識論》，頁120。
〔註36〕見熊十力《新唯識論》，頁99。

乃大用流行，不可無資具，而凝聚遂為勢所必至也。〔註37〕
太極者，即是恆轉之本體，亦即生化之勢能。坤則表徵物質之凝聚，使造化無凝聚處，只是莽蕩無物，則生化勢能又如何可見？所以凝聚者，乃大用流行不可無之資具。藉由此攝聚處，生生之機，造化之萌，於此現焉。但也不能因為翕聚之各別型態而懷疑與本體不相似然，其實仍是本體之生化，只是本體以與它體性相反之狀態成物罷了。熊先生以「無量動點」表物質的成素，其云：「纔攝聚便是翕，翕即幻成無量動點。動點者，幻似有質而實非質也。」〔註38〕乍看之下，動點頗類似科學上所言之原子、電子，果真這般理解「動點」，則大大誤解了熊先生的原義。原子、電子乃是實質之物，為分析物質至最小單位的實在的東西；至於動點，則是本體幻似有質的翕聚，並非實物。可是一群不實在的東西如何成物？熊先生解道：

> 動點之形成不一其性，而陰陽以殊。動點之相待不一其情，而愛拒
> 斯異。陰陽相值適當而愛，則幻成動點系焉。系之組合，當由多點。
> 其點與點之間，距離甚大，但相引相屬而成一系耳。然無量諸點，
> 自有不當其值而相拒者，此所以不唯混成一系，而各得以其相愛者，
> 互別而成眾多系也。凡愛拒之情，只生於相待之當否。有拒以行乎
> 愛之中而成分殊，有愛以徹乎拒之中，使有分殊而無散漫。此玄化
> 之秘也。故凡系與系之間，亦有愛拒。二個系以上之愛合，形成麤
> 色。如當前書案，即由許多動點系幻成此麤色境，乃至日星大地靡
> 不如是，及吾形軀亦復如是。〔註39〕

一般滯於物相而認為實者，唯是心識雜染習而執取，故以為有實在而獨立之色法。若能即物相而深觀生化之動勢，則可知物相不過是動而方翕之勢，貌似對礙，而實無對礙。於解《周易》之生化義理時，熊先生亦不斷強調「坤凝聚而似有質，其實無實質也」這一點。總而言之，物質之實性即是恆轉，窮原極本，畢竟須還原至本體來。設物質為異於恆轉本體之另一元素，則表示於本體外，另有一獨立於本體之物存在，此為熊先生所不許。蓋如此者，則「即用見體」不能說，「體用不二」更須放棄；若不能證成「體用不二」之義，那麼儒家形上學也就隨之瓦解了。

〔註37〕見熊十力《讀經示要》卷三，頁88。
〔註38〕見熊十力《新唯識論》，頁93。
〔註39〕見熊十力《新唯識論》，頁93。

　　以上探討物質存在之因，乃本體藉以展現之資具，不得不然；物既已存在，則物之發展又當如何？熊先生於《讀經示要》分別解析乾卦六爻時，對於物之發展有十分清楚的說明。綜言之，乾卦六爻是為物之始、壯、究之發展。初九表物未生之狀態，具無限可能性，至九二將形，比喻如龍出乎乾而現於地上也。九三日夕不懈而兢惕，若有危厲將至；九四表生命之奮進，一方面固見其上進不已，即所謂躍，另一方面又見其保留原來階地，即所謂在淵。至九五，萬物由潛能之發現，直至盛著之極，以飛龍在天象之。可是萬物盛著之極，卻易有物化之險，此正是上九亢龍有悔之警義。

　　由初九以至九五，正是精神表現在物質中，而顯其進進不已的主動力。熊先生晚年著作《體用論》曾形容此：

> 精神在物質中便顯其主動力，而導引物質之構造改易形式，遂有生物繼無機物之後突然出現。生物既出以後，又不斷的改造其生機體。精神之發展，乃日益便利。是故觀測宇宙，從過去到現在，以趨於未來，本為發展不息之全體。此全體的發展，由一切無機物進至生物，精神始由潛隱而驟顯發。生物既出，復進進不已，以至高等動物。……宇宙自洪荒肇啟，發展不息，正是精神在物質中破除固閉，爭取主動，以變化裁成乎物質，方且任而直前，未見其止也。〔註40〕

日人島田虔次據此而謂熊先生受到西方進化論和柏格森的生命哲學的影響，〔註41〕此說或有可能，不過熊先生的哲學仍不能與西方進化論和柏格森哲學劃上等號，畢竟後者並無「本體生生不息」的涵義。

　　物之進程何故必由微至顯而陷於物化？因為物乃秉天道以生，物既生，而天道固在物也；然物生，即囿於成型，而天道隱。謂天道隱者，乃為物日益成為障礙之物，天道遂被錮於其中。物盛而至其極，則成型益固，天道將不得流行，而物失其性矣。物失其性，則未有能生者也，不歸於滅盡不得。故曰亢龍有悔。此解極具警策之意，就人道而言，人稟天德以生，既生，則形氣限之，而天德難顯。若非人能奮其自力，以修養所性之德，則將蔽於形氣，而有物化之虞。子曰：「人能弘道，非道弘人。」道者雖人所固有，但人若不能自強以體道，以至心為形役，則人乃喪道而成一頑物，終必覆滅而不可免。

〔註40〕見熊十力《體用論》，台灣學生書局，民國65年版，頁320～321。
〔註41〕參見島田虔次《熊十力與新儒家哲學》，明文書局，民國81年版，頁90。

坤之六爻亦如是，一再反覆申明乾坤同體，乾元之力，亦即健而闢的生命力，無時不默運於坤陰之中，坤必以承乾為德，不可自逞。若陰自專亢極，則陽必破重陰之錮，以顯其主宰之勝能。坤卦「上六，龍戰於野，其血玄黃。」意即在是。然陽雖起而戰陰，但伏其侵逼之勢爾，非滅之也。〈坤文言〉曰：「陰疑於陽，必戰，為其嫌於無陽也，故稱龍焉。猶未離其類也，故稱血焉。」陽不孤行，必資於陰。縱為陰之自專侵逼而戰，亦非滅之。若滅之，則將離其類而為孤陽矣。總之，陰陽本一體，同為太極之顯現，兩者不可或缺。

第四節　問題的提出

順著熊先生所分疏的義理，抉發其中之形上結構，主要為展現儒家「天命流行」之宗旨。據上文言，天命生化不息展現在宇宙萬象之生滅滅生。欲證明無實自體的心、物，熊先生假唯識學之「析緣」法，令人曉諭無實心、無實物，心物皆為本體的顯現作用罷了。當代學者林安梧先生循此而概括熊氏哲學為一「現象學式的本體學」，或說為「本體的現象學」。何謂「本體的現象學」？林先生如是詮釋熊氏哲學：

> 熊氏的體用哲學所隱涵的現象學方法，這方法不是建構，不是化約，不是玄辯，而是一種要求「回到事物自身」的方法，當然這裏所謂的「回到事物自身」，乃是回到存有的根源，由那活生生的實存而有之觸動而自如其如的開顯自己。這樣的方法是以本體之顯現其自己為方法的，而不是另外的去說一個什麼樣的方法。〔註42〕

林先生這番詮釋十分新穎獨特，熊氏的體用哲學是不是一種回到事物自身的要求，不無可慮，不過若以本體為一切存有之根源為言，說熊氏哲學乃由那存有的根源自如其如的開顯自己，倒也不差，因為綜覈熊先生的所有論說，皆為了闡明「本體」這一唯一的真實實體，萬有均是它的彰顯、朗現。本體變化流行的全體過程，是以「象」的方式展開，這個「象」可視為「本體顯現為現象」的「現象」。而這樣的現象是由本體走出來，顯現出來的。它之所以能走出來，顯現出來，是因為有能所的互動辯證而展開的。〔註43〕以上為林先生對「本體的現象學」的進一步的解釋。是以總持而論，熊先生意下的

〔註42〕見林安梧《存有‧意識與實踐》，頁56。
〔註43〕參見林安梧《存有‧意識與實踐》，頁60。

「現象」是全體所顯現而流行的，這樣的「現象」是先於一切認識活動的，它不是一種概念性的認知，而是一種顯現。〔註44〕

　　熊先生這一「本體現象學」體系，相當精微深刻，確能表述儒家「剛健不息」的精神。可是以「本體現象學」的方式詮解儒家形上學，是否完全貼合妥當？此即是本文所欲探索之處。因為對照其他理學諸家，無一人以此表達「天命流行」義，當然這不代表熊先生的詮解一定錯，但總留下令人不解的疑惑，以及某些無法圓說的缺憾。茲一一詳述下文中。

一、無實質之物何以會有物化之險

　　「本體現象學」所欲傳達的形上意旨在於天道實體與所開顯的現象不二，亦即「即用見體，即體是用」的「體用不二」論，此為儒家形上學之最高化境，為古今大儒共有的理念。綜觀儒學的發展，「體用不二」有兩種表達方式，端視如何解析這個「即」字。此「即」字可以是「相即不離」之意，也可以是「即是」之意。若是前者，則體用可以形上形下之概念區別開來。雖有形上形下之別，然本體不孤離表現，必顯現於天地萬物。為顯本體之具體圓頓地呈現，須於天地生化中，隨時、隨處著見，故云「即用見體」、「即體是用」；而後者則是直接將氣化含攝在本體內，與本體無二無別，形上形下之超越區分完全泯除。根據《新唯識論》與《讀經示要》二書的論述，十力先生的「體用不二」，恐怕較趨於後者。

　　夫考察熊先生之詮釋，所謂本體者，非超脫現象而獨尊之本體，彼虛無感動、清淨焰哲，移物致耀、至誠專密，不煩不擾、淡泊不失。此數言既形容它寂然無形，真實無妄，復又於至寂之中，有所感而至動以成物。換言之，恆轉本體，非不動之超越實體，而造出變易之現象世界；它必顯為大用流行，變化萬物，陰陽二氣，或是色心二物，即為它的兩大作用，整個宇宙只是實體顯為盛大作用而已。為彰此盛大之「作用」義，熊先生特名之曰「功能」。功能者，「即宇宙生生不容已之大流。此體綿綿若存，原無聲臭可即；冥冥密運，亦非睹聞所涉；泊爾至虛，故能孕群有而不滯；湛然純一，故能極萬變而莫測。天得之以成天，地得之以成地，人得之以成人，物得之以成物。芸芸品類，萬有不齊，……壹是皆資始乎功能之一元而成形凝命，莫不各足，

<hr>

〔註44〕參見林安梧《存有・意識與實踐》，頁61。

莫不稱事。」〔註45〕

　　是故熊先生所謂「本體」者，應是一恆轉之動態勢能，全宇宙皆爲其作用之變現，而本體之作用，即是心物二用，以《周易》之術語而言，即是陰陽二氣，故爾熊先生有「須知，全宇宙只是氣」之說。而氣又非離本體而有獨立結構之物，它實即是天道本體之展現，只爲說明方便，故有體與氣之分別，事實上與本體無若何別異。而由氣所成之形與質，也僅爲氣之盛大表現。因爲氣勢盛大，自然形見，便似有無量粒狀之波動然，究無實質也。故熊先生道：

> 其實，宇宙本體即所謂太易是也。太易雖含三始，即氣形質具，而形與質並無實，只渾然一氣而已。氣亦非離太易而別有自體，只是太易之顯現而已。〔註46〕

至於由氣、形、質所成之物，僅是「假名」爾，根本無實自體。〔註47〕如此層層推論至最後，熊先生的形上學內容，僅是表達本體之幻現罷了。所謂氣、所謂物、所謂心，皆可還原爲本體之作用；而作用，是說明體之流行，狀夫體之發現，是體之自身現爲如是用相，本非與體有異，僅是權變之區分，故談作用即可以顯體。是以熊先生可以輕易證明「即用見體」、「體用不二」之旨，因爲這是分析命題必然會有的結論，理由在於：主詞（本體）已包含所有的受詞（不論是氣或物）在內，實際唯有一天道本體存在，任指一物，皆是本體之顯現，當然可以即用識體，即體成用了。

　　且再細察熊先生論述的方式，實也談不上本體與物之關係，因爲物畢竟是無實質的「似現」而已。就此點論，無實質的似現之物有始壯究的發展可言嗎？縱然理論上，我們可以揣測物之發展乃天道步步實現的表徵，由無機質以至植物、動物乃至人類，生命之奮進，殆如旭日方升，象徵天道運物，由微隱而至盛著。可是無實質的似現之物，怎會有如上述一般由微隱而至盛著的發展步驟？也許天道奧秘，生物不測，循熊先生之意，天道就是以此種「詭譎幻化」的方式彰顯它自身。

　　雖然如此，仍有令人不解的地方，例如解至「亢龍有悔」時，何故竟會

〔註45〕見熊十力《新唯識論》，頁82。
〔註46〕見熊十力《讀經示要》卷三，頁57。
〔註47〕熊先生於【附釋七】曾說：「氣者，太易之顯現。則氣又非離太易而別有物也。然則因氣形質具，而假名萬物。即萬物元無實自體，而同以太易爲其本體也。」參見熊十力《讀經示要》卷三，頁57。

有「物化」之虞？物之詐現，也是天道之作用，何以不能與天道析爲兩片之物居然會有盛極而至物化的地步？他的解釋是：因爲「物乃秉天道以生，物既生，而天道固在物也；然物生，即囿於成型，而天道隱。謂天道隱者，乃爲物日益成爲障礙之物，天道遂被錮於其中。物盛而至其極，則成型益固，天道將不得流行，而物失其性矣。」〔註48〕物失其性，則未有能生者也，不歸於滅盡不得。故曰亢龍有悔。

「物生，即囿於成型，而天道隱」，然則何以無實質之物會囿於成型呢？或可如此解析：「生化勢能必假坤爲資具，始遂其生化。坤成物，將至重墜，而似捨其本體。」〔註49〕此就坤之凝聚而說，一有凝聚便有成爲重墜的物質傾向。而且陰爲陽之資具，雖有利在，而害亦潛伏其中。何以言哉？「資具既成，即自有權能。常使用資具者，轉爲資具所用。如奴僕，資具也，而豪奴悍僕之勢成，主人反爲其所用。」〔註50〕

這樣的譬喻說明，固爲巧解，然而不論坤多有可能成爲重墜的物質傾向，它畢竟只是「似現」而已，到底不能成爲眞正有實質的物質，《新唯識論》稱「器界唯是無量動點，幻現眾相」，而動點者，是纔生即滅，刹那刹那，別別頓起，前不至後，此不至彼，本來無物，焉能久住？不能久住之物，又怎會有「物化」之險呢？

若說「物成，而各有形限，則緣形限之拘，不復能體現造化之德。而其力之所用，不能超形限而同於大通，則亢與窮之患，於是乎起。」〔註51〕此一解釋更深一層，吾人亦應承認熊先生對宇宙生命的變化，確有其不可掩之深知卓見。可是他的解釋若欲成立，前提是對於「物」的界定不能純粹以分析命題的方式，直接由太極本體分化而出。循彼上文天道生物的套套邏輯之推述，物其實無獨立意義的，一切皆可還歸於本體。如欲解釋乾「上九，亢龍有悔」與坤「上六，龍戰於野」，意即闡明「物過盛」之現象，即須肯認氣化與物有不能劃歸於天道的成分存在，換言之，天道生物不能以單純的「分析命題」析之，須以「綜合命題」的方式解之，方能順利衍申「物化」之義。

可是物之生成若有異於天道本體之成分，則此多出來的成分將歸原於何

〔註48〕見熊十力《讀經示要》卷三，頁74。
〔註49〕見熊十力《讀經示要》卷三，頁89。
〔註50〕見熊十力《讀經示要》卷三，頁99。
〔註51〕見熊十力《讀經示要》卷三，頁106。

處？是什麼原因產生這些成素？此又是一難題。顧此失彼，顧彼則失此，誠為一兩難之局面。再者，若物之存在僅為「本體之幻現」，則先儒所喜言之「實事實理」是否還能肯定？實理固然仍是實理，而「事」仍否可為「實事」？乾卦象辭所贊「乾道變化，各正性命」，其意應是闡明天道不能空言，不能不貫注於個體之性命。性命亦不能無根，不能不通於形上之天道。在「乾道變化」中，「各正性命」即落於形物之生成上而各定其性命。〔註52〕因是，萬物之生皆有形上之必然性，非偶然之幻化，每一物皆為「實」物，每一事均為「實」事，蓋事事物物都為實理貫徹貞定的緣故。縱然本體之幻現萬物，按熊先生的講法，也有其不得不如此的必然性，可是依他講說的方式，萬物總無實理貞定的存在價值，那麼萬物的存在是否有意義可言，實在令人懷疑。

二、物之存在尚有意義否

或有云：依熊先生的理論，所以有「物化」者，在於妄心習氣誤以物為實質之物，各個獨立，疏離隔礙，拘執形氣而昧其本來，是以見物有生滅變動，一異來去，溺於形物而不知超脫，此之謂「物化」也。論其實，物何嘗有過盛之虞？皆是人之妄心所執。熊先生在論證「諸行如幻，是壞滅法，是暫時法，剎那不住」之宗旨時，列舉九項義據，以徵明此義。其中一項：若物剎那剎那新生者，云何於中作舊物解？熊先生解道：「應說由相似隨轉，得作是知。譬如燈焰，相似起故，起舊焰知，而實差別，前體無故。」〔註53〕何謂相似隨轉？意即前剎那法纔生即滅，次剎那法即刻以宛似前法生起，縱然也纔生即滅，然第三剎那以下，也是如此宛似前法生起，此則為相似隨轉。緣於剎那剎那相似隨轉，故吾人誤以為物為舊物，而可久住不變，實則相續剎那隨轉，別別而起，已非前物了。於此若能不梏於感識執取，還復本然真心，當可立見物無實質，僅是動勢之幻似，剎那剎那生滅而已；究其實，唯有一統體之大生命力流行其間，融攝通貫全宇宙，既非有物，亦無生滅變動。

此說固有理，足以化解「物化」之疑難，然而如此一來，物之存在尚有意義否？氣化本身之特殊結構性，即橫渠名之曰「氣質之性」者，還有研究討論的必要嗎？「氣」之概念由來已久，舉凡自然現象、生命元質或個人才情的表現，皆可歸諸於「氣」。可是在熊先生的剖解下，「氣」成了什麼？

〔註52〕參見牟宗三《才性與玄理》，學生書局，民國74年版，頁104～105。
〔註53〕見熊十力《新唯識論》，頁71。

氣字當然不是空氣，或氣體和氣象等等氣字的意義。常途每以形氣
二字連用，這裏的氣字，猶不是形氣之稱，至後當知。我以為，這
氣字只是一種生生的動勢，或勝能的意思。此氣是運而無所積的。
動相詐現，猶如氣分，故名為氣。（自註：言氣，即顯無實物故。）
詳覈此所謂氣，正是本論所謂用。至於萬有或形氣，唯依動轉的跡
象，假為之名，非離一切動勢，有實形氣。……宋明儒中，許多人
把氣說為實有的，因以為理者只是氣上的條理。如此，則理的本身
竟是空洞的形式，只氣是實的。明儒持這種見解的更多，即在陽
明派下，也都如是主張。他們陽明後學一面談良知，不得不承認心
是主宰，一面談氣是實有，理反是屬於氣上的一種形式，頗似心物
二元論，甚乖陽明本旨。我在此處不欲多作評判，只說我對於理氣
的解釋。我以為，理和氣是不可截然分為二片的。理之一詞，是體
和用之通稱，氣之一詞，但從用上立名。〔註54〕

宋明儒者之談理氣，是否全然把氣說為實有，而以理只是氣上的條理？這種
評斷值得商議。至若陽明後學，一面談氣是實有，一面又承認心是主宰，頗
有心物二元論之嫌，這種看法也需要重新評估。要之，熊先生認定「理和氣
是不可截然分為二片的」，便與每一位宋明儒者大大不同。此想法當然承自他
的體用不二論，而在其體用不二論下，形下之氣可以完全還原為形上之道，
則自然生命肯定無實質的意義與價值，而自古即有的「氣」之概念，亦必完
全落空。

　　若說古人所論之「氣」，果真是心識錮蔽執取所致，則消解之以還原天道，
亦無不可。可是「氣化」本身確然有不可消解的重要性，譬如道德實踐即是
一例。所謂道德實踐，固然是實踐吾人之道德理性，但道德理性欲彰顯表現
出來，仍需仰賴形體之自然生命。孟子曰：「形色，天性也；惟聖人然後可以
踐形。」（《孟子・盡心章句上》）「踐形」也者，意指人的形體經由一段功夫
的歷程後，可以充分的將內在的潛能展現出來，呈現出一種極強烈的精神向
度。〔註55〕這種精神向度展現為道德的光輝，孟子稱此光輝為「生色」。當君
子生色時，「睟然見於面，盎於背，施於四體，四體不言而喻。」（《孟子・盡

〔註54〕見熊十力《新唯識論》（語體文本），頁439～440。
〔註55〕參見楊儒賓先生主編的《中國古代思想中的氣論及身體觀》之〈支離與踐形〉，
　　　　巨流圖書公司，民國82年版，頁427。

心章句上》）不但如此，連學者的移瞬轉睛、聲音高低、言談舉止，都不是中性的，它們都具有道德的涵義。此爲近人楊儒賓先生的關於「儒家身體觀」的分析，十分有見地。

為什麼人的身體可以具有道德的意味呢？楊先生認爲孟子乃基於下列三個理由所致：

> 首先，人的身體不只是解剖學意義下可見的軀體而已，更重要地，它由氣組成，氣充滿了人的身體。

> 其次，人的體氣就像一般的軀體一樣，不免順著生物法則運作。但始原的氣卻與人的心志同在，志一動，氣也跟著流行。志與氣是一件心理事件的兩個不同面相。

> 第三，人的本心是善的，爲天命所賦。同樣地，人本來的氣也是善的，孟子稱呼它爲「夜氣」或「平旦之氣」，所以當良知——良氣開始流行，改變至極，並轉化內在的體氣以後，人的身體之存在向度也跟著改變，改變至極，即是踐形之完成。〔註56〕

關於第三點「人本來的氣也是善的」是否可以成立，姑且不論，至少由此三點分析，可以見出孟子對形體的重視。人之生，既有四肢五官之形色，亦有天命之性理，能充分彰顯天命之性理者，惟聖人爲然。而聖人之欲顯性理，亦惟賴此形色，否則性理何由而彰？《論語》〈季氏第十六〉有記道：

> 孔子曰：「君子有九思：視思明，聽思聰，色思溫，貌思恭，言思忠，事思敬，疑思問，忿思難，見得思義。」

視聽言動，皆爲形體之活動，道德理性即藉由諸種種活動，以表彰它自身。同樣視聽言動，有人心不在焉，視而不見，聽而不聞，食而不知其味，或是動靜舉止，皆不合於禮；有人卻可動容周旋中禮。中禮不中禮，即是道德理性可否顯發之關鍵。《中庸》云「苟不至德，至道不凝焉」（第廿七章），至道之凝聚流行與否，與聖人之道有關，是以上文云：「大哉聖人之道！洋洋乎！發育萬物，峻極於天。優優大哉！禮儀三百，威儀三千。待其人而後行。」禮儀三百，威儀三千，這些經禮威儀均有待於人之形色動作，苟無氣化之自然生命，禮儀何由表現？而至道又何得而凝焉？

由上觀之，氣化可說是天道流行之資具，無此資具，天道無從流行。然

〔註56〕見《中國古代思想中的氣論及身體觀》〈導論〉，頁25。

則此義熊先生亦備有之，若是，則吾人即不可說熊先生之論無法充盡道德實踐之內涵。當知此中仍是有別。熊先生縱然有坤元爲乾陽流行之資具，但是坤元與乾陽本質無異，正如心物同爲天道之化生幻現，皆無實質，實質惟歸原於天道。而孟子與《中庸》作者，顯然無「天道幻現」之義，更無自然之個體生命沒有實質意義之想。兩者，尤其是孟子，頗能正視自然生命對道德實踐之助力與阻力。其言：

> 口之於味也，目之於色也，耳之於聲也，鼻之於臭也，四肢之於安逸也，性也，有命焉，君子不謂性也。仁之於父子也，義之於君臣也，禮之於賓主也，智之於賢者也，聖人之於天道也，命也，有性焉，君子不謂命也。（〈盡心章句下〉）

孟子雖多述「爲善之才」方爲人之異於禽獸的地方，惟此處方可言「人性」。然而對於五官之欲望，他也沒有將之完全摒除在人性之外，只是警告人此處有命存焉，不可無節制地擴張。從這一章可以得知，孟子確實沒有忽視自然生命的特殊性質，雖然生理欲望有時會阻撓人之爲善，例如飢者易爲食，渴者易爲飲，是未得飲食之正，飢渴害之也。豈惟口腹有飢渴之害？人心亦皆有害，人常以飢渴之害爲心害，而扭曲偏差，這就是自然生理阻撓人爲善。但也不能因此而全然否定自然生命的價值，順從生理欲望，固然容易爲惡，若能善導之，亦可爲善，是以孟子有「養氣」之說。

> 「敢問何謂浩然之氣？」曰：「難言也。其爲氣也，至大至剛，以直養而無害，則塞於天地之間。其爲氣也，配義與道；無是，餒也。是集義所生者，非義襲而取之也。行有不慊於心，則餒矣。我故曰告子未嘗知義，以其外之也。必有事焉而勿正，心勿忘，勿助長也。」
>
> （公孫丑章句上）

道德實踐首要者，固然是知義識仁，但也不能忽略可以實現仁義的資具——形氣之體。「夫志，氣之帥也；氣，體之充也。夫志至焉，氣次焉。故曰：『持其志，無暴其氣。』」（同上章）朱子解此文曰：

> 若論其極，則志固心之所之，而爲氣之將帥；然氣亦人之所以充滿於身，而爲志之卒徒者也。故志固爲至極，而氣即次之。人固當敬守其志，然亦不可不致養其氣。蓋其內外本末，交相培養。〔註57〕

心志固爲人之上達於天的重要因素，誠如熊先生所說心爲「健闢」之精神，

〔註57〕見朱熹《四書章句集註》，鵝湖出版社，民國73年版，頁230。

是生命力的展現，但氣亦為心志得以達到目標的主要憑藉。失了此憑藉，心志亦無由達成。不過形體氣化，反過來亦容易拘錮人的心靈，使人有沉墜的危險，因此孟子「養氣」之說非無的而發，誠有其道理。此是正視氣化的特殊結構與影響力，方能至此；若如熊先生所論氣化僅是天道之作用流行，一切心物皆是幻化的表現，虛而不實，如此，養氣之說尚有何實義？我們有必要培養一個有如幻術師所變化出來的幻化形體嗎？再者，心物既然都是天道的作用流行，與天道不能析成兩片，為何天道會自我錮縛下墜？這些都是難解的問題。

再換另一個角度看，熊先生所闡述的「大化流行」，乃本諸大易之儒家形上學，其人曾云：「功能者，相當於此土先哲所言性。《中庸》以盡性為言。盡者，親知實踐而實現諸己，使此理之在我者無一毫錮蔽虧欠，說之為盡。夫功能即性也，人之所以生之理也，是本來固具也。然人不能盡之，則但為形役，即困夫形而不見乎本來固具之理。」〔註58〕中土先哲所言之性，若以《中庸》為準則，則此性非佛子所言「空性」，而是道德性理之「性」。王陽明〈答羅整菴少宰書〉中云：

> 理一而已：以其理之凝聚而言則謂之性，以其凝聚之主宰而言則謂
> 之心，以其主宰之發動而言則謂之意，以其發動之明覺而言則謂之
> 知，以其明覺之感應而言則謂之物。〔註59〕

文中之「理」，乃指謂道德意義之「天理」，非泛泛指稱一切存在之理而已。天理凝聚於人物之內謂之「性」，據此而論，人物之生不能僅歸於天道之幻現，而須有「個體貞定」之意，方能盡「天命之謂性」一語之內涵，也才符稱《易傳》「乾道變化，各正性命」之義理。

順此而觀，萬物的確不能完全歸原於本體幻化之作用，物畢竟有其存在的獨立意義，亦即氣化有它自身的特殊結構，彼特殊之結構是否可以「妄心執取」釋之，誠然是一問題。果如熊先生所述，物質之個體相，或獨立存在僅為妄心感識的著相，則說天道錮於形氣之中，尚有意義否？此中有必要作一充分討論。

或曰：上述之問題為僅就《新唯識論》與《讀經示要》的陳述而提出的，然而翻閱熊先生晚期作品《乾坤衍》，很明顯又有不同的發展：

〔註58〕見熊十力《新唯識論》，頁84。
〔註59〕見王陽明《傳習錄》，金楓出版社，民國76年版，頁139。

　　余玩孔子之易，是肯定現象眞實，即以現象爲主，可以說是攝體歸
　　用。佛氏以用收歸於體，即把用消除了，而祇承認不生不滅的實體。
　　佛氏畢竟是出世的宗教。孔子攝體歸用，此在學術思想界，確是根
　　本重要的創見。〔註60〕

此是否表示熊先生依然重視現實氣化，仍舊還原氣化本身的獨立性？

　　案：熊先生說此言，已預設了他早期的形上理論的背景，即「實體乃現象
的眞實自體」，離開了實體，現象無眞實可言。就在本書《乾坤衍》稍後有道：
「悟到實體是萬物的自體，即萬物皆眞實。萬物眞實，故變異日新。不眞不實，
即是空虛幻妄，那得有變異？變異者，生生無竭，不守其故也。非眞實至極，
何能如此？攝體歸用，即是將實體收歸萬物，方知萬物眞實。」〔註61〕說到底，
仍是只有一個實體，而無獨立的萬物。雖則熊先生反覆論說「實體是萬物各各
的內在根源」，這「各各」兩字似不排除萬物的個體性，也煞有個體性命──貞
定之義，但是，除非熊先生完全推翻早期「物似有質而實無質」的想法，否則
他如何能夠肯定萬物的個體性？更遑論個體性命──貞定義。一位成熟的哲學
家，思理必定有始有終，一以貫之，縱然有不同、甚至相反的論述，也只是整
部學說的不同面相罷了，考其細部條理，斷然不出其核心思想；若其人有前後
期思想的差異，也定可在其書中發掘變化的脈落。察熊先生早年之《新唯識論》
至晚年之《乾坤衍》，並無太大的變異，其餘諸書如《體用論》、《原儒》、《論六
經》等，亦然；而審視各種看似不一致的陳述文句，其實均可一一消融之，並
無衝突矛盾處。是故熊先生畢竟無法落實正視氣化的獨立性。

第五節　結　語

　　由以上諸章節的討論，可以窺知熊先生建立「天命流行」的依據在於「功
能實體」一義。功能實體自何而顯？即由萬物幻化，刹那刹那生滅不息而顯。
《乾坤衍》有云：

　　《易經》無妄卦以動而健釋天命。動健即是流行不住之謂。問：誰
　　何（誰何，猶俗云什麼東西）是流行？答：流行即是萬有。萬有皆
　　流行也。問：談流行，云何說天？答：天者，流行的實體，非可從

<hr>

〔註60〕見熊十力《乾坤衍》，頁305。
〔註61〕見熊十力《乾坤衍》，頁306。

空無中，忽然詐現流行萬有故，故知流行定有實體。〔註62〕

又說：

流行萬有四字，係作複詞用。須知萬有是流行不住，未嘗守故。不住，言其每一瞬間皆是捨故生新，瞬瞬相續而流。從初一瞬，以至無量數瞬，都無故物留住至後。譬如吾人，每一瞬間，故我方滅，新我接續而生，瞬瞬相續而流，無斷絕故，是謂流行。豈有故我從胎兒期以至老衰，恆留住不滅，可名曰流行乎？流行之義深遠矣。萬有都是流行不住，聖人遂於萬有不執爲有一一固定之象，而直以流行名之也。〔註63〕

所謂「流行」，在熊先生的詮釋下，是著重在萬有現象的生滅不息。萬有現象的生滅不息，也反顯天道本體的轉變勢能，二者不能截成兩片看待，既不能以因果解析之，恐亦無法以「形上、形下」之概念區分之。形上形下的界限一旦泯除，則「天命流行」究竟應歸於天道自身或現象萬有？據熊先生一貫的思路，明顯地，是歸於天道自身，氣化並無實質意義。然顧自先秦儒學發展以來，氣化的確佔有一席的份量，不能將之完全消融於天道天理。論氣化，或者可如熊先生所言，乃刹那生滅滅生，無一瞬暫停；而氣化之所以能如此，亦緣於此中有一變化勢能使之如此。但是一涉及變化實體與所變之萬象，可能就不是一句簡單的「本體顯現」可以概括得盡。換句話說，理和氣的關係，不能僅是「能現與所現」的分析關係，其中恐怕有相當曲折跌宕的複雜處。

將氣化完全消納於天道本體，固有一些無法圓說的疑難存在，但若將天道天理全然歸屬氣化，譬如唯氣論者之所爲，則可乎？以下第三章即討論此問題。

〔註62〕見熊十力《乾坤衍》，頁165。
〔註63〕見熊十力《乾坤衍》，頁165～166。

第三章　唯氣論者的「天命流行」觀

　　論天命流行，若無理、氣形而上下之別，則有兩種趨勢：或視其爲天道強盛勢力的轉變流行，或僅以爲純是氣化事物的流變；前者以熊先生之說最爲明顯，後者則以「唯氣論者」的說法可資代表。熊先生將「天命流行」解爲天道的幻化轉變，氣化的凝聚與內部強度的差異，於此得不到正視。因爲在他的詮解下，一切皆已函攝於天道。這是以「分析命題」的方式析解天命流行，其不足亦已見之於第二章的論述。

　　若以「分析命題」的方式涵蓋氣化於形而上之天道爲不妥的做法，則反其道而行，將形而上之天理、天道排除，純以氣化流行作爲萬物生化的主因，如何？是否可全得天命流行之實？本章依據這個疑點而寫成，唯氣論者，亦即純以氣作爲道之內容者，他們的講法固然不蹈熊先生的過失，然而完全以氣作爲宇宙演化、萬物生成的根本來源，是不是可以全然無問題？例如道德之行，它的根源來自哪裡？唯氣論者能否給出合理信實的回答？此須詳加討論，方能下一定案。本章舉王充、戴震二人作爲代表，審視唯氣論是否可充當天命流行一義的唯一解法。

　　選王充、戴震作爲唯氣論的代表，緣於此二人對人性或道德根源有所講論，戴震對道德哲學中的性、理、欲、情等基本概念均有他特殊的看法，事實上，戴震可充當晚期唯氣論發展的集大成者，故本文擷選他的論說作爲唯氣論的代表。至於王充，雖然對於以氣爲中心的理論講述不似其他唯氣論者那般周全嚴密，在其代表作《論衡》一書，甚至也難找到「天命流行」一辭，可是這一切均無礙本文選用他的學說，源於王充對「以氣爲中心概念」的態度十分徹底，上溯宇宙生成，下至人物性命的完成，無不以氣實之，「用氣爲

性，性成命定」八字可當作王充「性命論」的考語。基於此一貫主張，我們可清楚照鑑以氣爲中心的體系，對解釋「教化人之爲善」一類的問題有所不足，換言之，對於道德實踐沒有充分的根源說明，這就反顯此類主張對道德實無可自圓其說的論證，由此可與人一觀念：「唯氣」之主張實不足與論道德。是故本文選擇王充爲唯氣論的代表，蓋有深意焉。

第一節　王充的唯氣主張

　　詳考王充《論衡》一書，可察知「疾虛妄」爲其著書之動機，《論衡》〈佚文〉篇曾道：「《詩三百》，一言以蔽之，曰思無邪。《論衡》篇以十數，亦一言也，曰疾虛妄。」王充所疾之虛妄是什麼？大抵是彼時流行的傳言迷信的文章，從書傳、經典一直到當時人所熱衷的天人感應說，以及道家長生不死之術，無不彌蓋。若說那些書傳、經典以及天人感應說都是虛妄，則何者才是事實眞相？依據王充的想法，理應回歸自然眞實才是眞相所在。然則自然的眞實狀況是什麼？

一、王充論「天」

　　王充，東漢初期人，生於光武建武三年，卒於和帝元年。依其所處時代，當時流行的學術風氣莫過於「天人感應」之災異和瑞應說。此說之形成，可遠推至西漢年間的文化運動。如眾所知，漢高祖以布衣而得天下，除繼承秦朝之吏治、圖籍外，在文化思想上是相當空虛的，及至武帝時，董仲舒出，始有正式的文化運動，亦即所謂「更化運動」。董氏之學主要乃綜合六經微言大義，繼前聖而鑄其龐大之系統，雖然如此，他的思想仍不免雜有陰陽家的理論，以及一些法家的成分，這些均可詳見於《春秋繁露》一書。至於董仲舒透過政治以形成文化運動的，則是後人所說的《天人三策》。《天人三策》的宗旨就在肯定「天道爲王道之本」，王者必須上承「天之所爲，而下以正其所爲」，並由之而言立制度，興禮樂教化等。這一套思想，其背後的精神，實在具備一個「超越的理想」，也是融化古代傳統文化所鎔鑄成的一個系統。〔註1〕

　　《天人三策》第一策言：

〔註1〕參見牟宗三《歷史哲學》，第四部第二章第一節，台灣學生書局，民國65年版。

臣謹案《春秋》之中，就前世已行之事，以觀天人相與之際，甚可
畏也。國家將有失道之敗，而天迺先出災害以譴告之；不知自省，
天又出怪異以警懼之；尚不知變，而傷敗迺至。以此見天心之仁愛
人君，而欲止其亂也。自非大亡（同「無」）道之世者，天盡欲扶持
而全安之，事在彊勉而已矣。彊勉學問，則聞見博而知益明；彊勉
行道，則德日起而大有功。此皆可使還至而立有效者也。

董仲舒這一套思想奠基在超越的「天道」面立說，由天道而下言人道，天與
人息息相關，因此必肯定「天人相與之際」。由是，當國家將有失道之敗，而
天先出災害以譴告之；當人君不知自省，又不知變，而傷敗迺至。而要消彌
此災異，唯有彊勉行道而已，彊勉之，則德日起而大有功。如是，天人相與
之際縱然可畏，亦可藉由人君之修德以轉化之，而成天人感應了。

　　仲舒又說：

臣聞天之所大奉使之王者，必有非人力所能致而自至者，此受命之
符也。天下之人，同心歸之，若歸父母，故天瑞應誠而至。《書》曰：
「白魚入於王舟，有火復於王屋，流為鳥。」此蓋受命之符也。周
公曰：「復哉！復哉！」孔子曰：「德不孤，必有鄰。」皆積善累德
之效也。及至後世，淫佚衰微，不能統理群生，諸侯背畔，殘賊良
民以爭壤土，廢德教而任刑罰。刑罰不中，則生邪氣，邪氣積於下，
怨惡畜於上。上下不和，則陰陽繆盭而妖孽生矣。此災異所緣而起
也。

此段即言災異與瑞應所由生，災異起自人君之失德，瑞應則基於人君之積善
累德，這種說法固然隱含陰陽家的氣息，但根本上依然在人君之行善或積惡，
此為中國自古即有的傳統思想，《詩》《書》上之記載，比比皆是。這也不過
是承襲《周易》「積善之家必有餘慶，積不善之家必有餘殃」的想法罷了。

　　不過對於此思想，王充卻是誓死反對，可能此種天人感應說沿襲至西漢
末年，已淪為讖緯之言，蠱惑人世，上上下下皆沉溺在虛假妄作的讖緯圖說
中。王充目擊此種種虛偽假作，自感有必要出來正視聽，而欲連根剷除讖緯
虛說，自是從天人感應開始逐一駁斥。首先駁斥者乃「天有意志」的想法。
漢人在「天人感應」學說影響之下，普遍有「天有意志」生人生物的想法，
王充譏斥彼為虛誕之言，其云：

天地合氣，萬物自生，猶夫婦合氣，子自生矣。……天者，普施氣

萬物之中，穀愈饑而絲麻救寒，故人食穀、衣絲麻也。夫天之不故
生五穀絲麻以衣食人，由其有災變不欲以譴告人也。物自生而人衣
食之，氣自變而人畏懼之。以若說論之，厭於人心矣。如天瑞為故，
自然為在？無為何居？（〈自然篇〉）

萬物之生皆源於天地合氣而生，天並未有意生人生物，乃至生五穀絲麻以衣
食人，無意生而生，此方為自然。若是天有意安排作為，則非自然矣。是以
王充續云：

夫人之施氣也，非欲以生子，氣施而子自生矣。天動不欲以生物，
而物自生，此則自然也。施氣不欲為物，而物自為，此則無為也。

謂天自然無為者何？氣也，恬淡無欲，無為無事者也。（〈自然篇〉）

恬淡無欲，無為無事卻能使萬物自生者，方為真正之自然。為此事者，論其
實，唯是氣之流佈作為，雖則「天之動行也，施氣也，體動氣乃出，物乃生
矣。」（〈自然篇〉）然而與其說天生物，不如說氣結聚成物，更能得其實，天
地之間，唯是一氣成物而已。

可是王充明明說「天之動行也，施氣也，體動氣乃出」，氣之源出於天亦
明矣，若道天地間唯一氣流行而已，則「天」置於何處？此便須詳考王充怎
樣論天，天是否為超越氣之上，與氣有別的形上原理？或是一有如「天帝」
一般的超越主宰？後者，吾人已知絕非王充之義，若如前說，是否更可表達
王充的原義？

根據〈談天篇〉的意旨，王充為反駁漢人「天人感應論」，竭力論證「天，
體，非氣也」的主張。為何主張「天為形體」即可駁斥天人感應說？此源於
天人感應說立足於「天與人皆為氣也」這一基本主張，因為天與人皆為氣之
流行，故可感通相應。若能證明天亦為有形有體之物，與人相若，則不同形
體之間，即難說感應不感應，如是，感應說即可消泯不存。那麼王充根據什
麼觀點證明天為有體之物？一為「共工怒觸不周山」的神話故事，一為天文
曆算家所計「三百六十五度一周天」的方程式。

依據「共工與顓頊爭為天子」的上古神話，王充十分懷疑當真共工有此
氣力觸斷不周山，使得天柱折，地維絕？果然有力如此，與三軍戰，則士卒
螻蟻也，兵革毫芒也，天下無敵，安有不勝之恨，以至怒觸不周之山？姑不
論王充質疑上古神話的真實性有無學術價值，至少他歸結的觀點是值得注意
的：

且夫天者，氣邪？體也？如氣乎，雲煙無異，安得柱而折之？女媧

以石補之，是體也。如審然，天乃玉石之類也。（〈談天篇〉）

假使天爲雲煙之氣，則焉有折天柱的神話傳說？可見天唯有體之物，且根據女媧鍊石補天的故事，天應爲如玉石類之物。再推循第二個論點，天文曆算家皆計天行一周爲三百六十五度，而離天下六萬餘里，下有周度，高有里數。「如天審氣，氣如雲煙，安得里度？又以二十八星宿效之，二十八星宿爲日月舍，猶地有郵亭爲長吏廨矣。郵亭著地，亦如星宿著天也。」（〈談天篇〉）循彼說法，可知天有形體，所據不虛。

論證天有形體，目的即在切斷天與人的關係。爲達到此目的，除在〈談天篇〉力證「天，體也，非氣也」之外，在〈自然篇〉則不斷從各種角度論述他的主張。譬如他說：

何以知天之自然也？以天無口目也。案有爲者，口目之類也。口欲

食而目欲視，有嗜欲於內，發之於外，口目求之，得以爲利，欲之

爲也。今無口目之欲，於物無所求索，夫何爲乎？（〈自然篇〉）

天之與人有關，在於天有爲、有意志，而有爲者，依照王充的講法，必是有口目之類，甚至可能有手腳、頭尾等等，能顯示「動態」的裝備。現在天無口目，更無手腳頭尾等，如何有爲？既非有爲，便是無爲，如是有爲之人如何與無爲之天相感應？這樣人與天的關係便一刀兩斷。

再者，天德優於人德，人德之稍優者，譬若曹參、汲黯，此二人之爲相治官，一是「縱酒歌樂，不聽政治。其子諫之，笞之二百。當時天下無擾亂之變」（〈自然篇〉），另一則是「不壞一鑪，不刑一人，高枕安臥，而淮陽政清」（〈自然篇〉）。是以曹參爲相，雖然若不爲相，汲黯爲太守，若郡無人，但是漢朝無事，淮陽刑錯，這是緣於參德優而黯威重。若說天總喜降災異以譴告人君，是謂天德不若曹參厚，而威不若汲黯重也。然而這有可能嗎？可見譴告之說不實。

這種論證當然鬆散不嚴謹，既說天無精神意志，又說其德優於人德，可是一無意志之物如何論其有德無德？但如撇開這些論證不談，王充的意旨應是十分清楚的，總歸就是徹底截斷天與人之關聯，天僅僅是一「自然無爲」之道而已，真正生發萬物者在氣不在天，近人陳拱先生甚而說王充之天道乃一「絕對不爲的死道」，其說如下：

我們知道，在王充，天之動行施氣只是施氣，並沒有任何生物、爲

物之目的的。這在一方面，就可以表示：天並沒有目的貫注於氣中，可以支配氣、主宰氣，所以氣可以隨時有所歧出而不爲天所繫；而在另一方面，天亦不能有任何目的通過氣而貫徹到萬事萬物上來，以至必然地要創生萬事萬物的。〔註2〕

依據《論衡》的推述，生化萬物者的確在氣而不在天，天唯「施氣」耳，無其他作用。然而若論氣之來源，本繫屬於天，將創生之源遠溯至天，而說天創生萬物，有何不可？此處即需考覈說「天生萬物」與「氣生萬物」何者更得其實？若云「天生萬物」，則天可否支配主宰萬物？可有任何目的通過氣而貫徹到萬事萬物上來？答案顯然都是否定的，反而氣之生化可以隨時歧出而不爲天所繫。〈變動篇〉云：「使物生者，春也；物死者，冬也。春生而冬殺也。天者如或欲春殺冬生，物終不死生，何也？物生統於陽，物死繫於陰也。」此即表示操萬物生死大權的，只在氣不在天，天對於春生冬殺或冬生春殺，完全無能爲力，故氣對於萬物的生長有獨立的作用，以至全然歧出而可不爲天所繫。

是以對於創生萬物言，天完全無事，那只是氣的事。形形色色的事物唯繫於氣之爲物上，物與天是隔絕開的，說「天不故意生物」或「天無目的爲物」，實際是「眞的不爲物」。陳先生道：

> 因爲天對於萬事萬物不具備任何創生性和主宰性，這就表示天對於萬事萬物是一無任何作用的。說到這裡，可知前文所謂「天在生物爲物以至災變瑞應」上之「無目的地爲」，實際只是「眞的不爲」。如此，則天之所以爲天的，那個「自然無爲」的「道」，究竟能成一個什麼道？難說不是一個「絕對不爲」的「死道」嗎？換言之，天對於萬事萬物既然不具備任何創生性和主宰性，則天之所以爲天的「自然無爲」之道，就不能不是一個「絕對不爲的死道」了。〔註3〕

說天道是一個「絕對不爲的死道」，許是推陳過度，不過陳先生的論說意旨應是符合王充之意的，爲了切斷人與天的關係，天確實不能有所做爲。由此而知，王充論天，天既非有意志之人格神，亦非形上實體，它純粹只是動行施氣而已。說它是氣的來源，實質上和一個死物也無兩樣。它有它的運作常規，不爲人事所左右。〈治期篇〉道：

〔註2〕見陳拱《王充思想評論》，台灣商務印書館，民國85年初版，頁81。
〔註3〕見陳拱《王充思想評論》，頁82。

在天之變，日月薄蝕。四十二月，日一食。五六月，月亦一食。食
有常數，不在政治。百變千災，皆同一狀，未必人君政教所致。

〈明雩篇〉也說：

世之聖君莫若堯、湯，堯遭洪水，湯遭大旱。如謂政治所致，則堯、
湯惡君也。如非政治，是運氣也。運氣有時，安可請求？……世審
稱堯、湯水旱，天之運氣，非政所致。夫天之運氣，時當自然，雖
雩祭請求，終無補益。

這觀點全是「自然主義」的觀點，總體言之，天地生化純是氣之自然運行，
天地人物皆稟諸氣而生，「氣」方是萬物生成的最高原理。氣之流行有其規律
的運作，固其宜也，其運作規則或有吾人可識者，或有吾人所不識者。所可
識者，譬若四季運行，春夏秋冬，寒暖暑冽，此為吾人所可把握者；所不識
者，或如河出圖，洛出書，張良遇黃石公授太公書等，彷若天有意為也。其
實仍皆自然也。王充申論道：

夫天安得以筆墨而為圖書乎？天道自然，故圖書自成。晉唐叔虞、
魯成季友生，文在其手，故叔曰「虞」，季曰「友」。宋仲子生，有
文在其手，曰「為魯夫人」。三者在母之時，文字成矣，而謂天為文
字，在母之時，天使神持錐筆墨刻其身乎？自然之化，固疑難知，
外若有為，內實自然。（〈自然篇〉）

人對造化之密能窺知多少？某些出乎人類意想之外的奇異現象，其實乃人類
未能全幅掌握自然的運行法則，才會輕易地將某些奇特現象歸諸天之有為，
事實上，天若有意為之，則其造物當如宋人刻木為楮葉者一般緩慢。〈自然篇〉
有云：

草木之生，華葉青蔥，皆有曲折，象類文章。謂天為文字，復為華
葉乎？宋人或刻木為楮葉者，三年乃成。列子曰：「使天地三年乃成
一葉，則萬物之有葉者寡矣。」如列子之言，萬物之葉自為生也。
自為生也，故能並成。如天為之，其遲當若宋人刻楮葉矣。

王充之意僅意在一切皆為自然所成，四時行，百物生，固然如此，人之生亦
如此。王充曰：「夫天地合氣，人偶自生也；猶夫婦合氣，子則自生也。夫婦
合氣，非當時欲得生子，情欲動而合，合而生子矣。且夫婦不故生子，以知
天地不故生人也。人生於天地也，因氣而生，種類相產，萬物生於天地之間，
皆一實也。」（〈物勢篇〉）人之生也亦是因氣而生，與萬物皆同一實。天不故

生人，猶夫婦不故生子，均是緣於天地合氣而偶自生也。在此觀點之下，王充對人的看法如何？先秦諸子喜談之性命之理，王充又如何理解之？

二、用氣爲性，性成命定

（一）貴賤壽夭之命

〈無形篇〉曰：

> 人稟元氣於天，各受壽夭之命，以立長短之形，……用氣爲性，性成命定。體氣與形骸相抱，生死與期節相須。形不可變化，命不可減加。

人稟承元氣而生，由於所承受的氣，有厚薄多寡的不同，故決定人各有長短不同的壽命，以及高矮不同的形體。自元一之氣迤邐而下委於個體，個體最初所稟受者即爲「性」，此又名「初稟」。是以性者，乃就個體之初稟總持而言之之謂。命者就此總持之性之「發展之度」而言之之謂也。一言之於其初，一言之於其終。性成即命定，命定即性定。然則性命者乃自然生命強度之終始之謂也。〔註4〕稟持此初性，命限之壽夭與形體之長短，即已完全確定下來，形不可變化，猶如命不可減加。

人體固不可改變，然命不能因個人之修爲而有所增益或減損嗎？依王充對「命」之分類，約有兩種：一曰「死生壽夭之命」，一曰「貧賤貴富之命」。前者無象在天，以性爲主。王充解道：

> 死生者，無象在天，以性爲主。稟得堅強之性，則氣渥厚而體堅強，堅強則壽命長，壽命長則不夭死。稟性軟弱者，氣少泊而體羸窳，羸窳則壽命短，短則蚤死。故言有命，命則性也。（〈命義篇〉）

論死生之命，以初稟所得之氣厚薄強弱爲決定之關鍵，不繫於在天之星象。此爲生物學之先天性，即自然之氣之強度的定命性。後者則是稟眾星之精，得貴則貴，得賤則賤。〈命義篇〉曰：

> 至於富貴所稟，猶性所稟之氣，得眾星之精。眾星在天，天有其象。得富貴象則富貴，得貧賤象則貧賤，故曰在天。在天如何？天有百官，有眾星。天施氣而眾星布精，天所施氣，眾星之氣在其中矣。人稟氣而生，含氣而長，得貴則貴，得賤則賤。貴或秩有高下，富

〔註4〕參見牟宗三《才性與玄理》，台灣學生書局，民國74年版，頁6。

或資有多少，皆星位尊卑小大之所授也。

雖然王充依子夏言「死生有命，富貴在天」一語，將壽夭與貴賤分成兩類，壽夭之命為「以性為主」，而貴賤之命則歸類為「得眾星之精」。兩者似有不一，其實所源皆一也，均來自天之施氣，人之初稟所得。稟得什麼氣，便決定成什麼命。性與命，在母體受胎孕結時，已完全定下了。〈初稟篇〉道：「命，謂初所稟得而生也。人生受性，則受命矣。性、命俱稟，同時並得，非先稟性，後乃受命也。」何以明之？譬若文王在襁褓之中，聖瑞便現矣。所以古公亶甫曰：「世當有興者，其在昌乎！」文王受命，便在此時，只是古公亶甫見之早。豈唯文王如此，武王、漢高祖、漢光武等繼為天下王者，莫不如此，皆是在母身中，稟天聖命，定於懷妊，非長大之後，修行道德，後乃受命。

非僅王命若此，貧賤壽夭亦復如是。「凡人受命，在父母施氣之時，已得吉凶矣。」（〈命義篇〉）「命當夭折，雖稟異行，終不得長；祿當貧賤，雖有善性，終不得遂。」（同上）以王充「唯氣主義」心態的想法，上述之推演皆為必然，蓋一切若決斷於受孕之時所稟之氣，則死生壽夭，富貴貧賤，皆已先天決定好了，無有轉圜改變的餘地，這也是必然會有的結論。而且這「一定則終生皆定」的命定現象，甚可延至道德心性的判斷，同貴賤壽夭一般，完全顯現於骨體之表，知命者即可睹其相而斷其人品操守與窮通順逆。王充云：

> 非徒富貴貧賤有骨體也，而操行清濁亦有法理。貴賤貧富，命也。
> 操行清濁，性也。非徒命有骨法，性亦有骨法。惟知命有明相，莫
> 知性有骨法，此見命之表證，不見性之符驗也。（〈骨相篇〉）

性之骨法何見？譬如越王句踐，長頸鳥喙，此面相乃是可與共患難，不可與共榮樂；又若秦王為人，隆準長目，鷙膺豺聲，少恩，虎視狼心。此種人處患難易以下人，得志則輕視人；再說紂為孩子之時，微子即已睹其不善之性；羊舌食我初生之時，叔姬斷其定滅羊舌氏全族，蓋其聲乃豺狼之聲，示「野心無親」，遂不肯見。

自面相與聲音而斷言其人心性，王充的根據是什麼？而且他所憑據的理由是否中肯合理？此有關乎王充對「人性」的見解，下文即詳述之。

（二）道德心性之命

前文曾述及「用氣為性，性成命定」之意，性之成完全由初稟之氣決定，是以此性全然僅止於氣質方面的自然之性。自然之性，也就是自然生命所表

現的一切特徵，就此點而論，實難以定其究竟屬於善或屬於惡，與孟子同時
代之告子即謂「性猶杞柳也，義猶桮棬也」，他之能如此比喻，根源來自他以
「生之謂性」來解「性」之內涵。「生之謂性」者，意謂每一類生物就其天生
所稟賦之特質，而有種種的自然表現，謂之此一物之性。剋就人類來說，生
而有好利焉，生而有疾惡焉，生而有耳目之欲，有好聲色焉，這些皆可歸諸
為人性。這些特質，順之則爭奪、殘賊、淫亂生，逆之則辭讓、忠信、禮義
文理存。為善為惡，非此類特質所可獨斷，所以告子言其「猶杞柳也」，杞柳
是可任意彎直燒烤成任何形狀，或者為桮，或者為棬，就像人性一樣，或可
為善，或可為惡。針對此一特色，我們稱它為具有「中性」之特質。

　　此是就第一層次，也就是生理欲望之層次來說明自然生命的特質。然而
人類的自然生命非僅止於此，氣質之結聚，清濁厚薄強弱，才不才，肖不肖，
賢不賢，智不智，均可涵蓋於此自然之氣性。此即所謂「氣質之性」。在氣質
之性籠罩的領域內，人可表現各類獨特的人格特質，從此領域可開闢出人物
品鑑之學，如魏初劉劭《人物志》一書即代表此領域之學問。這些皆有關乎
自然生命的發皇度，欲知此生命之發展至何而止，須遠溯當初所稟之元氣有
多少，是清是濁，是厚是薄。清明醇厚者，則傾向於善；濁劣寡薄者，則傾
向於惡。王充云：

> 豆麥之種與稻粱殊，然食能去飢。小人君子稟性異類乎？譬諸五穀
> 皆為用，實不異而效殊者，稟氣有厚泊，故性有善惡也。殘則受仁
> 之氣泊，而怒則稟勇渥也。仁泊則戾而少慈，勇渥則猛而無義，而
> 又和氣不足，喜怒失時，計慮輕愚。妄行之人，非故為惡，人受五
> 常，銜五臟，皆具於身。稟之泊少，故其操行不及善人，猶酒或厚
> 或泊也，非厚與泊殊其釀也，曲蘖多少使之然也。（〈率性篇〉）

循上可知，王充全然以氣質稟賦論善惡，稟氣厚者則仁和，稟氣薄者則殘戾。
因此王充最後的結論是：是故酒之泊厚，同一麴蘖；人之善惡，共一元氣。
氣有少多，故性有賢愚。（同上）基於這個觀點，遂有人性「三品說」，此為
王充對人性見解的發揮，詳見於〈本性篇〉。本篇的大要是：關於人性之論，
自先秦以來，昔儒舊生之著作篇章，多如汗牛充棟。然依作者看來，是「莫
能實定」，唯一中肯而切實者，乃周人世碩與公孫尼子之徒，彼以為「人性有
善有惡，舉人之善性，養而致之則善長；惡性，養而致之則惡長。如此，則
情性各有陰陽，善惡在所養焉。」（〈本性篇〉）

　　順此以觀孟子「性善論」，當然是扞格不洽。王充認爲孟子之說，是專言「人幼小之時，無有不善也。」（〈本性篇〉）可是傳聞當紂爲孩子之時，微子便已睹其不善之性。紂之性惡不出眾庶，長大後，果然爲亂不變，故云云如此。又如丹朱生於唐宮，商均生於虞室。唐虞之時，二人所與接者，必多善人；二帝之旁，也必多賢矣。然而丹朱傲，商均虐，並失帝統，歷世爲戒。是以孟子之言情性，未爲實也。

　　至於告子，彼論性無善惡之分，乃就「中人」之層級而說。孔子曰：「中人以上，可以語上也；中人以下，不可以語上也。」「夫中人之性，在所習焉。習善而爲善，習惡而爲惡。至於極善極惡，非復在習。」（〈本性篇〉）是以告子以決水喻人性者，徒謂中人而已，不指極善極惡而言，故其論亦未能全得其實。

　　再說孫卿之「性惡」說，以爲人性惡，其善者僞也。依王充看來，此專言「人幼小無有善也」。今見一歲嬰兒，無推讓之心，見食，則號欲食之；睹好，則啼欲玩之。長大之後，方能勉使爲善，此所謂「善者僞也」。但是，芸芸眾生之中，亦有人自小即表現善性一面，譬如稷爲兒，以種樹爲戲；孔子能行，以俎豆爲弄。此二人皆生稟善氣，長大就成。稷後爲唐司馬，而孔子爲周聖師。因爲稟蘭石之性，故有堅香之驗。由是觀之，孫卿之言，未爲得實。

　　以上三位皆未得其實，究竟人性之實情爲何？王充道：

　　　　實者人性有善有惡，猶人才有高有下也。高不可下，下不可高；謂
　　　　性無善惡，是謂人才無高下也。稟性受命，同一實也。命有貴賤，
　　　　性有善惡；謂性無善惡，是謂人命無貴賤也。（〈本性篇〉）

綜合論之，王充自道：「余固以孟軻言人性善者，中人以上者也；孫卿言性惡者，中人以下者也。」至於告子言人無分於善惡者，是中人也。這即是人性三品說。此三品說，說穿了，並未與告子、荀卿二人有若何格格不合之處，三人同以「生之謂性」作爲「人性」的詮解定義，均不出自然之性這一範圍，雖然文字上有稍許出入，究其實皆一也。告子言「人性無分於善惡」，其意即包涵「人性有善有惡」。此話怎講？推原告子之意，人性先天上宛如一張白紙，惟在後天環境的薰冶之下，可爲善可爲惡。至於是否有人屬於終生不變之極善極惡，告子固然不涉及此，但也不能因此論斷此說過於「生之謂性」這一領域。察王充所言之極善極惡者，事實上也不出自然之性一範圍。極善者，是稟得較醇厚清明之氣，故有明顯的善的傾向；極惡者，乃稟得較薄劣之氣，

因此惡的傾向便十分顯明。傾向於善或傾向於惡，或是既可為善亦可為惡，只是程度上的高下不同，有無細分至此，端看個人審辨的功力，告子縱不至於此，亦不可道他與王充三品說完全不一。

「三品說」不僅不出告子「人性無分於善惡」一範圍，並荀卿之「性惡論」亦能涵括之。追溯性惡之說，其實亦從「生之謂性」一領域開出，只是荀卿純自生理欲望一層面說，未涉及才質之賢不肖，然與三品說是同屬一個源頭。

真正與三品說扞格不入者，惟孟子的「性善論」。何以言哉？此須論及何謂真正的道德一問題，由此問題也可見出王充之言是否可以全然充盡道德涵義，以及「用氣為性，性成命定」的說法是否完全無問題。

三、問題與討論

王充分人性為三品，所據者乃自然的氣質之性，而氣質之性所涵蓋者，有天生的善惡傾向、智愚、才不才等自然生命所呈現之差異強度的等級性，王充之三品說，固然以善惡心性為主，但其中也融合了智愚、賢不肖等才性。王充之所以將人性分成三品，有部分是受到孔子「唯上智與下愚不移」之慨歎而發，因此〈率性篇〉論及教化的功能，唯有中人可被教化，其餘中上之上智，與中下之下愚，皆不可被教。此為王充論性的源頭根據。可是孟子之論「人之性善」，其所據者則與王充截然不同，他乃是從人皆有不忍見人受苦之同情心，發而為從善之動力而說「性善」。孟子曰：

> 人皆有不忍人之心。先王有不忍人之心，斯有不忍人之政矣。以不
> 忍人之心，行不忍人之政，治天下可運之掌上。所以謂人皆有不忍
> 人之心者，今人乍見孺子將入於井，皆有怵惕惻隱之心。非所以內
> 交於孺子之父母也，非所以要譽於鄉黨朋友也，非惡其聲而然也。
> 由是觀之，無惻隱之心，非人也；無羞惡之心，非人也；無辭讓之
> 心，非人也；無是非之心，非人也。惻隱之心，仁之端也；羞惡之
> 心，義之端也；辭讓之心，禮之端也；是非之心，智之端也。人之
> 有是四端者，猶其有四體也。有是四端而自謂不能者，自賊者也；
> 謂其君不能者，賊其君者也。凡有四端於我者，知皆擴而充之矣，
> 若火之始然，泉之始達。苟能充之，足以保四海；苟不充之，不足
> 以事父母。（《孟子‧公孫丑章句上》）

「人皆有不忍人之心」，這一肯定命題不是從經驗累積統計，果見人人皆有不忍人之心，因而下此斷言；事實上這亦是不可能做到的事。孟子唯是從「乍見孺子將入於井」這一例子而論證。「今人乍見孺子將入於井，皆有怵惕惻隱之心。非所以內交於孺子之父母也，非所以要譽於鄉黨朋友也，非惡其聲而然也。」人人在乍見孺子將入於井的時候，那種驚慌心痛的感覺，一定立刻浮現出來，「乍見」二字表達了一個沒有令人思索考慮的處境，也堵絕習氣發作的機會。好利者無多餘的時間想到救起孺子後可以趁機結交孺子之父母；好名者亦無暇分心利用此機會要譽於鄉黨朋友；縱然是大惡者，亦不至於有「與我何干」之冷漠心態。因此，此種「怵惕惻隱」的感覺，絕非家庭教養或社會風氣所培育出來的，亦無關乎個人的性格脾氣（並非較溫和者才會發此怵惕惻隱之心），我們即不能將這「怵惕惻隱」之感侷限在「感性」、「情感」層面上。既然無法將彼歸於感性，則須推溯它的來源。它的唯一來源正是人心之道德意識，此道德意識即爲人之從事道德行爲之道德主體。當道德主體表現爲是非理則之決斷的時候，是爲「理」；當它表現爲惻隱怵惕之時，是爲「情」，是以不能將彼全然歸屬於理或情，它同時是理，亦是情。既有理則判斷是非善惡，又有情感伴隨之以遷善去惡，所以道德主體本身即具有爲善之動力，以完成種種的道德活動。

　　孟子雖由「乍見孺子將入於井」之例，洞見到人皆有惻隱之心。此惻隱之心乃道德主體的呈現，可是道德主體之表現並不僅止於惻隱之情而已，它同時也表現羞惡之情。孟子曰：「一簞食，一豆羹，得之則生，不得則死。嘑爾而與之，行道之人弗受；蹴爾而與之，乞人弗屑也。」（《孟子・告子章句上》）由是可知，人皆有羞惡之情。是以孟子直接由不忍人之心推論出：人皆有惻隱、羞惡、辭讓、是非之表現，也即是仁義禮智之表現。其實由道德主體所呈顯的道德行爲，豈止於仁義禮智四項而已，忠信勇毅，亦源自於道德主體；廣之，所有的道德活動皆根源於此，「仁義禮智」只是孟子之例舉罷了。

　　此類道德意識，豈只聖人有之，人人皆具有之，弗思耳矣。此處即可覺察出孟子與王充絕異的地方。王充於此常一併將道德行爲與才性之智愚、賢不肖混同而論，遂有惟才高智明者方能完全實踐道德的錯覺，至於愚不肖者，不僅行事拙劣，甚且有殘戾乖違的傾向。若是稟氣稍薄者，或可依循教化而改變之；若稟得氣過薄，則終生無可改焉。此論焉能得道德之實義？論道德，首先就須把自然的情感欲望，智愚、賢不肖之才性，以及個人氣質之癖性排

除摒諸於外，以無所為而為方是真正的道德行為。

　　此種無所為而為的道德行為，孟子肯定每一人均可實現之，意即實踐道德行為的道德主體，人人皆有之，當公都子問及其他學者或有主張「性無善無不善」，或有認為「性可以為善，可以為不善」，若「人之性善」為唯一的真理，那麼何故以堯為君而有象，以瞽瞍為父而有舜；以紂為兄之子而有微子啟、王子比干？孟子答：

> 乃若其情，則可以為善矣，乃所謂善也。若夫為不善，非才之罪也。惻隱之心，人皆有之；羞惡之心，人皆有之；恭敬之心，人皆有之；是非之心，人皆有之。……仁義禮智，非由外鑠我也，我固有之也，弗思耳矣。故曰：「求則得之，舍則失之。」或相倍蓰而無算者，不能盡其才者也。（〈告子章句上〉）

論人之本性，皆可以為仁義禮智；仁義禮智之心，本來就內具於我，隨時都可表現出來。至夫不能表現仁義禮智，甚至為極惡之事，與人之善性相差一倍或五倍，甚或百倍以上者，均是不能充盡他的本性，以至如此。然則何以有人無法盡其才呢？此有所陷溺其心然爾。或是其人本身之氣質過於殘薄，以至難以表現仁義之行；或是外在環境過於安樂，或過於困窮，天天桎梏其心，導致本心之亡失。是以雖然孟子斷定人人皆有為善之性能，但是這性能初始僅如萌蘖之生，若不勤加存養，鐵定亡失得莫知其向。存養不存養，無關乎此人之初稟厚泊清濁，只在乎其人是否能志於仁，子曰：「苟志於仁矣，無惡也。」從其大體為大人，從其小體為小人，一個人為大人或為小人，絕對無法由初稟之氣決定。這一片朗闊的德性領域，不是王充「用氣為性」所可涵括的，此處方見出人的尊嚴與自由。

　　反觀王充的性成命定論，縱然在〈率性篇〉十分強調教育的重要性，也肯定教化的功能；然而若不先立起本心之大體，則教化何由得施？王充舉例：西門豹急，佩韋以自緩；董安于緩，帶弦以自促。急之與緩，俱失中和，然而韋弦附身，成為完具之人。性急與性緩，固然有其差處，但不以「改過遷善」之道改之，徒然佩韋、佩弦，強在自然氣質上作文章，則恐怕扶得東來西又倒，不僅本來情性之優點喪失，又添上新矯之性的缺點，於人何益？

　　且王充一再復述「稟氣有厚泊，故性有善惡」，可見性之善惡決定於初稟之氣，人生受性，則受命矣，如此尚能以後天之修為轉化它嗎？雖則堯舜之民，可比屋而封；桀紂之民，可比屋而誅。「聖主之民如彼，惡主之民如此，

竟在化不在性也。」(〈率性篇〉)但是不由人之善的意志論教化之可行,徒然以聖賢禮教而斷言可以感化惡民,就像道人之所鑄玉,隋侯之所作珠,人之所摩刀劍鉤月焉,教導以學,漸漬以德,亦將日有仁義之操。吾人亦可反問:何故以堯爲父,而有丹朱之傲?以舜爲兄,而有象之暴?若云此爲中下極惡之人,不在教化之列,則吾人復可詢問上中下三品,是以稟得厚氣、清氣、才氣有多少,方爲上人、中人與下人?或有清而頑者,或有厚而拙者,或有才高而行薄,或有仁厚而智寡,何者才可教導以學,漸漬以德?自然生命之複雜,非一語可以簡單劃分的。再說,若人性中無有可以衝破氣質障蔽的善的意志,又如何引導人爲善呢?王充之不善思,於此可見。

第二節　戴震的倫理學

王充「用氣爲性」無法解決道德問題,主要在於王氏的人性觀尋不出道德主體。道德主體不立,就難以交待道德行爲的來源。清雍正年間亦有一位哲學家,對道德哲學十分感興趣,舉凡宋明理學家孜孜不倦研習的課題——道、性、理、欲、情等,均有異於前人的獨到見解,也對先儒提出猛烈的批評。不過大致說來,他的道德哲學,亦不出「用氣爲性」的範圍,不過他比王充更能正視人之所以能從事道德實踐的可能性,也樂於探索道德之源與實踐之方。此人即是戴震。

戴震,字東原,安徽休寧人,治學廣泛,著作宏富,內容包括天文、曆法、算學、訓詁、哲學等各方面。就哲學這一領域來說,戴震討論的議題大部集中在「倫理學」這一面,亦即探討人間倫理秩序的來源,仁義禮智形成之因,以及人應如何實踐倫理秩序。綜觀其學,絕大部分是針對程朱哲學而發,反對程朱學派將天理、人欲區隔開來,大膽斥責理學家「以理殺人」。戴震的指責、攻擊當然有他獨特的理論依據,有人稱他借孟子「有物必有則」的命題闡明了「理在事中」的唯物主義世界觀,指出程朱派的「得於天而具於心」的「理」實際就是道家的「眞宰」和佛教的「眞空」、「神識」。〔註5〕此說法正確與否,有賴於親自讀解戴氏的書籍。他的道德哲學理論多半攏收在《孟子字義疏證》、《原善》等書,本文即以此兩書作爲論述戴震哲學之依據。

〔註 5〕參見戴震《孟子字義疏證》內一篇何文光先生所寫的〈點校說明〉,中華書局,1990 年版,頁 1。

一、戴震論理、欲

（一）理在事中

　　在戴震看來，宋明理學家不可饒恕之處，在於絕欲而論理，天理、人欲分割成兩個懸殊對立的領域。依照他的描述，宋以來儒者之言，以理為「如有物焉，得於天而具於心」，此說根據朱子分心、性為：「心是神明之舍，為一身之主宰；性便是許多道理得之天而具於心者。」因此戴震將朱子所言之理當成「一個東西」得之天而具於心。這樣的思維方式當然十分差謬，且實際上朱子也不是這樣講「理」的。朱子說「理」主要是探究物之所以存在之理，物何以如此存在而不如彼存在，應是有一所以如此之理超越地規定之。此超越之理於人物生成時，即已賦予人物之內，人緣於有虛靈之知覺，故能即物而窮理，所窮之物愈多，所解悟之內容愈能漸漸融貫為一，終究可以內外通澈領悟天地生化之理。因此，朱子所言之「理」，怎會是「一物」而具於心？

　　戴震不明此，遂以為有重新檢視「理」的必要。他說：

　　　　理者，察之而幾微必區以別之名也，是故謂之分理；在物之質，曰

　　　　肌理，曰腠理，曰文理；得其分則有條而不紊，謂之條理。〔註6〕

朱子之「即物窮理」，所窮之理固然不離物之「有條不紊的理」，不過他的重點不在此，而在物之所以存在的超越的理。至於戴震，很顯然理的性質僅限於事物經驗之理而已。至於理之初始得名在乎「事物之分殊條理」，還是在於人心之觀察區別？循以上之文句脈絡，似無明晰的指涉。但牟宗三先生在其早期《周易的自然哲學與道德函義》一書中解上引文卻肯定說：「這即是他所謂的理。『精察』、『區別』、『分理』都是活動之意，即皆是智慧的活動。活動的幾微而區以別以至不或爽失，換言之，即活動的恰到火候便即是理。故理是在智慧的活動上顯，而不在物間的關係上顯。固然他也說物之『肌理』物之『則』，或物之條理；但這也是附帶的，不是主題。」〔註7〕人心智慧的活動恰到火候才是理的根源義，這是牟先生為戴氏的「理」所下的註腳，至於

〔註6〕見戴震《孟子字義疏證》，頁1。

〔註7〕見牟宗三《周易的自然哲學與道德函義》，文津出版社，民國77年版，頁142。此書乃牟先生之青年舊作，完成於民國廿一年，當時牟先生廿四歲，北大哲學系三年級生。據本書〈重印誌言〉，牟先生自述此書僅是他的學思之開端起步，只能算是青年不成熟之作，所依據的是實在論的心態而謬斷其他，與日後的成熟之學相差甚遠，牟先生於此亦甚悔之，幾不欲提及，重印之也僅為「欲存之以誌吾過並以勵來者也」。

事物之理，此乃附帶說及的，不是戴震討論的主題。戴震討論的主題在「倫理上的理」，是行爲之當與否合理與否的理，換言之，即是判斷行爲之標準的理，而不只是物間的條理。〔註8〕所以，理與其說源出於事情之條理，不如說乃源自心靈智慧的適宜判斷。

　　但是此解果眞合乎戴氏之意？戴氏曰：

> 孟子言「口之於味也，有同嗜焉；耳之於聲也，有同聽焉；目之於色也，有同美焉；至於心獨無所同然乎」，明理義之悅心，猶味之悅口，聲之悅耳，色之悅目之爲性。味也、聲也、色也在物，而接於我之血氣；理義在事，而接於我之心知。血氣心知，有自具之能：口能辨味，耳能辨聲，目能辨色，心能辨夫理義。味與聲色，在物不在我，接於我之血氣，能辨之而悅；其悅者，必其尤美者也；理義在事情之條分縷析，接於我之心知，能辨之而悅之：其悅者，必其至是者也。〔註9〕

設若戴氏能明分事物之理與人倫之理，則或可清楚戴氏所謂「理」在於物還是在於心。因爲事物之理，理一定在事物中顯；若是人倫之理，則可有討論的空間：或者理在人心判斷此時應如何做之活動上顯，或者是在人際關係必守的禮儀分際上顯。戴氏顯然無此區分，他只是籠統地以「理義」概括之。但從上引文之義，戴氏以色聲味之在物而接於我之血氣，譬理義在事而接於我之心知，顯然理義應歸屬於事，非我之心知本有理義，而後決定事情之條理。心能辨理義，猶口能辨味，耳能辨聲，「分辨」才是心知之功能，至於理義則在「事情之條分縷析」，事物本身若無理義，則我之心知亦無從辨起。由是觀之，理義在事而不在我，明矣。胡適先生也說：「他（戴東原）認定心不是理，不過是一種思想判斷的官能。這個官能是『凡血氣之屬』都有的，只有鉅細的區別，並不專屬於人類。心不是理，也不是理具於心。理在於事物，而心可以得理。心觀察事物，尋出事物的通則，疑謬便是失理，不謬之謂得理。心判斷事物，並不是『心出一意以可否之』；只是尋求事物的通則，『以其則正其物』。」〔註10〕

　　理義之所由來，出於心，或出於物，誠然是一值得探討的問題，西方哲

〔註8〕　參見牟宗三《周易的自然哲學與道德函義》，頁142。
〔註9〕　見戴震《孟子字義疏證》，頁5。
〔註10〕　見胡適《戴東原的哲學》，遠流出版社，民國75年版，頁44。

學爲此寫了一部又一部的鉅作。然而若欲決定戴震所謂理義出於何處，則恐怕是胡先生較能得戴氏之意。戴震所提的「察之而幾微」、「區別」、「分理」固然都是心靈的智慧活動，心靈要能把握這幾微的區別，誠須恰到火候的拿捏活動，但是這種拿捏、衡量可以僅是心的活動功能而已，理義是否由此拿捏衡量產生出來，則戴氏並無明說。再者，若戴氏贊成理是在智慧活動上顯，而不在物上顯，那麼他一定不能反對朱子所言之「理具於心」，也就是理在心內，不在心外。事實上，戴震認爲若說理本具於心，自天與之，則所謂學理只是「復其初之所受而已」，然而「試以人之形體與人之德性比而論之，形體始乎幼小，終乎長大；德性始乎蒙昧，終乎聖智。其形體之長大也，資於飮食之養，乃長日加益，非『復其初』；德性資於學問，進而聖智，非『復其初』明矣。」〔註 11〕藉由這段話，理本不具心內，十分清楚瞭然。心固然可以顯理，但心之可以顯理，僅是由於心可以分辨理，所分辨之理則依然在事中。此與朱子所謂「理」者，甚有差異。

《孟子字義疏證》另一條有云：

> 是故就事物言，非事物之外別有理義也；「有物必有則」，以其則正其物，如是而已矣。就人心言，非別有理以予之而具於心也；心之神明，於事物咸足以知其不易之則，譬有光皆能照，而中理者，乃其光盛，其照不謬也。〔註 12〕

故應如胡先生所言「心不過是一種思想判斷的官能」，難說心之活動的恰到火後便即是理。這個思想判斷的官能，戴東原統稱之爲「心知之明」。心知之明乃人與禽獸最大之差異，人可以推擴其心知之明，禽獸則無此能力。此論以下另有解說，此處不詳述。

（二）以情絜情

戴震經常強調理義在「事情之條縷分析中」，換言之，理義不離經驗觀察，舉凡事物的結構知識、人情之喜怒哀樂，莫不涵蘊在內。心知之明唯有「辨理」的功能，本不具理，因此若要行爲符節中理，觀察事情的輕重緩急與人情的悲歡喜怒之故，是必不可少的。他說：

> 理也者，情之不爽失也：未有情不得而理得者也。凡有所施於人，反躬而靜思之：「人以此施於我，能受之乎？」凡有所責於人，反躬

〔註11〕見戴震《孟子字義疏證》，頁 15。
〔註12〕見戴震《孟子字義疏證》，頁 7。

而靜思之：「人以此責於我，能進之乎？」以我絜之人，則理明。天
理云者，言乎自然之分理也；自然之分理，以我之情絜人之情，而
無不得其平是也。〔註13〕

可見德性之理，也即所謂「天理」，亦不離外在的人情，它就在人情之得其平
上顯。戴東原於此早已預設人情本有自然之分理，欲得此自然之分理，只要
以情絜情即可。故理之得與不得，關乎情之是否嚴守人我的分界。若僅是逞
我之欲，遂我之情，完全不顧人之逞欲遂情本有一定的界限，則天理滅矣。
若能反躬自思，以我之情絜人之情，將心比心，則弱寡愚怯不受脅暴，老幼
孤獨各得其所。蓋其人之情豈異我哉？凡為人，無不想平安喜樂者，是以吾
豈能忍見弱寡愚怯、老幼孤獨之不得怙恃而流落飄零？因此以情絜情，理自
在其中。「在己與人皆謂之情，無過情無不及情之謂理。」〔註14〕此為情與理
的大致分別。可見縱是人倫之理，亦本不具於心。且從戴氏的推論，自宋以
來之相習成俗，以理為「如有物焉得於天而具於心」，實是以心之意見當之也。
如是者概皆「憑在己之意見，是其所是而非其所非，方自信嚴氣正性，嫉惡
如讎，而不知事情之難得，是非之易失於偏，往往人受其禍，己且終身不悟，
或事後乃明，悔已無及。」〔註15〕所以，與其論理之得不得，不若論情之得不
得。《大學》治國平天下，靠的就是一套絜矩之道；《論語》子貢問孔子：「有
一言而可以終身行之者乎？」子曰：「其恕乎！己所不欲，勿施於人。」曰「所
不欲」，曰「所惡於上，毋以使下」，不過人之常情，不言理而理盡於此。

　　最後戴震的結論是：

惟以情絜情，故其於事也，非心出一意見以處之，苟捨情求理，其
所謂理，無非意見也。未有任其意見而不禍斯民者。〔註16〕

總而言之，人情就是天理的基礎。不過這般以情決理，會不會偏於主觀呢？畢
竟情是主觀之感物而動之所發，我之嗜好，別人也一定感此嗜好嗎？胡適即認
為「以情絜情的話，雖然好聽，卻有語病。」〔註17〕戴氏這套理論究竟有無客
觀穩固的基礎？〈樂記〉說：「人生而靜，天之性也；感於物而動，性之欲也。
物至知知，然後好惡形焉。好惡無節於內，知誘於外，不能反躬，天理滅矣。」

〔註13〕見戴震《孟子字義疏證》，頁1。
〔註14〕見戴震《孟子字義疏證》，頁2。
〔註15〕見戴震《孟子字義疏證》，頁4。
〔註16〕見戴震《孟子字義疏證》，頁5。
〔註17〕參見胡適《戴東原的哲學》，頁45。

雖然人常感於物而動，然亦有安靜未感於物的時候，此時血氣平和，情之所施，欲之所行，大概皆能得理。故人只要常反躬自思，恢復這段血氣平和的心境，就可以好惡中節合理。戴氏即根據這段話建立他的「以情絜情」的基礎：

> 蓋方其靜也，未感於物，其血氣心知，湛然無有失，故曰「天之性」；及其感而動，則欲出於性。一人之欲，天下人之所同欲也，故曰「性之欲」。好惡既形，遂己之好惡，忘人之好惡，往往賊人以逞欲。反躬者，以人之逞其欲，思身受之之情也。情得其平，是爲好惡之節，是爲依乎天理。〔註18〕

〈樂記〉本義爲何，暫且不論，戴氏之意顯將「天之性」釋爲血氣心知未感於物時的平靜狀態，即此湛然無失之心境狀態，一感於物而動，所引發之欲，是爲「性之欲」，爲其由天之性直接發出者。此欲雖自一人發出，卻有客觀普遍性，普天下人都一樣，因爲天之性是相同的。故戴氏云：「一人之欲，天下人之所同欲也，故曰性之欲。」奠基於此，是以當人逞其欲時，只要反躬自省我之欲亦人之欲，怎可以己之欲妨礙他人之欲？如此，則情將得平，好惡也得以中節。

關於此，胡先生仍以爲「一人之欲，而自信爲天下人之同欲，那仍是認自己的意見爲天理，正是戴氏所要推翻的見解。」〔註19〕胡先生的批評正確與否，端視戴震所言「天之性」與「性之欲」果眞有先驗的客觀普遍性而決定。返視戴震的推論過程，首以「方其靜也，未感於物」時的血氣心知爲湛然無有失，遂以爲人之普遍的「天之性」，再由此「天之性」所發之欲爲天下人共有的「性之欲」。天之性既相同，性之欲無疑也是一致無差。嚴格說來，這種推論實不嚴謹，關鍵在「血氣心知」之爲性是否可以達到每人皆有相同的欲望？基本的生理需求或可說一致，但個人特殊的癖好，是否仍可說「一人之欲，天下人之所同欲也」？雖然「方其靜也，未感於物」有類於孟子所講的「平旦之氣」，孟子曰：「其所以放其良心者，亦猶斧斤之於木也，旦旦而伐之，可以爲美乎？其日夜之所息，平旦之氣，其好惡與人相近也者幾希？則其旦晝之所爲，有梏亡之矣。」（《孟子‧告子章句上》）人在清晨尚未與外物相接而自我迷亂時，其好善惡惡與人相差不遠。但縱與人相差不遠，所存者又有多少？孟子此言並非爲了說明未感於物的自然之生命常態即是天之性，只是從未與外物相接時的狀態較能恢復「好善惡惡」的道德意識。此自

〔註18〕見戴震《孟子字義疏證》，頁2。
〔註19〕參見胡適《戴東原的哲學》，頁45。

然狀態僅是一生命情景，不能以此作爲論人性的基準點。再說孟子所說「其好惡與人相近也者幾希」，此中之好惡應接續上文「其所以放其良心者，亦猶斧斤之於木也」來看，因此好惡不應泛泛解爲一般的喜好惡憎，而應集中在「好善惡惡」這一道德意識上才是。故爾孟子的重點仍落在良知意識上，無有自此可以引申人性共同的欲望的意思。

反觀戴氏則直以此生命情景視爲客觀的「天之性」，且未經考慮地認定由此情景所感於物而動者，即是普遍的「性之欲」。然而此祥和的狀態僅是人的心理情緒暫時平緩下來而已，之前定已累積大量的好惡愛憎，此大量的好惡愛憎早已積累成習，不可能因一時的平緩而完全拔除，人的特殊癖好依然猶在，焉能以此生命情景視爲客觀的「天之性」，再以此天之性所發之欲爲普遍的性之欲？是以胡先生的評論是恰當的。戴氏本人批判理學家凡事決定於己心之理，乃以一己之意見充當天下之理，反觀他自己「一人之欲，天下人之所同欲也」，不也是認自己的意見爲天理？戴氏又能高明到哪裡呢？

宋明理學家至少不曾犯此過失，他們深知生理欲求、情緒愛憎皆不足以充作道德之理的普遍基礎，縱然大家均有喜怒哀樂，可是每個人的愛憎對象與程度依然不同，是故無一理學家將人性定於此，而是將之歸於「天之所命」爲一超越的普遍之常理。戴氏與他們迥然迥異，他把理義歸屬外在的事物、人情之條分縷析，故行爲欲中理合義，不能由己心獨立判斷，必得考察事情之得失，人情之喜惡不可。情得則理得，情不得，則理亦不得。

（三）理欲同行

基於此，則宋儒常說的「不出於理則出於欲，不出於欲則出理」，理欲判然二別，於戴氏看來，是荒謬可笑的。爲什麼？蓋飲食男女，人之大欲存焉，人之生，最怕的莫過於無以遂其生。欲遂己生，亦遂人之生，仁也；欲遂己生，至於戕人之生而不顧者，不仁也。〔註20〕是仁與不仁皆始於「欲遂己生」之心。假設沒有這種遂己生的欲望，也無所謂仁不仁了。且人若無此欲，則於天下之人，生道窮促，亦將漠然視之。是以不應說「不出於理則出於欲，不出於欲則出於理」，而應修正爲「不出於正，則出於邪，不出於邪則出於正」。欲之中節即爲正，不中節即爲邪。戴氏曰：

　　性，譬則水也；欲，譬則水之流也。節而不過，則爲依乎天理，爲

〔註20〕參見戴震《孟子字義疏證》，頁8。

相生養之道，譬則水由地中行也；窮人欲而至於有悖逆詐偽之心，有淫佚作亂之事，譬則洪水橫流，氾濫於中國也。聖人教之反躬，以己之加於人，設人如是加於己，而思躬受之之情。譬則禹之行水也，行其所無事，非惡氾濫而塞其流也。惡氾濫而塞其流，其立說之工者且直絕其源，是過欲無欲之喻也。……命者，限制之名，如命之東則不得而西，言性之欲之不可無節也。節而不過，則依乎天理，非以天理為正，人欲為邪也。天理者，節其欲而不窮人欲也。是故欲不可窮，非不可有；有而節之，使無過情，無不及情，可謂之非天理乎！〔註21〕

情、欲皆根於血氣，為人之本有者，不可絕而去，若信乎人欲有礙於行道，而主「去人欲存天理」，則流患無窮。戴氏認為「宋以來儒者，蓋以理說之。其辨乎理欲，猶之執中無權；舉凡飢寒愁怨、飲食男女、常情隱曲之感，則名之曰人欲，故終其身見欲之難制；其所謂存理，空有理之名，究不過絕情欲之感耳。」〔註22〕此種飢寒愁怨、飲食男女、常情隱曲之情欲焉能絕盡？故主「主一無欲」者，皆不明理欲同行不相礙之理。究其實，「天下必無舍生養之道而得存者，凡事為皆有欲，無欲則無為矣；有欲而後有為，有為而歸於至當不可易之謂理；無欲無為又焉有理！」〔註23〕不明於此而堅決主張必去人欲之君子者，自信所言之理乃「得於天而具於心」，一毫不出於人欲，此必皆「以意見為理」而不通人情的頑固份子。此種頑固份子不悟意見多偏之不可以理名，而持之必堅；與之相反者，則謂其人自絕於理。此理欲之辨，適成忍而殘殺之具，蓋此君子既截然分理欲為二，治己以不出於欲為理，治人亦必以不出於欲為理，舉凡民之飢寒愁怨、飲食男女、常情隱曲之感，咸視為甚輕者；而以吾之天理方為公義也。再不思聖人體民之情，遂民之欲，動不動以「理」桎梏之，天下之害莫甚於此。戴震如是認為。是以他絕對不贊同「去人欲存天理」的主張，欲存天理者只要適當節情節欲即可，何須畢去人欲呢？

情欲之節制唯有心知之明能節之，是以「心知」在戴氏的道德哲學內，佔有舉足輕重的地位，以下即論心知之作用。

〔註21〕見戴震《孟子字義疏證》，頁10。
〔註22〕見戴震《孟子字義疏證》，頁57～58。
〔註23〕見戴震《孟子字義疏證》，頁58。

二、戴震論性與天道

（一）血氣心知之為性

上文曾略述戴震論「天之性」的意義，由彼可約略得知戴氏並非自超越之存在之理論「性」，而是略近於告子所言「生之謂性」之意義。《孟子字義疏證》有關「性」之條文有云：

> 性者，分於陰陽五行以為血氣、心知、品物，區以別焉，舉凡既生以後所有之事，所具之能，所全之德，咸以是為其本，故《易》曰「成之者性也」。氣化生人生物以後，各以類滋生久矣；然類之區別，千古如是也，循其故而已矣。……凡分形氣於父母，即為分於陰陽五行，人物以類滋生，皆氣化之自然。〔註24〕

簡單言之，性者即是氣化之自然，氣化流行構成天地萬物，人物各分於此氣化之一部份為己性，各具相似與相異之處，血氣心知為人物所共有，但共有之處亦有程度不一之等差，就此差異可分類以別之，是以云「氣化生人生物以後，各以類滋生久矣；然類之區別，千古如是也，循其故而已矣。」剋就此觀點而論，戴氏的「性」實為一種「類概念」，每一物均有其特殊的性質，相似性質者可歸為一類，人、物即以其類分別滋生衍化。所以戴氏所謂性者，其實只是生物以後的自然生理、運動特質。如此言性，當然性僅能限於陰陽五行氣化而已。

針對這一點，戴震續曰：

> 《大戴禮記》曰：「分於道謂之命，形於一謂之性。」分於道者，分於陰陽五行也。一言乎分，則其限之於始，有偏全、厚薄、清濁、昏明之不齊，各隨所分而形於一，各成其性也。然性雖不同，大致以類為之區別，故《論語》曰「性相近也」，此就人與人相近言之也。孟子曰：「凡同類者舉相似也，何獨至於人而疑之？聖人與我同類者。」言同類之相似，則異類之不相似明矣；故詰告子「生之謂性」曰：「然則犬之性猶牛之性，牛之性猶人之性與？」明乎其必不可混同言之也。〔註25〕

戴氏之意甚為清楚，總之是以生物類別來區分人性與物性，且斷定孟子之言性亦以此作解。孟子是否如此言性，很可商榷的，不過此處只要明白戴氏怎

〔註24〕見戴震《孟子字義疏證》，頁25。
〔註25〕見戴震《孟子字義疏證》，頁25。

樣說「性」即可。

這般論性，戴震將如何解釋孟子的人之「性善」義呢？血氣心知之爲性，有何善惡之先天分別？不過就是「文武興，則民好善；幽厲興，則民好暴」，善惡全是由後天所決定，怎能先天判它是善是惡？此則有待於人的「心知之明」。戴氏論人與禽獸之異如下：

> 凡血氣之屬，皆知懷生畏死，因而趨利避害；雖明暗不同，不出乎懷生畏死者同也。人之異於禽獸者不在是。禽獸知母而不知父，限於知覺也；然愛其生之者及愛其所生，與雌雄牝牡之相愛，同類之不相噬，習處之不相齧，進乎懷生畏死矣。一私於身，一及於身之所親，皆仁之屬也。私於身者，仁其身也；及於身之所親者，仁其所親也；心知之發乎自然有如是，人之異於禽獸者亦不在是。〔註26〕

人物之別不在懷生畏死，不在同類之不相噬，習處之不相齧，亦不在仁其身、仁其所親，而是在於「人則能擴充其知至於神明，仁義禮智無不全也。」〔註27〕其他動物非不有知也，譬如聞蟲鳥以爲候，聞雞鳴以爲辰，彼之感而覺，覺而聲應之，這些都是動物的特殊知覺。又如烏之反哺，睢鳩之有別，蜂蟻之知君臣，這些有類於人之所謂仁義者，也是「成性各殊」使之然耳，亦可稱爲彼類之知。可是人除有知覺之外，尚能擴充其知至於神明，因此仁義禮智無不全。說穿了，「仁義禮智非他，心之明之所止也，知之極其量也。知覺運動者，人物之生；知覺運動之所以異者，人物之殊其性也。」〔註28〕就此人之心知，有思輒通，能不惑乎所行，辨乎理義，即是孟子道性善之因。

孟子道性善，言必稱堯舜，豈是堯舜以下皆無等差？須知人物氣稟固不齊，豈得謂性同哉！「然人之心知，於人倫日用，隨在而知惻隱，知羞惡，知恭敬辭讓，知是非，端緒可舉，此之謂性善。」〔註29〕此知惻隱，知羞惡，知恭敬辭讓之心，亦不離懷生畏死之性，「已知懷生而畏死，故怵惕於孺子之危，惻隱於孺子之死，使無懷生畏死之心，又焉有怵惕惻隱之心？推之羞惡、辭讓、是非亦然。使飲食男女與夫感於物而動者脫然無之，以歸於靜，歸於一，又焉有羞惡，有辭讓，有是非？此可以明仁義禮智非他，不過懷生畏死，飲食男女，

〔註26〕 見戴震《孟子字義疏證》，頁 27。

〔註27〕 參見戴震《孟子字義疏證》，頁 28。

〔註28〕 見戴震《孟子字義疏證》，頁 28。

〔註29〕 見戴震《孟子字義疏證》，頁 28。

與夫感於物而動者之不可脫然無之，以歸於靜，歸於一，而恃人之心知異於禽獸，能不惑乎所行，即爲懿德耳。」〔註30〕所以古聖賢所謂仁義禮智，不求情欲之外，不離血氣心知，就在情欲血氣之行中，能不惑乎所行，即爲善也。

　　再深入一層論，此心知之明就是指導那「自然」之性，使之走上「必然」之路的羅盤。自然與必然也是戴氏書中一環重要的理論。「夫人之生，血氣心知而已矣」，這是戴氏的看法。欲者雖爲血氣之自然，但聖人則能順其血氣之欲，而爲相生養之道，於是視人猶己，以己推之，憂樂於人，仁義禮智皆由此出，此即「由血氣之自然，而審察之以知其必然」，由自然而進於必然，這就是心知得以爲人禽之辨的原因。何謂「由自然以進於必然」呢？戴氏認爲，欲者固爲血氣之自然，有血氣，則有心知；心知之自然則是「好是懿德」也，即自然喜好仁義禮智之德，故孟子言性善，理由在此。所以心知之自然，未有不悅理義者，可是一般人卻無法盡得理合於義，即是緣於不能將此好理義的心知之自然，精微審察，區以別矣，戴氏曰：

> 心知之自然，未有不悅理義者，未能盡得理合義耳。由血氣之自然，而審察之以知其必然，是之謂理義；自然之與必然，非二事也。就其自然，明之盡而無幾微之失焉，是其必然也。如是而後無憾，如是而後安，是乃自然之極則。若任其自然而流於失，轉喪其自然，而非自然也；故歸於必然，適完其自然。〔註31〕

有學者據此而謂戴氏的「性善論」是從踐履結果而說的，由性之源頭處肯定性善，這是宋明儒者的態度；至於戴震，則是從踐履角度、事實結果的「人能合乎理義」處說。〔註32〕這種由踐履結果加以考察的性善說，是類似道德發展論，以道德發展所必須的過程爲強調的一種主張。〔註33〕從人欲到合乎理義，是一種可以被期待的「必然」，儘管「心知之全乎理義」要成爲事實以前，必須要有踐履的歷程，但是對戴震而言，「欲」之導向「善」，卻是可以預設的結果，只消把人心之私與蔽二端移除即可，可以說戴氏的性善論全立基於「心知之全乎理義」。

　　能充分發揮心知之明，使無幾微之失，對戴震而言，斯無往而非仁義也。

〔註30〕見戴震《孟子字義疏證》，頁29。
〔註31〕見戴震《孟子字義疏證》，頁18。
〔註32〕參見張麗珠《清代義理學新貌》，里仁書局，民國88年版，頁152。
〔註33〕參見張麗珠《清代義理學新貌》，頁153。

不過，此源於自然血氣的心知，是人的知性之認知作用，還是理性的意識之自覺，則有必要審視一番。若爲前者，則心知不過是一種知識活動，它所具備的知識完全來自外在的經驗觀察，它自身是否內具「先驗觀念」以構成知識的先驗條件，則不在考慮之內。若是後者，譬若牟先生所講的：心知爲意識之自覺，故可名之曰「理性」。〔註34〕既名之曰「理性」，「可見戴氏不是純粹經驗主義，還承認有心知之性，並且承認心知有自然之明自具之能。心知之性即是理性，理性是爲經驗主義所不承認的。理性有自然之明自具之能，這所謂自然之明與自具之能，在理性主義，即所謂先驗觀念（apriori idea）或內在觀念（innate idea）是也。這也是經驗主義所不承認的。」〔註35〕牟先生如是說道，且進一步再順是推論：「這與朱子就相同了。不過朱子的義理之性是由『理』而來，故爲至善，及其發爲仁義禮智仍屬合理，故仍爲『理』。如是，朱子且爲理性找一所以然之故即普遍的理是，而戴氏則不找其所以然而直承認其爲自然之性。這是他們的不同處，即一人言所以然之故，一人不言而言自然如此。這即是他們的根本不同，並且也即是使他們所以沒有什麼根本不同之處。」〔註36〕

　　然而戴氏與朱子之別，當真僅在一人言所以然之故，一人不言而言自然如此，這樣而已嗎？果真如此，則戴震也無須強烈抨擊宋明諸位理學家。其實此問題的核心所在，於本文陳述戴震理論時，一開始即已提論過，不過就是「理在事中」或「理在心中」的歸屬問題。若戴氏承認「心具理」，不管是何種方式具理，至少他不會對朱子的「理得之天而具於心」囂囂置辯。事實上，自許多引文看來，「理在事中」之義是很明顯的，例如「理義在事情之條分縷析」，「理義，在物而接於我之心知」，「是故就事物言，非事物之外別有理義也；……就人心言，非別有理以予之而具於心也」，這一條條的明文條例都說明了「理不在心中」；再從反面看，戴氏對「理具心中」又有何看法？就如前文一再提及的，乃「以心之意見當之也」，是「憑在己之意見，是其所是而非其所非」。

　　若以心知有自具之能而說戴氏之心知有超乎經驗主義者，亦過矣。戴氏確曾明言「血氣心知，有自具之能：口能辨味，耳能辨聲，目能辨色，心能

〔註34〕參見牟宗三《周易的自然哲學與道德函義》，頁 148。
〔註35〕見牟宗三《周易的自然哲學與道德函義》，頁 148。
〔註36〕見牟宗三《周易的自然哲學與道德函義》，頁 148。

辨夫理義。」但心之具此能亦如口能辨味，耳能辨聲，目能辨色一樣，只是「分辨」的功能而已，戴氏未曾於此反省心知是否具有先驗的觀念以充當判斷分辨的先驗條件。由是觀之，尚能言戴氏之「心知」為內具「先驗觀念」而與朱子無別的理性乎？

　　因為牟先生自始即認定戴氏的理義隱乎智慧的活動當中，故斷定他的「心知」為超乎經驗主義之上的理性；立足於此，再順是推演出「故心知即是良知良心」的結論。牟先生說：

> 血氣之性固是本有，固是內的；心知之性也是固有，也是內的。故
> 心知即是良知良心。明辨即是良知良心之良能，即是理性。理義即
> 由此理性而發，故理義自然也是內而非外，故戴氏所謂理，根本上，
> 仍即是倫理上的理，根本即是想證明孟子的內理義（＝禮義）之說。
> 即理義既由內的良知良心而發，並且也由內的良能而辨別。〔註37〕

將戴震的心知提昇至「良知良心」，這是牟先生過於抬舉戴氏了。之所以有此抬舉，也是由於牟先生在戴氏的理論加上過多的康德的知識論，以至有此結論。究其實，戴震實無牟先生所言這般高明，胡適先生所述反較能切合戴氏之意。

（二）氣化之生生不已之為道

　　宋明儒說性來自天，戴氏亦言性分於道，只是兩者對天道的詮解不一，後者僅認天道乃「陰陽五行而已矣」，純是氣化之流行。《孟子字義疏證》「天道」條例曰：

> 道猶行也。氣化流行，生生不息，是故謂之道。《易》曰：「一陰一
> 陽之謂道。」《洪範》：「五行：一曰水，二曰火，三曰木，四曰金，
> 五曰土。」行亦道之通稱。舉陰陽則賅五行，陰陽各具五行；舉五
> 行即賅陰陽，五行各有陰陽也。《大戴禮記》曰：「分於道謂之命，
> 形於一謂之性。」言分於陰陽五行以有人物，而人物各限於所分以
> 成其性。陰陽五行，道之實體也；血氣心知，性之實體也。有實體，
> 故可分；惟分也，故不齊。古人言性惟本於天道如是。〔註38〕

這純粹是一種「自然主義」的天道觀，〔註39〕惟自陰陽五行說起，不復論述

─────────────────

〔註37〕見牟宗三《周易的自然哲學與道德函義》，頁151～152。
〔註38〕見戴震《孟子字義疏證》，頁21。
〔註39〕見胡適《戴東原的哲學》，頁23。

陰陽五行之上或背後是否有一所以使它生生不息的原因。依戴氏的想法，陰陽五行本就是流行不已，生生不息，且其中已蘊含秩然之條理，何須再詢問陰陽之上尚有超越之理主宰之？《原善》論：「一陰一陽，蓋言天地之化不已也，道也。一陰一陽，其生生乎，其生生而條理乎！以是見天地之順，故曰一陰一陽之謂道。生生，仁也，未有生生而不條理者。」〔註40〕氣化之生生之中，自有條理在其中，戴震早已預設此一前提，所以他才能下結論道：未有生生而不條理者。再順是引申「仁義禮智」四德：

> 自人道溯之天道，自人之德性溯之天德，則氣化流行，生生不息，
> 仁也。由其生生有自然之條理，觀於條理之秩然有序，可以知禮矣；
> 觀於條理之截然不可亂，可以知義矣。在天爲氣化之生生，在人爲
> 其生生之心，是乃仁之爲德也；在天爲氣化推行之條理，在人爲其
> 心知之通乎條理而不紊，是乃智之爲德也。惟條理，是以生生；條
> 理苟失，則生生之道絕。〔註41〕

此乃以天道宇宙論規定仁義禮智，亦可見天人相通、相配合。此種宇宙觀，胡適先生說「最奇特的是戴氏的宇宙觀完全是動的，流行的，不已的。」〔註42〕因爲戴震認爲不論形上形下，通通都是氣化流行，可說這是一種唯物論的主張。〔註43〕胡先生如是解釋。牟先生則用偏於物理學的術語解釋：道之實體是陰陽五行，可名之曰「物理實體」（physical entity），此種實體不是固定的顆粒性的，而是流動的有節奏的，是可分的，不是實在是分的。〔註44〕此解說倒也新鮮有趣，總之，不論是胡先生或牟先生，都一致認同戴震的天道觀純是一種氣化的波動流行，不是有一超越懸絕於上的不動的實體，這種純爲氣化的天道觀當然與宋明儒的「理氣二元」觀有絕大差異。戴氏全然將「理」融入氣化當中，氣化本自有條理，苟無條理，早已斷絕。他不去追問氣化何以會有生生不息之條理，正如他不查問何以「以情絜情」能中理合義，因爲情欲本身早已涵蘊自然之分理。

但是《易傳》明明言「形而上者謂之道，形而下者謂之器」，戴震一概以「氣化」說明之，則如何分辨形上形下？戴氏解釋道：

〔註40〕見戴震《孟子字義疏證》，頁62。
〔註41〕見戴震《孟子字義疏證》，頁48。
〔註42〕見胡適《戴東原的哲學》，頁25。
〔註43〕參見胡適《戴東原的哲學》，頁24。
〔註44〕參見牟宗三《周易的自然哲學與道德函義》，頁160。

《易》「形而上者謂之道，形而下者謂之器」，本非爲道器言之，以道器區別其形而上形而下耳。形謂已成形質，形而上猶曰形以前，形而下猶曰形以後。如言「千載而上，千載而下」。《詩》：「下武維周。」鄭箋云：「下，猶後也。」陰陽之未成形質，是謂形而上者也，非形而下明矣。器言乎一成而不變，道言乎體物而不可遺。不徒陰陽非形而下，如五行水火木金土，有質可見，固形而下也，器也；其五行之氣，人物咸稟受於此，則形而上者也。〔註45〕

「上下」是否可以一例解爲「前後」，是很可商議的；只是在此欲論斷戴氏之解正確與否，唯自「天道，陰陽五行而已矣」這一大前提評估方可。總論戴震之道德哲學，與王充一樣，全然是經驗主義的倫理學，亦即純粹在「氣性」這一範圍論述，至於「理」之方面，完全內攝在氣化的生生條理，而再不思氣化之生生條理有否另一超越之因使其如此。王充侷限在氣質之命限中，難以擺脫「性成命定」的陰影，始終尋不出道德實踐的根源，僅仰賴教育之功。教育固可使人向善修式，但力量畢竟有限，如果不能肯定人性內在深層的爲善之源，僅憑教育而欲證明人人皆可以爲堯舜，猶緣木求魚，不可得也。這一方面，戴氏比王充稍好，至少戴震將爲善之源置於人性之內。不過，以生命之情欲爲道德之根基，而說「己知懷生而畏死，故怵惕於孺子之危，惻隱於孺子之死，使無懷生畏死之心，又焉有怵惕惻隱之心？」此說乍看之下，言之有理，不過是否毫無疑義，則有待謹愼評估。

三、問題與討論

戴氏哲學確有許多異於前人的新穎見解，自始至終，亦能通澈始末，自圓其說。縱然如此，他的理論亦有不少可疑之處：首先，極力證明「理義不出事情之條分縷析」而力反「理得之天於具於心」，是否符合孟子言「仁義禮智，非由外鑠我也，我固有之也」？其次，純粹認知作用的「心知之明」，能否完全證明孟子的「性善」義？即，心知固然可知理義，但必定能具實踐之動力嗎？不無可疑。最後，陰陽五行本具生生之條理，形而上與形而下，只是「形以前」與「形以後」的差別嗎？《周易》所言之「太極」、「天道」當眞僅是渾沌未形的氣化之流？先秦儒者果然如此設想太極、天道？種種問

〔註45〕參見戴震《孟子字義疏證》，頁 22。

題，錯綜複雜，有必要一一釐清。以下即詳述解明戴氏哲學的疑問點。

（一）道德之理之所從出

　　戴氏的倫理學幾可說為了「打破宋儒家中《太極圖》」而發，〔註46〕企圖將「理得之於天而具於人心中」之說法從儒門中排除。然則理究竟是具於心中，亦或成於事中？今將知識之理擱置一旁，純自道德之理設言：道德之理義出於心？或出於事？或曰古人訓「義」為「義者，宜也」，可見理義端在事情判斷合宜不合宜處見，判斷合宜即為義，不合宜即是不義。譬如冬日飲湯，夏日飲水；冬日擁裘，夏日披葛，全看外在氣溫的變化而作適當的調整。戴震正是此意，是以其曰：「理義在事情之條分縷析，接於我之心知，能辨之而悅之。」

　　事物之理或可如此言，可是道德之理，也即是所謂「純粹的善」果能如是言嗎？裁斷合宜固須對外在事物有一精密審視，可是斷定此事合義與否，這個決定怎能來自「條理之不可亂」這一理由，而是「應當不應當」的判別方為「義不義」的判斷準則。仁愛、忠誠、勇敢諸種德行，亦是如此。以西方大哲康德的哲學術語來說，真正的「善」應源自於「善的意志」，他說：

> 在世界之內，或甚至其外，除一善的意志外，沒有什麼可能被思議的東西它能被稱為善而無限制（或無任何限制而即能被稱為善）。明智、機敏、判斷，以及心靈之其他才能，不管你如何名之，或者膽量、勇決、堅忍等等氣稟上的品質，在許多方面，無疑都是好的，而且是可欲的；但是如果「去使用這些天賦才能」的意志，因而亦即「構成那叫做品格」的意志，不是善的，則這些天賦才能也可變成極端地壞的或有害的。〔註47〕

明智、機敏、判斷，或者膽量、勇決、堅忍等等氣稟上的品質，這些好的、常人所願欲的品格，若不出於善的意志，實有可能變成極端地壞；而忠誠、仁愛、勇敢等諸種善德目，若非出於純善的意志，也不能稱為道德，因為它們可能出自隱晦的自我貪戀。最簡單的例子，商人做買賣都知曉須稟遵童叟

〔註46〕當戴震館於朱珪家時，嘗自言其昔日在山西方伯署中，曾偶病十數日，起而語方伯曰「我非真病，乃發狂打破宋儒家中《太極圖》耳」——段玉裁謂其時戴震即在造《緒言》也。（詳段玉裁〈答程易田丈書〉，《經韻樓集》卷七，收在《段玉裁遺書》），以上參見張麗珠《清代義理學新貌》，第三章，註解一，頁135。

〔註47〕見牟宗三譯《康德的道德哲學》，台灣學生書局，民國72年版，頁15。

無欺一原則。童叟無欺這一行徑固為義行，但是我們都清楚商人之行童叟無欺，與其說是出自公正無私的動機，不如說乃出於更大的利益而促使他們如此做，即童叟無欺可使他們招攬更廣大、更長遠的顧客群。若是出於利益考量而行看似無私的行為，哪能算道德呢？

　　自我貪戀不能做為道德法則，這是很明顯的。社會規範、宗教信仰同樣也不能充當道德準則，個人的「性好」亦然。為義務而行，其中絕對沒有任何別的衝動在內，此方是真正的道德行為。康德說：

> 為欲達到這一點（即先驗地去證明實有這樣一種「其自身絕對地在發命令而毫無任何別的衝動在內」的實踐法則），最重要的是要記住：我們必不允許我們自己去想從人性底特殊屬性中推演出這原則底真實性。因為義務須是行動底一種實踐的，無條件的必然性；因此，它必須在一切理性存有上皆能成立皆有效（這一切理性存有是一律令所能應用於他們身上者），而亦只為此故，它始亦能對一切人類意志而為一法則。反之，凡是從人類之特殊的自然的特徵中演繹出來的，從某種情感和性癖中演繹出來的，不，如其可能，甚至適當於人類理性的任何特殊傾向，而這特殊傾向不必然在每一理性存有底意志上皆有效，從此中演繹出來的，這雖誠可供給我們以格準，但卻不能供給我們以法則；可供給我們以主觀原則，依此主觀原則，我們可以隨一性癖和性好以行，但卻不能供給我們以客觀原則，依此客觀原則，我們必須奉命以行，縱使一切我們的性癖、性好，以及自然的性向都相反於此原則，我們也必須依之以奉命以行。〔註48〕

不論性好或是性癖，都是傾向於一種「習慣性的感性欲望」，也即來自人類生命的特殊的自然特徵。這種特殊傾向不盡然在每一人的意志上皆有效，所以依「自然生命之特徵」而有的感性欲望，僅能供給個人行動的主觀原則，而不能充作普遍的客觀法則。由此反觀戴震「一人之欲，天下人之所同欲」，誠然是一無法成立的命題，胡先生說他是「認主觀為客觀」，的確是一中肯的批評，源於此命題乃立基於自然生命的特殊傾向上。至於因有懷生畏死之感，而引發對他人之惻隱憐憫，此說法實無必然性，因為換個角度想，當面臨生死存亡之際，此惟救死而恐不贍，尚有餘暇關懷別人之生死哉？更遑論殺生成仁，捨生取義了。戴震將道德基礎建築於自然生命之情欲上，實是破壞道

〔註48〕見牟宗三譯《康德的道德哲學》，頁60。

德的純淨與莊嚴。

自然生命之特殊傾向不足爲道德基礎，從天道宇宙觀而論道德，是否就能相應切合呢？如若戴氏所常言：「生生，仁也，未有生生而不條理者。條理之秩然，禮至著也；條理之截然，義至著也；以是見天地之常。三者咸得，天下之懿德也，人物之常也。」〔註49〕此論全然自氣化之生生條理著手，生而又生，不息不已，即是仁；生生之中自有條理，條理之秩然，即是禮；順乎條理之截然不可亂，即是義；仁義禮三者純爲天道氣化之表徵。這種從宇宙圓滿之概念推述道德，是否比將自然生命特質充作善之基石來得恰當無失？按康德的解析：

> 從此〔他律底〕觀點所能取用的一切原則或是經驗的，或是理性的。
> 前者，即從幸福原則而引出者，或是基於自然的情感上或是基於道德的情感上；後者，即從圓滿原則而引出者，則或是基於當作一個可能的結果看的那理性的圓滿之概念上，或是基於作爲我們的意志之決定因的一個獨立的圓滿（上帝底意志）之概念上。〔註50〕

康德所說的「理性的圓滿之概念」或是「基於作爲我們的意志之決定因的一個獨立的圓滿之概念」，容或與戴氏所說「氣化之生生條理」稍有不同，不過兩者之義實也相差未遠，同樣都自「宇宙整體」這一概念來論道德。不管此概念多神聖、多圓滿，均爲他律之道德。所謂「他律」者，即：如果意志尋求決定意志之法則不在「它的格準之合宜於成爲它自己的決斷底普遍法則」中尋求，而卻在任何別處尋求，因而結果也就是說，如果它走出其自己之外而在它的任何對象之特性中尋求這法則，則結果其所成者總只是〔意志之〕他律。〔註51〕意志須走出其自己之外而在它的任何對象之特性中尋求法則，所成之法則，必是他律而非自律，「圓滿之概念」正是意志之外的對象，由對象而決定意志，不管是因著性好而決定之，或因著圓滿原則而決定之，總之這時的意志總不是因著「行動本身之想法」（thought of an action itself）直接決定自己，但只是因著行動底預見結果在意志上所有的影響而決定其自己。〔註52〕如此所成者乃是「我應當去做某事，因爲我願望某種別的事」。

〔註49〕見戴震《孟子字義疏證》，頁 62。
〔註50〕見牟宗三譯《康德的道德哲學》，頁 87。
〔註51〕參見牟宗三譯《康德的道德哲學》，頁 86。
〔註52〕參見牟宗三譯《康德的道德哲學》，頁 90。

　　以上所述均非眞正的道德，眞正的道德應爲出自純善之意志而行。而一個絕對善的意志，其原則必須是一定然律令者，在關涉於一切對象中，它應是不決定的（漠然的），而且它應只包含著「一般說的決意」之形式。〔註53〕他律道德之爲「假道德」，正緣於意志之決定熱切地關涉乎外在的對象，眞正的道德與此正好相反，從外在對象返回意志自己，由自己發布命令，不受感性、知性的影響，對照「他律」而名之曰「自律」。意志自律之決意形式如下：

> 你應當只依那種格準，即由之你能同時意願「它必應成爲一普遍法則」這樣的格準，而行動。〔註54〕

意志之格準欲成爲一普遍法則，須由外在的對象，諸如感性性好、知識概念、上帝信仰、社會規範等等解脫出來，純由自己決定，決定行動之格準必成爲一普遍法則這樣的形式去行動。如是，道德之理的決定，必不在於外，而在於意志本身，套用中國哲學名稱，亦即理義在心，不在於事。

（二）義內與義外之釐定

　　藉由康德哲學的剖析分解，清楚地對照出戴氏哲學的謬誤，即，把道德基礎建基於自然生命之傾向與知性之「圓滿概念」上，未曾想過兩者實非穩當可靠的磐石。縱然不假借康德哲學，純自戴氏最欽佩的孟子來看，亦可發現戴氏根本不解孟子。《孟子》〈告子章句上〉記載孟子與告子論辯「仁義內在」的問題，過程如下：

> 告子曰：「食色，性也。仁，內也，非外也；義，外也，非內也。」
> 孟子曰：「何以謂仁內義外也？」曰：「彼長而我長之，非有長於我也；猶白而我白之，從其白於外也，故謂之外也。」曰：「異於白馬之白也，無以異於白人之白也；不識長馬之長也，無以異於長人之長與？且爲長者義乎？長之者義乎？」曰：「吾弟則愛之，秦人之弟則不愛也，是以我爲悅者也，故謂之內。長楚人之長，亦長吾之長，是以長爲悅者也，故謂之外也。」曰：「嗜秦人之炙，無以異於嗜吾炙。夫物則亦有然者也，然則嗜炙亦有外與？」

觀《孟子》所紀錄告子之論性，說「性猶杞柳」、「性猶湍水」、「食色性也」，可知他是以人生而有的自然之質論性，從此觀點論性，當然表示不出人之「能決定義理之當然」之性，故必主義外，即使說仁內，亦非眞內；又必主性中

〔註53〕參見牟宗三譯《康德的道德哲學》，頁91。
〔註54〕見牟宗三譯《康德的道德哲學》，頁54

無仁義，仁義由後天而造成。〔註55〕既然不能肯定人有「能決定義理之當然」之性，則一切理、義均出自外在事物人情，譬若長人之長，告子認為由於他是一長者，故我以長者視之。此以「長者視之」之「長之」是從外決定，不是依乎我而決定，就像一個東西是白的，我即以白視之，而我以白視之端在乎這個東西是白的，以此觀之，義在外，非由內也。

但是我們視一人為長者，與視一馬為老馬，或視一狗為老狗，心態上會是一樣的嗎？視一馬為老馬，或視一狗為老狗，我們可以毫無尊敬之感，然而當視一人為長者時，我們心中自然會升起敬重之意。當我們「長人」時，乃是「尊敬」此長者，非純粹只是「以長者視之」。此與視老馬與視老狗的心理截然不同。然而吾人可說尊敬與否亦是出自外而非發自內嗎？究竟是「長者」本身是義呢？還是「尊敬長者」是義呢？孟子即以此駁問。這與「此東西是白的，故我說是白的」有別，彼白而我白之，全然是客觀事實之符應，客觀是什麼，我就應當說它是什麼。這其中有什麼道德意義？不過是認知上的符應罷了。可是「尊敬」一長者，此中即有道德意義在內，而此道德意義是「長者」賦予的，抑或我的心靈決定的？顯然這是源於我的意志決定的。由是可見告子混淆客觀事實與道德價值為一，戴震亦然，所以他一再重複「理義在事情之條分縷析」，緣由在此。

告子將客觀事實與道德價值淆雜而為一，故有「義外」之說。其實以彼之心態論「仁內」，亦非真正的發自道德理性之內，觀其以「吾弟則愛之，秦人之弟則不愛」為喻，可知告子乃以「感性之愛」釋仁，把仁說成情感上的事，雖說是內，但已不是道德意義的「仁」了。牟先生於解析此章時說道：

> 孟子的主要目的是在表明道德意義的仁與義皆是內發，皆是道德理性底事，即使含有情在內，此情也是以理言，不以感性之情言。此內發之仁義即內發於人之性，是性之自發，不是後天人為造作成的。此性是定然的善，當然不是「食色性也」之性，亦不是「生之謂性」之性。由此性以別犬牛，這是價值上的異，不是知識上對於客觀事實劃類之異。〔註56〕

反視戴氏言性，正是著眼於知識上對於客觀事實劃類之異，如是論性，焉能表達孟子人禽之間價值上的差異？是故戴震極力反對「理得之天而具於心」，

〔註55〕參見牟宗三《圓善論》，學生書局，民國74年版，頁15。

〔註56〕見牟宗三《圓善論》，台灣學生書局，民國74年版，頁15。

實不解理學家「心具理」或「心即理」的深刻涵義。誤以為一旦主張「心具理」，則會率爾以己之意見為天理，輕則以理責人，重則以理殺人，甚至如胡適所說的：「所以定下許多不近人情的禮教，用理來殺人，吃人。譬如一個人說『餓死事極小，失節事極大』，這分明是一個人的私見，然而八百年來竟成為天理，竟害死了無數無數的婦人女子。又如一個人說『天下無不是的父母』，這又分明是一個人的偏見，然而八百年來竟成為天理，遂使無數無數的兒子媳婦負屈含冤，無處伸訴。……理與勢戰時，理還可以得人的同情；而理與勢攜手時，勢力借理之名，行私利之實，理就成了勢力的護身符，那些負屈含冤的幼者弱者就無處伸訴了。八百年來，一個理字遂漸漸成了父母壓兒子，公婆壓媳婦，男子壓女子，君主壓百姓的唯一武器；漸漸造成了一個不人道，不近人情，沒有生氣的中國。」〔註57〕

　　理學家所講的「天理」哪裡是這樣？出於私欲的意見怎麼會是天理？獨立不依傍任何外在的對象，包括感性欲望、社會規範、宗教信仰等等，而由意志自立一普遍法則，此普遍而客觀之法則，怎會是出於個人的偏見呢？個人的偏見正是以感性氣質、教養背景或某種敬畏的權威作為對象而影響意志，這根本不是真正的道德。強調「去人欲，存天理」，不表示絕去「飲食男女」等大欲，它僅是表明自律道德之不受外在對象影響，包括社會流行的風氣，甚至禮教規範亦在其內，獨立作一當機適當的善的行為，適度節制人欲，使理為欲之主。胡五峰《知言》一書即說：

> 道充乎身，塞乎天地，而拘於墟者不見其大；存乎飲食男女之事，而溺於流者不知其精。諸子百家億之以意，飾之以辯，傳聞習見蒙心之言，命之理，性之道，置諸茫昧則已矣。悲夫！此邪說暴行所以盛行，而不為其所惑者鮮矣。然則奈何？曰：在修吾身。夫婦之道，人醜之矣，以淫欲為事也。聖人則安之者，以保合為義也。接而知有禮焉，交而知有道焉。惟敬者為能守而弗失也。

五峰之言很清楚，所謂「道」者，即通過道德實踐而形著之天理天道，原不離己身所涉及的日常事物，就此日常事物而行道德實踐，則道德之理越乎事上而是非善惡彰顯焉。日常之事即由此道德之理導約之、貞定之，相對的，即彰著此天理天道，縱是一般人所醜化的夫婦之道，若能接而知有禮焉，交而知有道焉，亦能著明天理。這即是宋明儒者常言之即用見體，即事明道，

〔註57〕見胡適《戴東原的哲學》，頁 40。

哪有絕去人欲方能存天理之說？全是戴東原無端猜疑之論。

果眞敬修己身，以理爲之主，哪會形成父母壓兒子，公婆壓媳婦，男子壓女子，君主壓百姓的惡劣風氣！這全是戴震與胡適的誤解，再由此誤解爲前提，全力推證到極點，遂有「用理來殺人、吃人」的結論。因爲自己的不深思所導致的嚴重誤解，遂全面推翻宋明理學的學術價值，而誤以爲一個不人道，不近人情，沒有生氣的中國就是理學所造成的，眞是荒唐可笑。

（三）辨「心之所同然」之實義

若將心定位在「能獨立決定義理之當然」的層次，則孟子言「心之所同然者何也？謂理也，義也。聖人先得我心之所同然耳。故理義之悅我心，猶芻豢之悅我口」即可不解自明。蓋心已不復血氣心知而已，它更是自我決定、自我頒布普遍法則的良知良能，理義就是它的全幅內容，「故理義之悅我心，猶芻豢之悅我口」是理所當然的；而人心之相同亦在於是，蓋悅理義之心爲人內在之性也。

如若將心僅限於「血氣心知」，心惟具認知、思辨作用，譬若白紙，只有向外尋理，將自然之分理轉爲必然之理義，而說此爲心之神明。試問此純粹認知思辨之心有何「必然悅理義」可言？按戴震對心的界定，頂多僅能說「心能知理義」，但絕無法達至「悅理義」的地步。雖則戴氏常云：「凡人行一事，有當於理義，其心氣必暢然自得；悖於理義，心氣必沮喪自失，以此見心之於理義，一同乎血氣之於嗜欲，皆性使然耳。」〔註 58〕這種說法僅適用於氣稟溫厚之人，若王充所形容之下品濁劣之人，如桀、紂等，好人之所惡，惡人之所好，則愈是悖於理義，愈能歡暢自得。除非心爲自立道德法則之主體，否則心何故非好理義不可？以心氣之舒暢作爲心之好理義的理由，太薄弱了。

再說心之得理，亦在乎心能認知理；而認知與否又關乎資質優劣。譬如「火光之照物，光小者，其照也近，所照者不謬也，所不照斯疑謬承之，不謬之謂得理；其光大者，其照也遠，得理多而失理少。且不特遠近也，光之及又有明闇，故於物有察有不察；察者盡其實，不察斯疑謬承之，疑謬之謂失理。」〔註 59〕天資敏銳者固可照理得理，可是資質愚劣者，所照者固不謬也，但所不照者斯疑謬承之，且不照之處恐怕比所照者多多。如是，尚能言「心之所同然者，理也，義也」乎？每人所察之理有遠近深淺的不同，還能

〔註58〕見戴震《孟子字義疏證》，頁7。
〔註59〕見戴震《孟子字義疏證》，頁5。

斷言天下之心有同然處嗎？如若不能，則每一人所知之理爲彼一人獨知，或爲少數人得知，不論如何，總無法爲天下人所共認，這樣一來，依從戴震的定義，天下絕無理可言。何以言哉？蓋所謂理者，是「心之所同然始謂之理，謂之義；則未至於同然，存乎其人之意見，非理也，非義也。」怎樣才算是「同然」？謂「凡一人以爲然，天下萬世皆曰『是不可易也』，此之謂同然。」〔註60〕必須萬世之人皆曰「是不可易」方謂之理，則理義之達成乃遙遙無期之願望，因爲此中涉及人之氣稟天賦齊不齊的問題。眾所皆知，人之差異，或相倍蓰，或相千萬，縱有教育之設，所化亦有限。雖然《中庸》明道「雖愚必明，雖柔必強」，孟子也說「舜何人也，予何人也，有爲者必若是」，但此是將心擢拔於血氣心知之上，肯定人人皆可不受氣稟約束而自立法則，方可如是斷言；若不然，爲能肯定人人皆可爲堯舜？氣稟之限，約在母胎受氣之時即已決定，後天之教養實無法全盤改變。這一點王充早就看透了，戴氏仍不悟，何哉？

孟子言「心之所同然者，理也，義也」，絕非戴氏所解一般只是心得知事情之條理，因爲理同，故心同。而是要反過來，由於理義出自心之決定，此決定不依從任何外在對象，是心靈之自立自律，獨立發出普遍客觀之法則，此能力不惟聖人有之，我亦有之，聖人先得我心之所同然耳，故心同理同。孟子明明言「仁義禮智，非由外鑠我也，我固有之也」，又說「雖存乎人者，豈無仁義之心哉」，這些都說明了理義在我心，不在事中，戴氏何以不察？心之獨立發皇，自我決定普遍客觀之道德法則，宛似天降，故曰「此天之予我者」，理學家也才能說「理得之天而具於心」，完全遵照孟子之原義，何故戴氏如此猛烈抨擊？

（四）性與天道喪失其超越性

戴氏不解道德主體不可與心理情緒等同比論，因此也就不明道德心靈之爲性之意義。孟子說「乃若其情，則可以爲善矣，乃所謂善也」，論人性之實情是可以爲善的，才可以說「性善」。何以斷言人性之實情是可以爲善的？蓋因「惻隱之心，人皆有之；羞惡之心，人皆有之；恭敬之心，人皆有之；是非之心，人皆有之。」人之有惻隱、羞惡、恭敬、別是非的行爲能力，方能謂之善。行彼行爲之道德心靈，非由外鑠我也，我固有之也，如是而證成「性

〔註60〕見戴震《孟子字義疏證》，頁3。

善」說。若戴氏所言，性者不過血氣心知本乎陰陽五行，人物莫不區以別焉者，怎會有「性善」之義？單憑人之心知可以進乎神明而知理義，而大遠乎物，而斷曰此孟子所謂性善，〔註61〕不察至極！

孟子之言「性善」，其實就是「心善」，由心而進於性，不過標明心之為善的能力普遍內在於每一人之意，故全書莫不以道德心作為性善之註腳。若唯就道德心之能自我立法，定下普遍之律理法則，超越乎氣質之上而主宰自然生命，故說「性即理」，道德之性就是道德理則，有別於感性欲望一層之人性，而命名為「義理之性」；至於純粹生理、感性、氣質這一面，則名之曰「氣質之性」。朱子即曾說：

> 人之生，性與氣合而已。然則即其已合而析言之，則性主於理而無形，氣主於形而有質。以其主理而無形，故公而無不善；以其主形而有質，故私而或不善。以其公而善，故其發皆天理之所行；以其私而或不善也，故其發皆人欲之所作。此舜之戒禹，所以有「人心」、「道心」之別，蓋自其根本而已，然非為氣之所為有過不及，而後流於人欲也。然但謂之「人心」，則固未以為悉皆邪惡；但謂之「危」，則固未以為便致凶咎；但既不主於理而主於形，則其流為邪惡，以致凶咎，亦不難矣。……固未嘗直以形氣之發，盡為不善，而不容其有清明純粹之時，……但此所謂清明純粹者，既屬乎形氣之偶然，則亦但能不隔乎理而助其發揮耳，不可便認以為道心，而據之以為「精一」之地也。〔註62〕

此書乃朱子與門人蔡季通論人心、道心之別，然不礙此處論義理之性與氣質之性之異。天所命之性主乎理而無形，伴隨天命之所生而有的形質之氣，非即不善，也未必定流於邪惡，彼亦有清明純粹之時，然而既是粘附著氣質形軀而發，則難免私己之心作祟，所發縱為善者，亦屬形氣之偶然，作不得準。但它可為道德踐履之助，惟此項可取耳。是故緣起於氣質之人欲，非必斬絕剷除而後可，只須有理以主之，善養之以成浩然之氣，正可為道德踐履之助。

唐君毅先生對此詳加發揮：

> 此種人之自求生與延生而能知覺運動之心，雖亦為依於一天之生之理之道而有，而可依天之立場，以說為一善之流行之所在者。然此

〔註61〕參見戴震《孟子字義疏證》，頁35。
〔註62〕見《朱子文集》，第五冊，卷四四〈答蔡季通〉，頁1912。

又畢竟不同於人之自覺的依仁義禮智之性，而生之惻隱羞惡辭讓是非之情之善。此後者中之仁等之性，固亦可說其本源亦是一生生之天理。然此生生之天理，於此乃內在於心，而爲其所自覺的表現於其情之中者。此便不同於吾人之知有飲食男女之欲之心，其所本之生之理或生之道，只爲「超自覺的貫於人之生命中，以驅率吾人生命前進，使其自求生而延生於後代之欲之情」之不能自已者。人如只有此後一心，人即既無異於禽獸。人必兼有自覺其內具天理而依以生情之心，人方有異於禽獸。人亦唯由此以有其自覺的德行之善，以成人格本身之內在之善；而非只是有一「自一客觀之天的立場可視爲善」之「具情欲之心」而已者也。則此二心之所發，雖同爲善；其所以爲善之意義，則有二種，而畢竟不同者也。〔註63〕

試觀唐先生與朱子二人之言，與戴東原之論「理欲同行」有若何差別？若說有差別者，亦在對於「理」之來源和層次有不同的見解。實際上，人生而後，兩性當然混而爲一，根本無從區別，但在概念上仍可區分詳別。戴震不知此中義理，率爾而曰：「程子朱子見於生知安行者罕睹，謂氣質不得概之曰善，荀揚之見固如是也。特以如此則悖於孟子，故截氣質爲一性，言君子不謂之性；截理義爲一性，別而歸之天，以附合孟子。其歸之天不歸之聖人者，以理爲人與我。是理者，我之本無也，以理爲天與我，庶幾湊泊附著，可融爲一。是借天爲說，聞者不復疑於本無，遂信天與之得爲本有耳。」〔註64〕這番話簡直是胡說八道，完全曲解他人之意，茲不再詳評。

自前文歷述戴氏哲學以來，首先戴氏不明道德之理之所從出，誤以爲理義不出事物之則，而極反「理具於心」，只因理學末流所造成的社會問題，遂使其不復深思理學家談理之本義；既不明道德之理之所從出，又不知道德之超越義，將道德心靈等流於一般血氣心知，獨立自訂法則的能力沒有了，惟是流於感性的「以情絜情」。殊不知人之可以以情絜情，先決條件在於他有超乎血氣之上的道德心靈，無此心靈，人何以能「必然地」反躬自思呢？淫佚作亂、賊人逞欲者，大有人在，如此，則情何以得其平，好惡如何得其節制？戴氏倒果爲因，亦不思哉。

只依人的血氣心知、感性欲望，一直向外察看自然變化的生生現象，此

〔註63〕見《唐君毅全集·中國哲學原論原性篇》，頁422。
〔註64〕見戴震《孟子字義疏證》，頁35。

中未必眞有仁義可說。唐先生曾對仁義與飲食男女之欲作一清楚的分辨：

> 因仁義之所以爲仁義，不只有消極之無私無蔽之意，而另有積極意
> 義。譬如仁之一積極意義，是在承認他人情欲之當由我助之達，助
> 之遂。因而對人之情欲之未達，生一不忍之心，表一關切之情。此
> 方是依性理而生之情。然此理此情，與他人或自己之飲食男女之欲、
> 隱曲之情，並不屬於一類，亦不在同一層次。說人之欲生惡死是欲，
> 欲他人之順其欲，亦是欲，固可說。然此畢竟是二類，而居上下二
> 層次之欲。只從我欲生惡死之欲，不會使我殺生成仁。而爲求天下
> 人之得其生，則可使我殺生成仁。即明見二種欲之功效不同，作用
> 不同。〔註65〕

飲食男女之欲乃基於保生的本能，此爲自然生命之欲；然而仁義之欲，是超
乎自然生命之欲之上，以對自然生命之欲施加主宰強制之功。此欲乃出於道
德理性之自我立法，謂之出於理而不出於欲，亦不誤。宋明儒之區分性理與
一般心理生理不同，正有見於性理非其他心理情欲可相提並論。

　　戴氏分明不見這一層意義理的區別，強以「不思遂一己之欲，而思遂天
下人之欲，無是情也」之說，申論思遂天下人之欲，只是思遂一己之欲的直
接延展。其實順著遂己之欲發展下去，正亦可不思遂天下人之欲而流於私。
由思遂己之欲，而思遂天下人之欲，其中有一精神上的轉折，而爲戴氏所忽
略，茲以唐先生之說以補充：

> 今欲擴大遂己之欲爲兼遂人之欲，必須有一精神上之轉折。即人必
> 順超越自己私欲之上，去平觀自己與他人之欲，而生一俱加以成就
> 之情意。而此轉折之所以可能，則只根於人有能超越自己之欲，以
> 俱成人我之欲之性理。否則絕不能有此轉折也。〔註66〕

這一層超乎情緒欲望之性理，是戴震竭力反對而欲排除之對象，既排除性理，
「以情絜情」之說當然也得不到保證。

　　如是，道德之超越性既已喪亡，則人性之內容當然僅存「血氣」一層。
而血氣之所由來爲天道之分化，不可免的，以戴氏論性的理路思量天道之義，
天道當然僅爲陰陽五行而已矣，形而上、形而下淪爲成形之前與成形之後的
差別，完全喪失形上之超越性。至此，吾人亦可知所謂「天命流行，於穆不

〔註65〕見《唐君毅全集‧中國哲學原論導論篇》，頁84。
〔註66〕見《唐君毅全集‧中國哲學原論導論篇》，頁85。

已」，也不過是氣化流行，不息不已罷了。一環扣著一環，自誤解道德之理而至否定天道之形上意義，戴震的道德哲學依然不出唯氣論者的窠臼，亦銜接不上先秦古人之智慧。

第三節　結　語

「唯氣」者一切以氣爲本，故今人又有謂「氣本論」。不論唯氣論或氣本論，依今人劉又銘先生之說，我們對氣本論可以採取的一個理解模型大致如下：

> 就本體或者說終極實體來說，氣本論並不相信有個「價值滿全」而能自起動用的終極實體，反而主張以一個渾沌自然而蘊含著豐富意義、價值、生機、與動能並因而可以凝聚爲形質、化生爲萬物的「氣」做爲終極實體。如果要用自然主義來表述這個終極實體的性格的話，那麼還須補充説：這個終極實體在其自然的發用中便有必然的律則（除了自然律，更重要的是道德律）在内。而如果要從體用關係來看這樣的終極實體的話，那麼就必須跟理本論、心本論所講的體用關係做個區隔：氣本論者所謂「體」是價值蘊蓄、含藏在渾沌生機中的一個自然實體，其發用也只能是「自然中有其必然之則」；但理本論、心本論者所謂「體」卻是「價值滿全而周遍」意義下的終極實體，其發用當然也是全幅的價值展現。〔註67〕

在氣本論者的思維裡，萬物之生化根本無須另尋他處，生化的動力就蘊藏在「氣」中。生生不息者，是氣本身就可以生生不息。氣的動靜往來，成就種種的自然萬象與人文活動，表面上雖然錯綜紛雜，實際上自有不可亂的條理法則，此即是氣的自然律則。是故縱然無太極一類的超越之理，氣之生物亦不會雜亂無章，更不會有斷續之慮。是以對唯氣論者而言，萬物生化之動力早已蘊蓄在氣化中。

這也許是大部分中國人的傳統見解，緣於此見解，所以中國沒有心物之爭，因爲心、物都是自然生成的，皆由氣化流行之結聚自然發出。道或理成了氣化流行的自然條理，只是氣化流行的顯徵，整個宇宙就只是一個氣化流行的物實世界。只是唯氣論者這樣看待自然宇宙與人文世界，將如何解釋人的道德行爲？以王充爲言，他避而不談，因爲他全然受限於「命定論」，實在

〔註67〕見劉又銘《理在氣中》，五南圖書出版公司，民國89年版，頁175～176。

無力給出明確的答案，此固不足爲論；至於戴震，則有進於是。他對於宋明理學末流的僵化，不顧人情事理，概以「天理」之名束縛壓迫生民，有強烈的感觸，基於此，他想一探道德之所源以及衡定實踐道德的方式，其志不可謂不大。然而他依舊不解道德之爲何物，純然以感性之情、欲來絜比，或者再以外在的事理決定此時「應當」作什麼。他忘了「應當不應當」的判斷不能純由「外在事宜」來抉擇，內心獨立的判斷，方是道德之理的依據。戴震無視於此，乾脆把道德律則也一併納入氣的規律中。如是，這項原本對於唯氣論者的一大致命傷也就消泯無蹤。

可是道德法則果眞可以納入氣化之中？無須眞有道德實踐者，只要對「道德」做追根究底的解析，定然發現道德法則決不能依憑在氣化內，將道德置放在氣化之條理，這是道德理性的下滑轉墜，是提不住道德意識的結果。是以道德事實依然是唯氣論者無法自圓其說的致命傷。

總言之，兩人對道德心靈的認識不夠，於此體認不足，茲難免落於形下的氣化之流而已。中國無理性主義之傳統，捨道德意識之進路，又無道家「坐忘獨化」的玄思，將如何邁入形上之門？中國之唯氣論者，不僅王充、戴震二人，本文舉此二例以明唯氣主義者之侷限，舉一隅而以三隅反，亦可見其餘唯氣論者的不足。

第四章 朱子的理氣平行二分

　　繼上兩章之文，吾人續論朱子的「理氣論」。雖然前人論宇宙生化之文多矣，但鮮有人理氣並重，或偏於理，或重於氣，各各不一。熊十力先生為顯「一體而化」之境，將氣化完全歸屬於形而上之理，以致讓氣無獨立之依歸；王充等人則是忽略，或根本不知有形而上之理，此點由他們論道德之義可以充分見出。在中國哲學史上，既注重形上之理，又不輕忽氣化之重要性者，朱熹可謂一突出之代表人物。

　　就理氣並重而言，朱子頗得儒家形上學之精要，可是能否就此斷定朱子所構造之形上學體系就是「天命流行」一語所欲表達之意？亦即朱子之理氣論是否即充分展示儒家道德創造之形而上學的精義？此處涉及朱子如何談「理」，如何處理「理」和「氣」的問題，再者，他的處理方式是不是完全貼合先秦孔孟一脈相繼的道德形上學說法？這些都有必要詳細檢視一番，最後才能得以論斷朱子的理氣論的型態與其價值意義。

第一節　理氣論之釋析

一、「理」、「氣」意義之說明

（一）太極之為理

　　朱子之論理氣，大抵集中在《朱子語類》的第一卷、第二卷，以及註解周濂溪《太極圖說》一書中。今觀周子《太極圖說》「無極而太極」一語，朱子解曰：「上天之載，無聲無臭，而實造化之樞紐，品彙之根柢也。故曰無極

而太極。非太極之外，復有無極也。」〔註1〕此是論述造化之本體，源由於太極；而太極本無聲無臭，不可以形容，故曰無極。

> 極是道理之極至，總天地萬物之理，便是太極。太極只是一箇實理，
> 一以貫之。〔註2〕

這是朱子對於太極初步的解釋。然則何謂「道理之極至」？而「總天地萬物之理」又是何義？考尋朱子對理的推論方式，最顯著者莫過於其推溯「仁者，愛之理，心之德也」。何以謂「仁者，愛之理」？答曰：「仁者愛之理，只是愛之道理，猶言生之性，愛則是理之見於用者也。蓋仁，性也，性只是理而已。愛是情，情則發於用。性者指其未發，故曰仁者愛之理。情既已發，故曰愛者仁之用。」〔註3〕人間處處可見愛的表現，諸如愛親、愛友、愛人、愛物等等皆是。這種種愛的活動何以能夠存在？此乃由於有「愛之道理」使之存在，是「愛」之所以然的道理。有「然」，就有「所以然」之理，譬如言生之性，生之所以然者即謂之性，為何有「生」，源於有「所以生之理」，即是性也。「仁者愛之理」即同於「性者生之理」一般，仁，就是使愛之活動得以存在的理。

非但只有愛、生如此，推而廣之，一切存在莫不有其所以存在的道理，使得存在不如此而如彼，這樣的理不可能是經驗之理，該當是超越之理，超越於存在物之上而定然有法則地使物如此如此。此種所以然的超越之理是由「然」上而見，亦是由「然」上溯逆推出來的。這種「以然推其所以然」的論證，正為朱子推尋「理」之方式。

再觀其論陰陽：

> 「一陰一陽之謂道」。陰陽是氣，不是道，所以為陰陽者，乃道也。
> 若只言「陰陽之謂道」，則陰陽是道。今曰「一陰一陽」，則是所以
> 循環者乃道也。「一闔一闢謂之變」亦然。〔註4〕

陰陽惟是形而下之氣，未能稱其為道；須是一陰又一陽，循環不已，方乃謂之道。然陰陽之所以能往來循環不已，蓋有理為之主也，無理則無此變化。戴震、王充見陰陽之生息不停，遂以為陰陽本身即有相續繼起之理，卻不思單憑氣化自身，有何必然之理保證一陰必定接著一陽相續而生？提出超越的所以然之

〔註1〕見《周子全書》，宋周敦頤撰，清董榕輯，廣學社印書館，民國64年版，頁5。
〔註2〕見《周子全書》〈集說〉，頁5。
〔註3〕見《朱子語類》，第二冊，卷廿十，宋黎靖德編，華世出版社，民國76年版，頁464。
〔註4〕見《朱子語類》，第五冊，卷七四，頁1896。

理，正爲了保住一陰一陽之循環有它的客觀必然性。如說「氣之相續流行而相續生，固由於氣之『有能生其繼起之氣』之理，以爲氣之本。而有繼起之氣，即有此生氣之理之實現於氣，以爲其安頓處。」〔註5〕恐怕未能透徹朱子之意，朱子分明說「道，須是合理與氣看。理是虛底物事，無那氣質，則此理無安頓處。《易》說『一陰一陽之謂道』，這便兼理與氣而言。陰陽，氣也；一陰一陽，則是理矣。」〔註6〕陰陽之氣固然有其結構之理，但一陰一陽之能相繼而生，則非陰陽自身之理可以決定，言「氣之『有能生其繼起之氣』之理」，而後再順此繼起之氣而有生此氣之理之實現附著此氣，則是氣之生在前，理反隨之於後。此豈非有違朱子「理先氣後」之旨？《朱子語類》記載：

> 問：「先有理，抑先有氣？」曰：「理未嘗離乎氣。然理形而上者，氣形而下者。自形而上下言，豈無先後！理無形，氣便粗，有渣滓。」
>
> 〔註7〕
>
> 或問：「必有是理，然後有是氣，如何？」曰：「此本無先後之可言。然必欲推其所從來，則須說先有是理。然理又非別爲一物，即存乎是氣之中：無是氣，則是理亦無掛搭處。氣則爲金木水火，理則爲仁義禮智。」〔註8〕

論理氣，本即不離不雜，現實上未有無理之氣，也應未有無氣之理，但如若就邏輯先後之次序言，則太極之理應在前，氣因之而生，陰陽循之相繼不已。是故上文所引唐先生之言，恐爲疏忽未察之說。

　　論天地萬物有一總原理爲其根據，亦是「以然推其所以然」的方式推論出來的。不過以這種方式所逆推出來的理，可能是物之形構之理，即物之形狀、本質構造之理；也可能是使物得以存在的實現之理，即超越的存有之理。若論太極，則太極應是形構之理，或爲存在之理？

　　首先須分辨形構之理與超越的存有之理的區別。依朱子的解釋，所謂形構之理者，是「花瓶便有花瓶的道理，書燈便有書燈的道理，水之潤下，火之炎上，金之從革，木之曲直，土之稼穡，都有性，都有理。人若用之，順這理始得。若把金來削做木用，木來鎔做金用，便無此理。」〔註9〕依從物之

〔註5〕見《唐君毅全集‧中國哲學原論原性篇》，頁380。

〔註6〕見《朱子語類》，第五冊，卷七四，頁1896。

〔註7〕見《朱子語類》，第一冊，卷一，頁3。

〔註8〕見《朱子語類》，第一冊，卷一，頁3。

〔註9〕見《朱子語類》，第七冊，卷九七，頁2484。

材質構造而有其所以如此用的道理，即是形構之理。金屬適合冶鍊，木質適合製輪，金屬、木材所以適合冶鍊、製輪，乃緣於它們的特殊之性，此特殊之性即爲它們的形構之理。依唐君毅先生的解釋，形構之理是一物所具之理或一事一物之極至之理。此可爲就一事一物之特定之形式構造相狀而言之理，而相當於西哲之形式之理者，於此可說物有許多，理亦有許多，物各有其理或律則，而各有其極。〔註10〕但是，太極能屬於此形構之理嗎？若然，則太極即爲無限之多，但既是「總」天地萬物之理，又怎能是無限之多？朱子說：「事事物物皆有箇極，君之仁，臣之敬便是極，此是一事一物之極。總天地萬物之理，便是太極。」〔註11〕總天地萬物之理只能是一，不能爲多，故太極不應是形構之理，它該當是使物得以存在之超越的存有之理，照唐先生的用語，則爲一統體之理，此統體之理即爲一生生之理，生生之道，而相當於西哲所謂實現原則者。〔註12〕

此統天地萬物之生生之理，生生之道，理應爲先天地萬物而自有，朱子即直言天地萬物依此道此理而生。至於物的形構之理，則是後於物而有，故《語類》有云：「未有一物時，是有天下公共之理，而無一物所具之理。」〔註13〕云「理先氣後」亦是就太極之生生之理而論，非謂先有形構之理而後有氣。而萬物之生，緣於陰陽往來之循環不已，無陰陽之凝聚變化，亦無萬物之形體構造。但是陰陽之得以變化循環，尚有其所以然之理宰之，主宰陰陽交錯變化的所以然之理，正是普遍的太極之理。觀朱子註解〈太極圖〉即可知：

　　○此所謂無極而太極也，所以動而陽、靜而陰之本體也。然非有以離乎陰陽也，即陰陽而指其本體，不雜乎陰陽而爲言耳。〔註14〕

陰陽爲萬物普遍之構成原理，可是陰陽之變化生成還有一太極爲其根源，所以究其實，太極方爲萬物之本體。因此朱子註解「○」此一太極符號爲「所以動而陽、靜而陰之本體也」，陽動陰靜，皆有本體爲之。

（二）氣之造物

以上論太極之理。然人物之生，不單只是理而已，尚須有氣之凝聚，朱

〔註10〕參見《唐君毅全集‧中國哲學原論導論篇》，學生書局，民國80年版，頁465。
〔註11〕見《朱子語類》，第六冊，卷九四，頁2375。
〔註12〕參見《唐君毅全集‧中國哲學原論導論篇》，頁465。
〔註13〕見《朱子語類》，第六冊，卷九四，頁2372。
〔註14〕見《周子全書》，頁2。

子道：「人之所以生，理與氣合而已。天理固浩浩不窮，然非是氣，則雖有是理而無所湊泊。故必二氣交感，凝結生聚，然後是理有所附著。凡人之能言語動作，思慮營爲，皆氣也，而理存焉。」〔註15〕理氣兼備並重，爲朱子形上學之特色，既重本體根源，又保存氣化之獨立構造，就此點而論，朱子超過前文所論之哲學家多矣。氣化既爲形上學之另一重要元素，則有必要爲氣化之來源作一交代。遠溯中國宇宙論思想，氣之觀念之所以立，初由觀物之能自化而立。在物自化之際，則一物原表現的形式，固化而不存，它的質同樣也化而不存。於此中，物固然沒有定形留滯於後，也沒有定質可改爲他物之質。當此形質俱化，尙可言餘存者，即只此有形質者，所化成的無形質之一「動態的有」。此一有，即名爲氣。〔註16〕所謂氣化而爲物，亦即此氣由「無形質之一有」，化爲具體的有形質之有。

　　此無一定形式之氣，自不可言有定質。而無定質定形之氣，當然不屬於「有即常有，存即常存」的型態，而只能是一在生生歷程中或流行歷程中之氣，亦即其本身在生而化，化而生之歷程中的氣。在此生而化，化而生之歷程中，尤不能無理以貫乎其中，而主乎其中。若無理貫乎主宰其中，則氣之既生，不應更化，氣之更化，亦不應更生，如此便無生生化化歷程之相繼。無此歷程之相繼，可以想見天地毀而萬物息，天地不再生生不已。〔註17〕由是可以反證戴東原發狂欲打破宋儒家中之《太極圖》，並非一汰舊革新的學術創造，實爲思慮不周密的結果。宋儒言太極確有其眞諦，亦有不得不言的理由。

　　周濂溪《太極圖說》曰：「太極動而生陽，動極而靜，靜而生陰，靜極復動。一動一靜，互爲其根。分陰分陽，兩儀立焉。」朱子解道：

> 太極之有動靜，是天命之流行也。所謂一陰一陽之謂道，誠者聖人
> 之本，物之終始而命之道也。其動也，誠之通也，繼之者善，萬物
> 之所資以始也。其靜也，誠之復也，成之者性，萬物各正其性命也。
> 動極而靜，靜極復動，一動一靜，互爲其根，命之所以流行不已也。
> 動而生陽，靜而生陰，分陰分陽，兩儀立焉，分之所以一定不移也。
> 蓋太極者，本然之妙也，動靜者，所乘之機也。太極，形而上之道
> 也；陰陽，形而下之器也。是以自其著者而觀之，則動靜不同時，

〔註15〕見《朱子語類》，第一冊，卷四，頁65。
〔註16〕參見《唐君毅全集・中國哲學原論導論篇》，頁468。
〔註17〕參見《唐君毅全集・中國哲學原論導論篇》，頁469。

陰陽不同位，而太極無不在焉；自其微者而觀之，則沖穆無朕，而
動靜陰陽之理，已悉具於其中矣。雖然，推之於前，而不見其始之
合；引之於後，而不見其終之離也。故程子曰：動靜無端，陰陽無
始，非知道者孰能識之？〔註18〕

太極之有動靜，是天命所以流行不已的原因。太極一動一靜，即有一陰一陽
交揉錯變的凝聚生化，由此可知太極爲引發陰陽流行之根。陰陽既分，兩儀
立焉，《太極圖說》續道：「陽變陰合，而生水火木金土，五氣順布，四時行
焉。」此爲先儒「圖象式」的宇宙論說法，由太極而兩儀，由兩儀而五氣行，
五氣行而形質具，形質具則萬物紛然而生。朱子分析其中變化：

有太極則一動一靜而兩儀分。有陰陽則一變一合而五行具。然五行
者，質具於地（自注：得陰靜以爲質），而氣行於天者也（自注：得
陽動以爲氣）。……又統而言之，則氣陽而質陰也（自注：此以氣質
清濁而言陰陽也）；又錯而言之，則動陽而靜陰也（自注：此以動靜
而言陰陽也）。蓋五行之變，至於不可窮，然無適而非陰陽之道。至
其所以爲陰陽者，則又無適而非太極之本然也。夫豈有所虧欠間隔
哉？〔註19〕

籠統稱之爲氣化者，其中實有氣與質之分別，如朱子所說「質具於地（自注：
得陰靜以爲質），而氣行於天者也（自注：得陽動以爲氣）。」整體而言是一
大氣化，分別言之則有氣有質。一物之生，粗略狀之便是理與氣合；細密形
容則爲理、氣、質三者合一。朱子另一處說：「一物各得一箇性命，便有一箇
形質，皆此氣合而成之。」〔註20〕雖然如此，所謂陰陽兩端，成片段滾將出
來，固自若也，也難分別何者爲氣，何者爲質。總是陰陽循環如磨，游氣紛
擾如磨中出，「比如一個水車，一上一下，兩邊只管滾轉。這便是『循環不已，
立天地之大義』底。一上一下，只管滾轉，中間帶得水灌漑得所在，便是『生
人物之萬殊』。天地之間，二氣只管運轉，不知不覺生出一個人，不知不覺又
生出一個物。即他這個幹轉，便是生物時節。」〔註21〕是以不管萬物如何錯
綜複雜，總無適而非陰陽所造；而所以爲陰陽者，則又無適而非太極之本然

〔註18〕見《周子全書》，頁6。
〔註19〕見《周子全書》，頁11。
〔註20〕見《朱子語類》，第七冊，卷九八，頁2508。
〔註21〕見《朱子語類》，第七冊，卷九八，頁2508。

也。是以再逆推回去，仍是「五行一陰陽也，陰陽一太極也，太極本無極也」。
（《太極圖說》）

太極惟是一實理，此實理濂溪於其《通書》稱之曰「誠」，因此朱註引「誠」指謂太極本體而說「誠者聖人之本，物之終始而命之道也。其動也，誠之通也，繼之者善，萬物之所資以始也。其靜也，誠之復也，成之者性，萬物各正其性命也。」徹上徹下只是這個實理，生物都從這實理做來，萬物流行，天地之間，也都是那個實理做出來的。一物之成，自始至終，皆實理所為。說「誠之通，是造化流行，未有成立之初，所謂繼之者善。誠之復，是萬物已得此理，而皆有所歸藏之時，所謂成之者性。」〔註22〕

雖說太極一動一靜而有陰陽之錯揉變化，且依朱子的註腳，「得陰靜以為質，得陽動以為氣」，然亦不可說陰陽即是兩股互為對立之氣，朱子強調：「陰陽只是一氣，陰氣流行即為陽，陽氣凝聚即為陰，非真有二物相對也。」〔註23〕陽主發用，陰主凝聚，然陰中自分陰陽，陽中亦有陰陽，譬如「乾道成男，坤道成女」，男雖屬陽，亦不可謂其無陰；女雖屬陰，也不可說其無陽。〔註24〕論流行，只是一個；若說對峙，則是兩個。對峙者，就是兩相對反之概念，例如善是陽，惡則是陰；男是陽，女則是陰；正面是陽，背面則為陰。除非在分述對立概念時，陰陽才是兩個，否則同為氣化流行。

二、理氣之關係——論「理生氣」之實義

（一）太極之動靜

前文述及一物之成，乃合理與氣而生；而陰陽二氣之生生不息，最終亦歸源於太極之理。可是太極之理如何引發與其相異的氣？首先設想太極具有創生活動的動能，它既可以動，亦可以靜，陰陽二氣即在它的一動一靜下紛紛化生出，周子不是說「太極動而生陽，靜而生陰」嗎？然而在朱子的詮釋下，太極之動靜，果真是太極本身有動靜的變化，而創生萬物的嗎？按朱子之思路，他多處澄清太極是天地萬物之理，「只是一箇理字」，〔註25〕若僅是一個理字，則理如何有動靜呢？是故對於太極之有動靜，依朱子的解析，必

〔註22〕　參見《周子全書》〈集說〉，頁8。
〔註23〕　見《周子全書》〈集說〉，頁8。
〔註24〕　參見《周子全書》〈集說〉，頁8。
〔註25〕　參見《朱子語類》，第一冊，卷一，，頁2。

須另尋別義解釋。觀其註「太極動而生陽，靜而生陰」有云：「蓋太極者，本然之妙也，動靜者，所乘之機也。」何謂「動靜者，所乘之機也」？朱子說：「理搭於氣而行。」〔註26〕這麼說仍嫌模糊，清楚的說應是：

> 太極理也，動靜氣也。氣行則理亦行，二者常相依而未嘗相離也。
> 太極猶人，動靜猶馬；馬所以載人，人所以乘馬。馬之一出一入，
> 人亦與之一出一入。蓋一動一靜，而太極之妙未嘗不在焉。此所謂
> 「所乘之機」，無極、二五所以「妙合而凝」也。〔註27〕

理與氣，朱子分得非常清楚，理是無形體的，是形而上者；氣可以積而成質成形，是形而下者。氣可以動靜，理不能有動靜。但有是氣，必有是理。是以太極自身雖不可言動靜，但可說其涵動靜之理。朱子云：

> 蓋天地之間，只有動靜兩端，循環不已，更無餘事。此之謂易。而
> 其動其靜，則必有所以動靜之理焉，是則所謂太極者也。……蓋謂
> 太極含動靜則可（自注：以本體而言也），謂太極有動靜則可（自注：
> 以流行而言也），若謂太極便是動靜，則是形而上下者不分，而「易
> 有太極」之言亦贅矣。〔註28〕

此話十分清晰明白，太極僅被規定為「所以動靜之理」，動靜當然不是太極的動靜，而是氣行之動靜。氣行一動一靜，便有其所以動靜之理，此動靜之理即蘊含在太極中；而所謂「易有太極」也是指一動一靜的陰陽變易中有所以動靜的太極之理。朱子區別「太極含動靜」與「太極有動靜」兩者的差異，據陳來先生的推論，僅在說明解析的立場不同：太極含動靜是從本體之微上說，太極有動靜是從流行之著即用上說。〔註29〕此解說不虛，朱子確喜從流行之著者與本體之微者來探察道理，顯示他的周延細密的思考能力。

太極雖不能動靜，但理寓於氣，如人乘馬，理亦乘在氣上，氣動則理亦動，氣靜則理亦靜。元人吳澄就說：「太極無動靜，動靜者氣機也。氣機一動則太極亦動，氣機一靜則太極亦靜，故朱子釋太極圖曰『太極之有動靜是天命流行也』，此是為周子分解。太極不當言動靜，以天命之有流行，故只得以動靜言也。」〔註30〕理是靜態的存有，本不當言動靜，言動靜者，僅為配合天命流行，說理

〔註26〕參見《朱子語類》，第六冊，卷九四，頁2376。
〔註27〕見《朱子語類》，第六冊，卷九四，頁2376。
〔註28〕參見《朱子文集》，第五冊，卷四五，〈答楊子直一〉，頁2009。
〔註29〕參見陳來《朱熹哲學研究》，文津出版社，民國79年版，頁37。
〔註30〕見《周子全書》卷一，頁10。

就是乘載著動靜之機隨氣行而有動靜。何謂機？「機，是關捩子。踏著動底機，便挑撥得那靜底；踏著靜底機，便挑撥得那動底。」〔註31〕太極所以能引發動而生陽，只是挑撥到動底機，反之亦然。是以畢竟非太極動靜，只是理有動靜。理不可見，因陰陽動靜而後知。理氣雖然不摻雜，但也絕不相離，才說太極，便帶著陰陽；才說性，也一定帶著氣。不帶著陰陽與氣，太極與性那裏收附？〔註32〕既要分明，又不可截然拆開說。此便是理與氣的關係。

　　理氣不離不雜，氣流行至何處，理亦賦焉。朱註曰：「太極，形而上之道也；陰陽，形而下之器也。是以自其著者而觀之，則動靜不同時，陰陽不同位，而太極無不在焉；自其微者而觀之，則沖穆無朕，而動靜陰陽之理，已悉具於其中矣。」「自其著者」亦即從陰陽表現上看，動靜不同時，陰陽不同位，可是太極無不在；「自其微者」也即就太極上看，太極沖穆無朕，無聲臭可言，然而動靜陰陽之理，已悉具於其中矣。天地萬物無一不從太極而來，徹上徹下，只是一個太極。

　　綜合言之，朱子所謂「理有動靜」應有兩個意義，陳來先生如是分析此兩個意義：其一指理是氣之動靜的根據。按朱子〈答鄭子上十四〉云：「理有動靜，故氣有動靜；若理無動靜，則氣何自而有動靜乎？」〔註33〕這是說氣的動靜是以靜之理、動之理為依據的。朱子答陳淳之問亦說「有這動之理，便能動而生陽；有這靜之理，便能靜而生陰。既動，則理又在動之中；既靜，則理又在靜之中。」〔註34〕氣之動，因為其中有所以動之理為依據使然，氣之靜亦如此。其二，從理一看，實際只是一個理，而從分殊看，用處不同，或為動之理，或為靜之理，故亦可說理有動靜。〔註35〕

　　陰陽變化不只一動一靜而已，屈伸、往來、升降、虛實等，亦可羅列在陰陽變化中。「太極之含動靜」既如上述，則其餘屈伸往來等動作營為，遵循朱子的解說慣例，這些固亦為太極所含蘊，不過此乃太極因應氣化之變而有的所以然之理，非太極自身即能往來升降等。順是可引申出朱子哲學另一論點──理一分殊。

〔註31〕見《朱子語類》，第六冊，卷九四，頁2376。
〔註32〕參見《朱子語類》，第六冊，卷九四，頁2371。
〔註33〕見《朱子文集》，第六冊，卷五六，〈答鄭子上十四〉，頁2721。
〔註34〕見《朱子語類》，第六冊，卷九四，頁2373。
〔註35〕參見陳來《朱熹哲學研究》，頁41。

（二）理一分殊

承襲上文，我們可以說太極涵蘊萬理，既然物物皆有其存在之理，且各有千差萬別的動作變化，則太極當然也因之涵萬理而應萬物。不過太極之涵萬理，是彼涵蘊定多之理以應萬事？抑或另有別解？依朱子之意，

> 自太極至萬物化生，只是一箇道理包括，非是先有此而後有彼。但統是一箇大源，由體而達用，從微而至著耳。〔註36〕

又說：

> 周子謂：「五殊二實，二本則一。一實萬分，萬一各正，大小有定。」……所謂「乾道變化，各正性命」，然總又只是一個理。此理處處皆渾淪，如一粒粟生爲苗，苗便生花，花便結實，又成粟，還復本形。一穗有百粒，每粒個個完全，又將這百粒去種，又各成百粒。生生只管不已，初間只是這一粒分去。物物各有理，總只是一個理。〔註37〕

看來作爲天下萬物的大本大根的統體之理，爲使每一物得以實現它的存在，必得含蘊萬理以應付無限多的事物。然則說「太極涵萬理」意思是太極這一統體之理乃總和包含各種個物的形式之理？如是，則太極成了一「大集合」、「總集合」，其中包含萬理，每一個物的形式之理便是它的組成元素。可是朱子所謂太極能如此作解嗎？若是，則太極爲多而非一，而與朱子之意相違。朱子明明說「自太極至萬物化生，只是一箇道理包括，非是先有此而後有彼」，要能貫穿所有萬物，這一箇道理就不能有實質的內容，若有實質的內容，則說明了此物之所以然，即無法說明彼物之所以然。此處須愼思「太極涵萬理」是何義。

在本原上，太極是萬物的究竟本源。先有理，後有氣，然後有萬物。萬物之理都來自作爲究極本根的太極，又都同於本根之太極。本根之太極與後來派生萬物中的太極，如同一粒種子產生眾多果實，這些果實又作爲種子產生更多的果實，代代相續，生生不窮，而每代種子都與最初一粒種子相同。這個思想並不是說太極自身可以生出萬物或生出萬理來，在這裡，一粒粟生百種，續生百粟的比喻，其意義不在乎生，而在乎作爲初始本根的種子（太極）與代代產生的、有可以作爲種子的果實（萬物之理）之間的同一性。從橫的方面看是月

〔註36〕見《朱子語類》，第六冊，卷九四，頁2372。
〔註37〕見《朱子語類》，第六冊，卷九四，頁2374。

印萬川，從縱的過程說，則如一種萬實。朱熹認為這個關係也就是程頤所說的「萬物各具一理，萬理同出一源」。〔註38〕此為陳來先生的解釋。

此解甚佳，說明萬物同於一理之由，若在參覆唐先生之言，應知此理乃是使新事物得生而得存之生生之理，生生之道。生生之理生生之道旨在實現萬物的存在，一事物之為如何如何、為 What、表現何形式何自然律之理，如芽之為綠、為長條形、等形式之理，即與彼生生之理為不同層次。兩層次之理依邏輯次序而論，生生之理在先，形式之理在後，何故如此，唐先生詳解道：

> 如吾人謂一物之形式，為先一物之有，而自己有，或潛在者，則於此理，應如西方哲學家之逕稱為一實現原則或實現之理。吾人如謂一物之形式，乃屬於一具體物，後於具體物之有而有，以為人所知，或謂一物之形式之 What，亦為屬於一物之 That 者；則此實現之理，應直稱之為一「創生此整個具之 What 之 That 具體事物」之理。如自此理所創生之具體事物，乃生生不窮者言，則應稱之為生生之理。此生生之理，乃唯以使一一「具 What 之 That」次第得生為事，故即一一「具 What 之 That」次第得生而存在之事之理由，或真因所在。亦一切「具不同之 What 之不同 That」，或一切不同事物所以得生而存在之共同真因之所在。故此理為一統體之理。〔註39〕

此論乍看十分繁複，What、That 絞繞一團，不過唐先生之意是十分顯明的，先物而有，而自己有，或潛在者，使一一具不同內容的個體事物次第得生者，為創生具體事物之理，或就所創生的事物之生生不窮，亦名之曰生生之理。至於一物之形式，乃屬一具體物，後於具體物之有才有的，即是事物之形式之理。朱子言太極，為總天地萬物之理者，應為前者之生生之理，而非後者之形式之理。惟前者能說「一」，後者則是無限之多。「理一」者當可確定指謂太極這一統體之理，生生之理。萬理皆自其出，萬物皆由其生，天地萬物再如何複雜萬變，總歸由太極所生也，故周子謂「五殊二實，二本則一，一實萬分，萬一各正」，萬物皆由此理而正其性命。

然而這僅能說明萬物皆統籌於單純之理一，至於純一之太極之理與複雜多端的事物之理是何種關係，上述的解說則稍嫌不足。太極之理一，事物之理多，一與多之間如何包含蘊畜，最易為人想到的莫過於一為多之綜合體。

〔註38〕參見陳來《朱熹哲學研究》，頁 59。
〔註39〕見《唐君毅全集・中國哲學原論導論篇》，頁 467。

但前文已一再強調若太極與萬理是此種關係，則太極實不爲一，而實爲無限多，此即明顯違背朱子的本意。觀朱子之意，彼嘗言：「理只是這一個，道理則同，其分不同。君臣有君臣之理，父子有父子之理。」〔註40〕所謂同一之理而其分不同是何意呢？君臣、父子爲不同之人際關係，《大學》第三章說：「爲人君，止於仁；爲人臣，止於敬；爲人子，止於孝；爲人父，止於慈。」每個人根據自己所處之位，即盡其所應盡之本分與責任。爲人君有「仁民」的責任，爲人臣有「敬君」的義務，父與子亦然，進一步說即是：

> 所居之位不同，則其理之用不一。如爲君須仁，爲臣須敬，爲子須孝，爲父須慈。物物各具此理，而物物各異其用，然莫非一理之流行也。〔註41〕

何謂物物各具此理而各異其用？依陳先生的解釋是：每個人根據對不同對象所處的相對地位（於君爲臣、於子爲父等）確定其義務而採取不同的道德行爲。而各種道德行爲中又包含著統一的道德原則，換言之基本原則體現爲不同的行爲規範，這就是理一而分殊。〔註42〕此解不差，但限於道德行爲表現，若擴大至宇宙論則如何？以太極含動靜之理而論，太極之有動靜，非太極自身能動能靜，動靜是氣上事，所以動靜者方是理。然則何故將動靜歸屬太極？此爲朱子「以然推其所以然」的思維方式所導致。依朱子的思維習慣，一物之存在乃依其所以存在之理而存在，物之一動一靜亦然。物之動依其動之理而動，其靜亦依其靜之理而靜。「依動之理而動，可謂爲是繫屬於動之理下的動，而不是理自身之動。繫屬於動之理下的動，簡化之，遂滑轉而爲『理之動』。故所云『理之動』實不是理自身能動，其實義只是屬於動之理下的動也。『理之靜』亦然，其實義亦只是繫屬於靜之理下的靜，而不是理自身能靜。」〔註43〕牟先生如是精簡地作解。

動之理、靜之理雖然最終皆納攝於太極，而說太極涵動靜之理，但亦不謂太極本身即含定多之理在內，既然朱子反覆強調太極無所謂動靜，就不能說它含具既成的定多之理在內。太極之爲理只是純一，不能分裂而爲定多之理。精準的描述應是：太極對動者言即爲動之理，對靜者言即爲靜之理。因

〔註40〕見《朱子語類》，第一冊，卷六，頁99。
〔註41〕參見《朱子語類》，第二冊，卷一八，頁398。
〔註42〕參見陳來《朱熹哲學研究》，頁60。
〔註43〕見牟宗三《心體與性體》，第三冊，頁458。

爲如此，遂說太極「有」動之理、靜之理。對動靜顯爲動靜之理，對其他許多事亦顯爲許多理，這許多理俱屬於太極，遂云太極涵萬理，其實乃一理對事顯爲許多相。牟宗三先生就此分疏道：

> 依朱子，此理只是一理，一太極，一個絕對普遍的、存有論的、純一的極至之理。所謂百理、萬理實只是一極至之理對應個別的存在之然而顯見（界劃出）爲多相，實並無定多之理也。存在之然是多，而超越的所以然則是一。太極涵萬理實只是對存在之然顯現爲多相再收攝回來而權言耳。〔註44〕

此義若定，則太極之爲理即可不滯限於一事而爲一事之理，蓋若如是，則太極即定死，不能顯其統天地萬物之活而神。再擴大論，個別之物的構造之理，實則亦爲太極對某一事展現爲某一樣態。不論萬物如何錯綜繁複，總不出太極這一統體之理。太極無形跡、無動靜，何由得見？即由變化多端之物上得見，顯見其爲一無窮豐富而又純一之生生之道。因此不可誤會太極涵有定多之理，它唯是一超越的極至之理對應個別的存在之然而顯見爲多相而已。

（三）朱子對「理生氣」的解說

朱子此種「天命流行」論，與其他理學家一致，皆重宇宙生化歷程之未濟而未已，此天命之不已乃悠久無疆而純一不已。不過循依朱子的理無動靜，惟氣有動靜的說法，則他的「理生氣」應是此生生之理、生生之道永遠在前爲氣之導，當萬物未生之際，只能說寂，物之由未生而生，此中之先有者，亦只能是一由未生至生之一道一理，在前爲導，物則依此生之道以生。

這種思想，唐先生認爲乃是相異於西方的宗教思想之獨特處。西方之宗教思想，是以上帝爲一全能全有的最高實體，上帝之道表現於祂所創造萬物的事業上，實「尚未已而謂可已」；是則對於實體之必行於用中，或必顯於流行中這一觀念，並未加以重視，故有世界末日之談。若謂世界有末日而其流行可已，亦即見其於所謂天或上帝之創造性，實並未加以正視。〔註45〕唐先生如是說。創造之所以爲創造，在由無生有。創造者既爲由無生有，則無論創造者爲誰，所創造者爲如何，此創造者要終不能眞自足於其自身之爲全有，而必有一義上之自己之超越，以另有所生，而彼亦唯在有此自己之超越，而另有所生時，得成爲其自己。換言之，即彼無此創造，則不能眞有其自己，

〔註44〕見牟宗三《心體與性體》，第一冊，頁90。
〔註45〕參見《唐君毅全集・中國哲學原論導論篇》，頁460。

而彼亦不能已於創造，而不表現於流行。〔註46〕這是唐先生對宇宙創造論的解釋，即以此解釋為根據，他續道：

> 此表現為流行或創造，既為由無生有，則一切物於尚未現實有之先，只能先有此「去生有」之事中，一「生有之方向」、或「生有之一理或一道」。此道此理之所在，即創造者之所在，而創造者即可同於此理此道。此即以理道攝創造者之朱子思想，其所以不外此道此理，以言天言帝，而以天帝同於此理此道之故也。〔註47〕

此解說相當透闢而深刻，經由中西兩方對宇宙生化已不已之差異觀點，推述真實的創造之道本應不能已於創造，而不表現於流行。藉由此過渡至朱子以天帝同於此理此道的理由，即是此理此道表生物之一方向，讓未實現之物在此「生有之方向」的引導下而實際生出。此種「生物」的方式當然有別於母之生子，精確的解說應是：

> 若謂理之生氣，有如包涵某物者，將其中之物生出，如母之生子，而吾人又將理視為在氣上一層面之形而上之理，則此理之義中，既不包涵氣之義，亦不能生氣，如石女腹中無子，不能生子。然吾人如視理原不離於氣，則此理之生氣，即氣之依理而生，依理而行。如人之依道路而自有其「行走」；則理之生氣之義，即不難解。……若依程朱之氣為生生不已，新新不同其故之說，吾人實不能說此中後來之氣，乃由以前之氣之化而後生，即由往者過，而後來者息，便不能說此後氣，由前之氣所生，……則以後之氣之生，如有原因理由可說，即只能依於生生之理而生。〔註48〕

唐先生也就順是而有朱子理氣論亦屬宇宙之「創造」論，因為理可以「導引」氣化之不已流行，如人之依於道路而自有其行走，雖然行走仍屬人之事，但若無道路，人亦走不下去。因此唐先生依舊將朱子之「理」視為「創造者」，天地萬物仍然可說為「太極之理」所「創造」。

　　唐先生之說固然有其獨到處，但他的說法仍不免啟人疑竇。剋就「創造」一辭而論，雖則「由無生有」為其最佳之定義，但我們不應忽略「創造者」須有「動力」方有創造之行可言；若無動力，則頂多只能說「流衍」、「衍化」。

〔註46〕參見《唐君毅全集・中國哲學原論導論篇》，頁460。
〔註47〕見《唐君毅全集・中國哲學原論導論篇》，頁460。
〔註48〕見《唐君毅全集・中國哲學原論導論篇》，頁485～486。

早在數千年前，古希臘哲學家提出「動力因」之說，並非隨意安上，而是有邏輯演繹之必然性。可是反觀朱子的理氣說，不能有絲毫動靜之太極之理，安能生天生地、生人生物呢？人物草木禽獸之生，實質的生化皆在氣之凝結造作，不過凡有氣之凝聚處，理便賦焉，如是怎能道太極妙運氣化而有創生萬物的實事？《語類》有一條：

> 或問先有理後有氣之說。曰：「不消如此說。而今知得他合下是先有
> 理，後有氣邪；後有理，先有氣邪？皆不可得而推究。然以意度之，
> 則疑此氣是依傍這理行。及此氣之聚，則理亦在焉。蓋氣則能凝結
> 造作，理卻無情意，無計度，無造作。只此氣凝聚處，理便在其中。
> 且如天地間人物草木禽獸，其生也，莫不有種，定不會無種子白地
> 生出一箇物事，這箇都是氣。若理，則只是箇淨潔空闊底世界，無
> 形跡，他卻不會造作；氣則能醞釀凝聚生物也。但有此氣，則理便
> 在其中。」〔註49〕

「無情意，無計度，無造作」三句即表理無創生造物的動能，理僅是緊緊搭附在氣上，隨氣而有動靜變化，對於氣行的運轉，難說得上「主」之、「宰」之，雖則朱子明言：「有是理後生是氣，自一陰一陽之謂道推來。」〔註50〕又說：「太極生陰陽，理生氣也。陰陽既生，則太極在其中，理復在氣之內也。」〔註51〕然吾人應善解所謂「理生氣」應如唐君毅先生所講的，乃氣之依於生生之理而生，此生生之理即為氣之前導，而貫穿乎其中。若無理主於氣化之中，則氣化隨時皆可止息，是以理可謂氣化生生不息的保障根據。此處之「生」，或可當作間接的引生，但絕不能做為直接的創生。

　　陳論至此，朱子的理氣二分理論亦大致完成。僅憑理氣論之構造而言，不可謂不完整，形上、形下之元素均具備，論本體，朱子提出「太極之理」；論宇宙之形成，朱子於《太極圖說註》亦詳說分明。是以朱子的理氣論，單就形上學這門學問而論，是完備充足的；然而朱子乃後人視為儒學之大宗師，集理學之大成者，因此彼所建構之理氣論，不能以滿足形上學要素即可，吾人須再進一步探討理氣論是否接得上儒家形上學體脈，相信朱子本人自始即以儒家之學為其個人治學之領域，從未想過自立門戶，另立學派，他必深信

〔註49〕　參見《朱子語類》，第一冊，卷一，，頁3。
〔註50〕　見《朱子語類》，第一冊，卷一，，頁3。
〔註51〕　見《周子全書》〈集說〉，頁7。

自己苦心孤詣思索出之理氣論，定能承繼先秦儒家之學脈。而本文之重心亦在討論朱子之理氣論能否發揚先秦儒者所開創之形上學，是故理氣論不能僅止於理氣形式意義的討論，須重回儒家仁義立教的始點來衡量朱子的理氣論是否完盡道德實踐之實，畢竟儒家之學乃築基於仁義之踐行，非憑空構造出一套宇宙論以說明世界。朱子的理氣二分，固為儒者之共識，然只為存有而不活動的理，當真可以妙運氣之流行？不無可疑，此點若從道德實踐的觀點察看，最易鑑別得出，故下文即探討朱子的心性論。

第二節　朱子的「心性論」

一、朱子論「性」

使天地萬物得以存在之理曰太極，太極是統天地萬物化生的概約名詞，是所以陽動陰靜之本體。太極雖是形而上之理，然非有以離乎陰陽而獨存，即陰陽而本體在焉，不離乎陰陽而本體行焉。道不離器，器不離道，理氣不離不雜是矣。當太極落實於人物之生，即曰「性」，而不曰「太極」。察朱子註《太極圖說》「五行一陰陽也，陰陽一太極也，太極本無極也。五行之生也，各一其性。」有云：

> 五行具，則造化發育之具，無不備矣。故又即此而推本之，以明其
> 渾然一體，莫非無極之妙。而無極之妙，亦未嘗不各具於一物之中
> 也。蓋五行異質，四時異氣，而皆不能外乎陰陽；陰陽異位，動靜
> 異時，而皆不能離乎太極。至於所以為太極者，又初無聲臭之可言，
> 是性之本體然也，天下豈有性外之物哉？然五行之生，隨其氣質而
> 所稟不同，所謂各一其性也。各一其性，則渾然太極之全體，無不
> 各具於一物之中，而性之無所不在，又可見矣。〔註52〕

五行、四時、陰陽、動靜皆不能離乎太極，而此渾然一體，莫非無極之妙的太極，即是性之本體然也。據此，可說天下有外於性外之物嗎？性即為萬物所以生之理，與太極毫無兩樣。然則何須太極與性兩個不同名稱？朱子特別就此而分疏道：

> 性即太極。自其為天地萬物公共之理而言，謂之太極；自其在人物

〔註52〕見《周子全書》，頁13。

稟受而言，則謂之性。〔註53〕

此解說明晰清楚，太極與性惟是分疏的角度不同而已。其實再擴大言之，天與命，性與理，亦同樣無差別。有人問：「天與命，性與理，四者之別：天則就其自然者言之，命則就其流行而賦於物者言之，性則就其全體而萬物所得以爲生者言之，理則就其事事物物各有其則者言之。到得合而言之，則天即理也，命即性也，性即理也。是如此否？」朱子答曰：「然。」〔註54〕上文雖非朱子親口所說，然亦爲朱子首肯，故不妨視爲朱子義理體系之所涵。

　　性既是就其全體而萬物所得以爲生者言之，萬理俱爲性所含，故原則上性之理可以統攝種種之理，以爲其內容，譬如愛之理、宜之理、敬之理、別之理，這是源於人有多樣的道德行爲，有什麼樣的道德行爲，就有什麼樣的理對應之。人有那些道德行爲呢？按《孟子》所述：「惻隱之心，仁之端也；羞惡之心，義之端也；辭讓之心，禮之端也；是非之心，智之端也。人之有是四端也，猶其有四體也。」（〈公孫丑章句上〉）惻隱、羞惡、辭讓、是非，是人最常見的道德表現，相應這些道德行爲，即有「仁義禮智」之性理爲其根據。何以人有此類表現即等於人有仁義禮智之性？這也是上文所說「以然推其所以然」的再次重現而已。朱子分釋得很清楚：

　　仁、義、禮、智，性也。心，統性情者也。端，緒也。因其情之發，

　　而性之本然可得而見，猶有物在中而緒見於外也。〔註55〕

惻隱、羞惡、辭讓、是非，這些都是外在可見的行爲表現，根據理氣論的原則，有是氣，必有是理。因此，有什麼樣的表現，就會有所以這樣表現的理爲它的依據。惻隱、羞惡、辭讓、是非，這些均是發用於外之情，因循彼情之發，而相應彼情之性理即可見，猶乎有物在中，則有端緒表露於外。這種推理均不出「以然推其所以然」之方式。

　　以上述的逆推方式，理論上應可推出無窮多之性理，首先就「孝弟」表現爲言，《論語》〈學而篇〉第二章：

　　有子曰：「其爲人也孝弟，而好犯上者鮮矣。不好犯上，而好作亂者，

　　未之有也。君子務本，本立而道生，孝弟也者，其爲仁之本與！」

文中說「孝弟爲仁之本」，看似孝弟爲體，而仁反爲用，其實不然。《四書章

〔註53〕見《周子全書》，頁13。
〔註54〕參見《朱子語類》，第一冊，卷五，頁82。
〔註55〕見《四書章句集註》，頁238。

句集註》特別引用程伊川之言以澄清兩者易被混淆的關係：

> 程子曰：「孝弟，順德也，故不好犯上，豈復有逆理亂常之事？德有
> 本，本立則其道充大。孝弟行於家，而後仁愛及於物，所謂親親而
> 仁民也。故爲仁以孝弟爲本。論性，則以仁爲孝弟之本。」或問：「孝
> 弟爲仁之本，此是由孝弟可以至仁否？」曰：「非也，謂行仁自孝弟
> 始，孝弟是仁之一事。謂之行仁之本則可，謂是仁之本則不可。蓋
> 仁是性也，孝弟是用，性中只有箇仁、義、禮、智四者而已，曷嘗
> 有孝弟來？然仁主於愛，愛莫大於愛親，故曰孝弟也者，其爲仁之
> 本與！」〔註56〕

孝弟惟是行仁之本，非仁之本。仁是孝弟行爲的根據，孝弟是展現仁之理的
發用。朱子云：「仁是性，孝弟是用。用便是情，情是發出來底。」〔註57〕仁
是未發之理，孝弟則是已發之情，兩者恰如太極與陰陽之關係，仁必須藉由
情之表現方能顯現自身，若無情等之氣化活動，則仁之性無所著附。可是除
仁之外，程子肯定尚有義、禮、智三者，是否我們即因此而斷言性理惟有四
個？然而朱子註《中庸》首章「天命之謂性」則曰：

> 命，猶令也。性，即理也。天以陰陽五行化生萬物，氣以成形，而
> 理亦賦焉，猶命令也。於是人物之生，因各得其所賦之理，以爲健
> 順五常之德，所謂性也。〔註58〕

人物之所以生，乃兼合理與氣而生，人所稟得之理有那些呢？曰：健順五常
之德是也。五常是那五常？朱子比照木、金、水、火、土五行而展列五德：
木神曰仁，則愛之理也，而其發爲惻隱。火神曰禮，則敬之理也，而其發爲
恭敬。金神曰義，則宜之理也，而其發爲羞惡。水神曰智，則別之理也，而
其發爲是非。土神曰信，則實有之理也，而其發爲忠信。是皆天理之固然，
人心之所以爲妙也。（《論語或問》卷1）五常之德即是仁義禮智信五者，比程
子多了一項，再加上比配陰陽而有的「健順」二德，共有七德。除此七德，
在朱子的書信文章語類裏頭，尚未發現第八德。即此能否說在朱子的詮釋下，
人物所稟得之性理，非無限多，唯有七樣那麼多？

按常理，人之道德行爲應該不僅這七項而已，而其所以然之理也不應只

〔註56〕見《四書章句集註》，頁48。
〔註57〕見《朱子語類》，第二冊，卷20，頁472。
〔註58〕見《四書章句集註》，頁17。

是七德，何故朱子明列性之理爲仁、義、禮、智、信、健、順七德呢？回溯朱子之論太極生陰陽，陽變陰合，而生五行，以至化生萬物，五行乃萬物形具之基本要素，故以五常配五行，象徵五行全具於性之中，再加上陰陽轉爲「健順」二德，這樣即可將太極生萬物的步驟要素完全融入性理之下。此種搭配也許爲了回應「性」之定義——「性」爲就其全體而萬物所得以爲生者言之。全體爲就太極而言，太極爲陰陽五行之本體，故性理也應包涵健順五常之德，方能完美地對照太極全體。《語類》有一條可見出朱子的用心：

> 問：「天命之謂性，《章句》云健順五常之德，何故添卻健順二字？」
>
> 曰：「五行，乃五常也。健順乃陰陽二字，某舊解未嘗有此，後來思
>
> 量，既有陰陽，須添此二字始得。」〔註59〕

是以健順五常之德已含括所有德行，譬若陰陽五行即已將一切氣化網羅畢盡，朱子之舉健順五常，是亦綱舉目張之意，非謂性理惟七德而已。

　　雖說人物之生爲稟承太極全體之理而生，吾人所具性理，爲百理皆備，元無少欠。可是理要實際地實現於萬物之生命中，單仰賴此性理未必有實際地實現之事。此實際地實現之事，除依此能實現之理，尚須生命、物質之氣化，方能實際地實現理。此亦道不離氣、氣不離道之義。

　　論至氣化，則不能不有千差萬別，每一物之生自有其先天之限制，無法如理一般無窮無盡，無所限制。一特定之物既有限制，則彼所實現之理當然亦爲定限之理；再換個角度看，雖然每一物所實現之理有限，但它所實現的埋亦源出性理而同於太極。此即朱子〈答黃商伯〉書中所說：

> 論萬物之一源，則理同而氣異；觀萬物之異體，則氣猶相近，而理
>
> 絕不同。〔註60〕

何謂「理同」？蓋天之生物，其理固無差別，萬物普遍皆有其性，而且其所有之性是一是同。可是天之生物，其理固無差別，「但人物所稟形氣不同，故其心有明暗之殊，而性有全不全之異耳。」〔註61〕每一個體所稟之氣有純駁之不齊，因所稟之氣不齊，故理之表現也有偏全之異，甚而有能表現與根本不能表現之異。此之謂「氣異」。至於說「觀萬物之異體，則氣猶相近，理絕不同」，即《章句集註》所分釋的：以氣言之，則知覺運動，人與物若不異也；

〔註59〕見《朱子語類》，第四冊，卷六二，頁 1490。
〔註60〕見《朱子文集》，第五冊，卷四六，〈答黃商伯四〉，頁 2075。
〔註61〕見《朱子文集》，第六冊，卷五八，〈答徐子融三〉，頁 2813。

以理言之，則仁義禮智之稟，豈物之所得而全哉？〔註62〕

說「氣相近」，是人與物皆知寒暖、識飢飽，好生惡死，趨利避害。而「理不同」者，非謂理本身有異，而是理之實際表現上之「異」與「不同」耳。例如有得木氣重者，則惻隱之心常多，而羞惡、辭遜、是非之心為其所塞而不發；有得金氣重者，則羞惡之心常多，而惻隱、辭遜、是非之心為其所塞而不發。〔註63〕以個人所稟之氣昏明厚薄之不同，實際所朗現之理自亦不同，此即謂「理絕不同」。又如蜂蟻之君臣，只是他義上有一點子明；虎狼之父子，只是他仁上有一點子明；其他更推不去。恰似鏡子，其他處都暗了，中間只有一兩點子光。〔註64〕然而仁義禮智，無一或闕。

雖則吾人所具性理完全皆備，但未表示性理即可順適無礙地朗現於個體生命中，朱子所說「理絕不同」即突顯此義。撇開物不談，專就人身上言，人之生亦有昏明清濁之異，有的可表惻隱之情，有的較重羞惡是非的判斷，有的偏於此，有的偏於彼，此種種差異是否終生不可改，小人永是小人，君子永是君子？若是，則聖人永是難以跂望的境界，而孟子所倡「人人皆可以為堯舜」更是謬誤之甚。須知，朱子談「理同而氣異，氣相近而理絕不同」是普就天地萬物而論，是他的宇宙論必推出的結論；不過論至「人」這一物，則不能與其他諸物泛泛而談，等同而論，兩者差別甚大，關鍵在於：

> 以其理而言之，則萬物一原，固無人物貴賤之殊；以其氣而言之，則得其正且通者為人，得其偏且塞者為物；是以或貴或賤而有所不能齊。〔註65〕

縱使人之生也有厚薄昏明之異，「然在人則蔽塞有可通之理，至於禽獸，亦是此性，只被他形體所拘，生得蔽隔之甚，無可通處。」〔註66〕即像虎狼之仁，蜂蟻之義，亦只是通這些子而已，仁義禮智豈能稟得全乎！人只要為學，變化自身的氣稟，勇猛直前，則氣稟之偏自消，工夫自成。此一切變化之原來自人稟得仁義禮智完全，無一毫之闕。然而此是否表示仁義禮智之性可以主動發用於外，而改化偏執之氣？觀朱子論性，再三重覆強調「性只是理」，如同他解析太極只是箇理一樣。性既然只是無任何動靜之理，則性如何發用於

〔註62〕參見朱熹《四書章句集註》，頁326。
〔註63〕參見《朱子語類》，第一冊，卷四，頁74。
〔註64〕參見《朱子語類》，第一冊，卷四，頁57。
〔註65〕見《朱子語類》，第一冊，卷四，頁59。
〔註66〕見《朱子語類》，第一冊，卷四，頁58。

外？論發用，也須有動力方能發出來。如今我們知道惻隱之情爲仁之理的發用，可是仁可以主動發出惻隱之情嗎？依朱子的一貫思想，恐怕不能。仁如欲發惻隱之情，必須仰賴另一要素——心，心是綰合性與情的連繫點，故有「心統性情」之說。以下即討論朱子如何論「心」。

二、朱子論「心」

（一）心的定位

那麼，心的本質是什麼？它何以有統合性情的功能？朱子在《語類》中規定心之意義爲：

> 心者，氣之精爽。〔註67〕
>
> 心是知覺，性是理。〔註68〕
>
> 所覺者，心之理也；能覺者，氣之靈也。〔註69〕
>
> 性便是心之所有之理，心便是理之所會之地。〔註70〕
>
> 或問心性之別。曰：「這個極難說，且是難爲譬喻。如伊川以水喻性，其說本好，卻使曉不得者生病。心，大概似個官人；天命，便是君之命；性，便如職事一般。此亦大概如此，要自理會得。如邵子云：『性者，道之形體。』蓋道只是合當如此，性則有一個根苗，生出君臣之義，父子之仁。性雖虛，都是實理。心雖是一物，卻虛，故能包含萬理，這個要人自體察始得。」〔註71〕

心之本體，即心之本質是「虛靈」：其作用是「知覺」，所知覺者是「理」，且它與性非同一物。由上列幾則大致可歸納出這幾項原則。其實心甚難言，它既非無形跡之理，亦非粗而有渣滓的氣化，它是「氣之精爽」，亦即氣化中最清靈的那部分。心的地位，照朱子的描述，似乎介於性與氣中間的獨立一物，其云：「心比性，則微有跡；比氣，則自然又靈。」〔註72〕心之所以比性微有跡，緣於心不是理，而是一個知覺作用，一有知覺即有個動態的起現，若是

〔註67〕見《朱子語類》，第一冊，卷五，頁85。
〔註68〕見《朱子語類》，第一冊，卷五，頁85。
〔註69〕見《朱子語類》，第一冊，卷五，頁85。
〔註70〕見《朱子語類》，第一冊，卷五，頁88。
〔註71〕見《朱子語類》，第一冊，卷五，頁88。
〔註72〕見《朱子語類》，第一冊，卷五，頁87。

純理則無動態之跡，因爲動靜僅能就氣化說。就這麼一點知覺的動態，即有跡痕，有跡痕即不能納心於理界中。雖然比性微有跡，可是比起氣來，則自然又靈，因爲心不像一般氣化而有形體，它全然是知覺作用的呈現而已，其他氣化之物焉能如此？故心比氣又靈，它是氣中最精爽的那部分。

至於心爲何有知覺作用，一則原於有「所以知覺之理」與氣相合，另一則是原於它的「虛靈」本性。何謂虛靈？唐先生有精闢的解釋：

> 虛言其無形，心即以其無形之虛，而寂然不動，以上通於內具之無形之理；更以其靈，以感而遂通，更不滯於所感之物，而得顯其內具之生生不息之理之全，而不陷於一偏；復以其不昧，使其相續感物，而有相續之明照之及於物與物之理；並使此心內具之生生不息之性理，亦得相續明通於外，而無始終內外之阻隔。此中後一是消極說，前二是積極說。前二中，第一之虛是靜態地說，第二之靈是動態地說。〔註73〕

因心有其虛一面、無一面、無形一面，乃能寂然不動而內具理；而心又以其靈，乃能感而遂通，而有其由無而有、由無形而有形之一面，以使理表現於氣。〔註74〕唐先生這般續解道。這裡特重心之「虛靈感通」一面，由其虛寂而言心之「無形」，復以其靈通能感而通物，遂表其由無形而有形，以使理表現於氣，此一面當是心之「有形」。「故心乃以其未發之寂，上通內通於性理，而主乎性；以其已發之感，外通下通於氣，而主乎情。」〔註75〕唐先生順此心之無形而有形、這一種虛靈感通之用而總結道：

> 將心與理氣三者比觀，則心不如性理之純是無形，亦不如氣之純是形。故又謂「心比性微有跡，比氣自然又靈」。至於朱子之言心爲氣之靈、氣之精爽，則是就心之連於氣，而附心於氣以說者。自客觀的宇宙論之觀點看，人之心固必連於其自身之表現於氣者以言，則此語亦可說。然如純自心性論之觀點言，此語亦不須說；如要說此語，則至少須與心者「理之所會之地」合說方備。而說心之「能覺者氣之靈，所覺者心之理」，亦較只說心爲氣之靈、氣之精爽爲周備。〔註76〕

〔註73〕見《唐君毅全集・中國哲學原論原性篇》，頁398。
〔註74〕參見《唐君毅全集・中國哲學原論原性篇》，頁398。
〔註75〕參見《唐君毅全集・中國哲學原論原性篇》，頁398。
〔註76〕見《唐君毅全集・中國哲學原論原性篇》，頁399～400。

此處唐先生特爲朱子所言之「心」分別以心性論與宇宙論兩個觀點論之：就
宇宙論的觀點來看，亦即就「心爲氣之靈」之觀點看，則心未表現於氣，即
可說無心。即他人之心之表現於氣者，吾人自外而觀，亦可說只有一他人之
性理之流行於其氣，而可說其無心。此正如吾人之言宇宙之易道，可說其無
心而成化也。〔註77〕當心無所表現時，換言之，即「無心」之時，惟是寂然
不動，而順氣化一體流行；是故吾人自外而觀，只見性理之流行於其氣，故
將心等同於氣。「然純自心性論之觀點上看，心未表現於氣，其虛靈不昧之
能覺之體仍在，便不須連氣而說。於此如只內觀此虛靈不昧之體所具之性
理，與此能覺之靈之俱呈俱現，則儘可見心與理之形而上的合一，以爲一本
心。」〔註78〕所謂「純自心性論之觀點上看」，應是就心爲虛靈不昧之本質
上看，唐先生以爲此時即無須連氣而說，似乎單以虛靈不昧之知覺而言，心
可擺脫氣的阻礙，而純是一虛靈不昧的知覺，所以道「於此如只內觀此虛靈
不昧之體所具之性理，與此能覺之靈之俱呈俱現，則儘可見心與理之形而上
的合一，以爲一本心。」於此，亦可不說心爲能覺、理爲所覺；而儘可以滿
心而發者皆是理，或心即天理之昭明靈覺，而言心即理。此即成陸王主義。
〔註78〕唐先生眞切以爲朱子於此蓋亦有意焉，只是未能及也，惜朱子未能充
其義，持此心性論之內觀以統其宇宙論之外觀；乃反而以宇宙論上之外觀所
成之心爲氣之靈之說，混淆於其心性論上之內觀初所見之心，遂以「理爲所
覺」，爲「理之所會之地」，其「自理說心之義」，於是不能更循此內觀，深
入向上，以與陸王同歸矣。世人遂認朱子將心與理截然區別爲二，而惟將心
比擬爲氣而已。

　　唐先生之所以認定朱子之「心」亦有發展爲陸王主義的傾向，蓋取心之
「虛靈不昧」之本質而論。此虛靈不昧之知覺顯與有形跡之氣化殊異，它能
使理呈現或不呈現，並決定使人之身之氣生起或不生起。理之自然流行於氣，
氣之自然表現理，是一自然之變化，或自然之易，不是心。心之主宰運用，
唯在：「氣既有而能使之無，或未有而使之生；或於理之表現者之偏而失正，
而能矯其偏失，以復其全正」等上見之。此即同於謂：心之主宰運用，乃在
對氣之有無之主宰，理之偏全之運用上見之。故「心本應爲居氣之上一層次，

〔註77〕參見《唐君毅全集・中國哲學原論原性篇》，頁400。
〔註78〕見《唐君毅全集・中國哲學原論原性篇》，頁400。
〔註78〕參見《唐君毅全集・中國哲學原論原性篇》，頁400。

以承上之理，而實現之於下之氣」之一轉捩開闔之樞紐。〔註79〕性理之能展現於人身上，亦在乎心之可順理而發情，此即心之主宰運用，氣既有而能使之無，或未有而使之生；或於理之表現者之偏而失正，而能矯其偏失，以復其全正。於是心之不能完全比爲氣，亦明矣。

此論固爲獨到精闢，有其嚴密而不可輕忽的見解，可是朱子言「心」果爲如此乎？若就虛靈不昧之知覺言，「知覺」也者，可能是內省察識心之安不安、忍不忍的「感覺」，由知覺到內心之安不安、忍不忍即可決定人之仁不仁。這種不安之感知絕非普通所謂由感性而來之「感覺」，而是有感於自己不仁之行所起現的不安之覺情。此覺情不是由背後有個所以如此感覺的仁之理而發，而是直接發自於心，心一感不安，即知覺到己之仁不仁。此不安之情，既是情，亦是心，同時也是理。知覺此，非「知解」、「認識」此，而是「省覺察識」此的意思。此爲程明道、謝上蔡一路的思想，通稱之爲「以覺訓仁」。

然知覺尙有另一義，即「認識」、「知解」之認識論的意義。若此，知覺純是一種心理活動，所認知者乃統籌於康德所說先驗範疇底下之現象，不能直覺到本體界之物自身。此種心理活動與本體始終有一隔閡，無論認知多細密嚴謹，依然停留在現象界，而不能進入本體界，本體界永在彼岸的另一端。此種知覺的特色之一在於以「推理」而認知，將感性直覺所攝取之材料，依十二範疇之形式重鑄這些材料，以使人的知性可以認知。知性認知物的最常用之法則之一即是「因果法則」，由果推因，由然而推其所以然。當知性理性推論出所以然之理，未必表示此理性即與理合一，此中仍有能知、所知主客對立之別。

如今我們來衡量朱子所言「知覺」爲何義。上文已明白指出仁義禮智之理乃是「由然推其所以然」之方式推論出來的，太極之爲天地萬物的存在之理，亦是以此方式推出；太極之有動靜，亦不出此規則論述。「以然推其所以然」這一規則，朱子應用得十分廣泛，無論道德之理、存在之理或物之形構之理，全部都由此方式推論而出，幾可說他的學問體系是建立在這一法則之上的。朱子又常說：「心是知覺，性是理。」或「所覺者，心之理也；能覺者，氣之靈也。」以及「性便是心之所有之理，心便是理之所會之地。」這些均有「主客對立」的意味，由是，我們若判斷朱子論「知覺」乃屬「知解、認知」之義，應非謬誤。

〔註79〕參見《唐君毅全集・中國哲學原論原性篇》，頁401。

　　就因爲朱子認定心爲知解、認知義，是以相當排斥上蔡等人之言「以覺訓仁」，上蔡註解《論語》〈其爲人也孝弟〉一章時這般解說：

> 爲孝弟者近仁，然而孝弟非仁也。可以論仁者莫如仁心，人心之不偽者莫如事親從兄，莊子曰：子之事親，命也，不可解於心。此可見良心矣。至於從兄則自有生以來，良心之所未遠者，以事親從兄而充之，則何往而非仁也？夫事親從兄之心，行之而不著，習矣而不察，終身由之而不知者，⋯⋯冬溫夏清，昏定晨省，亦可以爲孝矣，閭巷之人亦能之；長幼有序，徐行後長，亦可以爲孝矣，閭巷之人亦能之。然而以閭巷之人爲有道，不可也；以爲終不可入道，亦不可也。但孝弟可以爲仁，可以入道，在念不念之間。蓋仁之爲道，古人猶難言之，其可言者止此而已。若實欲知仁，則在力行自省察吾事親從兄時，此心如之何？知此心則知仁矣。（《論語精義》卷1上）

此解說十分通義達理，人之可以入道，關鍵惟在人是否可在事親從兄之際省察自己不偽之仁心，若能省覺之，進而把握之，擴充之，則何往而非仁？此解平順暢達，有體驗者稍一反識，即可意會而曉喻；可是朱子偏不如是，他強烈抨擊道：

> 夫曰孝弟充之而後爲仁，則是孝弟非仁，必其識此活動而充之，然後爲仁也。故又以爲閭巷之人徒能謹於事親從兄而不識其爲活物，則終不可以入道，必其潛聽默伺於事親從兄之時，幸而得其所謂活物者，然後可以爲知仁也。然直曰知仁而不曰爲仁，則又與其擴充之云者而忘矣。必如其說，則是方其事親從兄之際，又以一心察此一心而求識夫活物，其所重者乃在乎活物，而不在乎父兄其所以事而從之，特以求夫活物而初非以爲吾事之當然也。（《論語或問》卷1上）

上蔡在另一文有道「活者爲仁，死者爲不仁」，其意僅是一個譬喻，以活者四肢血氣一貫相通喻仁者與萬物可以感應交流，認天地莫非己也；而死者即血脈不流，四肢僵硬，以譬不仁者其心痿痺麻木，已無任何不安之感。上蔡以活者喻仁，只是要點出仁者之心是常惺惺的，而非死的，並非另有一個「活物」爲仁。知仁者即是察覺此不偽之仁心，使其擴而充之，哪是朱子所批評的「方其事親從兄之際，又以一心察此一心而求識夫活物，其所重者乃在乎活物，而不在乎父兄其所以事而從之，特以求夫活物而初非以爲吾事之當然

也」！之所以有此誤解，其源自是朱子以然推其所以然論仁之理，不似上蔡以「察識省覺」為仁，因此他認為上蔡所重者只是那個不知從何處冒出來的活物，而不是所以事親從兄之理。

朱子這麼極力反對上蔡的主要理由，在於他不以為「覺」可以訓仁，一看到「知」「覺」就聯想到知解這個意義上去。就知解、認知之意義而論，自然屬於「智」之事，而非仁之事。其道：「覺，決不可以言仁，雖足以知仁，自屬智了。」〔註80〕又說：「仁固有知覺；喚知覺做仁，卻不得。」〔註81〕總結便是：

> 彼謂「物我為一」者，可以見仁之無不愛矣，而非仁之所以為體之
> 真。彼謂「心有知覺」者，可以見仁之包乎智矣，而非仁之所以得
> 名之實也。觀孔子答子貢博施濟眾之問，與程子（伊川）所謂「覺
> 不可以訓仁」者，則可見矣。子尚安得復以此而論仁哉？抑泛言「同
> 體」者，使人含糊昏緩，而無警切之功，其弊或至於認物為己者有
> 之矣。專言「知覺」者，使人張皇迫躁，而無沉潛之味，其弊或至
> 於認欲為理者有之矣。〔註82〕

「以覺訓仁」正包含了「萬物與我為一體」之義，兩者不可分看。朱子不贊成「物我為一」訓仁，自然也反對以覺釋仁。果然朱子將虛靈不昧的知覺視為「反省察識」，則他絕不應力反上蔡之說；其反上蔡之說，即證明他所說的知覺惟是知解、認識之義。若是，則其知覺之心與所覺之理，永遠處在主客對立的狀態，難與性理合而為一。當然，當心之表現理時，可以說此心與理俱呈俱現，然而若謂此儘可見心與理之形而上的合一，以為一本心，則過矣。再說，言心為「居氣之上一層次，以承上之理，而實現之於下之氣之一轉挼開闔之樞紐」，此觀點亦有問題，依朱子理氣二分之理論，有什麼東西可以既不屬於理、又不屬於氣，而居於理氣中間之層次？恐無這樣的東西。心既然不是理，它就必須歸屬於氣，雖說它虛靈不昧，終究是形而下之氣，唐先生如此道，過於拉抬朱子的「心」的地位了。

（二）心之具理

仁義禮智信雖為吾人所稟之性理，但也一如太極之理無動靜發用，不能

〔註80〕見《朱子語類》，第一冊，卷六，頁118。
〔註81〕見《朱子語類》，第一冊，卷六，頁118。
〔註82〕見《朱子文集》，第七冊，卷六七，〈仁說〉，頁3392。

直接影響現實生命而激使人行道德活動，必由人心知覺到理而起現惻隱、羞惡、恭敬、是非、忠信諸情方可。是故「心」在朱子的理論系統下，是十分重要的，其爲重要乃緣於心可以統性、情，唯有它才是人身的主宰，正如唐先生所云「心之主宰運用，唯在：氣既有而能使之無，或未有而使之生；或於理之表現者之偏而失正，而能矯其偏失，以復其全正」。上節已詳確分析心的定位問題，心唯是一氣之作用，不論它如何貫幽明、通上下，無所不在，它仍必須屬於氣。既是形氣之心，以知解、認知爲其知覺理的形式，則它應如何「具眾理」？《大學章句》中朱子如是註解「明德」之義：

> 明德者，人之所得乎天，而虛靈不昧，以具眾理而應萬事者也。但爲氣稟所拘，人欲所蔽，則有時而昏；然其本體之明，則有未嘗息者。故學者當因其所發而遂明之，以復其初也。

另外解及《孟子》的「盡心知性知天」者亦云：「心者，人之神明也，所以具眾理而應萬事者也。」如此一來，「心具眾理」在朱子的陳述下，似乎爲一天經地義之事，蓋每一人物皆全具性理而生，尤其人乃稟五行之秀而生，健順五常之德無一不備，可是我們仍不能輕忽朱子所提醒的：論萬物之一源，則理同而氣異；觀萬物之異體，則氣猶相近，而理絕不同。依宋明儒之共識，理之有不同的表現，在乎人物氣稟之不齊，故須作工夫以復得性理完完全全。此中關鍵便在心之如何具理而顯理。

回顧上蔡之言仁，所謂仁是直就心上說，當心表現眞誠不僞或不安不忍之時的當下那一刻，反身而覺悟到仁。此「仁」乃一切價值之源，所有德行須由此而發，方有道德價值。客觀地說，它是天理；主觀地說，它是仁心覺情。「所謂天理者，自然底道理，無毫髮杜撰，今人乍見孺子將入於井，皆有怵惕惻隱之心。方乍見時，其心怵惕，即所謂天理也。」〔註83〕此爲上蔡之言。天理者，並非有個主宰者所發的誡律法則，而是人心自然無僞必然會發出之理。如何見天理？「勿忘，又勿助長，正當忒地時，自家看取，天理見矣。」〔註84〕故天理自始即不離自身，它是自家仁心覺情之所發。是以就義理分解的分際上言，「天理」二字有客觀普遍的意義，顯示道德實踐有客觀根據；然此客觀根據又是從自家發出來的。所以言天理或言仁心，乃言談中所側重的角度不同，其實爲一物。此系肯認心即是性、即是理，主張心本身可

〔註83〕見《宋元學案》上冊，卷廿四，〈上蔡學案〉，頁4。
〔註84〕見《宋元學案》上冊，卷廿四，〈上蔡學案〉，頁4。

以自發自律，無須依著外於心之理而行事，天理可以直接在吾人生命起作用。

反觀朱子思維心性問題的方式，顯非此路。他界定性只是理，而心之不昧知覺唯是知解、認知義，心不是性、亦不是理，心之知理是透過它的知解推述作用，唯有如此，心才能知理。故爾朱子體系下之工夫論，以「格物致知」及「莊敬涵養」爲其要訣。

何謂「格物致知」？此語出自《大學》經一章，《集註》解曰：

> 致，推極也。知，猶識也。推極吾之知識，欲其所知無不盡也。格，
> 至也。物，猶事也。窮至事物之理，欲其極處無不到也。〔註85〕

扼要言之，即推致吾所知而窮事物之理於極處，謂之格物致知。吾心本自有知覺，推吾之知至事事物物上而窮其理。朱子補《大學傳》第五章即云：

> 所謂致知在格物者，言欲致吾之知，在即物而窮其理也。蓋人心之
> 靈莫不有知，而天下之物莫不有理，惟於理有未窮，故其知有不盡
> 也。是以大學始教，必使學者即凡天下之物，莫不因其已知之理而
> 益窮之，以求至乎其極。至於用力之久，而一旦豁然貫通焉，則眾
> 物之表裏精粗無不到，而吾心之全體大用無不明矣。此謂物格，此
> 謂知之至也。

此章可作爲「格物致知」完整的詮釋。爲何修身之本在於格物致知呢？蓋人心之靈莫不有知，而天下之物莫不有理。是以談格物致知必先肯定兩件事：一是肯定吾心之虛靈不昧，可以知覺理而涵攝之。朱子云：「人之一心，本自光明。常提撕他起，莫爲物欲所蔽，便將這個做本領，然後去格物致知。……但只要自家常醒得他做主宰，出乎萬物之上，物便來應。易理會底，便理會得；難理會底，思量久之也理會得。若難理會底便理會不得，是此心尚昏未明，便用提醒他。」〔註86〕人心本自光明，意謂吾心本來虛靈不昧，本具知覺認識的作用。因爲肯定吾心本具知覺作用，方能推致吾之知覺至事事物物上。不過，吾心易爲物欲所蔽，不得發揮其知覺作用；或因天生氣質之清濁挾半，而僅能發揮部分的知覺作用，可以無困難地認知易理會的理，至於難理會的，就得下工夫了。

肯定了吾心本自有知，接著此知該應用在何處？反過來應用在吾心嗎？當然不是。前文已討論過心之重要處在於可以知覺理，那麼「理」在何處？

〔註85〕見朱熹《四書章句集註》，頁4。
〔註86〕參見《朱子語類》，第一冊，卷一五，頁292。

依朱子意，理處處皆是，就散在事事物物上，若要窮理，唯一之途便是格物。格者至也，至事事物物上窮其理。朱子常言：

> 事事都有個極至之理，便要知得到。〔註87〕

> 聖人只說「格物」二字，便是要人就事物上理會。且自一念之微，以至事事物物，若靜若動，凡居處飲食言語，無不是事，無不各有個天理人欲。〔註88〕

此處應注意的是：朱子之說格物，是要人就事物上理會其理，看來朱子也同戴震一樣認爲「理在事中」，而不在心中。其實此中有著天差地別，只是此差別須從源頭上看，方看得出來。戴震惟肯認具體事物之理，而否認有形上之理；然而朱子反是，他不僅認可事物之理，進一步，他還肯定形上之理，且將事物之理歸屬於形上之理，事物便是形上之理的顯現。所以朱子認爲欲得「極至」之理，其實便是總天地萬物之理，必須由事物中窮其理。窮理窮多了，自當脫然有悟處，此即是程子所言「至於用力之久，而一旦豁然貫通焉，則眾物之表裏精粗無不到，而吾心之全體大用無不明矣。」朱子、伊川的工夫便用在此。

雖然朱子之言有其精闢處，但也隱約透露出其意實不以爲萬理本具於心中，縱使他常說「心具眾理，應萬事」，事實上，依循他的理論脈落，理「本」不具於心中，因此只聞其道「格物窮理」，未曾聞其曰「格心窮理」。而他之極力反對謝上蔡、陸象山等人，亦在乎他不以「心即是理」爲然。若心不即是理，安能說「心具眾理」呢？

是以朱子所說「心具眾理」者，應善體會其意，牟先生即分析朱子的「心具理」之方式應爲「當具」而非「本具」。其道：

> 依朱子《中和新說書》所表示之義理間架，心並不是道德的超越的本心，而只是知覺運用之實然的心，氣之靈之心，即心理學的心；仁義禮智本是性體中所含具之理，是實然之情之所以然之理；心之具此理而成爲其德是「當具」而不是「本具」，是外在地關聯地具，而不是本質地必然地具，是認知地靜攝地具，而不是本心直貫之自發自律地具。〔註89〕

〔註87〕見《朱子語類》，第一冊，卷一五，頁282。
〔註88〕見《朱子語類》，第一冊，卷一五，頁287。
〔註89〕參見牟宗三《心體與性體》，第三冊，頁243。

牟先生所根據的原則便是「心理是否爲一」。若心理不即是一，理之發現是由存在之然而推證其所以然，則理即不能言內在於心而爲心之自發，因爲由此方式之推論，與心有何相干？「如是朱子所言之理或性乃只成一屬於存有論的存有之理，靜擺在那裡，其於吾人之道德行爲乃無力者，只有當吾人敬以凝聚吾人之心氣時，始能靜涵地面對其尊嚴。」〔註90〕牟先生如是言。故爾朱子的工夫論除開格物致知外，尙有莊敬涵養爲其修德之要訣。

此依前文心、性之解而有如此的結論，然而論及《大學》所說之明「明德」，朱子對「明德」一詞所下的註語，指謂「心」的成分似大過「性」。回顧上文所引《大學章句》註解「明德」一文可知，明德者乃「虛靈不昧、具眾理應萬事」的那個東西，此除非是心，不然又何所指？果然明德指謂「心」而說，則將心定位在「知解、認知」一義上，恐怕即與「明德」之註有所不符。此處該當如何了解「明德」之義，乃爲研究朱子學之一重要課題。

（三）有關「明德」一詞之衡定

壹、明德是心，心具爲本具非當具

關於《大學》經文「大學之道，在明明德，在親民，在止於至善」一句，乃修身、齊家、治國、平天下的首要工夫，而此工夫之關鍵又在「明明德」。然則何謂「明德」？有指「德行」說，亦有指「德性」說。前者是果上之詞，意即光明正大的行爲；後者則爲因地之詞，意指吾人本有之光明正大的心性。按鄭康成之註：「明明德，謂顯明其至德也。」顯然至德應歸爲極高、極完善之德行方是。可見鄭康成以果地之「德行」解「明德」，此解雖未及本有之內在心性，看似浮淺，其實於《大學》語脈並無不妥。〔註91〕自宋儒程伊川開始，因著重《大學》格物致知，遂想將《大學》納入孔孟的生命智慧中而一之，因此便將「明德」就德行向裡推進一步視做本有之心性，宋明儒於此皆無異辭。

若將明德視爲「本有之心性」，則朱子應如何註解此文？憑依《大學章句》一註文，或可有二解：一解是明德者雖看似解「心」之謂，然實是關聯著「性」而說，明德是「心、性合言」，而實處卻在「性」。〔註92〕另一解便是明德指

〔註90〕見牟宗三《心體與性體》，第三冊，頁242。
〔註91〕參見牟宗三《心體與性體》，第三冊，頁368～369。
〔註92〕此爲牟宗三先生的見解。參見牟宗三《心體與性體》，第三冊第五章第二節〈論明德〉。

謂「心」，意即在虛靈的心體中，眾理具在，此虛靈的心體乃得之於天，人人本有的，只因氣稟所拘，人欲所蔽，才使得此心不能表現其明，但本體之明，未嘗或息，即在日用中藉此明德之心透顯出來。〔註93〕究爲何解，實令人尋思不得。以第二解義來說，並非一無文獻支持，朱子《大學或問》即說：

> 唯人之生，乃得其氣之正且通者，而其性爲最貴，故其方寸之間，虛靈洞徹，萬理咸備。蓋其所以異於禽獸者，正在於此。而其所以可以爲堯舜，而能參天地以贊化育者，亦不外焉。是則所謂「明德」也。（見朱熹《四書或問·大學或問》）

順語文脈落而言，明德指謂「心」是可以說的，蓋「方寸之間，虛靈洞徹」乃就心而論，此應無異議。人之所以異於禽獸，正在此虛靈洞徹之心；所以參天地以贊化育者，亦不外此心。故爾若以「是則所謂明德」以指謂心，應無不可。可是細案全文，虛靈洞徹之心之所以可貴者，在於它性理咸備，可認知理而起現順理之行。是以文中加上「其性爲最貴」一句，似也說明所謂明德者乃人有虛靈洞徹之心起現遵理之行，此爲人之異於禽獸之明德處。如是，所謂明德者爲心、性合言之義，此又歸於牟先生之解了。

再看另一說：

> 然其通也，或不能無清濁之異；其正也，或不能無美惡之殊。故其所賦之質清者智，而濁者愚，美者賢，而惡者不肖，又有不能同者。必其上智大賢之資，乃能全其本體，而無少不明；其有不及乎此，則其所謂明德者，已不能無蔽，而失其全矣。況乎又以氣質有蔽之心，接乎事物無窮之變，則其目之欲色，耳之欲聲，口之欲味，鼻之欲臭，四肢之欲安佚，所以害乎其德者，又豈可勝言也哉！二者相因，反覆深固，是以此德之明，日益昏昧，而此心之靈，其所知者，不過情欲利害之私而已。……然而本體之明，得之於天，終有不可得而昧者，是以雖其昏蔽之極，而介然之頃，一有覺焉，則即此空隙之中，而其本體已洞然矣。（見朱熹《四書或問·大學或問》）

此文指稱明德爲心的意味甚強，觀視前文數句即可得知，此亦「論萬物之一源，則理同而氣異」的意思。氣之所以爲異者，在乎天賦氣稟之厚薄清濁，

〔註93〕參見楊祖漢〈從當代儒學的觀點看韓儒「心體善惡」之論爭〉，收錄在由中央研究院與美國史丹福大學合辦之「中國哲學與文化的現代詮釋」學術研討會上。

氣稟之粗劣即可障蔽心之發用，是以朱子道：「其有不及乎此，則其所謂明德者，已不能無蔽，而失其全矣。」人之生固然賦有全體之性理，然唯有上智大賢之資方能全部透顯此本體；中人以下者難免有心知之障蔽，可見此中之「明德」指「心」而言。至於下文「二者相因，反覆深固，是以此德之明，日益昏昧」，此德所指無他，也應是「明德」之代稱。若明德為性理，性理是無所謂昏昧不昏昧的，唯有心方可有此論。是故朱子所解「明德」者為「心」之謂，歷歷可察，於此吾人似可將明德定位在「心」上，不用將它歸於「性」。

如果明德真的是心，那心就是一切德行之源了，換言之，道德實踐的根源便是心，心可以獨立決定行為之為道德或不道德。然而此種陳述與朱子體系顯然不合，依朱子的「心性情三分」理論，道德實踐之源只能來自「性」，不能來自心，心僅為綰合性與情的樞紐而已，談不上可以自定法則以決定行為動向。是以若把明德視為心，免不了有此謬誤產生。

假設我們依然保持「明德是心」這一解義，同樣也持守心僅是「知解、認知」的涵義，只是退一步將牟先生所釋心之「當具」理解為心「本具」理，如此，此心雖不是理，但只要心知之明不被遮蔽，性理的意義一定會透露出來。上引文之後段即說：「然而本體之明，得之於天，終有不可得而昧者，是以雖其昏蔽之極，而介然之頃，一有覺焉，則即此空隙之中，而其本體已洞然矣。」肯定明德是心，心又本具理，此心乃人人本有的，如此才可說「介然之頃，一有覺焉，則即此空隙之中，而其本體已洞然矣」。如果這推理可以成立，那麼心之具理就是「本具」，而非「當具」。〔註94〕

由上推述，朱子的心性之學固然還是一「靜涵靜攝系統」，〔註95〕然其中所謂「心知之明」者，已非復純粹的認知作用了，它與性理的關係十分緊密，只要讓它保持虛明狀態，則性理一定呈現。此種心知之「知」是「妙眾理而宰萬物者也」。《大學或問》有一則提到朱子論「知」，內容如下：

> 若夫知則心之神明，妙眾理而宰萬物者也，人莫不有，而或不能使其表裡洞然，無所不盡，則隱微之間，真妄錯雜，雖欲勉強以誠之，亦不可得而誠矣。故欲誠意者，必先有以致其知。

〔註94〕 參見楊祖漢〈從當代儒學的觀點看韓儒「心體善惡」之論爭〉一文。
〔註95〕 此辭為牟先生綜合朱子學所得以概括統稱之名，關鍵便在朱子這一龐大細密的理論，全然建基於心的橫攝認知之作用上。詳見牟宗三《心體與性體》，第三冊。

由此段說明，再配合以上諸其他引文，吾人似乎可以說朱子論明德、心或知，都說是「具（妙）眾理而應萬事」，於茲可以推斷朱子所理解的明德就是心。若明德是心，則《大學章句》〈明德注〉中所說的「本體之明」，亦應是心之明；「復其初」則是恢復心體原有之明，亦即恢復它「方寸之間，虛靈洞徹，萬理咸備」的境界。楊師祖漢先生於此論道：

> 若如是解，朱子所理解的心與性理之關係，雖是心與理爲二，但性理爲心所本具，只要讓心知保持，或恢復其虛明，性理便一定呈現。而明明德，是「因其所發而遂明之」，即明明德（亦包括致知格物），是有源頭的工夫，明明德，或格物窮理，是以心中所知之理爲據，而進一步求盡知，故朱子〈格致補傳〉說「莫不因其已知之理而益窮之，以求至乎其極」。理既具於心，故雖受氣稟限制，亦會因隙呈現，故窮理並不是在對性理毫無所知的情況下往外求索的，明外物之理，是以已知之內在於心之理爲據，明於外，亦是對本具者之印證。若如此，朱子所說的「一旦豁然貫通」，亦不是一無保證的「異質的跳躍」。〔註96〕

楊先生的論說除上所引用之文外，朱子許多書函亦有類似的話頭可供證明，例如〈答張欽夫〉書有道：「然人之一身，知覺運動莫非心之所爲，則心者固所以主於身，而無動靜語默之間者也。然方其靜也，事物未至，思慮未萌，而一性渾然，道義全具，其所謂中，是乃心之所以爲體，而寂然不動者也。」〔註97〕或是〈與湖南諸公論中和第一書〉亦云：「……事物未至之時爲喜怒哀樂之未發，當此之時，即是此心寂然不動之體，而天命之性當體具焉。……但平日莊敬涵養之功至，而無人欲之私以亂之，則其未發也鏡明水止，而其發也無不中節矣。」〔註98〕這些文句似一致表明未發時的心體，是本有性理具於其中的，雖然心具理乃綜合地具，蓋心性並非同一事，然不礙仁義之理全具於未發之心。只要心未發時保持鏡明水止的狀態，不受人欲之私的干擾，則其發也無不中節矣。

貳、對於「明德是心，心具為本具」之討論

朱子所論之「心」是否有本具理的可能性，乃楊祖漢先生研究韓儒之發

〔註96〕楊祖漢〈從當代儒學的觀點看韓儒「心體善惡」之論爭〉一文。
〔註97〕《朱子文集》，第三冊，卷卅二，〈答張欽夫〉，頁1273。
〔註98〕參見《朱子文集》，第七冊，卷六四，〈與湖南諸公論中和第一書〉，頁3229。

展順帶衍生的疑問，此疑問對朱子學是否純爲「他律道德」有一重要澄清，若果朱子所說的心眞如同以上所陳述的一樣，那麼朱子學便非純粹之他律道德，縱然他達不到陸王一系之自律道德的標準，可是他也不全然即是外來的他律，因爲他的心已「本具」性理。是故，朱子的心性論乃介於自律與他律中間的一種形態，雖則上提不至自律的標準，然也不致下委到他律的程度。究竟朱子學屬於何種形態？有待後學細心考察。

歷來對朱子之「心」有諸多說法，唯一毫無疑義斷言朱子說心乃一「形氣之心」，因而將其學歸於他律道德者，唯牟宗三先生一人而已，其餘學者，如唐先生等，便不免有些搖擺。搖擺不定之因當然繫於朱子說辭的滑轉不定，語辭不明。朱子有其一套思路，但爲配合註解傳統經典，往往依附經文語句陳述，如是多少會含糊自己的觀點，以符合經典之義。不過朱子的思路畢竟十分清晰分明的，他所論之「心」唯是「氣之靈」、「氣之精爽」，易言之，就是一形氣之心罷了。不論朱子在其他處說得多含糊，心爲「氣之心」是無可更動的。

如果「心爲氣之心」這一前提無問題，那麼心不即是理，也應立即同意才是。依照牟先生對心之具理爲本具或當具的判別標準乃在「心即不即是理」這一原則上，若心即理，方可言心本質地本具理於其中；如若不然，則心具理非必然地具，它是綜合地關聯地具，其本身亦可以具，亦可以不具。其具是因著收斂凝聚而合道而始具，此是「合」的具，不是本具的具。〔註99〕

這是以「心即不即理」當成判別本具與當具的標準，設想我們不以這個標準作爲分判的原則，退一步將心設定在「氣心」之領域，而討論氣心能否本具理。此時之本具乃「先天地具」的意思，無須經過後天的工夫，性理就全體具於心中；相對的，當具者即是經由後天的認知攝取而關聯統合地具。後者無問題，至於前者，一受限制的氣心是否可以先天地具理？此則有必要追究。依據前文對心的陳論，朱子論心惟是一知覺作用而已，此種知覺作用是反身察識、因而有心安不安之「覺察」的這種「知覺」？還是純爲一種心理活動、只限於認識、知解的這種「知覺」？由朱子的各類文獻以及他對「以覺訓仁」之說不遺餘力的攻擊可知：朱子論心，心僅是一個認知意義的有限心，有限心是否能先天地涵具性理之全體，不無可疑。氣心是形而下的，性理是形而上的，形下之心安能先天本具形上之理？如果它能先天本具形上之理，它自身也就是形上之本心了，何須侷限在氣的範圍？可是朱子自始至終

〔註99〕參見牟宗三《心體與性體》，第三冊，頁146。

從未改變心的界域，心始終限制在形氣內，不能越雷池半步。

縱使形下之心可以先天涵具形上之理，誠如朱子所講的「具眾理而應萬事」，當事物未至，思慮未萌時，而一性渾然，道義全具，此所謂中，是乃心之所以爲體，而爲心體之明。只要讓心知保持這種虛明狀態，不受人欲之擾，則性理一定呈現出來。此說看似十分順達通暢，然其中不無疑惑：此處所說性理之呈現，是性理自我呈現？抑是心因循理而使理呈現？如爲性理自我呈現，則性理乃具活動性，可以自己立法以決定行爲，此爲朱子所不許；若是心因循理而使理呈現，則又回復到前文所述心統性情之說，心依舊是透過格物窮理而涵具理的，此依然是後天統合地具，非先天地本具。

論道德實踐之源，依西哲康德的術語乃是「意志的自我立法」，依儒家陸、王一派的說法，則是本心良知面對事事物物而起相應之行。道德之理可以爲多，但本心良知祇是一虛明靈覺而已，它自身是空蕩蕩的，無所謂多。朱子之論性理，其實也無所謂「萬」理可言，它仍是純一之太極應萬事而呈現萬理之相，故論其實，吾人不能推想人心眞的具備萬理，爲相應某事而起現某一條理則，如此想則過於膠柱鼓瑟，已失卻太極靈活之性。如此論得以成立，則說心先天本具理，只要保持虛明不受干擾的狀態，性理自會呈現，若撇開性理會自我起現這一講法，一有限之心怎樣相應萬事而起現相應之理？此中是否得透過學習？想必是需要的，不然朱子何以特別重視格物窮理的工夫？如說見父自然知孝，見兄自然知悌，孝悌之道乃不學而知、不慮而能之事，只要人心不被私慾蒙蔽，孝悌之理一定透發出來，此無須透過學習便可知可行的，不是內在於心以爲心知之據，使得心知因此已知之理而益窮之，以求至乎其極？

對這種道德如何具體實踐於日常中，朱子也是十分清楚，然而礙於他的「心性情三分、理氣平行二分」的理論格式，他實在不能完全證成這項理論。這些都源於朱子不以心是道德實踐的根據，必在心上另設性理充當踐德之根源，可是心、性又不是一，因是，說心可以相應萬事而自我抉擇判斷以起現如理之行，除非經過一番漸修漸磨的工夫，否則何能至此？

再者，以心之寂然狀態而說天命之性當體具焉，以其無過不及，不偏不倚，故謂之中。此言亦過矣。蓋心唯是一實然的氣心，它本身屬於氣化之流，就算無外務干擾桎梏，也不能說它便是一無過不及，不偏不倚、發而必中節的「中體」。此中絕無保證。韓國朝鮮朝儒者韓元震（字德昭，號南塘）即曾說過：

未發之前，心性有善惡乎？心之未發，湛然虛明，物慾不生，則善
而已矣。而性之本體於此卓然無所掩蔽，則又何惡之有可言耶？然
則氣質之生，何時可言也？亦自未發時已言之矣。何者？心之未發，
雖皆湛然虛明，而其氣稟本色之清濁粹駁者，未嘗不自在矣。〔註100〕

此明白昭告未發之心境，雖是寂然不動，湛然虛明，然未必即能感而遂通，
蓋氣稟之雜已在此中矣，因為所稟有雜故，因此其所謂明、所謂靈、所謂覺
者，或從不好處去管矣。〔註101〕不能看到言「神明」、言「虛靈」，便道是純
善無惡者，此用在象山、陽明，固為妥當，然用在朱子身上，便不恰當。

朱子學理當這樣理解才不歧出偏離，但是《大學章句》的〈明德注〉清
楚指向明德為心之謂，此又當如何作解？案牟先生的分析，此處直解作性理，
確有其難處，因為剋就注文來看，明德綜主在「心」字上，是很明顯的，但
若直以明德主心，而心又只限為心知之明的認知作用，則「明」明德當中的
「明」字之工夫復歧出而為致知格物，失去「恢復光明正大的德性」之「恢
復」義。〔註102〕《朱子語類》總論心性處有一條云：

問：「天之付與人物者為命，人物之受於天者為性，主於身者為心，
有得於天而光明正大者為明德否？」曰：「心與性如何分別？明如何
安頓？受與得又何以異？人與物與身又何間別？明德合是心，合是
性？」曰：「性卻實，以感應虛明言之，則心之意亦多。」曰：「此
兩箇說著一箇，則一箇隨到，元不可相離，亦自難與分別。捨心則
無以見性，捨性又無以見心，故孟子言心性，每每相隨說。仁義禮
智是性，又言『惻隱之心、羞惡之心、辭遜、是非之心』，更細思量。」
〔註103〕

「明德合是心合是性」便是令人難以取捨的問題。依朱子的思路，心性的分
別十分清楚，可是說到明德，便難說、難分別了。當學生答以「性，卻實以
感應虛明言之，則心之意亦多」，顯是偏重在性，只因關聯到感應虛明，故又
帶著心說。這意思朱子並未反駁，顯然這也是他的意思，是以隨後強調「此
兩箇說著一箇，則一箇隨到，元不可相離，亦自難與分別」，心與性統合關聯

〔註100〕《南塘集》卷七〈上師門〉（庚寅閏七月），漢城景仁文化社，1998年版。
〔註101〕參見《南塘集》卷十一〈擬答李公舉〉。
〔註102〕參見牟宗三《心體與性體》，第三冊，頁369～370。
〔註103〕《朱子語類》，第一冊，卷五，頁88。

在明德一辭下，兩者所據之意義不同，依牟先生的解釋是：

> 說「光明正大」是客觀地說，故此語句是就「性」說明德。說「虛
> 靈不昧」是主觀地說，故此語句是就「心」說明德。「明」字如何安
> 頓？是就「心」之虛靈與「性」之正大而安頓。此皆人之所得乎天
> 者。得乎天而具之於己，即說為吾人本有之明德，性固得乎天，此
> 是得乎天之客觀之理，心亦得乎天，此是得乎天之心知之明。「有得
> 於天而光明正大者謂之明德」，此是就性說得乎天。「明德者，人之
> 所得乎天而虛靈不昧以具眾理而應萬事」，此是就心說得乎天（當然
> 性亦帶在裡面）。〔註 104〕

縱然兩者同樣皆得乎天，可是此中意義不同。性之得乎天是就天之所命之理
說，心之得乎天，則是就人之稟得五行之秀氣而說，人得此秀氣而最靈，雖
則人物之中所稟得之秀氣有甚秀者，有甚不秀者。據此秀氣之靈，每人總有
點心知之明，即依此義，明德必關聯著性說。〔註 105〕詳細解析便是：

> （人）若完全無秀氣之心知之明，則性即永不得顯現，而說吾人本
> 有明德而又可以明之，即不可能矣。吾人肯定有性，同時即肯定人
> 多少能體現一點性。而體現之關鍵則在心氣之明。如果「明德」一
> 詞與性有點差別，此差別即在：依朱子，光言性，性自身不函其必
> 顯現，而言明德，則一方固本有，一方亦必函其能顯現，即必函著
> 「明之」之可能。此所以「明德」一詞必關聯著心說也。明德之客
> 觀意義的重點固在性，而就必函著「明之」之可能言，則亦必關聯
> 著心，此即是主觀意義之明德。〔註 106〕

這即是為何明德必關聯著心性來說的緣故，依照牟先生的意思，明德的客觀意
義仍在性，心是因具體現性的作用，故也涵攝在明德一詞之下。牟先生這種講
法，是否可以貫通朱子所有相關的文獻？以〈明德注〉而論，可以將之解為：
明德者，是人所得乎天而可以由虛靈不昧的心知之明以認知地管攝之的光明正
大之性理。但因氣稟所拘，有時昏沉未能充盡心知之明；但是本體性理之光明，
則有未嘗息者。所以學者理當因其心知所發而朗現性理，以恢復本來的明德。
這樣解釋於朱子整個體系應無不順，各個詞語的分際也能照應得到。此與單純

〔註 104〕牟宗三《心體與性體》，第三冊，頁 371。
〔註 105〕參見牟宗三《心體與性體》，第三冊，頁 371～372。
〔註 106〕牟宗三《心體與性體》，第三冊，頁 372。

地將明德解爲心相較，不是更能妥善呼應朱子的特殊義理嗎？

至於《大學或問》所道「介然之頃一有覺焉，則即此空隙之中，而其本體已洞然矣」，此亦可取心之認知管攝理而釋，不一定非將它解成心之本具理不可。《格致補傳》所講的「莫不因其已知之理而益窮之，以求至乎其極」，也未必是心根據本具而已知之理明於外，當其明於外，也是對本具者的印證。我們也可以另外設想，所謂已知之理者，可能指一些簡單易明的道理，例如出必是告，反必是面，昏定晨省必是昏定晨省，這易見；徐行後長者謂之弟，疾行先長者謂之不弟，這也易見。對這些易見之理，心有甚不分明？〔註107〕先從切近易見者理會，慢慢再去窮究深入而難見之理，如此講解「莫不因其已知之理而益窮之」也無不妥啊！更何況朱子論心知之明，較偏於就存在之然而探究其所以然之理，即使此存在之然是側重在「應然」之然，而非「實然」之然，同樣都須經過「究其所以然之理」方能說朗現性理。以心爲「認知心」，以理爲「所以存在之理」而論，而說「心先天的本已認知所以然之理」，恐怕有點困難。

是故，統觀朱子的整個思想體系，論至心能否本具理，此種可能性應該很低；由此再探討朱子的道德哲學是否介於自律與他律之間的「中間形態」，這同樣也不太可能。論道德，若不是自律，便是他律，夾在兩者中間，既非自律亦非他律，此究竟是何種面貌的形態？實在難以想像。

衡量朱子所有提到有關「心具理」的說法，的確讓人有「心本具理」的誤想，尤其談到《大學》之「明明德」，更是含糊不清。諸種種模稜兩可、含混不明的說辭，即使多如過江之鯽，但只要明白朱子把心界定在何種範圍，一切俱都雲散霧霽，明明朗朗地各歸其位，各守其分。朱子學確實難有第二種講法。

綜論朱子談道德實踐，不以爲「理」便是道德創生的實體，對氣化可以鼓舞之妙運之，以引生氣之生化不息與中節合度，而是心氣通過它的心知之明以認識理而嚮往理，繼而依傍這理，遂引生心氣之革故生新與合度之行。〔註108〕此又是「理生氣」的另一種顯示。就宇宙論言，太極這一生生之理爲陰陽五行之前導；就心性論說，心依循性理而引發心氣之革故生新、中節之行。二者均貫徹「理無動靜，惟是一存有之所以然之理」這一意旨，由此意旨所開展的一

〔註107〕參見《朱子語類》，第一冊，卷一四，頁262。
〔註108〕參見牟宗三《心體與性體》，第三冊，頁507～508。

切解說，核照儒家經典教義，恐難相應傳統所述「乾道變化，各正性命」之宗，即使朱子明標理應是超越地規定氣化之如此或如彼地存在，然而此理是否可以直貫下通於任一現實存在則難言，蓋原於朱子是由下往上推論，而非體證天理果真實質地貫注於每一現實生命上，於斯衍生所謂「氣強理弱」的說法。

第三節　「氣強理弱」之說

　　前文曾提及所謂道德實踐，固然是實踐吾人之道德理性，但道德理性欲彰顯表現出來，仍需仰賴形體之自然生命，所以孟子強調「惟聖人然後可以踐形」，蓋惟聖人才能充分的將內在的潛能展現出來，呈現強烈的精神向度，表現為道德光輝。在這一方面，自然生命固可說為道德實踐的助力，然無可諱言的，它同時也可成為實踐仁義的阻力，人生氣稟之不齊，下愚之不移者，亦所在多有，稟得精英之氣，便為聖為賢，稟得清明之氣便英爽，稟得敦厚者便溫和，而稟得衰頹薄濁者，無可免的，便為惡、為愚不肖。〔註 109〕以此稟賦衰頹薄濁者言，有時真如一塊鐵弎地生硬，終是拗不轉來。氣質之難克，有如是也。謝上蔡即曾學導引吐納之術，用意非為長生如道家，而是助養吾浩然之氣耳，蓋「氣強，則勝事」，〔註 110〕可見對付氣質之障蔽，乃每一位欲成德者所不敢輕忽之事。

　　於此氣稟之錮塞難通，相較之下，似顯得理之細微薄弱，絕難挽回已成之劣勢，是以朱子有如下之論：

> 謙之問：「天地之氣，當其昏明駁雜之時，則其理亦隨而昏明駁雜否？」曰：「理卻只恁地，只是氣自如此。」又問：「若氣如此，理不如此，則是理與氣相離矣！」曰：「氣雖是理之所生，然既生出，則理管他不得。如這理寓於氣了，日用間運用都由這箇氣，只是氣強理弱。譬如大禮赦文，一時將稅都放了相似，有那村知縣硬自捉縛須要他納，緣被他近了，更自叫上面不應，便見得那氣麤而理微。又如父子，若子不肖，父亦管他不得。聖人所以立教，正是要救這些子。」（時舉錄）〔註 111〕

〔註 109〕參見《朱子語類》，第一冊，卷四，頁 77。
〔註 110〕參見黃宗羲《宋元學案》上冊，卷上，〈蔡學案〉，頁 5。
〔註 111〕《朱子語類》，第一冊，卷四，頁 71。

氣稟之難變化，吾人知之，但也絕無不可變之理，只要有心去爲，人一己十，人百己千，久之亦可化愚爲明，變柔爲強。關於人之爲學，確然有力於變化氣質這一點而言，朱子決不否認，然則爲何又有這番「氣強理弱」的說辭出現？究其原因，可能與朱子認理無活動性有關，而理之活動與否，又繫於是否肯認「心即是理」一關鍵上。承上文之論述，朱子實難有「心即理」之肯定，心之具理不是本具，而是認知地關聯地具，因此其論踐履工夫，不重反身識仁，反而從心氣涵養、格物致知說起。如是一來，爲德首功不在自覺吾所本有的仁心覺情，而在心氣之漸浸漸涵、漸明於理，明理之後方有中節之行，於是才有變化氣質的可能。以「自覺本心覺情」這一套工夫來講，即已不易改造天生的氣稟，更何況是後天漸進式的「莊敬涵養、格物致知」之工夫？莫怪乎朱子有理弱氣強之慨。

再看另一條：

> 問：「天地之性既善，則氣稟之性如何不善？」曰：「理固無不善，
> 纔賦於氣質，便有清濁、偏正、剛柔、緩急之不同。蓋氣強而理弱，
> 理管攝它不得。如父子本是一氣，子乃父所生；父賢而子不肖，父
> 也管他不得。又如君臣同心一體，臣乃君所命；上欲行而下沮格，
> 上之人亦不能一一去督責得他。」（柄錄）〔註112〕

論實際踐行是如此，從宇宙論的觀點上說，理只是氣如此或如彼存在的所以然之理，它只管實現氣的存在，至於氣生出之後，是好是壞，如何作爲，理便管它不著，如同君臣、父子，君與父固有督導管治的責任，奈何子過不肖，或君下之人不願聽命，君、父亦是無可奈何。這是朱子的哲學體系下必然會有的想法。因爲朱子是由下往上推論理的存在，而非體證天理果眞實質地貫注於每一現實生命上，更別談理有妙運氣化之功，是以形質之重，對不即是理的心氣來說，自是一沉重負擔，而在理、氣一靜一動的互相對照下，理顯得弱而微，氣則是矗而強，論到最後，理根本管攝不了氣，直是奈何不得它。

氣質之難變化，是每一位儒者的共識，而力行修德終究可以克治氣稟之蔽，亦爲全體儒者之信念，朱子也不除外。只是朱子依循他的思維理氣的方式，更感到氣強理弱的無奈，比諸象山、陽明之流，朱子較難無疑義地服膺「理可以勝氣」這一信念。

若將這一點擴大至宇宙生成的說明上，立見理氣二者根本不若朱子本人

〔註112〕《朱子語類》，第一冊，卷四，頁71。

所說「相即不離」，依照前引文「氣雖是理之所生，然既生出，則理管他不得」這一段話來看，氣還是有溢出理之外的可能，至此，理之總管氣行的本體之位，恐怕得重新檢視。「氣強理弱」之說，可能僅是朱子閒談時偶而說說的，不算是他的學問的核心觀念，所以我們也不能用此說法全面推翻朱子的理氣論，「理氣不離不雜」仍然可以成立，只是理毫無動力去運化氣的流行，惟任氣自身去運作。朱子此種感慨，正是釋放這個訊息。

第四節　問題與討論

一、朱子與《論》、《孟》之比較

　　朱子這套理氣平行二分、心性情三分的理論，的確可以自成一格，只是朱子的理論是依附在儒家經典的陳述下形成的，他本人也以祖述孔孟之道自居，是故其所陳論有必要與孔孟所闡發之道德理論作一比較，加以道德實踐乃悟入道德形上學之唯一途徑，若於此有所差池，則其所建立之道德形上學亦是失之毫釐，而差以千里。

　　剋以朱子論孔子之「仁」言，「仁者，愛之理，心之德也」為朱子對「仁」的解釋定義。基於此，進一步再將仁區分為「偏言之仁」與「專言之仁」。前者專主於愛，所謂「愛之理」也；後者能包四者，義禮智皆涵於仁之中。而仁之所以能包四者，不是由於仁心可以自作主宰，當機決定何時該剛斷，何時應收斂，何時須別是非。勿忘朱子之心僅是一虛靈知覺作用而已，它須知覺理方能做出恰當行動。僅是緣於仁之為心，恰如春之生氣一般，能引發夏秋冬，〔註113〕人心有此生意，則能周流貫通，無所不潤，而引發其他之善德百行。故仁之能包四者，只因為仁為一生意，仁義禮智皆為此生意所引發貫通，朱子談仁，所重者惟是一「生意」罷了。

　　此種仁包四德，事實上不過「氣與情之相引生上而見其外在地相關聯」，非仁者果真可以統攝一切德。牟宗三先生解釋此義如下：

> 其言「仁無不包」（從性說），「惻隱之心無所不貫」（從情說），此包此貫實只是落在氣與情之相引生上而見其外在地相關聯而已。此朱子之所以喜從陰陽與春夏秋冬之氣變而說也。……此顯是落在氣與

〔註113〕參見《朱子語類》，第二冊，卷20，頁467。

情之相引生之第二義上說。由氣與情之相引生直接地說惻隱之心（溫
和底意思、春生）之「無所不貫」，間接地見仁（性）之「無不包」，
此種包貫顯然是外在地相關聯義。此不是仁心覺情自身之當機表現
一切德，因而亦不是仁體之內在地統攝一切德于其自身。〔註114〕

牟先生之言非無道理，從《語類》裏所錄的相關條例中，仁之包四德確是以
「生氣之引發」關聯其餘之德，蓋仁畢竟只是對應於惻隱之情之一理，至於
恭敬、羞惡、是非之情也各有其對應之理，在朱子的理論體系內，仁實不能
統攝一切德。

　　可是孔子論仁，雖從未用定義的方式界定它，只是隨機指點學生怎樣是仁，
怎樣是不仁，仁之爲心的自發自律的活動，卻是很明顯的。子曰：「仁遠乎哉？
我欲仁，斯仁至矣。」（述而第七）若仁非即是心自發自律之活動，如何能「我
欲仁，斯仁至矣」呢？《集註》雖道：「仁者，心之德，非在外也。放而不求，
故有以爲遠者；反而求之，則即此而在矣，夫豈遠哉？」〔註115〕然而根據「仁
者，心之德，愛之理」的推述方式，仁與心的確有一段距離，心不即是仁，心
欲具仁之理，必先莊敬涵養，即物窮理，如此才能將仁內具於心而發用於日常
活動中。這樣能合乎孔子所要求的「我欲仁，斯仁至矣」嗎？

　　以「宰我問喪」爲例，此章孔子責備宰予不仁，責備的緣由，不是宰予
違犯夫子所規定的教條，而是宰予之心幾近於麻木不覺，是以孔子說他不仁。
《論語》記載：

　　　　宰我問：「三年之喪，期已久矣。君子三年不爲禮，禮必壞；三年不
　　　　爲樂，樂必崩。舊穀既沒，新穀既升，鑽燧改火，期可已矣。」子
　　　　曰：「食夫稻，衣乎錦，於女安乎？」曰：「安。」曰：「女安則爲之！
　　　　夫君子之居喪，食旨不甘，聞樂不樂，居處不安，故不爲也。今女
　　　　安，則爲之！」宰我出。子曰：「予之不仁也！子生三年，然後免於
　　　　父母之懷。夫三年之喪，天下之通喪也。予也有三年之愛於其父母
　　　　乎？」（〈陽貨第十七〉）

以三年不爲禮，禮必壞；三年不爲樂，樂必崩的現實理由質疑三年之喪的必
要性，不可說他在無理取鬧。然而三年之喪的制定又豈是爲了現實便利而設
置的？這僅是孝子爲了表達內心沉痛的哀傷，不得不守之道，孝子欲報之心

〔註114〕見牟宗三《心體與性體》，第三冊，頁280。
〔註115〕見《四書章句集註》，頁100。

又豈是三年可以盡得了？夫子不在現實合理不合理處與宰予爭辯，他只簡單問了一句：「食夫稻，衣乎錦，於女安乎？」父母之喪亡，於孝子猶如天坼地裂，撕裂之痛苦是任何事也比不上的，那能安於錦繡膏梁？若安於此，可見此人之心已完全不痛不癢，麻木不覺，故對此人生一大痛事，竟能安之若故。不安於此，則可知此心尚未失其感應、失其知覺。此處所謂知覺、感應，非認知之義，而是「民胞物與，物我一體」之感的意思，也就是孟子所講「不忍人之心」，不忍見到他人受苦之心。他人受苦，猶如己推而納之溝中，人心何以會有此感覺，蓋人本就有與萬物為一之感，程明道說：

> 醫書言手足痿痺為不仁，此言最善名狀。仁者以天地萬物為一體，莫非己也。認得為己，何所不至？若不有諸己，自與己不相干。如手足不仁，氣已不貫，皆不屬己。（《二程全書》、《遺書》第二上，二先生語二上）

仁者既非愛之理，也不是引發義禮智信的溫厚的生意，而是渾然與物一體之感，方謂為仁。夫子不過希望藉由「食夫稻，衣夫錦，於女安乎」的反問，來逼使宰予自我反思以恢復感通覺潤之仁，若不安於此，便是仁；安於此，即是不仁，孔子也未就安與不安去窮究「所以安之理」，再推斷所以安之理是仁，安不安乃仁所發之情。

　　朱子對孔子言仁已不甚接近，至其論孟子，更是差距甚遠。孟子拈出「不忍人之心」正是為人之可以實踐道德提供一動力根據。孟子曰：「人皆有不忍人之心。先王有不忍人之心，斯有不忍人之政矣。以不忍人之心，行不忍人之政，治天下可運之掌上。」（〈公孫丑章句上〉）孟子何故斷言人皆有不忍人之心？為其一一檢證過天下所有人皆有不忍人之心嗎？顯然不是。孟子是假設一種「今人乍見孺子將入於井」的情況，他深信所有人面對這種境況，一定發出怵惕惻隱之心。之所以有此心，並不是想納交於孺子之父母，亦非想要譽於鄉黨朋友，更不是惡其聲而然也。人之有此心，是無條件而有的。此無條件而具有的怵惕惻隱，即是人之「仁心」。

　　而朱子如何解釋「人皆有不忍人之心」呢？他說：天地以生物為心，而所生之物因各得夫天地生物之心以為心，所以人皆有不忍人之心也。〔註116〕此是以宇宙論設定人皆有不忍之心。固然我們可以推溯人皆有不忍之心的根源何在，推溯至最後，必然推至於天，由天所賦予我的。可是孟子一開始所

肯定的不忍人之心，並非依照由總天地萬物之存在之理而推演出人應有此不忍人之心，而是當下由我的反思察覺而論斷人皆有此心。朱子這種模式確非孟子肯定仁義禮智的方式。

此實踐仁義禮智的能力，即便祇如星星之火一般（是以孟子用「端」形容之），可是這一點點的不忍人之心便可發而爲惻隱、羞惡、辭讓等道德行爲，故孟子才道：「由是觀之，無惻隱之心，非人也；無羞惡之心，非人也；無辭讓之心，非人也；無是非之心，非人也。」即此發而爲惻隱的惻隱之心，發而爲羞惡的羞惡之心，其實便是仁義之端，雖爲區區之端，卻與全幅之仁義等質。所以孟子方能總結：「凡有四端於我者，知皆擴而充之矣，若火之始然，泉之始達。苟能充之，足以保四海；苟不充之，不足以事父母。」如果不忍人之心不能自發理則，自己決定應當惻隱、羞惡等表現，孟子爲能直截論斷「凡有四端於我者，擴而充之足以保四海；苟不充之，不足以事父母」？充與不充，完全就不忍人之「心」上說。是故以不忍人之心等同於仁、義、禮、智之理，事實上便是不忍人之心對應各種機緣發而爲惻隱、羞惡、辭讓等行爲。

這樣詮解與《孟子》原文應無不諧之處，但朱子仍堅持解爲：惻隱、羞惡、辭讓、是非，情也；仁、義、禮、智，性也。心，統性情者也。端，緒也。因其情之發，而性之本然可得而見，猶有物在中而緒見於外也。〔註117〕是則四端與仁義不能畫上等號，必得透過心知之明，才得循理發情，充與不充即在此處講。雖然這份工夫同樣須落實在心上，但與孟子擴充自發自律之心比起來，顯然甚曲折而迂迴。

二、朱子道德學之省思

綜合朱子論道德之原理，我們可如此作結：以然推其所以然，只能就著現實存在而說有使之所以如此存在的道理，換言之，即是存有之理。此存有之理是否即具有實現存在的動力，不無可疑。就朱子而言，理本身不具有實現的動力，它無形跡，無造作，更無創造之動力。唯有在氣化流行不失條緒中，而見理在其中，故理只是形式地規定氣化如此或如彼地存在，無法直接引發氣。而氣之生流不息，僅說自有所以生流不息之理，也難完盡理妙運氣之實義，故有「氣既生出，則理管他不得」之說。

〔註117〕見《四書章句集註》，頁238。

　　再者，朱子論仁，以愛之情而推出有一愛之理，原本與心是不大相干的，之所以必須涉及到心，乃由於仁義禮智等諸理不能直接發出情用，雖則它們都是天之賦予而人受之爲性，卻是靜態而無法起現活動，即不能直接影響現實生命而激使人實踐道德，必得經由人心知覺到理而起現相應之情方可。是故「心」在朱子的理論系統中，是十分重要的，其爲重要乃緣於心可以統性、情，唯有它才是人身之主宰。縱使人具全理而生，但要使性理完全顯露而表現於人身上，非靠心之作用不可。

　　心扮演著這麼關鍵的角色，可是它的定位仍然歸屬於氣，不論它是如何至廣至靈、神妙不測，仍是一個有限的心靈。一個有限的心靈有可能天生即具全眾理嗎？恐怕不能。是以心必須透過知覺，亦即認知的方式具理而爲其德。雖然人具性理而生，人之生是一氣化之凝聚，自然理便在其中，籠統地說亦可言心具眾理，但心若要實質地具眾理必須認知地具，不可能天生就實得眾理而具於心，格物致知、即物窮理之工夫於是生焉。

　　心之具理若此，即使朱子反覆重述性理爲「吾心本具之理，皆是合做底事，不容外面旋安排也」，此言實難成立。前文曾討論過朱子之「心具理」應爲當具而非本具，是外在關聯地具，不是本質地必然地具，是認知地靜攝地具，而不是本心直貫之自發自律地具。此結論依牟先生的批評而來，牟先生此評確實深中朱子理論的要竅，這要竅甚至連朱子亦模糊不清。朱子所言之理或性不過是一屬於存有論的存有之理罷了，靜擺在那裡，對於人之道德行爲實爲無力者，只有當人敬以凝聚其心氣時，始能靜涵地面對其尊嚴。以此原則論仁，《論語》中所有孔子指點學生行仁之方，全成了去除私意、保存溫厚生意的辦法。

　　孟子之提出不忍人之心，本爲人之可以踐德最有力的保障、根據，由《孟子》原文看來，不忍人之心之發出惻隱之情，不是通過認知「愛之理」這一步驟而有的行爲，當「乍見」孺子將入於井，「立即」有一怵惕惻隱之情湧現，而且若有恰當的機會，任何人也會片刻不停地伸出援手。自乍見後的一連串後續動作，都是由「不忍人之心」所自發決定的。孟子排除了納交孺子之父母、邀譽於鄉黨朋友或者惡其聲而然也，目的只在說明怵惕憐憫以至救人行動，都是不忍人受害的仁心無條件地決定。這是心自發自律、自立法則的行爲，就此自立法則來講，心其實就是理，無須再即外在之物而窮理方能具理。當然，它同時也就是情。自文本來看，他並未將心、情歸屬於氣，把仁歸屬於理，惻隱之心就是仁，雖然只是仁之端，但是二者是同質之物，無形上形

下的分別。義禮智亦然。

　　與《論》、《孟》義理比較，立可見朱子的道德理論歧出而不相應，由本心自律之道德形態轉爲他律之橫攝形態。此種轉變對躬行仁義並非全無好的影響，至少它可以加強踐仁行義的輔助因素；然而就道德本質上說，畢竟它是不相應的。因爲朱子這一形態非全然相應道德本質，因此可以推論由茲所建立的形上學，恐怕與眞正的道德形上學有些差距，而道德形上學中理和氣的關係，可能即非如朱子所言「不離不雜，平行不融」，有待重新釐清。

第五節　結　語

　　朱子的理氣二分，不唯同時代的陸象山反對之，後世亦有甚多儒者不滿其說，如明代曹端（號月川）即對朱子的「太極無動靜，乘陰陽之動靜而動靜」之說有異議，其道：

> 《太極圖說辨戾文》略云：周子謂太極動而生陽，靜而生陰，則陰陽之生，由乎太極之動靜。而朱子之解極明備矣，其曰「有太極，則一動一靜而兩儀分，有陰陽，則一變一合而五行具」，尤不異焉。又觀《語錄》，卻謂「太極不自會動靜，乘陰陽之動靜而動靜耳。」遂謂「理之乘氣，猶人之乘馬，馬之一出一入，而人亦與之一出一入」，以喻氣之一動一靜，而理亦與之一動一靜。若然，則人爲死人，而不足以爲萬物之靈；理爲死理，而不足以爲萬物之原。理何足尚，而人何足貴哉？今使活人騎馬，則其出入行止疾徐，一由乎人馭之如何爾，活理亦然。〔註118〕

不僅曹月川質疑朱子之說不切理，後人亦有相當多這樣的疑點，可知朱子的「太極只是理」這樣的想法，確有一些商榷之處。即若唐先生爲朱子辯護，說太極乘動靜，是言動靜爲太極所乘之機，此中所謂動靜，不是「動靜之氣之實」，而是「動靜相生之機」。於是，太極僅是在爲氣之動靜相生之機之意義上，與氣相關而不離；非謂太極粘附於氣之實之上，氣動靜，則太極與之動靜。如是，太極恆位居於氣之動靜之上，以保其超越性；而太極之理，即爲活理，太極之乘氣，亦當喻如「活人騎活馬」。〔註119〕

〔註118〕見黃宗羲《明儒學案》下冊，卷四十四〈諸儒學案上二〉，頁 1069。
〔註119〕參見《唐君毅全集‧中國哲學原論導論篇》，頁 474。

死理、活理之辨，應當不在於理是否粘附著氣說，而在理是否有「妙運」氣化的動能，如能妙運氣化使之生生不息，此理方爲活理；如不能，自然爲一死理。月川本人或許不知如何將死理變爲活理，亦不曉死理之爲死理，活理之爲活理的關鍵在那裏。不過根據傳統經典的義理脈絡，宋明儒其他諸說，亦可得知活理之爲活理，在乎理既爲存有亦爲活動者，其活動即在對氣鼓之、舞之、使之生生不窮；落實在心性論上，便是心可以自發自立法則以創造道德行爲。此方是眞正的活理。若云理恆保其超越性，以與氣相關不離，此恐不足以解開後人對朱子的疑難。

朱子之所以將太極、性體定爲只是理，在於他所採用的解悟方式，是「以然推其所以然」。此法應爲充實見聞知識所採用的方式，至於道德之理，若亦採用此方式，則不免許多格格不入之處。朱子以這方法推循天命性理，至多僅能推述一存有之理，而此存有之理何以具有道德內涵，則不是他的理論可供說明的。再者，此天賦之存有之理，亦即道德性理「如何」具於心，也是一大問題。根據朱子對心種種的描述，可以論斷心不過是一虛靈不昧的知覺作用，它與性理截然有別，縱使性理渾然一體具於心中，但不經由心的知覺攝理，理仍無法起現於現實人生，蓋理本身僅是靜態的存有，靜態的存有者無能力創造一實際的行動，所賴者惟在於心。因此，尚可說心「本具」眾理嗎？

眞正的「心本具眾理」的型態應是心自發自立法則，不論面對那種境況，皆能即刻起現一法則以制定之，見父自然知孝，見兄自然知悌，如此方是「心本具眾理」。如謝上蔡曾說的方乍見孺子入井之時，「其心怵惕，即所謂天理也」，天理者並非有一個主宰者所發的戒律法則，而是人心自然無僞必然會發出之理。欲見天理，只須勿忘，勿助長，正當忒地時，自家看取，天理便見矣。何須像朱子一樣迴繞曲折？

上蔡與朱子兩相比較，一方是心即是性，即是理，心本身可以自發自律，無須依著外於心之理而行事，天理可以直接影響於吾人生命；另一方則爲心不即是理，惟性才是理，則理只是一存有而無法直接活動影響吾人之生命。前者以當下反身省察爲工夫，牟先生稱這一體系的工夫爲「逆覺體證」。他說：

> 「逆覺」即反而覺識之、體證之之義。體證亦涵肯認意。言反而覺識此本心，體證而肯認之，以爲體也。〔註120〕

─────────────

〔註120〕見牟宗三《心體與性體》，第二冊，頁476。

此工夫重「省覺」，一覺便能當下認取吾人生命中實有一淵然定向爲之主宰，違逆此定向，心即刻感到不安，非順此定向不可。此便是「仁」。故仁自始即是吾心體貼察覺出來的，並非抽象推理推出來的。

相較之下，朱子之論道德顯然不是扣緊道德本質而論，其中之關鍵在於對性、理的體會，是否可以直貫於人身而起道德活動。將「性」限定於「只是理」，必須仰賴心之知覺而發情方能起現，則道德實踐應有的動力完全減殺，而成了「他律道德」。所謂「他律道德」，即是心必須來已成的道德法則，不論是來自社會習俗、權威教導、上帝或天命之性，此皆非真正的道德。

儒家之形上學是基於道德實踐所體證之學，若非透過真實的道德實踐，則所體悟者，恐怕即不吻合儒家形上學之要宗。朱子之理氣論，不可謂不宏大，朱子本人治學範圍之廣，思路之綿密嚴謹，鮮有人及。然而其對於本體的體會，僅體會成「只存有而不活動」，此則引發多重問題：一是道德動力無著落，一是理之運氣完全落空。是故，朱子的理氣論仍未能澈究儒家形上學之要義，無法作爲儒門之大宗，下章續論儒家心學義理。

第五章 理「生」氣之妙運義

　　論天命流行，理（道體、性體）、氣固為其中兩大基本要素，朱子之區
分理氣二元，不離不雜，亦無有誤，可是若依朱子的分解方式，理無法運轉
氣，徒說一個所以生生之理，也未能保證氣化之生生不息，為其將理視為「靜
態之所以然之理」，無動態創生感應之作用，既不屬於氣，亦不屬於心，心、
神、氣俱從理上剝落下來。是故在朱子的詮釋下，理恆與心、氣平行不融，
也難怪戴震要將朱子所謂「理」視做與心不相干而得之於天之「一物」。為
避免陷於二分不融之難，無怪乎熊十力先生要將氣劃歸為天道，而戴氏等人
則把天道下委而歸屬於氣，一切均是為了避開理氣平行不即這一障礙。

　　但是，理氣二分誠為儒家形上學必要的超越區分，朱子此舉並無錯，只
是他無法交代氣化如何從超越之理引生出來，他唯有「理導引、主宰氣之流
行」一義而已，對於氣化流行之動力歸屬，無法做一說明。此是朱子哲學甚
為遺憾的一點。是以吾人有必要對「理生氣」之一本貫徹作一解說，此解說
既不能落於朱子的理氣平行二分，亦不能陷於熊先生以分析命題的方式看待
理氣關係。如何由此闢出一條新徑以解理氣之合一，此「合一」既保存形上、
形下之超越區分，又不陷於平行二分之困境，誠屬不易，本章擬欲自北宋三
家 —— 周濂溪、張橫渠、程明道的天道觀及宇宙論，來探討這個觀點。

第一節　周濂溪的天道觀

　　依朱子的論述，天道惟成一超越的存有之理，只是主宰規制氣化的流行
變動而已。然而理是靜的，縱然它與氣相依不離，也難解釋「創生」之涵蘊。

因此，天道本體是否可如朱子一般視為「只是理」而不活動，有待吾人詳參細考，至少細閱北宋三家，當可發現他們的論述形式與朱子截然有異，以下即分別敘說之。

一、太極之為「誠體」

（一）太極即是誠體

　　周敦頤，字茂叔，號濂溪，吳草廬稱其人「默契道妙」，[註 1] 仿若濂溪之與道應和，一拍即合，全不費力。實則此亦是歷史運會自然迫至，北宋之前歷經老莊玄學、佛教空理之風，至北宋已屆弘揚儒家內聖之學之時，故濂溪雖無師承，但心態相應，出語即合。故濂溪默契道妙，儼若全不費力焉。論濂溪有關形上玄思的理論，最顯著者為《太極圖說》一文，此文直接由太極推述萬物之生生。《圖說》前段曰：

> 無極而太極。太極動而生陽，動極而靜，靜而生陰，靜極復動。一動一靜，互為其根。分陰分陽，兩儀立焉。陽變陰合，而生水火木金土。五氣順布，四時行焉。五行一陰陽也，陰陽一太極也，太極本無極也。

此文雖以「無極」為首出，但論行文語脈之實，朱子的解語十分值得參考：「謂之無極，正以其無方所形狀，以為在無物之前，而未嘗不立於有物之後；以為在陰陽之外，而未嘗不行於陰陽之中；以為通貫全體無乎不在，則又初無聲臭影響之可言也。」[註 2] 其意謂《圖說》惟主論「太極」這一實理，無極只是對太極的形容——無形狀、無方所、無聲臭，寂然闃然之意。雖是寂然闃然，然其有生化萬物之用，能動而生陽，靜而生陰，陰陽交感而五氣順布，四時行焉。這一切皆為太極之功。

　　唐先生曾考據「無極」一辭之源，他的想法是：中國古所謂無極，如《左傳》昭公十三年有「貢獻無極」之句。《正義》曰：「極謂限極，謂無已時也。」是以無極原是「為之無限極」之義。再看老莊所謂無極，亦原為無有限極，無有極至的意思。其意原只表彰得道之人的心境，不為一定之極至或限極之所限。所以無極初為遮辭，而非表辭。它初也不是直指一真實存在者，如《易

[註 1] 參見黃宗羲《宋元學案・濂溪學案》，河洛圖書出版社，民國 64 年初版，頁132。
[註 2] 見《周子全書》〈集說〉，頁 5。

傳》所言「太極」者，可以指一眞實之存在；而論「太極」一名之由來，則是無窮無盡之太一或太極。因此「極」之本義，在道家原爲限極，而太極則應爲不可限極者。至儒家之《易傳》，即改「大」之遮義爲表義，以言太極爲兩儀之所自生，而涵無極之義者。〔註3〕總言之，無極非太極之外的另一理或另一物，它只是表狀此太極超於一般所謂思想行爲上，而爲無思無爲者。凡吾人之思爲，皆有極至極限，至於無思無爲者，均爲無極。〔註4〕此爲唐先生對於「無極」一辭之解釋。

不論朱子或唐先生，均傾向無極惟表太極之無限定之狀，非以無極作爲太極之上的更深來源，是爾萬物之源依然是太極而非無極。就此點說，太極實可以「天道」、「本體」、「實體」諸名詞代稱，不過它的內容究竟爲何，依舊無從窺視，是以〈太極圖說〉雖亦讓人聯想爲濂溪論天道的代表作，但彼文之眞實意涵須由另一書——《通書》來充實衡定，否則易被人誤解濂溪乃陰取道家系統的宇宙發生論，構造出《太極圖說》一文。即使近年來學者多有考證《太極圖》由道教的某些圖式發展而來，然而，從哲學史的觀點來看，《太極圖》的淵源問題只是確定周敦頤《圖說》的思想資料來源。一個哲學的性質與意義主要不在利用了哪些傳統觀念材料，而在於對所用的材料是否或作了何種改造和新的解釋。〔註5〕

除易有陰取道家宇宙論之系統的聯想外，《圖說》之陳述方式也容易讓人認定此爲濂溪描述一「客觀宇宙論」的發生歷程，於是有太極指未分化的混沌的原始物質，無極是指渾沌的無限之說法。由太極而至萬物，其發展歷程就是：宇宙的原初實體爲太極元氣；太極元氣分化爲陰陽二氣；陰陽二氣變化交合形成五行；各有特殊性質的五行進一步化合凝聚，而產生萬物。〔註6〕這等於把周濂溪視爲氣化論者，然而濂溪是否爲氣化論者，很有商榷的空間，是以單憑《圖說》一文，吾人實不能確定何種理論方爲濂溪的本意。所以《圖說》之眞實義涵必須由周子另一書——《通書》來衡定其義理方向。

《通書》〈誠上第一〉曰：

　　誠者聖人之本。大哉乾元，萬物資始，誠之源也。乾道變化，各正

〔註3〕參見《唐君毅全集·中國哲學原論導論篇》，頁436～437。
〔註4〕參見《唐君毅全集·中國哲學原論導論篇》，頁436。
〔註5〕參見陳來《朱熹哲學研究》〈引言〉，頁14。
〔註6〕參見陳來《宋明理學》，遼寧教育出版社，1992年版，頁49。

性命，誠斯立焉。純粹至善者也。故曰：一陰一陽之謂道，繼之者
善也，成之者性也。元亨，誠之通。利貞，誠之復。大哉易也，性
命之源乎？

黃宗羲在《宋元學案》論其學曰：「周子之學以誠爲本。從寂然不動處，握誠
之本，故曰：主靜立人極。本立而道生，皆從此出。化吉凶悔吝之途，而反
覆其不善之動，是主靜眞得力處。靜妙於動，動即是靜。無動無靜神也，一
之至也，天之道也。千載不傳之祕固在是矣。」〔註7〕此評語甚切諦，周子之
學確然以誠爲本，觀乎此文即可知，自「大哉乾元，萬物資始」開始，至「乾
道變化，各正性命」止，這一段乾道創生終成過程皆以「誠」釋之，濂溪有
何根據作此轉變詮釋？觀乎《中庸》：「天地之道可一言而盡也：其爲物不二，
則其生物不測。」「不二」即專精純一之意，亦即誠也，天地之道即由此專精
純一之誠而生物不測。

　　若就誠之本義來講，當指人之專精純一、眞實無妄之道德意識而說。唐
君毅先生對此論曰：

人之言能表現其內心中之眞實謂之誠。故誠具內在之眞實而能表現
之義。故說乾元是誠之原，乃剋就其爲一內在之眞實而言。〔註8〕

此內在之眞實雖本指人之道德意識，但《中庸》已將它指目爲實體、本體了。
此作爲萬物本體之天道，既以誠代之，則將形容眞實無妄之道德意識之「誠」
轉爲實體字，而名其曰「誠體」亦無不可。

　　再者，《中庸》復云：「誠者天之道也，誠之者人之道也。」亦是以誠作
爲天之道之體，原於人鮮能直下體現此誠體，而須修養工夫以復之，故曰「誠
之者人之道也」。此亦是將誠視爲道體、實體。又說：「自誠明謂之性，自明
誠謂之教。」又道：「誠則形，形則著，著則明，明則動，動則變，變則化。
惟天下至誠爲能化。」諸如此類均表示誠乃天道創生之眞幾，復亦可說天道
創生其實即爲一道德之創造，是故天道創生之眞幾即爲道德創造之眞幾，此
眞幾就是「誠」。以誠做爲天道創生之體、眞幾，即示宇宙之創發有一本體爲
之，此本體非超絕於人之上，爲人所不能及，它自始就是人的道德意識，萬
物的生成變化皆由誠使之如此，亦即人之道德意識本即與物之存在密契不
離，此爲周濂溪之「本體宇宙論」必先關注的要義。

〔註7〕見黃宗羲《宋元學案・濂溪學案》，頁133。
〔註8〕見唐君毅《唐君毅全集・中國哲學原論原教篇》，頁56。

（二）誠體流行之歷程

復返視濂溪之文：「大哉乾元，萬物資始，誠之源也。乾道變化，各正性命，誠斯立焉。純粹至善者也。」就乾元爲萬物所資以爲始者，名之曰「誠之源」；自乾元之成始成終而實現萬物說，濂溪名之曰「誠斯立」。前者表天道之發用流行以誠爲源頭，後者則是誠體之所以爲誠體，誠體之自建其自己，即由成始成終的過程見出。設無後來之終成，唯有前面之始生，則誠體即流於虛與委蛇，有始無終，而不能自建其自己。誠體若無法自建，則示誠體不過一偶然，無必然性。故誠體必有始有終貫徹每一物上，方能自立起自己。此義確立後，則下文「元亨，誠之通。利貞，誠之復」亦不難明瞭，蓋與前文之意相通，元者始也，亨者通也，有亨通之生機，始有萬物之生，故說「誠之通」；利者，伊川《易傳》解爲「萬物之遂」〔註9〕，萬物得以遂其生，而終成爲一物，謂之貞。由元亨有生物之機，至利貞處方有物之終成，故於利貞處說「誠之復」。其實與上文相差無幾，均爲說明誠體之流行非一虛無流，而是有始有終，有生有成，自萬物資始以至各正性命，莫不有誠貫注其中而爲其體。此一段創生終成乃「純粹至善者也」，故濂溪自此下引〈繫辭傳〉曰「一陰一陽之謂道，繼之者善也，成之者性也」。能承繼此誠體流行之純粹至善而不使其間斷者，無疑也是善的；而能在個體生命上成就此道者，乃是個體之性也。換言之，誠體非天道創生之源而已，它亦內在於個體生命而爲之性，個體之性非離誠體而另有其性。每一個體有此創造眞幾，故能完成此道於其自己生命之中。〔註10〕此是牟先生對此文之大略解釋。確定此義後，立可見規定「太極爲混沌的原始物質」之不足，將太極生物解爲純粹的元氣流行，是有意忽略《通書》首章義理，對於「誠」之爲體視而不見，當然濂溪之「本體宇宙論」也就淪爲「氣化宇宙論」了。〔註11〕

可是誠體之流行不能僅限於自身而已，它必帶著陰陽而表現，所以濂溪引《易傳》之言「一陰一陽之謂道」，意即誠體之具體流行不離乎陰陽，不能

〔註 9〕 參見程頤、朱熹《易程傳・易本義》〈易程傳〉，世界書局，民國82年版，頁3。

〔註10〕 參見牟宗三《心體與性體》，第一冊，頁328。

〔註11〕 細讀陳來先生之《宋明理學》有關〈周敦頤〉一節，陳先生直接以《太極圖說》做爲濂溪思想的中心意旨，掠過《通書》首章不談，直以〈動靜章〉解太極之動靜。這種偏頗的取向自然說明了其人不以周濂溪的天道論是根據專精純一之道德意識而盛發，只將它視爲氣化宇宙論。

不憑藉陰陽而展現，當一陰一陽兩氣之無間暢通，道即因之而朗現無遺。此處需注意的是，「一陰一陽之謂道」並未如同戴震所說「陰陽就是道」之義，依戴震的解析，根本無所謂形上之體、道，純粹只是陰陽變化罷了，然濂溪之引此語，絕不能作此解，否則前文所道都是虛言，誠體亦流於虛而無實。牟先生就此解釋曰：

> 故「一陰一陽之謂道」，其語意當是就道之所資以顯其自己者而說道，並非說陰陽即是道也，甚至亦並非說「一陰一陽」即是道也。
> 故此語非界定語，乃藉顯語。乾道誠體藉資陰陽之無間暢通而得有一具體之終始過程。〔註12〕

所謂「藉顯語」者，乃乾道誠體藉由一陰一陽之交揉變錯，展示其自身，否則道無由而見。雖然變化之實在陰陽終始之軌跡，可是陰陽之能變化無窮，其根源在乎乾道之元亨利貞，故形上之體可藉資陰陽而反顯。陰陽變化之內容也因乾道的提攝，而歸於天道之大用流行，此時之陰陽即非表象實然的氣化活動，而是以誠體乾道所提攝之宇宙論而縱貫地明彼為生化之大用。此種論述與朱子其實相差無幾，然則濂溪之論本體與朱子又何異？緣於朱子將形上之道設定為只是超越的所以然之理，惟能如影隨形地與氣化不離不雜，然而從中解析不出「創造」之動力，是以吾人對於氣化之生流不息的保證難免有一疑難，且對理之規制氣的能力亦有無法消除的質疑。若如濂溪所言之「誠」，為一創造之真幾，則此真幾即非朱子的「形上之理」所可替代，亦可明矣。而這全部有關「誠體流行」之推述，當來自聖人之至誠盡性，非濂溪本人憑空妄想而有，故首句即明示「誠者聖人之本」，聖人之所以為聖，不過一誠而已，誠既是成聖之根據，亦是成聖之工夫。就誠為成聖之根據，亦即為聖之「性體」，吾人可說誠體亦等於性體也，是故論誠為天道創造之真幾，實亦等於人之道德創造之真幾，故論天道如何創生，端視此道德創造之真幾如何實踐其自己。

二、誠體之動靜

（一）誠體自身能否動靜

回顧〈朱子的理氣論〉一章，朱子之無法確切說明理生氣的妙運性，源自他將理氣截然二分，道只是理，唯是靜態的存在，無有動態的表現。落實

〔註12〕參見牟宗三《心體與性體》，第一冊，頁327。

到心性論上說，性只是理，無能直接發出相應之情，故藉心之綰合才能眞正顯發性理於現實生命中。由茲可見，太極、性理自身可以動靜與否，實爲解析「理生氣」之核心竅竅。說太極唯有所以動靜之理，自身卻無動靜之實，則不論如何圓說，理氣畢竟平行不融，理終究無法通貫氣行變化；惟自太極、天道本身言動靜，方能消此難題。以下即審視濂溪如何詮表誠體之動靜。

《通書》〈誠下第二〉續曰：

> 聖，誠而已矣。誠，五常之本、百行之源也。靜無而動有，至正而明達也。五常百行，非誠非也，邪暗塞也。故誠則無事矣。至易而行難。果而確，無難焉。故曰一日克己復禮，天下歸仁焉。

若依唐君毅先生的解法，誠爲一內在之眞實，故「其所謂靜無而動有，亦即謂此內在之眞實之誠，由無形而動出，以成其有之謂。」〔註13〕是則「靜無」者乃形容誠體之無形無狀，「動有」者則是誠之表現爲有爲而說。此句唐先生是連著〈誠幾德第三〉中「誠無爲，幾善惡」而論，他說：

> 吾人如識得第二章之「靜無而動有」之句之旨，則于第三章之誠神幾之句，亦即不難解。此所謂『誠無爲』，非泛說之無爲，乃自誠之靜無一面，或未表現而只爲人心內在之眞實一面，說其是無爲。若自誠之表現而動有言，則固是有爲。〔註14〕

顯見唐先生將「靜無」與「動有」分做兩層形容，前者形容誠體無形狀，後者針對誠體之必有外在表現，一有表現即是有爲而說。若僅剋就誠體爲吾人之道德創造之源論，此解釋亦已足矣；可是誠體除爲人之道德意識外，復亦是創生大始之源，則誠有無生物之動力，則難自唐先生的解釋下得一肯定的答案。換言之，唐先生的解釋難以詮表乾道誠體「元亨利貞」的動態表現。

牟先生固然也說「靜時無聲無臭，無方所，無形跡，一塵不染，純一不雜，故曰『靜無』」，〔註15〕然而說至「動有」時，則言：

> 靜時雖無，然非死體，故動時則虛而能應，品節不差。其隨事而應，品節不差，則即因其所應之事而有方所，有形跡，此即「動有」也。

〔註16〕

〔註13〕見《唐君毅全集‧中國哲學原論原教篇》，頁65。
〔註14〕見《唐君毅全集‧中國哲學原論原教篇》，頁65。
〔註15〕參見牟宗三《心體與性體》，第一冊，頁331。
〔註16〕見牟宗三《心體與性體》，第一冊，頁331。

「靜時雖無，然非死體」，此言十分重要，即因其非死體，所以具「虛而能應」的動力，不單只是超越的形而上之理而已。順此無形跡、無方所之誠體，應跡起現，品節不差，五常百行皆由此出，故曰誠體爲道德創造之眞源、眞幾。由是以見濂溪論太極誠體，原不否認其自身能動靜。或許僅憑「靜無動有」一句尚不能充分斷言誠體自身「可以」動靜，但《通書》其他諸文皆可作爲憑證，不僅可作爲誠體動靜之憑證，亦可由是以觀誠體如何動靜，它的動靜模式爲何。

（二）誠體動靜之模式──寂然不動，感而遂通

〈誠幾德第三〉下文續曰：

> 誠無爲，幾善惡。德：愛曰仁，宜曰義，理曰禮，通曰智，守曰信。

> 性焉安焉之謂聖，復焉執焉之謂賢。發微不可見，充周不可窮之謂神。

「誠無爲」者或可指誠體之「靜無」，但也可意謂誠體之流行全部是無思無爲之流行，蓋《易繫辭傳》曰「易，無思也，無爲也」，此處之無爲亦應有此涵義，故道「誠無爲」者也可指謂誠體之流行全部是無思無爲之流行之意。誠體流行固是無思無爲、無造作、無臆計，然吾人之感於物而動，起心動念之幾，不能不受氣質的影響，不能無差異之分化，即不能保其必純一無雜，常有或善或惡之分歧。畢竟人之生命不似天道一般昭朗無隔，總有邪暗之塞，故內在之誠無法昭明通達於外，此於起心動念之際，即可分判曉然。故幾有善惡之分歧。必化除幾之惡以順遂誠體之動，方能回復本然之體。如此，「幾」之對於修德存誠至爲重要，然則幾爲何物？故濂溪於下一章即明言之：

> 寂然不動者誠也，感而遂通者神也，動而未形、有無之間者幾也。

> 誠精故明，神應故妙，幾微故幽。誠神幾曰聖人。（聖第四）

自第二章以至第四章，主旨皆是說「誠體」這一觀念，約其總義也不過是「寂然不動，感而遂通」。《易繫辭傳》云：「易無思也，無爲也，寂然不動，感而遂通天下之故，非天下之至神，其孰能與於此？」無思無爲，寂然不動者爲形容誠之自體，當其應跡起現而動時，即其昭明通達於外之神用。此神用正表現於它對將動未動、將形未形、介於有無之間的「善惡之幾」之無不知，化惡幾於未形，以復歸於善。此幾甚幽微，故神之發用亦發微不可見，瞬息充周遍滿地妙應一切善惡之幾，而不可窮極。綜言「誠、神、幾」三句：「此中寂然不動之誠，乃自誠之爲體而言；而此體之昭明通達於外，則爲其神用。此神用，即表現於其對善惡之幾之動，無不知，而化邪惡之幾於未形，以復

歸於善。」〔註17〕

聖人體此誠道至精至熟，故有此神用之妙，而贊之曰「誠神幾曰聖人」。誠之應幾而感，即是如此，故總言之，誠之虛應而動，不過是一「寂然不動，感而遂通」，此「寂感」正是誠之動應的模式，因此牟先生有如是之說：

> 總之，誠體只是一個「寂感真幾」。此爲對於誠體之具體的了解（內容的了解）。說天道，乾道，是籠統字（形式的、抽象的），故實之以「誠體」，誠體亦籠統，故復實之以寂感。〔註18〕

眞正貼切創生實體來說，「寂感真幾」方爲最切合創生實義的名詞。由此一辭，吾人亦可明曉濂溪如何界定天道本體，寂然不動者誠也，是就體而說；感而遂通者神也，則就體之用而說。體用動靜，皆歸屬同一本體，非靜體歸諸形上之道，而動用劃屬於形下之氣。此說與朱子之論，顯有明著之差異。「寂然不動，感而遂通」正是理生氣的模式，雖然論誠體自身，乃是無思無爲、寂然不動者；雖無爲不動，闃然寂然，卻非死寂之物，可以隨事而應，感物而動，〈誠幾德第三〉形容它「發微不可見，充周不可窮之謂神」，雖然其發也幾微隱幽不可見，但其感應迅速，頓時而充周不可窮。能夠以「性之安之」之方式體現此誠體，謂之聖；以「擇善固執」之方式漸復此誠體，謂之賢。據此而言，誠體非僅爲創生流行之體，它也內在於個體生命而爲吾人之性。

「寂然不動，感而遂通」即爲誠體、性體的最佳寫照。這樣描述誠體，好似有一物有所動有所靜，其實不然。充全體而言，誠體就是一個虛靈感應之「真幾」，然而此純善無惡之「真幾」果爲濂溪所蘊含之意？觀《通書》說「幾」，有「幾善惡」及「動而未形，有無之間」之義。朱子對此「幾」有其特殊見解。以「幾善惡」來講，「幾者，動之微。微，動之初，是非善惡於此可見；一念之生，不是善，便是惡。」〔註19〕又說「幾，便是動了，或向善，或向惡。」〔註20〕可是論到「誠神幾曰聖人」時，朱子另有一說：

> 「幾善惡」，言眾人者也。「動而未形，有無之間也」，言聖人毫釐發動處，此理無不見。「『寂然不動』者誠也。」至其微動處，即是幾。幾在誠神之間。〔註21〕

〔註17〕見《唐君毅全集・中國哲學原論原教篇》，頁 66。
〔註18〕見牟宗三《心體與性體》，第一冊，頁 333。
〔註19〕參見《朱子語類》，第六冊，卷九四，頁 2394。
〔註20〕參見《朱子語類》，第六冊，卷九四，頁 2395。
〔註21〕見《朱子語類》，第六冊，卷九四，頁 2398。

此即將「幾」昇舉至聖人寂然不動，感而遂通之「微動處」，此時之幾應無善惡可言，純是理也。朱子此義後儒有傳焉，譬如王龍溪、羅念菴，就是自此朱子所謂聖人之誠神幾之幾，以言人之心性之寂感之幾，而以此幾中無惡。不過當代哲人牟宗三與唐君毅兩先生均不以為然。唐先生認為濂溪之本義仍在「幾善惡」一句，「知幾」者即在知此幾是向善或向惡，聖人之誠神幾，則當是自聖人之由先有知幾之工夫，自去其惡幾說。惡幾既去，其所存者自純是善幾。然此非知幾之幾初無惡之謂也。〔註22〕

至於牟先生，則是不准人將「幾」超出可善可惡之「感性之幾」的範圍，此由牟先生與其高徒盧雪崑先生的對答即可得知。〔註23〕兩位先生都堅持濂溪僅以「感性之意念」說「幾」，堅持的理由來自文獻上的不可更改的文句。牟先生說：

> 然吾人之感於物而動，其動之幾，剋就幾之為幾之本身言，則不能無差異之分化，即不能保其必純一，故有或善或惡之分歧也。其動之幾純承誠體而動者為善，以不為感性（物欲）所左右故，純是順應超越之誠體而動故。若不順應誠體而動，而為感性所左右，則即為惡。此處所言之「幾」即後來所謂「念」也。（陽明所謂隨軀殼起念，劉蕺山嚴分意與念之念）。〔註24〕

綜合〈誠幾德〉與〈聖第四〉兩章，此是濂溪敘述人之如何完成誠道於自身。略言之，人非純理之體，既是一形體之存在，必有氣質之駁雜，當物來而感時，難以全然擺脫感性的影響，故意念之起免不了有善惡之分歧，須由精誠意識以化之，方能純善無惡。這是就普遍的感性之存在而言，「幾」者應作如是解。可是朱子的解法也有引人深思處，以聖人之果境而言，聖人之應事乃

〔註22〕 參見《唐君毅全集・中國哲學原論原教篇》，頁62〈註〉。

〔註23〕 盧先生在〈光輝的慧命・永恆的懷念〉一文中曾提到其與牟先生之間討論濂溪所謂「幾」的界定，盧先生以為「幾」可以超越層了解，牟先生聞此臉色馬上沉下來，說：「濂溪明明說『幾善惡』，有善有惡就是屬感性層。」盧先生回應：「但是王夫之、劉蕺山、還有王陽明說『良知應感而動謂之意』，不是從超越層說『幾』嗎？」牟先生當時很生氣，訓責說：「你這個人為什麼這樣蠻不講理？要依據文獻講，不能亂來。」斯則牟先生亦以為根據《通書》文句，「幾」只能限於感性層之意念。〈光輝的慧命・永恆的懷念〉一文收錄在《牟宗三先生紀念集》，東方人文學術研究基金會印行，民國85年版，頁209。

〔註24〕 見牟宗三《心體與性體》，第一冊，頁332。

已全然擺脫感性之影響，直由誠體自身之感應感物應事，那麼聖人所感之幾不就可說純善無惡嗎？以「誠神幾」之「幾」而論，「動而未形，有無之間者，幾也」，此時之動定爲感性被動之動乎？爲何不能是「寂然不動，感而遂通」之動也？「誠神幾」當是聖人誠神而動之寫照，如果幾總是有善有惡，聖人屢屢要化惡幾爲善幾，則聖人豈不與誠體有一間距離，而未能完全合一？

是以本文認爲，《通書》言幾之本義或許只限定在感性層之意念，可是就「幾」自身而論，它可以提昇至本體之位的，全部之寂感神用就是一「眞幾」的妙用，牟先生本人就以「眞幾」代誠體乾元，故後儒王龍溪等人的詮釋，即是「幾」的進一步昇提。此或非濂溪本義，然循其脈絡以推述，此結果亦非不可允。

此深微之理絕非濂溪憑空想像所獨發，因爲此理境早已蘊畜在聖人的踐形之中，「誠神幾曰聖人」即表此理境由聖人所證實，推究其所原來，亦爲聖心所開發。故濂溪之論天道，與西方之獨斷的〔註25〕形而上學絕對迥然有異，他並未脫離聖門「踐仁以知天」這一教路而空談天道本體，因此他的理論可以經由踐履而證實。

三、思通化幾之踐履工夫

（一）神義正解

那麼濂溪所提出的踐履工夫爲何？〈思第九〉曰：

> 《洪範》曰：「思曰睿，睿作聖。」無思，本也；思通，用也。幾動於此，誠動於彼。無思而無不通爲聖人。不思則不能通微，不睿則不能無不通。是則無不通生於通微，通微生於思。故思者聖功之本，而吉凶之幾也。《易》曰：「君子見幾而作，不俟終日。」又曰：「知幾其神乎？」

所謂工夫者，牟先生定義爲「主觀地通過心之自覺明用以體現天道誠體之謂也」。〔註26〕心之自覺明用可以多種方式言之，譬如明道言「學者須先識仁」，識仁即是一種自覺方式；又如孟子說「反身而誠，樂莫大焉」，反身亦爲一種

〔註25〕「獨斷」或「獨斷論」在哲學上，乃以一定之傳說或教義爲據依，而其所據依，未曾從學理上深思詳察者。參見台灣商務印書館《哲學辭典》，關於「獨斷論」一條文，頁918～919。

〔註26〕參見牟宗三《心體與性體》，第一冊，頁339。

－145－

心之自覺工夫。此處濂溪提出「思」之工夫，與其餘諸人或稍有異，不過其亦有所本，其本《洪範》曰：「思曰睿，睿作聖。」又源自孟子說「心之官則思，不思則不得也」。對於耳目之官蔽於物，心官之思表示心靈的解放，由感性的拘限中開放自己，不爲感性所蔽而自我作主。是以濂溪所言「思」，非成就經驗知識之思，而是朗現誠體之「反思」，是無思之思，非有計慮、有將迎之思。濂溪說：「無思本也，思通用也。」以無思爲本，方能無不通達。無思並非死寂沉沉之一片空白，它是根據〈繫辭傳〉言「易無思也，無爲也，寂然不動，感而遂通天下之故」而來。一般之思是有計慮、有安排、有作爲之思，無思者即排除了計慮、安排、將迎等有意作爲的意念，由誠體本心直發之思，故無思而可以無不通。

此無思之思如何思爲而朗現誠體？曰：「幾動於此，誠動於彼。」將形未形，有無之間者謂幾，就氣質感性之個體生命而言，幾動是一種現象，它之或善或惡，全無保證。濂溪於此言「知幾思通」之功，當幾一動時，誠體之思與知即隨之而應於上，縱然幾動甚微，仍有形跡可尋，於此幾之微，即須知幾、審幾，知之而化之，使其純善無惡，是爲思之工夫，故曰「幾動於此，誠動於彼」。思之功全在幾上用，濂溪所謂思通者，全然是「化幾」的工夫。

「幾動於此，誠動於彼」，就是誠體感應之方式，而此感是感無感相，無來去相，無動靜相，〈動靜第十六〉云：

> 動而無靜，靜而無動，物也。動而無動，靜而無靜，神也。動而無
> 動，靜而無靜，非不動不靜也。物則不通，神妙萬物。水陰根陽，
> 火陽根陰，四時運行，萬物終始。混兮闢兮，其無窮兮。

動則無靜，靜則無動，這是物也，不能同時兼合動靜兩相，在物上，動靜是兩相對立的：可是神體則不然，動而無動，靜而無靜，當誠體寂然不動時，儼若靜止，但其中已蘊藏無限之動力，隨時虛活感應，而能感而遂通天下之故。是以其動也，亦非有顯著的空間移動，它純然是一片虛靈之感應，一下遍感萬物，充周不可窮，恰如老子形容道爲「寂兮寥兮，獨立不改，周行而不殆」，此道囊括萬物，故曰大，然大而又可逝，往逝至極遠處，又可反而歸於原處。是大無大相，逝無逝相，遠無遠相，一切限定之相均無法用於「道」上。濂溪之意亦如此。誠體之寂感眞幾，亦無任何定相可以形狀，爲此眞幾不受任何限制。

與誠體比較起來，物則有能此不能彼之限制相，誠體則無此，故能神妙

萬物，周流萬方。可是物亦能此時爲動，彼時爲靜，豈非有動有靜，又有何限制？蓋物之動時有動相，此時即不能爲靜；當其靜時顯靜相，此時即不能爲動，所謂限制在此。且說物之動了又靜，靜了又動，這一動一靜之間，實是誠體爲之，誠體虛靈之動靜展現在物之生化動靜上。文曰：「水陰根陽，火陽根陰，四時運行，萬物終始。混兮闢兮，其無窮兮。」水之陰乃根於火之陽而來，火之陽又根於水之陰而來，是陰靜根於陽動之極，陽動緊接於陰靜之極。故能陰陽動靜無限錯綜交感下去，毫不停息。

（二）其他諸家對「神」義的解釋

天道誠體，據上文分釋，惟是一「寂感眞幾」。此眞幾神應無方，遍滿無窮，寂感妙運宇宙之生化。此寂感神應之妙，固是天道誠體之用，同樣也是聖人精誠所至之境界，就此境界所示之誠心即是體，與天道無別之體，故曰誠體、心體；再論其「發微不可見，充周不可窮」之神境，其所示之神用，吾人亦可說爲「體」，蓋天道、誠體自身純然就是一圓而神之妙用，不是有一物擺在那裡，而有顯著的動靜營爲，此是物，並非神。單就誠體之妙用神應，吾人亦可說此圓而神之妙用自身即是體，而名之曰「神體」。由太極至誠體，以至神體，此諸種名詞其實皆指向「道體」而言，太極爲總天地萬物之源而說，「誠」體表述天道之內容，「神」體即突顯天道妙運之義，突顯此義即可肯定天道生生之創造，是以「神」義對天道創生這一命題十分重要，稍一不愼就淪爲氣之用，不僅失去「神體」之獨立義，亦且將神用下委於氣化，而變成氣之流行衍變而已。例如陳來先生和朱子之解「神」義，便是如此。

壹、「神」爲運動之生生不息的微妙功能

《太極圖說》雖則乍看之餘似爲一客觀宇宙生成之圖式，其實濂溪表達本體之提攝陰陽變化之「神妙萬物」義是相當明顯的，若輕忽太極之本體義，純以「元氣」說之，則將如何解釋太極動而生陽，靜而生陰？又將如何說明「動而無動，靜而無靜」之神義？以陳來先生爲例，其大作《宋明理學》明白表示：《太極圖說》的宇宙發生學說表明，周敦頤認爲，世界在本質上是從某種混沌中產生出來的東西，是某種發展起來的東西，是某種在時間過程中逐漸生成的東西。〔註27〕這是把「本體生化論」下墜至現實上的氣化流變，從太極以至萬物，全是氣所構成，循此前提，陳來先生說：

〔註27〕參見陳來《宋明理學》，頁50。

太極作爲未分化的原始實體，它的運動是陰陽產生的根源。太極
的顯著運動產生了陽氣，太極的相對靜止產生了陰氣。「動而生陽」
「靜而生陰」，突出了運動對於宇宙過程的意義，也表明宇宙本質
上是運動的。運動的過程是動靜兩個對立面的交替和轉化，「動極
而靜」「靜極復動」，「動」的狀態發展到極點，就要向相反的方向
轉化，變爲「靜」。同樣，「靜」的狀態發展到極點，又要轉化爲
「動」，整個宇宙過程中任何一種特定的運動狀態都不是恆常不變
的。〔註28〕

以元氣之運動解說太極之動靜，似乎頗順遂而暢達，因爲氣之動靜聚散是人
可親眼目睹的，可以毫無疑慮的。然而其中不能不有令人懷疑的地方：首先，
浩瀚的太極元氣何故不能直接生物，必得運動產生陽氣，靜止產生陰氣，再
由陰陽二氣凝聚生成萬物？既有顯著的運動狀態，相對就有顯著的靜止狀
態，然則陰陽二氣之生即有一先一後之別了？而且從運動到靜止，從靜止還
復運動，必有一段時間的差距，此先後之間的差距有多少？再說，太極之動
靜既有明顯的分別，那豈不等同濂溪所說的「動而無靜，靜而無動」之物也？
如此則「神」義何在？陳先生要怎樣解析〈動靜第十六〉章？其道：

「妙萬物」是指神是宇宙萬物運動的內在本性和變化生生的微妙功
能，周敦頤認爲，對於一般的事物而言，運動和靜止是相互排斥的，
運動時沒有靜止，靜止時沒有運動。但對「神」來說，靜止中有運
動，運動中有靜止。……在他看來，「神」既然是事物運動的內在動
源，那麼事物即使在靜止的狀態中神依然存在。由於神是生生不息
的動源，故神不能說是靜止的。如果以神爲靜止，則從靜止到運動
就需要另一個動源了。在事物靜止的時候，運動的活力並未止息，
所以說「靜而無靜」。事物運動時，神只是提供運動的內在活力，神
自身並沒有可見的形體運動，所以說「動而無動」。〔註29〕

假如所討論的問題僅止於「神」，那陳先生之言當可自圓其說。然而如今我們
欲討論的是周濂溪的天道論，是有關太極之動靜的問題，「神」應當是依附在
太極上而論，不該單獨別列，然而依照陳先生的敘述，顯然他特別提煉出這
個「神」，而作爲一般事物生生不息的內在動源。於茲我們對陳先生有幾點疑

〔註28〕見陳來《宋明理學》，頁50。
〔註29〕見陳來《宋明理學》，頁51～52。

問：究竟推動整個宇宙生化的元素是「太極」還是「神」？若是太極，則神應內屬於太極而爲其屬性，太極之與一般物質的區別也在於它內具「神」之功能，故能做爲生成萬物的第一因。可是依循陳先生的解析，太極之運動與一般物質其實無任何差別，那麼太極之「神」顯於何處？如果神不僅內屬太極，它同時屬於普遍的一般物質，則濂溪就不應說「無極而太極，太極動而生陽，靜而生陰」，太極除爲一混沌的原始物質外，它其實沒有能力動或靜，因爲動靜之源在「神」，如此是否應將神置於太極之上，而成爲推動太極生成的更終極的來源？不過這麼做，又與濂溪之意不合。是故依從陳先生之說，太極、神、萬物將得不到清楚的定位。

貳、朱子解析「動而無動，靜而無靜」之神

陳先生本著氣化論的立場析解太極與神，神僅成爲一般事物的內在動源。朱子非氣本論者，不過基於他對理氣不離不雜的理解，又加上對「心」的詮定，使得朱子對「神」亦有不適當的認識。《朱子語類》有關討論「周子之書」的條文內，其中有一條道：

> 「發微不可見，充周不可窮之謂神」，言其發也微妙而不可見，其充也周遍而不可窮。「發」字、「充」字就人看，如「性焉、安焉」、「執焉、復焉」，皆是人如此。「微不可見，周不可窮」，卻是理如此。神只是聖之事，非聖外又有一個神，別是個地位也。〔註30〕

若因循《通書》原文，「發微不可見，充周不可窮」原當形容神之妙用，發微是神之發微，充周是神之充周，固然此神用之妙可以是發自聖人之精誠，但此兩語顯而易見乃描述「神」字之義，所以才加上「之謂神」三個字，它是濂溪爲「神」所下之定義，如今朱子卻將之用來形容「人」，雖然也不離譜，畢竟沒有扣緊文句脈絡註解。發微、充周兩句，其主詞應是心誠德妙，而不是人；即使是人，也是繫屬於聖人，是聖人之精誠之發與充。至於朱子另說「微不可見，周不可窮，卻是理如此」究爲何義，亦頗難理解。審其意，似乎是神之發微充周，道理上即是這樣，或說本質上便是如此。是否如此，又難斷定，也許另一條例可以提供較清楚的明示：

> 「發微不可見，充周不可窮之謂神」，神即聖人之德，妙而不可測者，非聖人之上復有所謂神也。發，動也；微，幽也。言其「不疾而速」，

〔註30〕見《朱子語類》，第六冊，卷九四，頁2397。

一念方萌，而至理已具，所以微而不可見也。充，廣也；周，遍也。

言其「不行而至」。蓋隨其所寓，而理無不到，所以周而不可窮也。

〔註31〕

以神形容聖人之德妙而不可測，非聖人之上復有所謂神，此解甚佳。不過其後分解「不疾而速」、「不行而至」，則頗耐人尋味。按理說，此二句應是形容「神」義最佳之語，表彰神體之動而無動，故能不疾而速、不行而至。可是朱子卻把它拿來用在「至理」上，不疾而速者，乃一念方萌，而至理已具，所以微而不可見。依牟先生的解釋是：

若依朱子之思路，「一念方萌」是心氣之動之實然。聖人之心全體是天理。一念萌動雖極微細，然已為其心之明所涵攝之理所貫注，故其一切後果之一切所以然之理實早已全體具於此一念萌動之中。理無形跡，又已全體隱含於此一念萌動之中，故「微不可見」。是則「微不可見」單就理說，並不就心氣之念說。〔註32〕

這種解釋十分符合朱子的思維習慣，不論心之一念如何細微，總有形跡，惟理是無形跡的，故「微不可見」單就理說，並不就心氣之念說，這樣的解釋是正確的。可是論靜態存有之理，唯有存有不存有的問題，怎會有疾不疾、速不速的問題存在？甚且說不疾而速、不行而至？而朱子下文又說「隨其所寓，而理無不到」，自身根本無動靜可言的理，怎會有「無不到」這樣動態的形容？當然，我們可以揣摩朱子「理氣不離不雜」的思維方式去體貼「隨其所寓，而理無不到」是什麼意思，其意也不過是隨聖人言行所在，理亦隨之，而天理本無不在，自然充周不可窮，無須「行至」自然就遍在任一處。是則理根本不行、不疾，自然而然便具於此、至於此。

朱子如斯解釋，固然也通，然而始終不恰當，也不相應。到底理是靜態的存有，根本不能行，更不能疾，一無動態之理用「不行而至，不疾而速」這樣的詭辭去形容，豈非扞格不相應？這種詭辭理當是形容神體最精準之語，因為神體就是即存有即活動者，動靜一如，故須用這樣的詭辭形容方適宜。若只是靜態的存有者，無須作此形容。朱子之援引此詭語，應是習而不察的附會。

應該用在「神」義上的形容詞，如今不適當地擺在「理」上，自然神之

〔註31〕見《朱子語類》，第六冊，卷九四，頁2397。
〔註32〕見牟宗三《心體與性體》，第三冊，頁454。

實義全然落空，這種情形同樣也出現在「動而無動，靜而無靜，神也」一語之註解上。《朱子語類》如是記載：

> 「動而無靜，靜而無動者，物也。」此言形而下之器也。形而下者，則不能通，故方其動時，則無了那靜；方其靜時，則無了那動。如水只是水，火只是火。……「動而無動，靜而無靜」，非不動不靜，此言形而上之理也。理則神而莫測。方其動時，未嘗不靜，故曰「無動」；方其靜時，未嘗不動，故曰「無靜」。靜中有動，動中有靜，靜而能動，動而能靜，陽中有陰，陰中有陽，錯綜無窮是也。〔註33〕

又是將形容神義之辭錯擺在靜態之太極之理上，如是神僅成為形容理的狀詞，毫無獨立意義。理之所以神而莫測，因其既可對應動之事而顯動之理，又可對應靜之事而顯靜之理，由此而說靜中有動，動中有靜，遂以此充當「動而無動，靜而無靜」之義。當太極相應此一事而顯此事之理，並未滯限於此事而僅為此事之理，它亦可對應彼事而為彼事之理，由此而見其不定死，而顯其有活而神的意義，此則朱子所謂「理則神而莫測也」。〔註34〕神畢竟仍是形容太極之理的虛位字，可是濂溪明明將此數句描繪神之妙義，難道朱子可以完全視而不見？《語類》另一條記載道：

> 問：「『動而無動，靜而無靜，神也』，此理如何？」曰：「譬之晝夜，晝固是屬動，然動卻來管那神不得。夜固是屬靜，靜亦來管那神不得。蓋神之為物，自是超然於形器之表，貫動靜而言，其體常如是而已矣。」〔註35〕

此條甚能顯出神之超越性，縱然如是，神亦只為形容或讚嘆理之虛位字，朱子在別處即明言道：「神，即此理也。」〔註36〕若說神在天地中所以妙萬物者，亦僅是「水為陰則根陽，火為陽則根陰」的意思而已，〔註37〕這是從陰陽動靜所以相生無窮之理處說神，同樣不出對於理之讚嘆或形容，依舊是一虛位字。

　　此是將神視為形而上，結果淪為理之附庸；除此，朱子也常視「神」為形而下之氣，此論常見諸討論程明道「上天之載無聲無臭，其體則謂之易，

〔註33〕 見《朱子語類》，第六冊，卷九四，頁2403。
〔註34〕 參見牟宗三《心體與性體》，第三冊，頁458。
〔註35〕 見《朱子語類》，第六冊，卷九四，頁2403～2404。
〔註36〕 參見《朱子語類》，第六冊，卷九四，頁2404。
〔註37〕 參見《朱子語類》，第六冊，卷九四，頁2404。

其理則謂之道，其用則謂之神」一語。如說「神即是心之至妙處，滾在氣裏說，又只是氣。然神又是氣之精妙處，到得氣，又是粗了。」〔註38〕或者有人問：「看來神字本不專說氣，也可就理上說。先生只就形而下者說。」朱子即回答：「所以某就形而下說，畢竟就氣處多發出光彩便是神。」〔註39〕或者另一條云：「其體則謂之易，其理則謂之道，其用則謂之鬼神。易是陰陽屈伸，隨時變易。大抵古今只是大闔闢，小闔闢。今人說亦都無著摸，聖人便於六十四卦，只以陰陽奇耦寫出來。至於所以為陰陽、為古今，乃是此道理。及至忽然生物，或在此，或在彼，如花木之類，驀然而出，華時都華，實時都實，生氣便發出來，只此便是神。」〔註40〕

此便是落於氣上說神。本來陰陽動靜之所以無窮者，正因神體之妙運而然，也正可由此動靜不已處指點這神體。如不能正視此神體，只假脫動靜陰陽來說，說來說去，很可能只是氣與所以然之理，而神頓成虛脫。〔註41〕此為牟先生對朱子論「神」之總結。朱子對神之超越性與妙運性總提不住，不是附會於理，便淪為氣之動靜；而天道「神」義若提不住，那麼天道之創生與妙化，亦成「理上如此」，而無真實涵義。然而「神感神應」之「神」義對詮釋天命流行，理生氣之一本衍化，實居於關鍵地位，可惜重此義者不多，將此義確實表彰者更少，近代學者唐君毅先生對濂溪言神就有較好的分解。

參、唐君毅先生對「神」的解釋

依唐先生的分析，「按濂溪言神，一為其《太極圖說》所言之人『形既生矣，神發知矣』之神。此只是主觀之神知之神。一為『誠神幾曰聖人』之神。此乃道德意義之神。三為聖人之以仁義成政教之文化意義之神。四為此十六章所言妙於萬物與陰陽四時五行中之宇宙意義之神。」〔註42〕不管哪一種，唐先生認為這些都是從「定限之超化，而成一遍運處」言神。譬如人之主觀的神知，自始便是人心能超出於其定形之限制，而能遍運及於其外之神知。聖人之誠神幾也是如此，以仁義成政教復亦如是，那麼陰陽四時五行之運轉是否也隱含神義？唐先生道：

由此以觀，自然世界中之陰陽四時五行，則由其「水陰根陽，火陽

〔註38〕參見《朱子語類》，第六冊，卷95，頁2422。
〔註39〕參見《朱子語類》，第六冊，卷95，頁2422。
〔註40〕見《朱子語類》，第六冊，卷95，頁2423。
〔註41〕參見牟宗三《心體與性體》，第三冊，頁455。
〔註42〕見《唐君毅全集・中國哲學原論原教篇》，頁67。

　　根陰」，春夏秋冬之代行，萬物之由始而終，由終而始，即見此自然
　　世界之恆自化其偏向之表現，以成其運化。於此中即亦見一神之遍
　　運。〔註43〕

寒暑溫涼，春夏秋冬，四者更迭互起，可知天之運行並非一味專囑意何者，
設若天之運行純爲氣之流行，則寒暑溫涼是否能順序交替，難知矣，也許一
寒就寒到底，一溫也是熱到底，寒暑交替並無必然性。然而自然世界的運化
卻是春夏秋冬之適時互替，可見此自然世界恆自有化其偏向之表現，以成其
運化之目的，此中即見一神之遍運。所以《圖說》之言「一動一靜，互爲其
根」，無異言太極之神。

　　但是濂溪言神最明顯處在「動而無動，靜而無靜，神也」一句，即使自
然世界恆自有化其偏向之表現，又如何據此而言動而無動，靜而無靜？唐先
生解道：

　　……此中之自動是動、靜是靜而觀，則動靜各有定向，動靜之事物
　　亦各異，而不相爲通。故曰物則不通。然自此動靜之互爲其根，以
　　更迭表現而言，則動者不自有其動，靜者不自有其靜。故曰：「動而
　　無動，靜而無靜，神也。」此乃可直自所觀之自然宇宙看，而見得
　　之神也。〔註44〕

「動者不自有其動，靜者不自有其靜」，此便是唐先生對「動而無動，靜而無
靜」一語所下的註腳。細思其意，似乎物與神分指兩者，不通之物指向一般
個別事物，個別事物之動靜各有定向，不相爲通；但是整個自然世界乃動靜
互爲其根，於斯見出其神，是自然世界之神遍運一切，使得個別事物動者不
自有其動，靜者不自有其靜，故能一動一靜，交互更迭表現。

　　這種詮表固然不錯，頗能突顯宇宙之神運，便是動者不自有其動，靜者
不自有其靜，動靜交互更迭，寒暑交錯運行。但是細閱濂溪之文，「動而無動，
靜而無靜」應爲濂溪對「神」自身所作的定義，以便和「物」作一對比。就
物而言，當其動也就不能有靜，當其靜也就不能有動，動靜是互相排斥的。
就神而論，當其動也亦有靜意，當其靜也亦不離動，動靜在「神」處是互相
包容涵蘊的，此即神異於物之處。一般對動靜的看法，便是動時不能有靜，
靜時不能含動，太極之神異於是，動靜皆同時涵蘊一起，這才是令人費解而

〔註43〕見《唐君毅全集‧中國哲學原論原教篇》，頁68。
〔註44〕見《唐君毅全集‧中國哲學原論原教篇》，頁68。

敬畏之「神」。若以唐先生的解說，「動者不自有其動，靜者不自有其靜」，物體的運動也是動了又靜，靜了又動，這不也符合「動者不自有其動，靜者不自有其靜」？然則神與物有何差別？如果說物之能動了又靜，靜了又動，此是神為之也，就著物動了又靜，靜了又動指點一神運，這僅是對「神」義的指點，未必是濂溪正面的詮解「神」義的方式。所以唐先生解析濂溪言神，恐怕未至盡善盡美處。

綜合以上各家註解，仍是以牟先生的解析最順適恰當，太極之「神妙」義理當為動無動相、靜無靜相之寂感一如。不過，順著牟先生之解說，太極之動靜乃無形跡可見，那麼「太極動而生陽，動極而靜」應當如何解釋？為何無形跡之動靜會生出有形跡之陰陽？

四、太極動而生陽，靜而生陰

《太極圖說》首文「無極而太極。太極動而生陽，動極而靜，靜而生陰，靜極復動」，據牟先生的解釋便是：

> 誠體、神體、太極真體、天命流行之體是可以動靜言，只是其動是「動而無動」之動，其靜是「靜而無靜」之靜。如其「動而無動」之動、順事應物而顯動相，即是「動而生陽」；如其「靜而無靜」之靜、順事應物而顯靜相，即是「靜而生陰」。〔註45〕

陰陽乃氣之事、跡上事，牟先生把它完全視為現實的氣跡，誠體神用便在氣跡的具體妙用中顯。舉例來說，孔子道：「張而不弛，文武弗能也。弛而不張，文武弗能也。一張一弛，文武之道也。」天道誠體是無所謂張弛的，張弛是現實生活上的事。人的自然生命需要有這樣的一些波浪與曲折。該張時，自然要張；到休息時（弛），自然要休息。這是自然生命的限度。限度到了，到了該動或該靜的時候，便是跡上之該動，跡上之該靜。跡上之該動而動就是自然上的陽，跡上之該靜而靜就是自然上的陰。〔註46〕可是這本是自然生命所會有的限度，好像不必經由太極之動或靜才有，或由誠體之露動相或靜相才有，牟先生應怎樣回應這個問題？

牟先生解釋道：

> 蓋若只是順自然生命之自然的張弛滾下去，那張弛常不必是合理有

〔註45〕見牟宗三《心體與性體》，第一冊，頁387。
〔註46〕參見牟宗三《心體與性體》，第一冊，頁364。

度的，常有一張張下去，而不知節，到發狂而死者，此即不成其爲
張，亦常有一弛弛下去而不知振，直弛到腐爛而死者，此亦不成其
爲弛：此皆所謂縱欲敗度者是。故順其限度之該張該弛而欲成全之，
不能不提升一層從精神生命之超越誠體上說。從超越層上說下來，
說動而生陽，靜而生陰，或說張而有動，弛而有靜，此所謂「生」
或「有」乃是成全地生或有，不是說自然生命連同其曲折與波浪皆
是存在地由誠體而生出也。〔註47〕

審度這番解釋，可察覺牟先生有其一貫思路，此思路可遠溯他解析「誠，靜
無而動有，至正而明達」即已確立下來。「靜無」乃是形容誠體自己無聲無臭，
無方所，無形跡；「動有」則是「隨事而應，品節不差，因其所應之事而有方
所，有形跡」。由是觀之，牟先生均從實然的氣化形跡上說有無、陰陽，所以
在陳述誠體生物時，不得不輾轉曲折地說此所謂「生」或「有」乃是成全地
生或有，不是說自然生命連同其曲折與波浪皆是存在地由誠體而生出也。此
解當然可以保全誠體純一無雜之超越性，蓋有生滅變化者，皆是氣之事也。
自誠體以至氣跡，不能表面地徒順字面的次序而空頭地視爲外在之直線的宇
宙演化，是以自然生命中的一切波浪與曲折，只是誠體順應感物之妙用中，
順跡上之該動該靜，其自身不能不相應地起皺痕，此皺痕就是陰陽、屈伸、
動靜等。

　　循是推述，雖則太極神體之動應是「動而無動，靜而無靜」，可是神體之
動必帶著陰陽氣化而動，一旦落入氣化之跡，動靜之相必不可免。當誠體靜
無寂然時，此即「無極而太極」，無方所無形狀無聲臭之可言；當其動有時，
帶著氣化之跡，就有動相可見。動極而靜，此時之靜則是帶有靜相之靜，與
動相對立者，非「靜而無靜」之靜也。故爾牟先生方有如是的解析：

誠體之「動而無動」非實是「不動」也，只是不顯動相而已。茲順
其不動之動而若一露動相即是陽之有。一露動相即是限定於動。一
限定於動，即是氣邊事，非神之自身也。「靜而無靜」非實是「不靜」
也，只是不顯靜相而已。茲順其無靜之靜而若一露靜相即是陰之有。
一露靜相即是限定於靜。一限定於靜，亦是氣邊事，非神之自身也。
〔註48〕

〔註47〕見牟宗三《心體與性體》，第一冊，頁365。
〔註48〕見牟宗三《心體與性體》，第一冊，頁361。

抽象地論誠體自身，當然動靜相皆附著不上，然而誠體流行必貫徹於物之終始過程中，否則誠體無由展現，而成一虛無流。一帶上了物，亦即沾上了氣邊事，動靜相立即附隨而有，而有動時、靜時之分別。是以誠體神用固是寂然不動、感而遂通之充周不可窮，然其感應必在具體的事為中感應，不可能有一「隔離」的寂感神用，是以誠雖神矣，卻不能不有跡。「自跡而觀之，則動是動，靜是靜，乃陰陽氣邊事；但自神之自體而觀之，則動而無動靜而無靜，不失其虛靈之純一，仍是神而不是氣也。」〔註49〕牟先生綜合此二義而作此結論。此種種詮解均是表明太極之動靜如何落實到「氣跡」上，故不得不有如此的詮釋。

這是就實然的氣跡觀有無、動靜、陰陽，太極之動靜是虛靈感應氣跡之動靜而有動靜；如若就太極之妙運陰陽二氣此一由上而下的觀點看，陰陽、有無、動靜、屈伸這些氣邊上的事，可能就有不同的意義。以《繫辭傳》言「一陰一陽之謂道」而論，單言此句，是不若「乾道變化，各正性命」明顯地表示乾道生物之縱貫創生系統，它只顯道之內在的實現性，不過究實言之，兩者實同為表達本體宇宙論這一創生系統。前文曾引牟先生之文而說此句應是道之「藉顯語」，即是由一陰一陽的交互迭運中，指點出有道體使之而然。就這一點上，我們是否仍然堅持陰陽還是氣邊上之事？當代學者范良光先生就有不一樣的看法。他說：

> 「一陰一陽之謂道」與「一闔一闢之謂變」，是同一語法。由乾坤而言一闔一闢之變，正猶「乾道變化」然。故由陰陽、闔闢交互迭運之至動至變中，而指點出有道體統運之而然，而道終不泯其為「理」義，而與陰陽、闔闢二動相屬同一層次，並且即於一陰一陽、一闔一闢之動態的、具體的變化過程中，顯道之所以為道：兼合二動相而顯其圓神不測之圓一體性。〔註50〕

道體藉由一陰一陽、一闔一闢表現自己，也就是在成萬物中自建自立自己。一一物原於道體之貫注神運而有無限之意義，「如是，『物』即非生滅變易意義下之存在，而即轉化為『無物之物則用神』之物、神化意義之神用，是即為承體起用之大用流行矣。」〔註51〕在本體之縱貫生化之下，陰陽、屈伸、

〔註49〕見牟宗三《心體與性體》，第一冊，頁361。
〔註50〕見范良光《易傳道德的形上學》台灣商務印書館，民國79年版，頁52。
〔註51〕見范良光《易傳道德的形上學》，頁53。

晝夜、幽明絕非表現實然的氣化活動，而正是天道之大用流行，必歸於聖人窮理盡性而展示之內容。由此義觀之，誠體之靜無而動有，或太極之動而生陽、靜而生陰，動靜、陰陽應該也可繫屬本體之大用流行而與之相屬同一層次，未必得立即視爲形下之氣邊事。就此觀點而論誠體之生物，也許可以無須曲折地解說爲「成全的生」或「成全的有」，蓋此本是太極誠體直貫而生，直接實現物之存在。只不過此物之存在須善解其意義，不能視之爲純然的氣跡，而須視爲神化意義下的大用流行。

　　此義牟先生本亦有之，揆諸牟先生其他諸作，例如《現象與物自身》、《智的直覺與中國哲學》、《圓善論》，或詮釋陽明學派之論著，皆有此義，只是牟先生不將此義用於此處，反以順事而應、應事而動而產生動靜之形跡論陰陽。兩位先生的不同論述，應是講述的立場不一所導致。一是論神化之大用流行，此時陰陽與道體乃同一層次；另一則是就形下的氣跡看待理怎樣運化氣，故有「該動而動就是自然上的陽，該靜而靜就是自然上的陰」的講法。

　　總而言之，四時之運行，萬物之終始，混兮闢兮其無窮兮的結果，莫不是太極誠體之所爲。而太極誠體之爲之動，全依「寂感」原則說明。誠體之寂感無動相、無靜相，動而無動，靜而無靜，即動即靜，即靜即動。於此動而無動，靜而無靜之寂感中，陰陽五行萬物化生焉，表面上看，是二氣交感，化生萬物，實則誠體虛明完成此陰陽生化之大業。《圖說》云：「五行一陰陽也，陰陽一太極也，太極本無極也。」這一切均是太極誠體之「寂感而生」而來，換言之，氣之生息源於理而有，理「生」氣之妙運義在濂溪學說內的確可以成立無疑。

第二節　張橫渠之論天道

　　濂溪暢談誠體「動而無動，靜而無靜」之寂感神用，自秦漢以來中斷的儒家形上學智慧，藉此得以接續；至張橫渠，則進一步探索此寂感神用何以能遂通天下之故？寂感之體之感通天下，是依何方式感通天下？雖說「動而無動，靜而無靜」已能充分區別神感神應與物之交感的差異，但仍未能清楚表達誠體之寂感何以遂能通天下之故？諸種種問題，橫渠以「參兩通一」的方式說明，「參兩通一」便是橫渠進一步解明「寂然不動，感而遂通天下之故」的感應模式。

一、太和之為道

張載，字子厚，北宋仁宗時人，少喜談兵，本跅弛豪縱之士，初受裁於范文正公，遂翻然志於道，毅然以聖人之詣為必可至，精思力踐，冥心妙契。其學以《易》為宗，以《中庸》為的，以禮為體，以孔孟為極。〔註52〕晚年託疾歸於橫渠，世稱橫渠先生，著有《西銘》、《正蒙》等書。前者泛受學者推崇，以為是「推理以存義，擴前聖所未發，與孟子性善、養氣之論同功。」〔註53〕

至於《正蒙》則略多爭議批評，伊川即言：「觀吾叔之見，至正而嚴謹。如虛無即氣，則無無之語，深探遠賾，豈後世學者所嘗慮及也？然此語未能無過。餘所論，以大概氣象言之，則有苦心極力之象，而無寬裕溫厚之氣。非明睿所照，而考索至此。故意屢偏而言多窒，小出入時有之。」〔註54〕對此現象，牟先生有如是解說：《西銘》之所以無問題正因其所述之主客觀面之踐履規模乃儒者之所共許，此非思參造化之理論問題，故無可疑也。〔註55〕反觀《正蒙》，正是橫渠苦心極力以思參造化之作，此非僅是主體之冥契而已，復須自客觀分解以展示之，以明各概念之分際以及其分合，此中難免有強探力索者在，故不盡服人意，故較多爭議批評。其實橫渠之雄偉處在《正蒙》一書，宋明儒諸家難有企及者，牟先生稱他的生命有其原始性，有其浩瀚之元氣，是帶點第昂尼秀斯型的理想主義之情調。〔註56〕雖然他不似其他儒者，僅發揮繫屬於主體之義理，故能運轉自如，纖微盡識。橫渠著實於存在而施分解，則顯得有苦心極力之象。但他著於存在而施分解仍是以道德的創造性為支點者，他是在此決定性的綱領下施分解，故其分解有定向，有範圍，此是屬於「道德的形上學」者，亦是由「維天之命於穆不已」而來。〔註57〕是以《正蒙》一書絕不可小覷。

橫渠之言天道與濂溪稍有不同，濂溪直以「誠」作為乾道之源，而誠乃人內在之真實，道德創造之真幾，是以吾人可以輕易分辨濂溪所論之道，其內容

〔註52〕參見黃宗羲《宋元學案・橫渠學案》，頁3。

〔註53〕參見《二程全書》冊二〈伊川文集〉「答楊時論西銘書」，台灣中華書局，民國65年版，頁12。

〔註54〕見《二程全書》冊二〈伊川文集〉「答橫渠先生書」，頁4。

〔註55〕參見牟宗三《心體與性體》，第一冊，頁422。

〔註56〕參見牟宗三《心體與性體》，第一冊，頁432。

〔註57〕參見牟宗三《心體與性體》，第一冊，頁427。

爲眞實無妄之誠。至於橫渠之語天道，一開始卻不如此顯明，〈太和篇第一〉述：

> 太和所謂道。中涵浮沉、升降、動靜相感之性，是生絪縕相盪勝負
> 屈伸之始。其來也，幾微易簡；其究也，廣大堅固。起知於易者乾
> 乎？效法於簡者坤乎？散殊而可象爲氣，清通而不可象爲神。不如
> 野馬絪縕，不足謂之太和。語道者知此，謂之知道。學《易》者見
> 此，謂之見易。不如是，雖周公才美，其智不足稱也矣。

此爲《正蒙》首篇第一段文字，初始即以「太和」作爲道之稱。而太和蘊含什
麼內容，觀其文字，似有包羅萬象之狀，亦即太和非單純的形上指稱而已，它
也包羅了氣化絪縕，如單就此而論，則此段直是以氣化生生爲道之內涵，《宋元
學案》所引「黃百家案語」即說：「天地之間，只一氣之循環而已。」〔註 58〕
又引高忠憲之言：「太和，陰陽會合沖和之氣也。」〔註 59〕是否橫渠所謂「太和」
果指謂氣化之絪縕？近代諸多學者即就橫渠論道的氛圍而說他的天道論是「氣
化的天道論」，其理由如下：張載表現哲學家的形上學興趣，他要在萬殊中探求
同一，更由此同一而解釋萬殊。在此，他所提出的異中之同即是「氣」，而以氣
爲中心概念，說明天地萬物之生成變化。再加上張載曾道：「由氣化，有道之名。」
是以「氣化的天道論」便安在張載的哲學上。〔註 60〕更有甚者，有學者讚揚張
載敢於濯去舊見，自立新意；所立之新意便是把氣作爲最高的中心範疇，創立
了天人一氣、萬物一體的世界統一性學說。〔註 61〕大陸學者陳來先生乾脆說：「從
哲學上看，張載的自然哲學無疑的是氣一元論的唯物主義哲學。他把宇宙的統
一性毫不猶豫地歸結爲物質性的實在『氣』。」〔註 62〕

　　不僅前諸位學者如此斷言，甚至連唐君毅先生亦似有此意，其解「散殊
而可象爲氣，清通而不可象爲神」即以「氣」爲主辭而順解之，而說「氣」
之本身：「乃一無色彩之純粹存在、純粹流行，或西方哲學中之純粹活動、純
粹變化。說其即是虛，則是自其可顯可隱、可感可寂、可動可靜而說。其隱、
寂、靜，即實而虛；其顯、感、動，即虛而實。前者爲一流行存在之創生創
始，後者爲其終成。」〔註 63〕細察唐先生之文，可謂直以「氣化」作爲寂感

〔註 58〕　參見黃宗羲《宋元學案・橫渠學案》，頁 9。
〔註 59〕　參見黃宗羲《宋元學案・橫渠學案》，頁 8。
〔註 60〕　參見朱建民《張載思想研究》，文津出版社，民國 78 年版，頁 21。
〔註 61〕　參見陳俊民《張載哲學與關學學派》，台灣學生書局，民國 79 年版，頁 70。
〔註 62〕　見陳來《宋明理學》，頁 60。
〔註 63〕　參見《唐君毅全集・中國哲學原論原教篇》，頁 93。

動靜之主，甚至連清通之神亦視爲「氣之有清通之神」，〔註64〕這些說法均把橫渠的形上學說幾乎當成唯氣論來談，可是橫渠果是一位唯氣論者嗎？他所陳述的太和之道果真可作如是解嗎？牟先生即不作如是觀。

牟先生認爲說「太和所謂道」，是對於道之總持地說，其中尚可分解爲氣與神，分解而爲乾坤知能之易與簡。以「野馬絪縕」形容太和，則著於氣之意味太重，易與人誤解爲唯氣論。〔註65〕橫渠之說只爲明示道不離絪縕之氣，氣之絪縕固表示一種和，但若直言野馬絪縕即是太和，即是道，則失之。依牟先生的意思，「橫渠由野馬絪縕說太和，說道，顯然是描寫之指點語，即由宇宙之廣生大生，充沛豐盛，而顯示道體之創生義。故核實言之，創生之實體是道，而非游氣之絪縕即是道也。」〔註66〕帶著氣化而言道，唯表示道有「氣化之行程義」之一面。說「天命流行」、「道之流行」，創生之無形實體如何「流行」？此須就氣之行程演化而表實體之運轉，非謂氣化就是道。

太和何以能有此創生的性能呢？深入言之，則是「乾以易知，坤以簡能」而已。《易繫辭傳》曰：「乾知大始，坤作成物。乾以易知，坤以簡能。」橫渠言「起知於易者乾乎？效法於簡者坤乎」兩句，當是引自此文。然則何謂「乾知大始，坤作成物」？按「知」有主管、主宰之意，「乾知大始」意即乾元主管宇宙之始，爲萬物之本源。此始爲創始之始，是價值之始，非時間之始。乾元爲一創造原則，只是真實生命之常昭明而不陷溺，故能創生一切。〔註67〕創生原則既然定在乾元，則坤元即爲終成原則，或說是凝聚原則。太和首先表現爲大始之易知，由此而繁興大用，有始即有終，故乾元創始之，坤元即隨而終成之。橫渠之意旨在表示：以易之方式表現其知大始者乃是乾也，而以簡之方式呈現致效其法相者乃是坤也。〔註68〕此爲牟先生對橫渠此兩句之解釋。從彼兩句，可知橫渠意在將太和之道的創造過程剖解爲乾知與坤能。坤能既爲材質之凝聚原則，惟有乾知方爲太和之所以爲道之源，蓋乾元之知大始爲「心靈」觀念，心靈創始之，材質終成之。乾知坤能之終始過程即是天道之創生過程，亦即乾道之元亨利貞也。但分解言之，道之所以爲道，須從心靈之「乾知」說，方能提得住。以上爲牟先生對〈太和篇第一〉

〔註64〕參見《唐君毅全集·中國哲學原論原教篇》，頁93。
〔註65〕參見牟宗三《心體與性體》，第一冊，頁437。
〔註66〕見牟宗三《心體與性體要一冊，頁439。
〔註67〕參見牟宗三《心體與性體》，第一冊，頁441。
〔註68〕參見牟宗三《心體與性體》，第一冊，頁441。

首文之大略解釋。

　　斷言太和之爲道僅是純爲氣化之行者，通通集中在前後數句，唯獨漏了「起知於易者乾乎，效法於簡者坤乎」一語，然而此語列於〈太和篇〉首文非無意義者，其意義即來自《易傳》，而《易傳》一書乃儒家道德形上學之所宗，與唯氣論殊途異歸，所以視太和之道唯是氣化論者，對此句若非刻意略過，便是無一善解。他們的焦點都放在「太虛即氣」這一句的疏解上，以此句作爲張載哲學的總綱領，而發揮他們的唯氣主張，此看下文便可得知。

　　唐先生對「太和之爲道」稍不同於牟先生之說，但也難說便是唯氣的主張。他的觀點是：整體論橫渠之理論要點，在由一切存在之事物，皆存在於一神化之歷程中，以見其不可只視爲分別並在而相對峙之物，而應視爲原自一統體之太和，亦還歸於此統體之太和。唐先生道：

> 此太和之道，卻非只是一抽象之道理之道，其中乃有具體之內容者。
> 此具體之內容，即塊然太虛之氣之「中涵浮沉、升降、動靜、相感之性」而生之「絪縕相盪，勝負屈伸」。〔註69〕

爲何太虛之氣能有動靜相感之可能？此根於氣之本體爲太虛，是以「太虛之氣」者，乃太虛爲氣之本體，不是形容氣之狀詞。太虛以其清虛而通，故可以成就散殊可象之氣之相感，而氣之相感聚散亦完成萬物之生滅有無，由茲天地間之有無隱顯，乃通一無二。是以橫渠言天地萬物之根原，遂爲一統體之虛氣不二之太和，而以之代周子所謂「太極」。〔註70〕上述爲唐先生的解釋，從他的解釋當中，似乎也隱含著形上之道與形下之氣的區分，雖然此區分不若牟先生明顯，但其以周子的太極比太和，可推知唐先生應該也認爲太和之道不純然是氣化衍變而已。「張子提出『太和』一概念，目的在以之統神化之歷程而綜攝之，比起周子言太極，是太和之義豐。」〔註71〕此結論與牟先生其實相差不遠。這是目前對唐先生的詮釋橫渠「太和之道」的簡介，其本人是否眞持此義，有待更詳細的介紹討論。

　　對於「起知於易者乾乎，效法於簡者坤乎」，唐先生的解析是：

> 其言「起知於易者乾乎」，即言相感而有清通之神，以起知，爲其相感而生變易之事之起也。其言「效法於簡者坤乎」，即言由起此知，

〔註69〕見《唐君毅全集・中國哲學原論導論篇》，頁439。
〔註70〕參見《唐君毅全集・中國哲學原論導論篇》，頁439。
〔註71〕參見《唐君毅全集・中國哲學原論導論篇》，頁440。

而即以其所知者爲法，以實有爲其效應之變易之事也。〔註72〕
斯解有繫於對唐先生言「心之神知」的整體了解，此觀念唐先生即已應用在
周濂溪的「神應」論，此處仍是以「神知之明」疏解橫渠哲學。關於以「心
之神知」通貫濂溪、橫渠兩人的天道論，唐先生有他獨到的看法，欲陳述此
看法須佔用較大的篇幅，本文擬置於下一段唐先生的專文中討論，此處即以
「心之神知」代「起知於易者乾乎」之「知」也。縱是以心之神知解「知」，
我們也難理解唐先生的疏解是什麼意思，其意似爲氣化之相感原於太虛故有
清通之神，因此清通之神而有「知」，「知」就是因爲氣之相感而生變易之事
而起的。由於生起此神明之知，就以此知所知者爲法，以各種存在的實有爲
此法之效應之事。這樣的疏解也大致可通，不過仍嫌渾淪不清，而且此兩句
之「乾」「坤」「易」「簡」四個概念付之闕如，無一言提及。是故綜觀唐先生
之解，其實仍有可諍處。

　　不論如何，太虛與氣畢竟不能混同一觀，那些歸結橫渠爲唯氣論的說法，
證據其實不足，通體只是不曉橫渠乃採「理氣統體合一」之說法，乍看下，
理氣似乎無別，其實在合一之圓頓相即中，仍有形上形下的區別，忽略此區
別，太和之道就只剩下氣化一面，此絕非橫渠論說之義。下文即論述之。

二、太虛與氣的分別

　　自牟先生的詮解之中，形上之道與形下之氣始終截然分明，既不會把氣
歸屬於形上之道，也不會把道下委於形下之氣。以橫渠原文之語說，即是「氣」
與「神」兩概念之分，此即「散殊而可象爲氣，清通而不可象爲神」兩語之
所示。牟先生解道：

> 神固不離氣，然畢竟神是神，而不是氣，氣是氣，而不是神，神與
> 氣可分別建立。吾人可本《易傳》，於乾知之易處說神，於坤能之簡
> 處說氣。無論是「效能於簡」，或是「效法於簡」，其所效之「能」
> 或「法」總是有象有跡者。簡是言其「隤然至順」。雖隤然至順，而
> 總是有象有跡，故屬於「氣」之事也。氣有象跡，可言散殊，故云
> 「散殊而可象爲氣」。此言散列殊異而可有象或可呈現爲象者便是
> 氣。乾知之易無象跡、無聲臭，然純一至和、一片昭明，而不可以

形隔，故可於此處說「神」。橫渠云：「清通而不可象爲神」。〔註73〕
顯然牟先生並未就氣之流動可隱可顯、可感可寂而說「神」，或就氣之清通處
而說氣有清通之神。究竟橫渠本意是什麼？是黃百家、高宗憲等人所論恰當，
抑或是牟先生之述較爲精準？單憑一小段文字確是看不出所以然，續引〈太
和篇〉下文：

> 太虛無形，氣之本體。其聚其散，變化之客形爾。至靜無感，性之淵
> 源。有識有知，物交之客感爾。客感客形與無感無形，惟盡性者一也。

文中「客感客形」與「無感無形」兩相對照之意，昭然清楚；然則此兩者理
當分指太虛與氣吧？如勞思光先生所說：

> 此段乃論及「本體」與「現象」，所謂「客」皆指表象而言。「太虛
> 無形」與「至靜無感」相對而說；「本體」即「氣」，本身無形，但
> 由聚散而變化爲萬物，遂呈現爲有形──此是「客形」。〔註74〕

以「本體」與「現象」區分太虛與氣，乃一般學者理解橫渠哲學最普遍的做
法，只是本體與現象這一類被普遍應用的名詞，其實質的內容爲何，卻是隨
人各有不同。依勞先生之說，「橫渠蓋以『太虛』與『氣』二詞爲最高實有之
兩義，而非在『氣』外另立一『太虛』。」〔註75〕其意顯然是太虛與氣雖有本
體與現象之別，但兩者實指卻一，同是宇宙之最高實有，它們是最高實有的
一體兩面。可是橫渠將之分爲「客感客形」與「無感無形」，不怕被誤解爲「分
截作兩段事」？勞先生解道：其實橫渠此論，未爲無理。蓋欲區別「實有」
與「表象」，則不能不對「表象」另有界說。且現象界中之種種表象關係，常
可爲一平面之交互條件之決定，未必與本體有關；分作兩段，固有理論上之
必要。譬如：萬物在視覺經驗中所以呈現爲如此如此之顏色，蓋由視覺器官
組織與對象間之交互關係決定；皆是「客」，而不應從本體解釋。〔註76〕

　　若是，此一「最高實有」究竟應落實在本體之太虛？還是有形之氣變？
既然太虛與氣實不可分。如爲前者，那就與熊十力先生無異，以本體爲主，
以氣化爲從，氣最終化歸爲道。若是後者，太虛本體只是「虛詞」，眞正的主
角在氣，不在太虛。勞先生究竟屬於何者？觀其言：

〔註73〕見牟宗三《心體與性體》，第一冊，頁442。
〔註74〕見勞思光《新編中國哲學史·第三卷上》，頁175。
〔註75〕見勞思光《新編中國哲學史·第三卷上》，頁174。
〔註76〕參見勞思光《新編中國哲學史·第三卷上》，頁175。

張氏如此論太虛與氣，則氣既爲萬物之根源，又爲有形上意味之實
有。故萬物由氣而生，復歸於氣；萬物無常，而氣則常存。〔註77〕
萬物之根源到底是氣，而非太虛，然則太虛只是橫渠隨意安置的嗎？勞先生的
說法是：萬物悉由氣之聚而成，由氣之散而滅。氣雖以「無形」故可稱爲太虛，
然本身不能歸於無，因此，氣不能由無或虛生出；「虛」只描述「氣」本身之「無
形」而已。〔註78〕一言以蔽之，萬物生成的根源爲氣，太虛僅是描述氣「無形」
的狀詞而已。依照這樣的解釋，太虛根本不能獨立爲體，它僅是搭附在氣上的
形容詞罷了，但是我們要如何詮解「太虛無形，氣之本體」一語？「本體」一
詞在儒學中有其特殊實質的內涵，不能隨意把它化爲某個東西的形容詞，如今
太虛是氣的「無形」之形容詞，一個虛的形容詞如何擔任「本體」？固然勞先
生的解析方式可以恰當應用在〈太和篇〉某一句話——「若謂虛能生氣，則虛
無窮，氣有限，體用殊絕。」描述氣之無形的「虛」當然不能生出實質的氣，
此是理所當然，不過除了這句話，勞先生將如何解釋其他文句，譬如：「氣之聚
散於太虛，猶冰凝釋於水。」（《正蒙・太和》），「由太虛，有天之名；由氣化，
有道之名。合虛與氣，有性之名；合性與知覺，有心之名。」（《正蒙・太和》），
太虛只是氣的無形狀態，說「氣之聚散於太虛」，難道要解爲「氣之聚散於它自
己的無形狀態」？不論就語法或就邏輯來講，根本不通；尤其後一引文「合虛
與氣，有性之名」，依勞先生的解法，更加不通，於是勞先生便歸咎爲：若就張
氏自己之用語方式看，則「合虛與氣」一語，便不可通；因張氏之氣與太虛原
不可分，何能言「合」乎？〔註79〕依本文看，不是張氏之文不可通，而是勞先
生的詮解方式不可通，以致處處有窒礙。

　　另有學者以爲「太虛無形，氣之本體」的本體，應理解爲「本來、原初
的狀態」，因此整句話便是：無形的太虛，乃是氣本來或原初的狀態。〔註80〕
於是太虛與氣便是同質的關係，此同質關係或者同爲形而下，或者賅形上形
下一體而言，即形上即形下，即理即氣，即虛即實，它們通通合一，通通是
一。從該學者之意，他欲建立一條「辯證的思路」來囊括橫渠、王船山、劉
蕺山、黃宗羲等人的思想，此「辯證的思路」便即由太虛與氣同爲形上即形

〔註77〕見勞思光《新編中國哲學史・第三卷上》，頁175。
〔註78〕參見勞思光《新編中國哲學史・第三卷上》，頁175。
〔註79〕參見勞思光《新編中國哲學史・第三卷上》，頁177。
〔註80〕參見陳立驤〈張載天道論性格之衡定〉，總號311期，2001年5月，頁48。

下，即理即氣開始。姑不論其論證有無道理，根據他所以肯定太虛是氣本來
或原初的狀態的理由，同樣來自〈太和篇〉「太虛無形，氣之本體」一條。他
的說法是：

> 從語法學的角度來說，「其聚其散」的「其」字，指的應該是做為主
> 詞的「太虛」，而不是做為謂詞的「氣」，而如果太虛指的是形上超
> 越的實體或原理的話，那它自身是無聚散可言的；但若將它解釋成
> 「氣的本來或原初的狀態」，亦即將它視為氣的一種存在樣式（雖無
> 形不可見），與氣同質，那橫渠的這句話就易於理解了。〔註81〕

此解頗新穎獨到，然而此中仍不免有讓人懷疑的地方。首先，論義理者，語
法學固然是一重要的線索，但不是唯一可以判定義理的標準，而且中國語法
本不甚嚴格，不能以英文語法比擬。「太虛無形……其聚其散，變化之客形爾」
的「其」字，只是一個指稱詞，它未必非得指稱主詞不可，就不甚嚴格的中
國語法來看，指稱謂詞也無不妥。再說，若將太虛解為「氣的本來或原初的
狀態」，同樣會面臨勞先生所遇的難題：一個不屬於「實物」、緊依在氣上的
形容詞如何有聚散等動作？有聚散者唯有氣，太虛不論作本體看，或氣的狀
態看，都不能有聚散等變化。因此橫渠這段「其聚其散，變化之客形爾」，顯
而易見，必指氣而言，不可能指向太虛。

　　若將氣與太虛視同一物，必不可免會遭臨以上諸種難題，況且橫渠文中
明分太虛與氣二者，根本無須另想兩者若同一者會如何。順承〈太和篇〉首
條之意，「太和所謂道。中涵浮沉、升降、動靜相感之性，是生絪縕相盪勝負
屈伸之始」，浮沉、升降、動靜、絪縕、相盪、勝負、屈伸應是氣之活動，故
「其聚其散，變化之客形爾」理應指謂氣之或聚或散，皆不過是氣之變化活
動之「客形」爾。客者暫時義，「客形」者即暫時之形態，是氣之變化所呈之
暫時相。氣之所呈之暫時相，往往就是一個體生命，識與知便是個體生命相
感之形態，此形態橫渠稱之為「客感」。從暫時形態之「客感客形」一辭，可
揣摩出應有另一恆常之「無感無形」以為之體，否則「客」義何由得生？審
視原文，無感無形者當指「太虛」無疑。「太虛無形，氣之本體」，太虛者，
即是遍運乎氣而為氣之本體，再合併首條文字來看，此太虛亦應是「太和所
謂道」之太和也，蘊含清通而不可象之「神」，以「太虛」名之，更能表現道
體之虛明神用。相對於萬種變化聚散之氣，太虛則遍而一，為氣化之常體。

〔註81〕見陳立驤〈張載天道論性格之衡定〉，頁48。

　　此太虛之體落於個體生命處，即是吾人之「性」。性體在吾人生命處乃最深之淵源，此最深奧處、最隱密處無物交之相感之形跡可尋，故曰「至靜無感，性之淵源」。或有另說，即「性之淵源」不是說性體還有另一個最深之根源，乃是說此即是性體自身之最深奧處，最隱密處。「至靜無感」即是「寂然不動」。「寂然」是性體自身之寂然，「感而遂通」亦是性體自身之神用。〔註82〕兩義合併，無非言性體之感非物交之客感可模擬，客感唯是性體自身接於物時所呈現之暫時之相，為「感之暫時形態」，故曰客感。有識有知之客感，其感應有侷限，有形跡，無法一感即通天下；相對於物交之客感，性體之感即非此客感所可名狀。是以橫渠雖言「至靜無感，性之淵源」，亦不可誤會性體乃一無感之死物，若如此，則太虛之「清通之神」就不可說。此絕非橫渠之意。

　　太和、太虛、清通之神，也許在橫渠不熟練的表達方式下，易引人誤解，譬如他說：「太虛為清，清則無礙，無礙故神。反清為濁，濁則礙，礙則形。」（〈太和篇第一〉）這種表述即予人「太虛為氣之質性」的印象，是以程明道質疑曰：「一氣相涵，周而無餘。謂氣外有神，神外有氣，是兩之也。清者為神，濁者何獨非神乎？」〔註83〕氣有清濁，若論氣之本體，則清濁皆應涵於其內，何故道「太虛為清，清則無礙，無礙故神」，而將濁氣屏除於外？又說：「凡氣清則通，昏則壅。清極則神，故聚而有間，則風行而聲聞，具達清之驗與不行而至，通之極與？」（〈太和篇第一〉）此豈非以氣清與否形容太虛？此即橫渠滯文不暢所在。

　　近人朱建民先生即認為張載所說的神，實有不同的層次。一是氣之極清狀態之神，另一則是氣之所以然之神。他說：

　　　　首先，不可象之神可以是氣在某種狀態的表現。如云：「氣清則通，昏則壅，清極則神。」氣在極清的狀態，所表現出來的不是名言可以形容的，故名之曰神。……就氣而言不可象之神，則神只是氣的表現。氣固然屬於形而下，而此處之神亦未必即屬於形而上者。不過，張載所說的神，有就氣化之實然表現而說的神，也有就氣化之所以然而說的神。例如，「大率天之為德，虛而善應，其應非思慮聰明可求，故謂之神。」此處之神，不是我們的思慮聰明所能掌握的，故亦為不可象者。但是，此處的不可象之神，並不是就氣化之實然

　　〔註82〕參見牟宗三《心體與性體》，第一冊，頁444。
　　〔註83〕參見張載《張子全書》卷二，〈集說〉，頁4。

而言，而是就氣化之所以然而言。若說張載承認有形而上者，則唯
有此處之神是形而上者，它與可象之氣有本質上的差異。〔註84〕

朱先生的察覺力十分縝密，故能勾索出橫渠論「神」之分別。一般人僅滯於
氣之極清爲神，卻忽略氣之所以然也是神之妙運，以致貿然將橫渠的學說歸
類爲氣化宇宙論。譬如陳來先生即認爲張載所謂「神」，是指氣的內在本性，
因而是體。「化」是指氣化的運行過程，因而是用。神和化都是宇宙實體「氣」
的不同方面。〔註85〕他所根據的便是〈乾稱篇〉「神天德，化天道。德其體，
道其用。一於氣而已。」以及「氣之性本虛而神，則神與性乃氣所固有。」
兩段文字。大率判張載爲氣本論者，皆拘泥在片段的文字，而忽略融會一貫
的義理解釋，因此也必然遇上勞先生所面臨的問題——「合太虛與氣有性之
名」該做何解釋才通？以朱先生的術語來說，便是他們僅著重氣之實然，卻
忽略氣之所以然，於是乍見「太虛即氣」、「一於氣」或「氣之性本虛而神」
等之類與氣分不開的話頭，便斷言橫渠之說就是氣本論的主張。此均不善融
通之誤解。

　　雖然橫渠言神，可依朱先生之言分成氣之實然與所以然兩層，但如推敲
橫渠的用心，其意可能在以氣清之狀形容太虛爲虛靈活用之體，「凡氣清則
通，昏則壅」，以清氣之通指點太虛之感而遂通之靈活，若氣昏則壅，壅塞即
非太虛之本性。若是，則橫渠言形上之神的地方，處處可見，非止於「大率
天之爲德，虛而善應，其應非思慮聰明可求，故謂之神」這一處而已，蓋神
不離氣，清者固是神，濁者亦不離神，太虛之神用便在一切氣行流變中展露；
而橫渠也意在於所有形下之氣指點其中所隱寓之神。因此朱先生最後的結
語，恐令人不敢苟同。

三、橫渠對太虛本體的體會

　　由前兩段文字可略爲整理如下：太和、太虛、清通之神俱爲形上之體，
無可疑議；此形上之體作爲萬物之源，是怎樣一種形態？依據〈太和篇〉的
描述，它不應是一靜態的所以然之理，橫渠不斷強調它的「清通之神」，只是
至此爲止，尚不知它是如何遍運乎氣而妙運氣化之生生，此則有賴其他篇章
的解析。

〔註84〕見朱建民《張載思想研究》，頁 27。
〔註85〕參見陳來《宋明理學》，頁 63。

> 天地之氣，雖聚散攻取百途，然其爲理也，順而不妄。氣之爲物，
> 散入無形，適得吾體；聚爲有象，不失吾常。太虛不能無氣，氣不
> 能不聚而爲萬物，萬物不能不散而爲太虛。循是出入，是皆不得已
> 而然也。然則聖人盡道其間，兼體而不累者，存神其至矣。……聚
> 亦吾體，散亦吾體。知死之不亡者，可與言性矣。(〈太和篇第一〉)

循續上文之解析，此段文字亦含有形上形下之別，天地之氣，雖聚散攻取百途，然仍有清通神妙之體妙運之，故其聚散雖無定常，均有其不得不如此之道，故皆順而不妄。氣之生生雖有聚散之變化，但太虛之體並不因其聚而有，因其散而無。此體遍滿常在，當氣之散入無形時，並非即歸於虛無，乃正恰因此而證得吾之清通之體，故云「適得吾體」；當氣之聚合成形時，能保其常體，故曰「不失吾常」。太虛不能無氣來朗現自身，氣也不能不循著太虛之變化而或聚或散，是皆不得已而然也。只是聖人於其間，能充盡此道，既不偏滯於聚，亦不偏滯於散，聚散貫通爲一以存神，此即「兼體而不累者，存神其至矣」。

兼體不累之存神，固爲聖人極至之工夫，然由此亦可察覺道體運化之方式。然則何爲「兼體不累」？兼者兼合不偏之義，此易曉，而「體」者該作何解釋則難明。若說體爲道體、本體之義，則道體爲一，何須兼之？據牟先生的解釋是：

> 「兼體」之兼即不偏滯義，「體」則無實義，非本體之體。兼體者即
> 能兼合各相而不偏滯於一隅之謂。〈誠明篇第六〉有云：「天本參和
> 不偏。」此「兼體」之兼即「參和不偏」之意也。所參和之體即晝
> 夜、陰陽、動靜、聚散等之相體或事體，故此「體」字無實義，乃
> 虛帶之詞。〔註86〕

牟先生之解，頗能予人有所啓悟。不過其辭正確與否，《正蒙》應可予以證實。〈乾稱篇第十七〉曰：

> 體不偏滯，乃可謂無方無體。偏滯於晝夜陰陽者，物也。若道，則
> 兼體而無累也。以其兼體，故曰一陰一陽，又曰陰陽不測，又曰一
> 闔一闢，又曰通乎晝夜。語其推行故曰道，語其不測故曰神，語其
> 生生故曰易，其實一物，指事異名爾。

物與道之分，在於一有所偏滯，一無所偏滯。若物者，乃偏滯於晝夜陰陽者；

〔註86〕見牟宗三《心體與性體》，第一冊，頁448。

若道者，則兼體而無累也，譬如一陰一陽，一闔一闢等兩端對立之體，可以兼合而不偏，方乃謂之兼體。如此不偏滯任何一端，方可謂無方無體。由是可知，所謂「體」者，應爲牟先生所講的「事體」之意，陰陽、闔闢、晝夜均是兩兩對立的事體概念，故牟先生所言不差，「兼體」者乃兼合兩事體之謂。觀〈太和篇〉另一段文字更可詳見其義：

> 兩不立，則一不可見。一不可見，則兩之用息。兩體者，虛實也，
>
> 動靜也，聚散也，清濁也，其究一而已。

尋橫渠之意，所謂「兩體」者，並未固定指謂哪兩體，陰陽、闔闢、晝夜是兩體，虛實也，動靜也，聚散也，清濁也，也是兩體，可見「兩體」是一泛指的兩兩對立的名稱，現實上處處可見兩兩對立之物，不，應是說現實上無一無對之物，有陰就有陽與之對，有正就有反與之對，有動就有靜與之對，真正無對者，惟「道體」而已。道體不僅兼合陰陽，亦兼合動靜、聚散、清濁⋯⋯等等，既不偏於此，亦不滯於彼，兼合各事相而不偏滯於任一相。道體源於有「清通之神」存焉，故能不累於任一相跡而遍應無方。

然則說太虛兼合兩體無方，亦非謂太虛乃一大雜拼，陰陽、闔闢、動靜、晝夜通通包含進來，綜合了種種對立兩體而說太虛，若如是者，則此太虛只成一大雜膾，何有「清通」可言？故欲理解「兼體」之意，也許牟先生的解析能與吾人稍清楚的認識：

> 因「兼體而無累」，故〈繫辭傳〉曰：「一陰一陽之謂道」，又曰：「陰陽不測之謂神」，又曰：「一闔一闢之謂變」，又曰：「通乎晝夜之道而知」。道、神、易，「其實一物，指事異名爾」。「一陰一陽之謂道」，非是說靜態地兼合了陰陽即是道，乃是說陰了又陽，陽了又陰，這樣動態地參和了陰陽而不偏滯於陰或陽，這纔見出道之妙用，即妙運乎陰陽以成此氣變也。陰而陽、陽而陰、氣變之不可測度即是神。若偏滯於陰或陽，則物而不化，有方所、有形體，非不可測度，而神亦不可見矣。〔註87〕

以陰陽爲例，道之兼合陰陽，絕非靜態地綜合陰陽即是道，而是動態地參和了陰陽而不偏滯於陰或陽，纔見出道之妙用，即妙運乎陰陽以成此氣變。不唯陰陽如此，闔闢亦然。「一闔一闢之謂變」，即動態地參和了闔闢而不偏滯於闔或闢之意。動靜、晝夜亦莫不如是。牟先生以「動態地參和」形容「兼

〔註87〕見牟宗三《心體與性體》，第一冊，頁449。

體」，實是精確地道出「清通不測之神」之「神」義，神義惟在動態地運化方見出它的「妙」與「化」。若是可推測計算的，談不上「妙」；一成不變，或是突然跳躍式的轉變，也絕非「化」之義。據朱子的定義，所謂「化」者是「逐一挨將下去底，一日復一日，一月復一月，節節挨將去，便成一年，這是化。」〔註 88〕若非有清通之神於其間動態地運轉，如何成就日、月、年之化呢？是以「兼體無累」不僅道出太虛之不偏滯，亦模擬出太虛之「動態運化」義。

僅以對天道本體的界定，張橫渠亦如周濂溪一般，不以氣化之超越規制之理規定之而已，兩人同時皆摻入「動態地運化」之義，亦即本體自身固然爲存有之理，也是創生萬物之源，且此創生非謂「在前導引」氣之流行，而是直接妙運萬物，爲創造之眞幾。此解恐怕比朱子更貼合「天命流行，於穆不已」之原義。

由此妙運氣化流行，實現萬物存在之義，吾人亦可以太虛「生」氣形容之，蓋「生」者非憑空生出一物之謂，乃是「妙運」、「實現」之義。如不以此義界定「生」義，則太虛生氣則有陷於時間先後、宇宙有始無始之疑難，人人儘可質問：太虛未生氣之前是何種狀態？太虛生氣的那一刹那是什麼時候？是故橫渠斷然否定虛能生氣，其原由或是如此。〈太和篇〉道：

> 知虛空即氣，則有無、隱顯、神化、性命通一無二。顧聚散、出入、形不形，能推本所從來，則深於易者也。若謂虛能生氣，則虛無窮，氣有限，體用殊絕，入老氏有生於無自然之論，不識所謂混一之常。
> 若謂萬象爲太虛中所見之物，則物與虛不相資，形自形，性自性，形性天人不相待，而有陷於浮屠以山河大地爲見病之說。

依據橫渠的體悟，太虛與氣本不相離，不離之因在於太虛原已在氣中運化之，故曰「知虛空即氣，則有無、隱顯、神化、性命通一無二」。全氣即是太虛，全部太虛即在氣中顯現。若偏離此思路，硬將兩者分解拆開，則虛是虛，氣是氣，虛氣不相即，於是便有虛與氣如何關聯一起的問題。如果說虛爲能生，氣爲所生，則是表「虛無窮，氣有限」，此即體用殊絕，入老氏有生於無之論，而不識所謂混一之常。說「虛能生氣」是否即爲入於老氏有生於無之論，恐怕大有問題，不過此處吾人所當注意者乃橫渠主張太虛與氣不應截然分做兩物看，分做兩物看便有諸多疑難出現，「虛能生氣」是其中一樣，謂「萬象爲

〔註88〕參見張載《張子全書》卷三《正蒙》〈太和篇〉「朱子註」，頁 14。

太虛中所見之物」又是另一項疑問。主後論者，難免會有物與虛不相資，形
自形，性自性，形性天人不相待的疑點存在。

　　如不依從此僵固之思路，將「生」者規定爲妙運、妙應之義，則道「虛
能生氣」又何妨？氣行之所以不停者，正是太虛以其清通之神、無累之虛妙
運乎氣而使其生化不息，使其動靜聚散不滯，此不正是「理生氣」之義耶？
牟先生於此評論橫渠：

> 是以縱貫言之，則「虛能生氣」；橫鋪言之，則體用相即。橫渠於此
> 只著重「虛空即氣」之相即，此只知其靜態之橫鋪，而忘其動態縱
> 貫之創生義也。在動態縱貫之創生中，非如母之生子，子生而離母
> 體，而子母異體也。神體無限而遍在，永與其所生所起者冥合爲一
> 也。是以即在縱貫中，亦是全神是氣，全氣是神也。豈是以無限之
> 神與一步之氣對言耶？若如此，則無限之神有蹈空之處，焉能遍在
> 耶？此誠「體用殊絕」矣！〔註89〕

此評的然中理，誠是解析橫渠形上理論的最佳說明。由是可明橫渠論太和之
道，初始即以理之妙應氣、理氣圓融合一之方式講述，這種講述方式與濂溪
講說誠體寂然感應無異，也與明道論道氣圓頓一本隱合，此三人並無嚴格的
師承關係，然所言卻又一致，誠如象山所云「東海有聖人出焉，此心同也，
此理同也。西海有聖人出焉，此心同也，此理同也。南海北海有聖人出焉，
此心同也，此理同也。千百世之上，至千百世之下，有聖人出焉，此心此理
亦莫不同也。」〔註90〕智慧學之不可思議，一如是焉。

四、參兩通一之原則

　　前一段所申論的「客感客形」與「無感無形」，前者狀物，後者乃「性之
淵源」。性之至靜無感，乃狀其自身寂然不動貌，非謂性體無感無動爲一死物。
物之感爲有限制而偏於一隅，且爲被動之待物交而感；性、道之感則非若是。
〈乾稱篇〉云：「大率天之爲德，虛而善應。其應非思慮聰明可求，故謂之神。
老氏況諸谷以此。」天德之感乃「虛而善應」，若有聰明思慮夾雜其中，則非
虛矣。天德之所以善應乃因其虛明之神，「氣有陰陽、屈伸、相感之無窮，故
神之應也無窮。其散無數，故神之應也無數。雖無窮，其實湛然。雖無數，

〔註89〕牟宗三《心體與性體》，第一冊，頁461。
〔註90〕參見陸九淵《象山全集》卷廿二，〈雜著〉。

其實一而已。」（〈乾稱篇第十七〉）氣之錯綜相感無數，天德之神隨之而應也無數。縱然神之應也無數，而神體本身乃虛然湛然，永保其「一」之完整不散。緣此清通虛湛之一，故道體能應之無窮。

　　進一步深論之，虛湛之一之能善應無窮，亦有其感應之原則，此原則即「參兩通一」。〈太和篇〉說：「然則聖人盡道其間，兼體而不累者，存神其至矣。」由聖人之兼體不累之化境，體証天道之參和不偏。而聖人與天道之能兼體參和，緣於彼「存神其至矣」。聖人由其存神而証悟道之清通神明。至於橫渠之「兼體」是何義，前文亦已討論過，茲不再複述，簡言之，道之神感神應在於它能通兩爲一，將各個對立之兩事體動態地參和爲一，不使其斷裂僵滯，此正是「參兩通一」的原則。〈參兩篇〉曰：

　　地所以兩，分剛柔、男女而效之法也。天所以參，一太極兩儀而象
　　之性也。

此文應是據〈說卦傳〉而來，〈說卦傳〉曰：「昔者聖人之作易也，幽贊於神明而生著，參天兩地而倚數，觀變於陰陽而立卦，發揮於剛柔而生爻，和順於道德而理於義，窮理盡性以至於命。」朱子註「參天兩地而倚數」曰：

　　天圓地方。圓者一而圍三，三各一奇，故參天而爲三。方者一而圍
　　四，四合二耦，故兩地而爲二。數皆倚此而起。〔註91〕

「圓者一而圍三」，即以數之三象徵天圓，名曰「參天」，表天德之「圓而神」；「方者一而圍四，四合二耦，故兩地而爲二」，即以數之二說「兩地」，象徵地之方，表地德之「方以智」。橫渠即由此「兩地」之二而說此「兩體」（如剛柔男女、推之，虛實、動靜、清濁、聚散等）之方德，由「參天」之三而說「兼體無累」之圓德。〔註92〕其文云「地所以兩，分剛柔男女而效之法也」，意即地之所以兩，正爲要分剛柔男女而呈現萬物法相之定體。此句可能根據〈繫辭傳〉「效法之謂坤」而來，朱註曰；「效，呈也。」又說：「法，謂造化之詳密可見者。」氣化、物質之所呈者，皆有定而不可亂之相，雖包羅萬象，齊爲表彰造化之道者。而物之法相又均表現爲兩兩對立，如剛柔男女、晝夜動靜、聚散虛實，莫不如是。坤道，亦即終成乾道創生的材質原則，《易》以「地」代之。言「兩地」者，也即落實於事物而言其兩兩相對之法相，故橫

〔註91〕朱熹，《周易本義》卷四〈說卦傳〉，朱熹、胡方平撰，《十四卷本周易本義、
　　　　易學啓蒙通釋》，（台北：廣文，1992初版），頁1。
〔註92〕參見牟宗三《心體與性體》，第一冊，頁451。

渠替之以「兩體」或「兩之」，亦頗符合《易》之本義。

　　「兩體」如此，「參天」亦然。取「一而圍三，三各一奇」象徵天德圓神之一。耦者可分，表物相之定相；奇則不可分，顯天德圓神純一不可分。然則天德與地德有何相關？〈繫辭傳〉云：「天垂象，見吉凶，聖人象之。」天示現以象，由所垂之象具體地指點天德之神，而在橫渠看來，天所象而示者就是天德神體之圓而一，又天之所命於人者謂之性，故天德神體之圓而一，同時即為性體之真實意義。故後文云「天所以參，一太極兩儀而象之性也」，意謂由太極兩儀之統而為一象示出性體之具體而真實的意義，亦即由天之所以參而「三各一奇」亦即是「圓而神」之一而象示出也。〔註93〕牟先生如是解道。所以天德與地德非不相關，地之所以兩，為表象造化之詳密，故以定而不可亂之相呈現；雖然所呈現者乃各個獨立不可亂之相，其中亦有寂感之神以參通之，此即為天德昭顯。無此天德，世界就是一片偶然的、斷裂的拼湊的宇宙。在聖人誠神幾之化境裡，世界非如此，氣化之生生定有天德參和其間，它即顯示在兩兩通一之象中，此亦為性之所以為性者。此語也透露天道性命不離之義，彼義也是橫渠學問義理之重要樞環，儒家形上學必談至此而後可。

　　是故物雖有殊別之定相，能將之統而一之者，惟清通之神體而已。〈參兩篇〉繼之曰：

> 一物兩體，氣也。一故神（自注：兩在故不測），兩故化（自注：推行於一），此天之所以參也。

《張子全書》收錄朱子的解釋曰：

> 此語極精。一故神，自注云「兩在故不測」，只是這一物周行乎事物之間，如陰陽屈伸往來上下，以至於行乎十百千萬之中，無非這一個物事，所以謂「兩在故不測」。兩故化，自注云「推行於一」，凡天下之事，一不能化，惟兩而後能化。且如一陰一陽，始能化生萬物。雖是兩要之，亦推行乎此一耳。

一之所以神，在於它周行乎事物之間，說它在這裡，同時它也在那裡，無一物不在，無一物不體，是以謂「神」。「兩故化」者，朱子解為「凡天下之事，一不能化，惟兩而後能化」，為何非有兩而後能化？細思之，此亦「道不離氣」之意。道之神化惟在兩體通一上見，若無兩體，則一來無生化之可言，二來

〔註93〕參見牟宗三《心體與性體》，第一冊，頁452。

亦顯不出「神用不測之妙」。由「一故神」，必說到兩；由「兩故化」，必說到一。一而兩，兩而一，圓成兼體無累、參和不偏，即用見體之實。此意非朱子獨發，橫渠亦云：「兩不立，則一不可見。一不可見，則兩之用息。」朱子此解深得橫渠之心。

事體所以能化者，在其能推行於一，兩體之能推行於一之故，又在太虛神體之能「感」。橫渠曰：

> 無所不感者，虛也。感即合也、咸也。以萬物本一，故一能合異，故謂之感。若非有異，則無合。天性，乾坤陰陽也，二端故有感，本一故能合。天地生萬物，所受雖不同，皆無須臾之不感，所謂性即天道也。（〈乾稱篇第十七〉）

太虛神體之能兼體參和萬物，在其「能感」，感即合也、咸也。《易經》〈咸卦象傳〉曰：「咸，感也。柔上而剛下，二氣相感以相與，止而說。男下女，是以亨利貞，取女吉也。天地感而萬物化生，聖人感人心而天下和平。觀其所感，而天地萬物之情可見矣。」咸之爲言感也，傳文取夫婦相感止而悅以喻萬物之相感，然不可止以夫婦之道，此一事耳。眞正「咸之爲道，以虛受爲本。有意於中，則滯於方體而隘矣。」﹝註94﹞惟虛能感，道之爲體，本清通虛靈，故其感能化生萬物。雖然天性唯是乾坤陰陽變化，然此變化之中即有虛明之感通貫其間，交感之使其皆爲神化意義之存在。虛明之感便是以「參兩通一」的方式相感，陰陽乾坤、虛實動靜，或男女剛柔，只要是對立之兩端，皆能感。舉乾坤陰陽，不過象徵「兩體」也。而相異之兩體能感之因，在於「萬物本一」。萬物本著清通之神而生，故能相感無礙，是以謂「二端故有感，本一故能合」。

下一條例亦云：

> 感者，性之神。性者，感之體。惟屈伸、動靜、終始之能一也。故所以妙萬物而謂之神，通萬物而謂之道，體萬物謂之性。（〈乾稱篇第十七〉）

清通之神落實於萬物者謂之性，故性者亦爲神感之體，神感爲性之用，故氣變屈伸、動靜、終始所以能一者，蓋有性體爲之主，而此時之氣變也不是純粹形下之氣跡，乃是具神體縱貫交感之神化意義下之氣。由於太虛性體之神感神應，故能妙運萬物而不息，通萬物而爲一。妙、神、化，均以「事體之

﹝註94﹞參見張載《張子全書》卷十〈易說中〉，頁1。

兩兩相感」作解。此義不僅橫渠適用之，其實濂溪之「寂然不動，感而遂通」亦不出「兩兩相感」，不過濂溪未曾就此深入詳析說明而已。

五、性其總，合兩也

通屈伸、動靜、終始而爲一者，在天謂之道，在人則謂之性。橫渠直接將此虛而善應之神體落實爲個體生命之性，與孟子論性稍有差異。孟子從人之有不忍人之心開始論述，強調道德創造之源與實踐動力均完備於人性上；橫渠由「兼體合兩」論性，偏重性體之無所不感、無所不通，亦突顯出道德實踐之「無意、無必、無固、無我」之清通虛明一面。〈誠明篇〉曰：

> 性其總，合兩也。命其受，有則也。不極總之要，則不至受之分。
>
> 盡性窮理，而不可變，乃吾則也。

有學者道「性其總，合兩也」一句乃「合虛與氣有性之名」的另一表示。〔註95〕該學者以爲：

> 在張載從天性到天所性的過渡中有一明顯的差別：其天性是乾坤、陰陽二端，而其天所性則是「通極於道，氣之昏明不足以蔽之」的無不善。這說明，天性是包括陰陽二氣在內的，而當其落實於人時，則僅僅指超越於氣的「無不善」而言。這就涉及到張載性論的宇宙生成基礎問題。從生成論來看，張載認爲「合虛與氣，有性之名」（《正蒙·太和》）意即性是太虛與氣的統一，這也就是「性其總，合兩也」（《正蒙·誠明》），亦即前述所謂「乾坤、陰陽的二端而已」。但當其落實於人時，則只能指其最根本的一面而言，所以說是「性通極於道，氣之昏明不足以蔽之」，亦即只能指超越於氣的太虛天德而言。〔註96〕

強調太虛天德的超越性，無疑是正確的，不過既已明示性是太虛與氣的統一，爲何又說「當其落實於人時，則只能指其最根本的一面而言」？除非「性其總，合兩也」不能將之解成「是太虛與氣的統一」。也許我們可以依據「合虛與氣有性之名」一語來斷定「性其總，合兩也」就是「太虛與氣的統一」，不過本文想從另一個角度看待這一句話。若能綜合連貫橫渠所說之太虛之神，

〔註95〕參見丁爲祥〈張載人性論溯源〉，《鵝湖月刊》總號311期，2001年5月，頁38。

〔註96〕見丁爲祥〈張載人性論溯源〉，頁38。

乃以參兩通一的方式感應陰陽、屈伸、動靜等等之氣，則此神明之體落實於人身上時，必然也承續此兩兩通一之神義。此義若無差池，則「性其總，合兩也」一句便是：性是合兩之總而見，「總」者爲總合虛實、動靜、屈伸、有無、聚散、清濁……等之兩體而不偏滯於一體而成化。性體必通貫形氣以實踐其自己，一切道德行爲即是呈現性體之清通虛明，創造不已。真實之道德不能有一絲偏滯，偏於清，偏於和，或偏於任，皆非聖人大中至正之道，明乎此，則知何以孟子要判別伯夷、伊尹、柳下惠與孔子四位聖人之高下，蓋前三位聖人有其氣質未化之偏滯，唯孔子「可以速而速，可以久而久，可以處而處，可以仕而仕」，能完全呈顯兼體合兩之性體。其餘諸人，伯夷偏於清，故非其君不事，非其民不使；伊尹則是「治亦進，亂亦進」，思天下之民匹夫匹婦有不與被堯舜之澤者，若己推而內之溝中，其自任以天下之重者若此，是有意於任也；柳下惠不羞汙君，不辭小官，與鄉人處，由由然不忍去也，與伯夷正相反，是有意於「和」也。三人皆有意於某種表現，孔子則全然空空如也，唯扣其兩端而竭焉，無適無莫而義之與比，故孟子評此四人：「伯夷，聖之清者也；伊尹，聖之任者也；柳下惠，聖之和者也；孔子，聖之時者也。」（《孟子·萬章章句下》）

　　三子均能就其一偏之特長發揮其極，其成就不可謂不高，然終究偏於一，未能達「存神至明」之境，此處孟子以「力」與「智」區分之：「智，譬則巧也；聖，譬則力也。由射於百步之外也，其至，爾力也；其中，非爾力也。」（《孟子·萬章章句下》）若融會橫渠「兼體存神」之義理觀之，則三子缺乏清通神明之智甚顯，真正聖人應爲濂溪所形容「誠神幾」三者均備方爲真聖人。三子誠則誠矣，然未至於「神」，是以於聖人之境，終欠一間未達。

　　於是可明性體寂感之神若未能總合兩體而不偏滯，則不能見性體之全義；而未盡總合之義，則性之所命之大分即有不願承受之可能，或不素位而行而願乎其外，或行險僥倖以趨利避害，此皆未能盡性窮理之弊。這樣的詮釋比起單一強調性體之超越性或許更能符合橫渠所說「合虛與氣有性之名」，性體固有其凌駕氣之上的超越性，但橫渠本意應是點出性是著落在個體自然生命中而表現的，依循橫渠「寂感通一」之義理，性體理應是可以總合氣之兩體而不偏滯，如此方能顯出性即道體、即神體一義。

　　通曉性體之感虛實有無爲一，則知宇宙萬物、日常生活無一不納於性體之感應貞定中，若佛老之偏於無、偏於空者，即非盡性焉者。〈乾稱篇〉說：

有無虛實通爲一物者性也。不能爲一，非盡性也。飲食男女皆性也，
是烏可滅？然則有無皆性也，是豈無對？莊、老、浮屠爲此說久矣，
果暢眞理乎？

性不單指虛與無而言，「有」與「實」亦是性分中所有事，飲食男女均是也，
都是性體所貫之實事。胡五峰曰：「夫婦之道，人醜之矣，以淫欲爲事也。聖
人則安之者，以保合爲義也。」（《知言》）盡性必在具體生活之「合兩通一」
見，夫婦之道當然也是盡性中之其中一事，人不識此義，遂以淫欲爲事，惟
聖人能在盡性之道德行爲下肯定此事，故能安而行之。故盡性不能停於虛與
無而隔絕有與實，如此即是缺一無對，缺一而無兩無對，就無法表示妙合之
通，即是性體之偏滯，而非具體眞實的性體，是故橫渠一句「是豈無對」，即
顯示性體不能捨動靜、聚散等而純停滯於虛與無一面而無對，若此則爲「偏
枯之性」，而非圓實之性也。

　　具體而眞實之性必通徹妙合兩體以顯其神用，此兩體不限何種事體，陰
陽、動靜、聚散是，屈伸、剛柔、出入亦是，幾可說天下事體全在性體神體
的感應下而參通爲一，此即成就「寂然不動，感而遂通天下」之果。萬物之
能妙合爲一，亦在於其本來根源於一，故能相感相應而通一，〈乾稱篇第十七〉
云：「無所不感者，虛也。感即合也、咸也。以萬物本一，故一能合異，故謂
之感。」萬物本源自太虛神體之創生，故寂感之一能合眾異，而其合眾異也
不過憑藉「動態地參和妙運」各異體而使然。所以橫渠結論曰：「天地生萬物，
所受雖不同，皆無須臾之不感，所謂性即天道也。」合二端之感，即是太和
之爲道得以感通天下之故，橫渠之「本體宇宙論」於茲庶幾完焉。

第三節　天道性命相貫通

　　綜觀濂溪、橫渠之天道論，均可發現他們對天道本體有一「感應活動」
之解釋，藉此感應妙運，天道乾元可以資始貞定萬物的存在，於此實即可見
出天道與個體性命相貫通之意味，不過這些都是偏於宇宙論的客觀論述，無
論如何精微深幽，總須由人體證之，否則難免淪於獨斷的形上學。欲避過此
一阱陷，工夫論的提出有其必要，亦即藉由實踐證成此套理論乃眞實無任何
疑議。此爲初步。再來，若工夫與本體有距離而不爲一，亦無法完全證實這
一套本體宇宙論，故須進一步說明「工夫即本體」、「本體即工夫」，方能徹底

證成理生氣之妙運義。明道之「一本論」最能顯其中義蘊，故本文論至此時，以明道之說法為主。

一、濂溪之「無思無不通」

依上文之陳述，濂溪之工夫表現在「思通」之用上，《通書》〈思第九〉云：「《洪範》曰：『思曰睿，睿作聖。』無思，本也；思通，用也。幾動於此，誠動於彼。無思而無不通為聖人。不思則不能通微，不睿則不能無不通。是則無不通生於通微，通微生於思。故思者聖功之本，而吉凶之幾也。《易》曰：『君子見幾而作，不俟終日。』又曰：『知幾其神乎？』」雖然文以「思」為主，然實質上即為「心」之自覺明用，借用「思」來表達。思通之用以「無思」為本，根據上文的分疏，無思非槁木死灰之無思，而是〈繫辭傳〉所說「易無思也，無為也，寂然不動，感而遂通天下之故」之無思無為，乃無將迎、無造作，惟是一虛明流行之思。循此無為之思，所思者為化惡幾為善幾之思微，審濂溪下文「幾動於此，誠動於彼」即可知。

是以思通之用純然為「知幾」、「審幾」之工夫，而在此「知幾」、「審幾」之工夫上，也已包含了化惡為善的實踐意義，何以言哉？牟先生曰：

> 知幾即在動之微處而神感神應。常戒慎恐懼而保其清明之體，故能知微（通微）。知微而至神感神應，即是「無思無不通」而為睿矣。〈易・繫辭傳〉曰：「顏氏之子，其殆庶幾乎？有不善未嘗不知，知之未嘗復行。」「有不善未嘗不知」，即示顏子能常保其清明之體（誠體、寂體、心體），故能知微也。「知之未嘗復行」，即示知之即化之也。故王龍溪常於此稱顏子「纔動即覺，纔覺即化」。此即示顏子之生命「誠精故明，神應故妙」，庶幾近於「無不通」之睿境矣。〔註97〕

因此吾人切不可以為濂溪言「思通」、「知幾」只是察事變之幾而知之於幾先，若如此則僅為知幾避禍罷了，焉能為聖功之本！此種察事變之幾僅具唯物論的意義，是物勢之動的先兆，僅是客觀平鋪之外在徵象，名曰「幾勢」，唯是偶然的、陰冷的外在事實。此幾無目的、無價值意義可言。因為此幾是一物與其後繼之狀態由時間所表象出來，既是經驗地可能的，則只表示一變化之可能而已，故即是無目的的、偶然的。而變化之可能無定限，於是每一可能

〔註97〕見牟宗三《心體與性體》，第一冊，頁341。

就是一幾，一變化之始點。幾定就可能朝著某一方向變化，於此而言「幾勢」。知此幾勢者是怎樣一種心靈狀態？近人范良光先生有精闢的洞見：

> 「知幾」者若爲知此「幾勢」，則必非超越地智知之或道德地智知之。當然，能察知幾先者必有陰冷之智，此陰冷之智斷非心知之明。故此「知幾」者，是非道德地、反道德地知之，此即落入物勢之機括中，心靈即滯死在迷妄中而物化矣，此不足云「知變化之道」，心知之主體亦不當「神」之名。〔註98〕

《易》曰：「君子見幾而作，不俟終日。」又說：「知幾其神乎？」《易傳》言幾，絕非此意義下之幾，它可以是術數的意義，即，幾爲能予直觀其具體形變的感應之幾，爲著術超越而直接地攝取而知者。故此幾雖無道德意義，然亦由一超越主體所攝之具體活潑之具體事實。〔註99〕故術數之「知幾」，也需要主體心知之明超越地、直觀地感應具體形變之幾，此主體心知之明也是形而上的神知，故可由此術數之「知幾」進昇至道德本心之「知幾」。〔註100〕依《通書》之文，應知濂溪言知幾有一種道德的通化之意，不只是旁觀之照察，當是相應誠體寂感之神而爲充周不可窮之神。〔註101〕此方爲濂溪本意。自道德實踐上言知幾，即呈露一「寂感一如」之神體，也就是道德本心之神。此神乃照察善惡幾先之理體，從濂溪言，便是誠體。當其寂然不動，本心之神如如流行，德行純善無惡；當其感於物時，若爲感性物慾牽扯而墮落，就不復保持它原先純一不雜之用，此即是惡。如是，知幾之神能知幾，亦能化幾，知之即化之，則一切幾動皆順從寂然不動之神體而不妄，乃爲承體之用。《通書》言「寂然不動，感而遂通」與《易傳》說「寂然不動，感而遂通天下之故」，就是說明即用即體，即經驗即超越，實理照澈實事，事事物物純善而無惡。

雖則濂溪論「性」僅止於「性者，剛柔善惡中而已矣」（《通書·師第七》），此爲發自自然生命之氣質之性，非義理之性，似乎未能表現天道性命相貫之義；但是觀其言「思通知幾」之工夫，其實已內涵本心之爲體之義矣。以〈思第九〉章而言，〈思第九〉爲濂溪言作聖之功之最深微者，雖是從思通以復誠體，實爲就心這一主觀原則來體現誠體，把心提到「無思無不通」之圓用充

〔註98〕見范良光《易傳道德的形上學》，頁 237。
〔註99〕參見范良光《易傳道德的形上學》，頁 236。
〔註100〕參見范良光《易傳道德的形上學》，頁 237。
〔註101〕參見牟宗三《心體與性體》，第一冊，頁 342。

當思通之本，若深入探究，此圓用實即誠體之寂感神用，換言之，濂溪的義理已蘊含「心誠合一」之意，心即是誠，誠即是心，心乃誠體貫注於個體生命中的主觀實踐原則。不過通觀《通書》，此義甚幽微，不夠明朗，可能濂溪尚未意識到此，故隱約有此意涵，卻無明文示之。至橫渠則已能正視心之作用，觀《正蒙》即可知。

二、橫渠之心性論

（一）性與心之相貫通一

濂溪重「思通知幾」，目的在化惡為善，澄淨生命的渣滓，復全誠體之本來神用，此為儒者重工夫論之主因，橫渠亦不例外。對於此不同天命之性的感性成分，橫渠將之區分開來，而賦予一名曰「氣質之性」，以別於「天地之性」。〈誠明篇第六〉云：

> 天所性者通極於道，氣之昏明不足以蔽之；天所命者通極於性，遇之吉凶不足以戕之。不免乎蔽之戕之者，未之學也。性通乎氣之外，命行乎氣之內，氣無內外，假有形而言。故思知人不可不知天，盡其性然後能至於命。

此處橫渠便重視性體之超越性，此通極於道者之性，氣質之昏明與否，不足以障蔽之，遇之吉凶禍福，也不足以戕戮之。蓋其為生命之源，萬物之本，形而後有的氣質感性，是不足以戕戮障蔽之的。雖然人之生，仁義禮智之性固為天所命於我者，但耳目聲色之欲，厚薄清濁之氣質，也是自然而有的，兩者同為天所賦予，可是厚薄清濁之氣質乃「形而後有」的，此種氣質之性，君子有弗性焉者。〈誠明篇〉道：

> 形而後有氣質之性。善反之，則天地之性存焉。故氣質之性，君子有弗性焉者。

「形而後有」意即天道創生，雖有無限之動能以資始萬物，然尚須有材質原則以終成之，創生才不致淪於一片虛無流。緣於有材質之賦予，是以個體方能成形存在，氣質之性緣自此而有，故曰「形而後有」。彼氣質者固可為吾人行德踐仁之資，但也有成為阻礙吾人修道之可能，德行恆易以知險，恆簡以知阻，朗現性體的最大險阻，即是氣質之偏與雜。除非善化此氣質之性，否則天地之性難存焉。橫渠道：

> 人之剛柔緩急，有才與不才，氣之偏也。天本參和不偏，養其氣，

> 反之本而不偏，則盡性而天矣。性未成，則善惡混。故疊疊而繼善
> 者，斯爲善矣。（〈誠明篇第六〉）

〈太和篇〉曾云「聖人盡道其間，兼體而不累者，存神其至矣」，盡道即是「盡
性」，聖人能全盡天地之性，故能兼體無累，參和不偏。一般人則難以如此，
常受氣質之限制而爲其累，橫渠思以「養氣」以化通偏雜之氣，使之漸進於
中和，呈現性體之本然，如是，方可說「盡性而天矣」。

　　或有人疑惑，氣質之性與天地之性既同爲天所生，氣質何以能有惡呢？
蓋萬物皆由天道決定其生成變化，人之形體應不能例外；何故忽有違反天道
之成分出現？〔註102〕嚴格來說，自然之氣質無所謂善惡之分，它純是一中性
的材質而已，因有此形體材質，故人生而有欲望焉，順是欲望而無節，則有
爭奪、殘賊、淫亂之生。節與不節在乎人心之修爲，無關乎材質。或許稟得
氣清而厚者，較易從善；稟得氣薄而混者，較不易遷善。此處不能說天道忽
然生出惡來，而惡又是違反純善之天道的，故云張氏對於惡的來源沒有提供
明確解答。在古今儒者的共識下，從未有天道生善生惡之說，唯有氣秉之厚
薄清濁之分。而天道生物本就參差不齊，於此不能再追問何以天道生物如斯
參差不齊？爲何不能令每一物皆稟同等量的氣？若每一物皆稟同等量的氣，
那麼天道也無神化可言，蓋神化必在兩不齊事體之交感下，方有一陰一陽、
一闔一闢、一動一靜之運化不息。「兩不立，則一不可見。一不可見，則兩之
用息。」故氣化之參差不齊、跌宕曲折是天道神化必然有的表現，有天道生
惡之疑惑者，實不解儒學天道神化義，硬生生將西方上帝造物說搬來此，遂
有此不當之問。

　　當性體尚未順適彰著地朗現時，氣質之善惡混然一處，但不論氣質之駁
雜有多厚重，天地之性依舊不被障蔽，因爲性體之源直通於氣化之外，故氣
質之偏不足以蔽之，而人之窮通禍福，亦屬於氣化之數，也不足以戕賊通於
氣之外的天地之性。因著氣質之偏與吉凶禍福而障蔽戕賊者，未學聖賢之道
也。綜合這幾章之大意，橫渠明白表示一個意思：天人性命相貫通。以「性
體」爲通貫天人之樞紐，性來自天之所命，落實於個體生命上，人物之生自
始至終與天道緊密相連相通。可是究實而論，性體亦是淵深藏密之物，欲使
其朗現彰著，僅憑其自身恐無辦法，橫渠即道：

> 心能盡性，人能弘道也。性不知檢其心，非道弘人也。盡其性，能

盡人物之性；至於命者，亦能至人物之命，莫不性諸道，命諸天。
我體物未嘗遺，物體我知其不遺也。至於命，然後能成己成物，不
失其道。(〈誠明篇第六〉)

欲昭朗內在淵深之性體，唯有心能盡之成之，於是人能弘道也。子曰：「人
能弘道，非道弘人。」關鍵即在心能盡性。心是人欲行道修德的內在主觀意
識，不論是孔子所論之悱惻不安，或孟子所言本心良知，莫不從「心」而言。
總而言之，道德意識之所從出，除了心，莫有其他，人之欲弘道盡性，捨心
而何？我之能體物不遺，亦在於心；明道之言「仁者與天地萬物同體」，亦是
由於仁心之遍潤無方。天人之能合一，或說天人本為一，能合一或為一之關
鍵就在心。雖然上文說「性」乃貫通天人之樞紐，不過性是形式之客觀面說，
真正有作用者，仍在於心。故論天道性命相貫通者，不能離心而談。

但是反觀第四章〈朱子理氣平行二分〉的部分，朱子對心也是相當重視
的，可說朱子整個體系是藉由「心」作為它的支柱點，然而論心若如朱子一
般，還能侈言「天道性命相貫通」嗎？理與氣，心與理，截然二分不一，前
者二分尚可說，後者依然二分，則難以再述心能盡性知天，因為心是形下之
氣。再怎麼虛靈之心，也無充分的保證斷言可以完全朗現性體。橫渠之言心，
有如是乎？〈大心篇第七〉曰：

大其心，則能體天下之物。物有未體，則心為有外。世人之心止於
聞見之狹，聖人盡性，不以見聞梏其心，其視天下無一物非我，孟
子謂盡心則知性知天，以此。天大無外，故有外之心，不足以合天
心。見聞之知，乃物交而知，非德性所知。德性所知，不萌於見聞。

橫渠一開始即明定心有大小，心之或大或小以止不止於聞見之狹而定。世人
之心止於聞見之狹，僅以「見聞」界定心之範圍，不睹不聞者，則剔除於心
之外，如此，尚能體天下之物乎？尚能窮心之源乎？此限於見聞之知的心，
乃形氣之心，須待物交客感方知，先天就有相當大的限制，故橫渠於此鼓勵
人應「大其心」，盡力擴充心之能。心能除眼見耳聞之知外，尚有不萌於見聞
的「德性之知」。聖人能盡此知，不以見聞梏其心，所以能體天下之物，視天
下無一物非我，此心即提昇而至「本體」之地位，與梏於形氣之心截然有別。
細審之，前者乃「由象識心」，後者即不由象識心。〈大心篇〉另一條有云：

由象識心，徇象喪心。知象者心，存象之心，亦象而已，謂之心可
乎？

象者，物象、印象之觀念。一般人之自識其有心，乃由心中有象而識心，而說其有心。但一般人之心，恆只意向於此物象，而使其心同化於此物象，而沿物象以生種種欲望，而其心以喪。故說「徇象喪心」。此正略如孟子言「耳目之官，不思而蔽於物，物交物，則引之而已矣」之旨。然橫渠於此不直說「耳目之官，不思而蔽於物」，而說人之心之自同化於所知之物象，而存之，更徇之，以有人欲，乃使人心陷落於區區一物中。此則較孟子之說，爲切於人心所以蔽於物，而陷落於物中之實事；而亦見人心之知物象之事，同時有一使人心陷落於物，以化出無窮之人欲之幾。〔註103〕上述爲唐君毅先生對此條例所作的解釋，其解精闢，確可作爲此條例之註腳。

　　此知象徇象之心，在橫渠看來，根本不是眞正的心。固然心有知物之能，但心並不僅止於此，下一條即續曰：「人謂己有知，由耳目有受也。人之有受，由內外之合也。知合內外於耳目之外，則其知也過人遠矣。」（〈大心篇第七〉）人之有見聞之知是由耳目與外物相接，有接即有受，此即是內外之合也。但這合內外是主體之心經由耳目之官與外物合，必爲生理器官與外物所限；能超越這侷限而「合內外於耳目之外」，即爲德性之知的合內外。前者是平列的、對待的、關聯的合；後者是隨超越的道德本心之「遍體天下之物而不遺」而爲一體之所貫，一心之朗照，這是攝物歸心而爲絕對的、立體的、無外的合，這是「萬物皆備於我」的合，不是在關聯方式中的合。〔註104〕此爲牟先生對此兩知的區分解釋，一是知識性的經驗之知，一是非知識性的德性之知。論德性之知，必先立大體，在此大體之統攝下，遍體萬物而不遺，覺潤萬物而使之化，萬物皆由一體所貫，故說此爲「絕對的、立體的、無外的合」。孟子言「萬物皆備於我」，明道說「仁者渾然與物同體」，皆非平列的、綜合性的合，均須經由反身而誠，挺立道德意識之大體，方能若是。橫渠言「知合內外於耳目之外，則其知也過人遠矣」，意即在此。

　　經由橫渠「大心」之理論，北宋之體悟道體、本體的路向漸漸轉至「心」之實踐，橫渠已頗能言不受物象拘受之心，經驗之知與德性之知有清楚的劃分，此示「心」的地位漸受重視，亦顯北宋之「本體宇宙論」漸有從客觀之天道轉向主觀之心的傾向。至橫渠爲止，其表象天道性命相貫通，從太虛之「參兩通一」以示神之遂通天下的意味較重，若直由心體以彰著天人性命相

〔註103〕參見《唐君毅全集‧中國哲學原論原教篇》，頁83。
〔註104〕參見牟宗三《心體與性體》，第一冊，頁548。

貫通，則以程明道為箇中翹楚。

（二）唐君毅先生對橫渠哲學的看法

壹、聞見之知與德性之知

唐先生之論橫渠哲學，自有其獨到的見解，其見解大率來自「心之神明之知」一義，此義唐先生在論述濂溪哲學時，即已十分突出。論至橫渠時，更是他的論證基石。依唐先生之見，大率橫渠之融《中庸》《易傳》之言，更立新義，以成其書。其書多是合兩義相對者，以見一義。所謂兩義相對者，如以誠與明相對，性與命相對，神與化相對、……天與人對。凡於此兩義相對者，橫渠皆欲見其可統於一義。橫渠言「兩不立，則一不可見。一不可見，則兩之用息」。此語亦正可還用以說橫渠所立之義之兩者若不立，則其義之一亦不可見；其義之一不可見，則其所立之兩義，亦並成無用。〔註105〕因是，如吾人只知橫渠言虛，卻不知其亦重氣，或只知其氣卻不知其虛，一有畸輕畸重於任一義，皆不足以知橫渠。欲兼合兩義而為一，心知之明絕不可缺。

兩義相對中以天與人之相對為大，通《正蒙》一書，唯〈神化篇〉、〈誠明篇〉、〈大心篇〉三篇乃通天人之道以為論。其中又以〈大心篇〉所論者，由人之大心而得以人道合天道之樞紐。依據〈大心篇〉第一條「大其心則能體天下之物」所述，所謂「大心」之道者，非是充吾人之聞見經驗，以接無盡之物，而使心大至無外的意思。而是求超此一切聞見之知，更知有一「不萌於見聞」的德性之知，能合內外者。但是此合內外的德性之知，如何可說為有？正為人所不易解。一般人所自識其有心者，乃由心中有象而識之，如若沿此種種象而生各種欲望，便是「徇象喪心」。欲避免徇象喪心之危，人在面對此心之存象徇象、將有陷落物中之幾時，能轉化此幾，以成此心之上達，然後人欲可去。

人心之知物象，緣於耳目之官接物而有，耳目之官之接物，便是合內外之事。人在此合內外之事的知象徇象之幾，可超化以轉變之，此又是另一種合內外之事；但此另一種合內外之事，唯是出於耳目之知之外者，故其所成之知，亦是超過此耳目之知之合內外者，此即是不萌於聞見的德性之知。

然此不萌於聞見的德性之知，果是何知？根據「天之明莫大於日，故有目接之，不知其幾萬里之高也」一條，唐先生認為：

〔註105〕參見《唐君毅全集‧中國哲學原論原教篇》，頁79。

目之接天之日，耳之聞天之雷霆，雖能及數萬里之外，然皆不能聞
見此天之太虛；唯人之心知，超於耳目之所見聞，而自開自廓，以
及於此所見聞者外，方能知此莫究其極、而無限無窮之太虛。而心
之知此天之太虛，心即與之合而為一，亦即直下是一合內外於耳目
之外之知。此亦即一德性之知。……此知，由人心之德性而成，亦
由人心之自覺而見，固非由耳目之聞見而見。〔註106〕

耳目唯止於自身功能所限，縱可接於數萬里之外，終究是有限的距離，遠遠
不及天之太虛。唯人之心知，可以自開自廓，超於耳目之所見聞，而知此莫
究其極、而無限無窮之太虛。至於心之知此天之太虛，是否即表心即與之合
而為一，這是一個可以討論的問題；不過於茲當該注意者乃在唐先生十分重
視此自開自廓的「心知之明」。由此心知之明，吾人可藉由種種物象以知物，
再經由心知之觀照，知天地間一切依時而呈現形象秩序的事物，根底上只是
一浩然湛然、亦實亦虛的氣之流行。再觀此氣之屈伸運行中，實為充體是鬼
神、是神化、是性命之理的表現。這一切都是經由人之大其心，以仰觀俯察
天地萬物之屈伸運行。唐先生之論橫渠哲學完全繫於此。

貳、心知之神明

為何從知物象可進至知氣之運行通體是神化的表現？所謂物象者，乃物
之同異、屈伸、終始、動靜等等，皆物之象。橫渠嘗說：「物無孤立之理，非
同異、屈伸、終始以發明之，則雖物非物也。事有始卒乃成，非同異有無相
感，則不見其成。不見其成，則雖物非物。」（《正蒙・動物篇》）照唐先生的
解釋，依橫渠意，吾人即由此種種物象以知物，而物即表現此種種象者。離
種種象而物非物，則物之所以為物之概念，乃依此種種象而立。〔註107〕一物
與他物之間恆互有同異，同則互有其所有，異則互無其所無，於是，「物依同
異而相感，亦即依其所有所無以相感。相感而物原有之性質數量，或增而伸，
或減而屈。」〔註108〕大凡物必有與他物同異、有無之處，即在此處兩物互相
感以成事，不能如是者，即非物也。這裡，唐先生直下以物與物因其有無同
異而互感，解釋「兩兩交感」之義，此解當然與本文之陳論大異其趣。

就在物與物能相感以成事中，更有一段屈伸終始之過程，而物與事，即

〔註106〕見《唐君毅全集・中國哲學原論原教篇》，頁84。
〔註107〕參見《唐君毅全集・中國哲學原論原教篇》，頁89。
〔註108〕見《唐君毅全集・中國哲學原論原教篇》，頁89。

皆在此一歷程中存在。由始而伸爲浩然，由屈而終則爲湛然，二者並爲一物之象。於是此一物之象，即一流行之物象，既是浩然而伸之「有」象，又兼爲湛然而屈之「無」象，而此中之物即應說爲流行的存在或存在的流行。由此唐先生又轉至「虛實」問題，此存在之流行，實者可爲虛，虛者可化爲實，存在不是定實者，只是一氣之流行而已。最終唐先生歸結道：

> 物之時與秩序，依於物象而有；而物象又依氣之息散，即氣之流行
> 而有。則物乃第二義以下之存在概念。唯此氣之流行爲第一義之存
> 在概念。〔註109〕

這些認知都是經由大吾人之心，觀天地間一切依時而呈形象秩序之事物，根底上只是一浩然而湛然、亦實亦虛的氣之流行。當萬物之生而始，可視爲一氣之伸；而其死而終，即可視爲一氣之屈。前者爲陽氣，後者爲陰氣。在〈動物篇〉復又名伸展之陽氣爲「神」，屈而終之陰氣爲「鬼」。自此便可銷化萬物之生死之多的觀念，唯見天地間只是此陰陽鬼神之氣之充塞。

可是這種結論，其實不出常識之仰觀俯察所見，有何「神妙」可言？又如何與太虛之神連上關係？依唐先生之解，此便是橫渠教人要在自然之屈伸無方，運行不息中，知性命之理，〈參兩篇〉曰：「雷霆感動雖速，然其所由來亦漸爾。能窮神化所從來，德之盛者與！」（〈太和篇〉）也說天地間之陽浮陰降，感遇聚散，無非教也。這一切之要旨，「乃在由人之大心，以仰觀俯察天上之日月五星風雨雲雷，及地上之萬物之屈伸無方，運行不息中，見其充體是鬼神、是神化、是性命之理於此表現。」〔註110〕這即是橫渠於此氣之流行得言窮神知化，並於〈太和篇〉說「天地法象，皆神化之糟粕」之故。人之所以能即氣以言窮神知化，乃由此心之超形象，而自伸達於形象之外，才有的。這便是唐先生解橫渠「大其心」之終義。

大其心者，其實就是開闊人的「心知之明」，而人之有心知之明，源於「清通之神」。說清通之神，既可表現在氣之隱顯、聚散、虛實之交感中，也表現在「一存在對其他存在之虛明照鑑」中。於前者，唐先生道：

> 於此相感通處，即見氣之有清通之神。神之清通，爲通兩之一、爲
> 絕對、不可見，亦無形無象。則自氣之散爲多處看，便爲一之兩，
> 爲相對，亦爲有象而有形之始。故〈太和篇〉言「散殊可象爲氣，

〔註109〕見《唐君毅全集・中國哲學原論原教篇》，頁89～90。
〔註110〕見《唐君毅全集・中國哲學原論原教篇》，頁91。

　　清通不可象爲神」也。〔註111〕

於斯可以確定唐先生實認爲氣自身即備清通之神，此清通之神無須上溯至太
虛之本體，氣本身即有互相交感之神。氣自身既已備清通之神，則

> 依此清通之神，而一存在有對其他存在之虛明照鑑，故曰「虛明照
> 鑑，神之明也」。於此亦同時有此其他存在者之呈其形象於此一存在
> 之前，而此存在對其他存在者，亦即可說有對之之明與知。此明與
> 知，即心。此一存在之能有此清通之神，能明能知，以使之能感通
> 於其他存在，即其性。〔註112〕

兩義合併一起，可察知唐先生之論清通之神，首源自氣之清通相感，氣者即
是第一義之存在，由此而推出每一存在亦有此清通之神，落實於個體存在上
的清通之神，表現爲對其他存在之虛明照鑑，虛明照鑑者即是心知之明，有
此心知之明，遂能感通於其他存在，即此存在之性也。總而言之，「此清通之
神或明知心性等，乃自一存在者之感通於其他存在之事之內部觀，而說其有
者。」〔註113〕這就是唐先生推溯心、性之理論順序。所有論理的基礎點便在
「心知之明」上，由於心知之明，人在仰觀俯察天地之際，可以超於耳目見
聞之外，知物之存在非一定實之存在，而是一可隱可顯、可寂可感的氣之流
行，於茲再鑑察氣之交感變化源於其自身之清通之神，而人之所以能知物之
形象，也原於此清通之神。是故，在唐先生的詮釋下，橫渠所言之「虛明照
鑑」、「清通之神」完全著落在「心知之明」上；若我們回顧唐先生之論周濂
溪之「神」義，同樣也蘊含心知之明。大致上，我們可以斷言唐先生之論濂
溪與橫渠，「心知之明」可謂其論述的基礎，全部的解析架構幾建築於此。然
而此種解析論述北宋二大家的方法是否能貼切地相應，則須有一番研討方可。

參、唐先生詮釋橫渠學說之反省

　　心知之明固可爲「神明」之象徵，即神體之展現落實於人，有呈現爲心
知之趨向，是以橫渠有道「合虛與氣，有性之名；合性與知覺，有心之名」，
義亦在此。但是神之呈露不僅體現在心知之明而已，最重要者乃朗現在「德
性之知」上，亦即知是知非、好善惡惡之道德意識上。剋就唐先生的詮釋橫
渠之文，心知之明來自每一存在之本具清通之神，而每一存在之有清通之神

〔註111〕見《唐君毅全集‧中國哲學原論原教篇》，頁93。
〔註112〕見《唐君毅全集‧中國哲學原論原教篇》，頁93～94
〔註113〕參見《唐君毅全集‧中國哲學原論原教篇》，頁94。

又源於氣本身即有此清通之神，因此論至最後，心知之明是建立在氣化之清通之神上。

這一結論所造成的影響恐怕相當深遠，蓋如此一來，橫渠之言太虛神體完全失去它的超越性，天地之性與氣質之性的超越區分，也泯失其意義。而且這樣的詮釋，等於把橫渠學說置放在唯氣論上，雖則唐先生信誓旦旦地說：「只知其虛而不知其氣，只知其氣而不知其虛；只知其言神而不知其言化，只知其言化而不知其言神，固不足以知橫渠。」〔註114〕也一再重申吾人述橫渠之學，一有畸輕畸重於任一義，均有失中正之道。不過唐先生如要表示他之詮釋橫渠學，不畸重氣或虛，神或化，首須將氣與虛分置為形上與形下，氣是形下之實然，虛則為形上之本體。虛與氣之分別，其實也是神與氣之區分，須先作此分別，上述之申明方有意義。

如今我們清楚察知唐先生詮釋橫渠的順序，全然建立在氣本身之交感互通，而氣之能交感互通非源於與氣有別之太虛本體，乃即源自氣本身就有的清通之神；所以歸結至最後，太虛本體、神體皆旁落消失了，唯剩一氣流行而已。如是，唐先生尚能說他的詮釋沒有畸輕畸重於任一義嗎？

再者，「心知之明」應做何界定？它純是心的認知作用？還是包含道德意識？若只是前者，則不足以涵蓋橫渠所言「大心」之義，因為〈大心篇〉所言者，明顯有孟子所說「盡其心知其性」的意思；如為後者，那麼純為氣之清通之神而有的心知之明，如何有超越感性氣質的道德意識？唐先生論濂溪之「知幾化幾」，以及橫渠之「徇象喪心」，均十分精闢深透，可是人當面對此心之存象徇象、將有陷落物中之幾時，能轉化此幾，以成此心之上達，所仰靠者仍是有象之心嗎？此時應是道德意識轉化此即將物化之幾，方能成此心之上達，然而道德意識絕不來自氣，此點已在前文諸章陳述歷歷，這樣還能道心知之明來自氣之清通之神嗎？

尋思唐先生論釋橫渠之學，大概想將實然之氣化與形上之體結合起來，於是採用層層升級的方式，由氣之能相互交感轉昇至清通之神，再從清通之神轉進至心知之明，藉由大其心之擴充，心與太虛為一，至此即是天道與人道之合一。此論述猶如一座通天塔，層層升級，層層轉進，由地面而至天表，其中沒有突兀斷裂，也沒有憑空冒出來的獨斷理論。此構想甚佳，惟是儒家形上學可如此構造乎？儒家立教乃自道德意識起，而道德意識是可以從形氣

〔註114〕見《唐君毅全集‧中國哲學原論原教篇》，頁79。

層層轉進而逼出來的嗎？只怕不行吧！唐先生之論述當然有他不可掩的好處，但是對於橫渠之學，他的分析與論證可能與橫渠本意有距離，未能全然符合。由於唐先生之文微妙轉折處甚多，故另闢一節以解之。

三、程明道之「一本論」

（一）明道言天道、天理

程顥，字伯淳，號明道。自十五六時，聞汝南周茂叔論道，遂厭科舉之業，慨然有求道之志。初始未知其要，於是泛濫於諸家，出入於老釋者幾十年，返求諸六經而後得之。〔註115〕明道之學問要領，據其弟程頤所述，乃「明於庶物，察於人倫。知盡性至命，必本於孝弟；窮神知化，由通於禮樂。辨異端似是之非，開百代未明之惑。」〔註116〕顯見明道為學方向的然是儒家道德意識之充其極，故能力掃阻礙聖道之蔽塞蓁蕪，還歸彰揚聖教之學。此於《二程全書》或《二程語錄》均可察見。縱使其中一篇〈定性書〉與人有出入佛老的痕跡，亦不可據此而論明道不純是儒家思想。近人張永儁先生極認為〈定性書〉與莊子「心齋坐忘」、「順物自然而無容私」之意，何其類也。另外郭象注莊，極言任性自然，因物付物之旨，皆與明道〈定性書〉之大意略同。〔註117〕而明道說「將迎」、「內外」，又說「應跡」、「明覺」，都充滿了魏晉新道家及大乘佛學及禪宗的名詞及觀念。〔註118〕

對於張先生這種說辭，另一學者張德麟先生即不以為然。事實上，我們說用道家名詞不必然就導致思想內容受道家影響這個結論。比方說「無將迎」一詞來自莊子。《莊子・知北遊》：「無有所將，無有所迎。」成玄英的解釋是：「聖人如鏡，不送不迎。」這樣的意思並不是只有道家能講。聖人之情，隨事而應，不著意、不偏注，「老者安之，朋友信之，少者懷之」即是無將迎。「曲成萬物而不遺」，就是無將迎。明道在〈定性書〉末尾一段話已很清楚指出心之所以能無將迎，是因「觀理之是非，亦可見外誘之不足惡，而於道亦思過半矣。」是以我們應以「觀理之是非」決定無將迎的真實意義，而不應孤立「無將迎」一

〔註115〕參見《二程全書》冊二〈伊川文集七〉「明道先生行狀」，頁6。

〔註116〕參見《二程全書》冊二〈伊川文集七〉「明道先生行狀」，頁6。

〔註117〕參見張永儁〈讀程明道定性書略論〉，《臺大哲學論評》，第四期，臺大哲學系，1981年，頁239。又張先生所著《二程學管見》〈讀程明道「定性書」略論〉亦申此義，《二程學管見》，東大圖書公司，民國77年版。

〔註118〕同上，頁245之後。

詞單獨觀察。因此，當明道說到無將迎時仍然是儒者的心思。〔註119〕

明道學說依然是以道德意識爲根基，撮要而言，「明道之學以識仁爲主」，〔註120〕識得仁，則以誠敬存之，不須防檢，不須窮索。「仁」者即是人之精純的道德意識，充擴全盡此道德意識，天理、天道、盡性至命自在其中。

「仁」便是明道之學的綱領，此爲學進路與濂溪、橫渠稍有不同。濂溪、橫渠之學體會《易傳》義理較深，其著述起始即以天道本體爲論，換言之，兩人直入形上學領域，與孔孟之以道德意識－仁、本心－爲入學之門稍有差異。唐先生針對濂溪橫渠之學，有一簡要肯切的評論：

> 大抵二程與濂溪橫渠之學之不同，在二程全不取「觀乎天地，以見聖人」之路數。邵康節明謂其作《皇極經世》，由「欲知仲尼，當知天地」。濂溪橫渠，同不免此意。而在時代意義上看，則皆爲儒學初起，而對治佛家之以心爲主，並以天地爲因緣幻化之論時，所宜有之論，亦遙與漢儒之尊天之論相承接者。〔註121〕

即便如此，濂溪橫渠不免予人一種「空頭談形上學」之嫌疑。然而此二人果眞獨斷地構造一套天道論？牟先生對於此濂溪、橫渠及明道三人之學，有一番深入精闢的分析，他說：

> 明道之義理綱維何在耶？吾於前〈濂溪章〉已明濂溪對於《論語》之仁、《孟子》之心，實並無所得。於〈橫渠章〉已明橫渠言「天體物不遺，猶仁體事無不在」，言「仁以敦化爲深，化行則顯」，……已很能注意孔子之仁與孟子所言之心矣。惟因其言散見，不甚集中，又爲其言太虛神體所掩蓋，人易爲其言太和、太虛、言神言氣、所吸住，故易覺其客觀面意味重，而主觀面意味輕。實則亦並不輕也。……至明道，正式提出「學者須先識仁，仁者渾然與物同體」之義，則仁之提綱性已十分挺立矣。「只心便是天，盡之便知性，知性便知天，當處便認取，更不可外求」。則主觀面之心性天爲一之義亦十分挺立而毫無虛歉矣。故由濂溪、橫渠，而至明道，是漸由《中庸》、《易傳》而回歸落實於《論》、《孟》，至明道而充其極。〔註122〕

〔註119〕 參見張德麟《程明道思想研究》，台灣學生書局，民國75年版，頁33～34。
〔註120〕 參見黃宗羲《宋元學案・明道學案》「宗羲案語」，頁7。
〔註121〕 見《唐君毅全集・中國哲學原論原教篇》，頁126。
〔註122〕 見牟宗三《心體與性體》，第二冊，頁17。

若說濂溪、橫渠道德意識之主觀面稍虛歉，明道則是主、客兩面皆飽滿充實，因爲至明道時，已充分重視《論》《孟》之言仁與心。以下即論述明道如何解天道、天理。

> 忠信所以進德。終日乾乾，君子當終日對越在天也。蓋上天之載，無聲無臭。其體則謂之易，其理則謂之道，其用則謂之神，其命於人則謂之性。率性則謂之道，修道則謂之教。孟子在其中又發揮出浩然之氣，可謂盡矣。故說神如在其上，如在其左右。大小疑事，而只是誠之不可掩。澈上澈下，不過如此。形而上爲道，形而下爲器。須著如此說。器亦道，道亦器。但得道在，不繫今與後，己與人。〔註123〕

此爲對於天道的大略分釋。首句「忠信所以進德」解君子如何終日乾乾，亦即須終日對越在天，將進德之事更爲內在化、深邃化，直通上天之載，而不僅止於人倫之行。上天之載雖是無聲無臭，無形跡可尋，然從各種角度察視它，則「其體則謂之易，其理則謂之道，其用則謂之神」。天道自體就是「易」，「易」就是《易傳》所講的「生生之謂易」，「易無思也，無爲也」之「易」。易者變易也，易其實可以上下通講，往下通即是通於陰陽變化；往上通即是通於寂感眞幾，清通之神。易體就是變易之神用，變易之神用不離陰陽變化，然亦不即是陰陽變化，乃由陰陽變化之不測而見易體，也就是道體也。

　　至於「其用則謂之神」，意謂道體之用乃生物不測之神用。整個道體就是神用，全部神用即是道體。此處體即是用，用即是體，不能再離析何者爲體，何者爲用。此神用不測之道體也是超越的生化之理，只是其爲理也，是與神爲一之理，是一種動態的，既存有又有動力的理。故謂「其理則謂之道」。由此數語可知，明道論天道本體，亦與濂溪、橫渠一致，絕未把本體視爲「只是理」，而是神與理合一之帶有動力的神用妙運。此神用之體命於人則謂之性，循此而行者謂之道，修此道者謂之教。

　　縱然道全體爲一神用，亦非即謂道與氣爲一。此中依然有形而上、下之別。「形而上爲道，形而下爲器」，須著如此分解方行。且形而上、形而下之區分已非「動與靜」之別了，而是「神不神」之別。此乃北宋三家與朱子最大的區隔。縱有形上形下之分，然亦可圓頓的合而爲一，故明道有「道亦器，器亦道」之說。此圓頓之一非如熊先生所建構的整個氣化皆劃屬於道，亦不

同於唯氣論者將道下委於氣變。此理氣圓頓之一，是盡性踐形之化境，並不礙於理氣分解上爲二，且須有此分解之二，方有圓頓化境之一。進一步深入析之，可以牟先生之語代之：

> 此「一」是混融一體之一，「不可分」是化境上之不可分，並不是概念上之不可分。心性爲一，心理爲一，此「一」是斷定上之一，是內容意義上之一，並不是混融一體之一；而不可分亦是在體之概念上不可分，並不是化境之不可分。〔註124〕

化境之不可分，不代表概念上之不可分，心性爲一與理氣爲一，二者意義顯然不同，可惜的是能精確析釋此中差異的人不多，無怪乎熊先生將氣化歸屬於道，而唯氣論者將道歸屬於氣，均因不曉心性爲一與理氣爲一之不同。

何以明道強調「化境之不可分」呢？究其實，也不過「道不離氣，氣不離道」之意爾。道非抽象虛懸之理，它必須落實在形下之氣變流行上，此道方是眞實而具體之道。其他理學家非無此意，惟明道特喜以圓頓合一的方式表示。譬如另一條例曰：

> 「天地設位，而易行乎其中矣」，「乾坤毀，則無以見易。易不可見，則乾坤或幾乎息矣」。易是個甚？易又不只是這一部書，是易之道也。不要將易又是一個事。即事盡天理，便是易也。〔註125〕

雖然此條未註明爲大程或小程之語，但若循其語氣，則歸於明道之語的可能性較大。後文說「易又不只是這一部書，是易之道也」，當然吾人亦可將易視爲《易經》這一本書，但縱是《易經》也是在講「易之道」。而論易之道，許多人又視其爲懸空抽象之形上之道，這又錯了。「不要將易又是一個事」，此乃明道之警語，如此論易，難得易之眞諦，須是「即事盡天理，便是易也」。易也只是在日常生活中顯，事事盡天理，便是盡了易道了。

又如說：

> 〈繫辭〉曰：「形而上者謂之道，形而下者謂之器。」又曰：「立天之道曰陰與陽，立地之道曰柔與剛，立人之道曰仁與義。」又曰：「一陰一陽之謂道。」陰陽亦形而下者也，而曰道者，惟此語截得上下最分明。元來只此是道，要在人默而識之也。〔註126〕

〔註124〕見牟宗三《心體與性體》，第二冊，頁26。
〔註125〕見《二程全書》冊一〈遺書二〉「呂與叔東見二先生語」，頁14。
〔註126〕見《二程全書》冊一〈遺書十一〉「明道先生語一」，頁2。

濂溪、橫渠、明道三家的偏重點容或不一，然對「一陰一陽之謂道」一語卻有共識——即不以爲陰陽即是道，必再施予分解，在一陰一陽之錯綜變化中體悟於穆不已之道。是以乍見明道說「元來只此是道，要在人默而識之也」，切不可誤會明道直以陰陽爲道，他也說「陰陽亦形而下者也」，不過形而下之物何以稱爲「道」呢？且說「惟此語截得上下最分明」？若「此語」指稱「形而上者謂之道，形而下者謂之器」，自然是截得上下最分明；可是尋思明道的語氣脈絡，應當「一陰一陽之謂道」此語才是「惟此語截得上下最分明」的指稱詞。然而歷來對「一陰一陽之謂道」者，如不細思陰陽之上有一於穆不已之道體，大抵皆有「陰陽即是道」的斷言，可見此語應是最模糊不清，最易混淆形上形下之語，何故明道要如是言？

　　牟先生析解明道意，謂其語乃「融分解表示於圓頓表示中」。〔註 127〕他說：

> 吾人似可這樣疏通：此不是分解地「截得上下最分明」，而是圓融地「截得上下最分明」。既「截得」而又圓融，既圓融而又「截得」，上即在下中，下即在上中，此所以爲詭譎也。惟詭譎始能融「截得分明」於圓融中，雖圓融而不失上下之分者也。〔註128〕

這樣解析的確表達明道云「惟此語截得上下最分明」這一詭譎語。由此亦可見出明道確然性喜做這樣的詭譎表示，也就是「即分解於圓融表示中」，而即事即道，不可對現實事物而另想一道。

　　上述爲明道對「天道本體」體悟之言，與濂溪、橫渠比較起來，對道體的體悟實無太大差異，均肯定道體爲既存有而活動之於穆不已之本源。但此於穆不已之體又是如何生發萬物？它可以活動，可是它怎麼活動？朱子將神用之動力從體上剝落下來，故也省了這個難題，然而最終他也須面臨「理無法宰氣」的質疑。因此，道體之有創生力、活動力，固然是一難設想的情境，但也是討論「天命流行」這一形上領域必須面臨的問題，上節即已充分說明之，此不覆述。接著論述明道如何闡發他的圓頓一本論。

（二）心、性、天爲一之一本論

　　黃宗羲曾解析明道之學「以識仁爲主」，先識得仁之體，天人物我即在此仁體之包涵覆載之中。明道曰：

〔註127〕參見牟宗三《心體與性體》，第二冊，頁 43。
〔註128〕參見牟宗三《心體與性體》，第二冊，頁 43。

> 學者須先識仁。仁者渾然與物同體。義禮智信皆仁也。識得此理，以
> 誠敬存之而已。不須防檢，不須窮索。若心懈，則有防。心苟不懈，
> 何妨之有？……此道與物無對，大，不足以明之。天地之用皆我之用。
> 孟子言「萬物皆備於我」，須「反身而誠」，乃為大樂。若反身未誠，
> 則猶是二物有對，以己合彼，終未有之，又安得樂？〔註129〕

「仁者渾然與物同體」，此為明道對仁的體會，與孟子言「惻隱之心，仁之端
也」稍有不同。整合二人的說法，惻隱之心，乃仁之端緒；萬物與我同體，
此為仁者境界。明道藉由仁者境界明示「仁」的意義，點出仁之真諦在於感
通無外，覺潤無方。若有物隔絕於己心之外，則非仁矣。有此體悟，擴而充
之，則天地之用皆我之用，萬物皆備於我之仁心矣。

何以謂仁之真諦在於感通無外，覺潤無方？此須遠溯孔子如何談仁。前
文曾論說過，孔子談仁實無固定的說法，雖無固定的說法，但仍可發現一中
心義理，以「宰我問三年之喪」與「觀過知仁」兩章最顯明。孔子責宰我之
不仁，非謂其不遵傳統禮教，刻意標新立異；也不謂其所提的短喪之理由不
充分，只是宰我的心靈已無悱惻之感，陷於僵固痲痺中，再不思及父母之恩，
由此而說其不仁。宰我之不仁，在他忍心說於服喪期間「安」於食夫稻、衣
夫錦，只因為「君子三年不為禮，禮必壞；三年不為樂，樂必崩」這些特定
的理由。反推之，所謂仁者，即在「不安」於生命之僵滯習氣底下，而有憤
悱不安之情，思有以掙脫，重新恢復昭朗真實的生命。

孔子教學即以此不安不忍之仁指點學生，期使每個人皆能回復他的真實
生命，故其教學重憤啟、悱發，猶如春風化雨一般，受教者皆如雨後新芽，
勃然而生，沛然不可以已。此為夫子以其精誠惻怛開啟學生的仁德，以仁覺
仁，潤澤他人之生命，使其自枯竭的僵固習氣中恢復生機。牟先生詳解仁義
為：

> 不安、不忍、憤悱、不容已，即直接函著健行不息，純亦不已。故
> 吾常說仁有二特性：一曰覺，二曰健。健為覺所函，此是精神生命
> 的，不是物理生命的。覺即就感通覺潤而說。此覺是由不安、不忍、
> 憤悱之感來說，是生命之洋溢，是溫暖之貫注，如時雨之潤，故曰
> 「覺潤」。「覺」潤至何處，即使何處有生意，能生長，是由吾之覺
> 之「潤之」而誘發其生機也。故覺潤即起創生。故吾亦說仁以感通

〔註129〕見《二程全書》冊一〈遺書二上〉「呂與叔東見二先生語」，頁3～頁4。

為性，以潤物為用。〔註130〕

孔子之教誨學子，即是覺潤其生命，令其恢復不安不忍之仁。孔子之教誨並未限於某類學生，「自行束脩以上，吾未嘗無誨焉」，是以仁者之覺潤，不能預定止於某種範圍，個人的現實生命固然有限，但仁德的覺潤，理論上是無止境的，故明道言「仁者與萬物同體」並非誇大之說，孟子曰「萬物皆備於我矣」亦非虛誇之辭，此皆為夫子言仁之所必涵。

除〈識仁篇〉外，明道又喜以「手足麻痺風頑」以喻不仁，再由此反襯仁者為何物。譬如其言：

> 剛毅木訥，質之近乎仁也；力行，學之近乎仁也。若夫至仁，則天地為一身，而天地之間品物萬形，為四肢百體。夫人豈有視四肢百體而不愛者哉？聖人，仁之至也，獨能體是心而已。曷嘗支離多端而求之自外乎？故能近取譬，仲尼所以示子貢求仁之方也。醫者以手足風頑謂之四體不仁，為其疾痛不以累其心故也。夫手足在我，而疾痛不與知也，非不仁而何？世之忍心無恩者，其自棄亦若是而已。（《二程全書第四・二先生語四》游定夫錄）

此亦不過以醫書所言「手足風頑」為不仁，來譬喻世之忍心無恩者，彼之不仁亦已失其感通之本心，如氣血之不暢，連切近之四肢亦無所感，彷彿不是他的一般。明道之意十分清楚，與人之感與不感，全在乎有無仁心，有仁心者方能近取譬，而有己欲立而立人，己欲達而達人之願，這一切都指向「仁」此一道德意識，明道並未提及「氣行」之相感，事實上，氣之感通亦不在此內。但唐先生卻於此摻雜「氣之感通」，而且隱隱有以氣之感通為主，自氣之感通而悟及仁之道之理。如是，則恐轉移明道言仁之意。他說：

> 一身之有麻木不仁，乃人可親切地知之者，此一身自是一體。此即謂無仁，則此一身不體，亦不成仁所貫注之體。今於此一身體之不仁中，知求其仁，即知於己與人物之不相貫、不相感中，亦須求仁。是即於己與人物之不成一體處，求其成為一仁所貫注之體。〔註131〕

此言甚佳，求仁者，即是己與人物之不成一體處，求為一體。然而此一體者，必指氣之為一體耶？接著唐先生續道：

〔註130〕見牟宗三《心體與性體》，第二冊，頁223。
〔註131〕見《唐君毅全集・中國哲學原論原教篇》，頁139。

仁者則恆欲通此隔閡，以求以己之氣與人相感，即以己之仁心仁情，
行乎其中，以成其相感；而隨時隨處，體會得此相感之事中，所形
成之一體，即體此仁之體。此中，人隨時隨處以氣與人物相貫，以
仁心、仁情行於此相感之事中，則此仁自貫於此一切相感之事中。
故此仁即是一道一理，而非只是一事一氣。然必須於一一以己之氣
去貫通所感，以仁心仁情成此相感之事中，識此仁之理之道，而不
可望空懷想此體仁之體，或仁之道之理，而識仁也。〔註132〕

唐先生這段解說頗不易釐清，似乎包含三個概念：仁，氣，以及仁心仁情，
此三個概念是同一還是互異？若為互異，是三個同時互有差別，亦或可以兩
者合一以與另一項區隔開來？就此文來說，誠不易辨別。大致而言，唐先生
明顯地將仁與氣區分開來，而人物之相感，其實處應在氣，不在仁。觀其言：
「仁者則恆欲通此隔閡，以求以己之氣與人相感」，「人隨時隨處以氣與人物
相貫」，則可知唐先生意在人物之感通在氣之相貫相感；但人並非隨時保有相
感通之境，當其處於麻木不仁、與人隔閡之情況，即須有仁心仁情求其通，
有此求通之要求，故氣亦漸漸恢復感通的原先狀態，畢竟依唐先生講述橫渠
之學，氣自身本具有清通之神。當人物之氣彼此阻塞不通，仁顯為仁心仁情
以要求氣之復通，是以唐先生方道：「必須於一一以己之氣去貫通所感，以仁
心仁情成此相感之事中，識此仁之理之道。」仁心仁情是求氣通的動機，真
正的貫通處仍在氣，而不在仁。唐先生之意可能如此。

這等於將仁視為抽象的道德之理而已，仁與氣相當於朱子所言之「理、
氣」，仁之理唯是靜態之理，無活動之動力，人物之交感，仰賴的是氣之互通
互感，而非仁之理的感應。雖然唐先生也提出仁心仁情，但未能直下肯認仁
亦是心、亦是情，仁可展現為心、為情，即示仁有覺潤感通之特性，無須仰
賴氣，其自身即可感應無方。若道感通覺潤亦須有氣之流行，才有感通之實，
則仁心仁體亦能生氣以貫通之。總之，明道言仁之感通，絕不似唐先生所述
「必須於一一以己之氣去貫通所感，以仁心仁情成此相感之事中，識此仁之
理之道」，這樣的陳述幾等於先以氣去感通，才得以見仁所貫注之一體。

承續上文「仁者與萬物同體」之說，仁固為主觀面之道德意識，但它同
時也是客觀之道體、本體，故而以主觀面之仁證物我一體，同時也證立了物
我同為一本之意。於此明道立起他的「一本論」，「一本」也者，萬物與我為

〔註132〕見《唐君毅全集‧中國哲學原論原教篇》，頁139～140。

一，同出於一個根本，我之仁即天地之體，我之心即天地之心，此須反身而誠方能證得，「若反身未誠，則猶是二物有對，以己合彼，終未有之，又安得樂？」以下即陳述明道之「一本論」。

> 觀天理，亦須放開意思，開闊得心胸，便可見。打撲了習心兩漏三漏子。今如此混然說做一體猶二本。那堪更二本三本？今雖知可欲之爲善，亦須實有諸己，便可言誠。誠便合內外之道。今看得不一，只是心生。除了身，只是理。便說合天人，合天人已是爲不知者引而致之。天人無間。夫不充塞，則不能贊化育。言贊化育，已是離人而言之。〔註133〕

觀天理，須放開心胸，反身而誠，方見得。將人心之誠與天地之誠分別對待，視爲二物，只是踐仁不熟而已。若是義精仁熟者，則知天人無間，我之誠即天地之誠，無所謂「合」可言。說「合天人」、「贊化育」乃是爲不知者引而致之，猶有二本之嫌。若能充盡至誠之理，則通體只是誠體之流行，天命於穆不已之流行，此即是「化育」。是故盡誠體、仁體之覺潤，人處之化育即天地之化育，人與天地渾然一體，更無彼此之別。至於《中庸》云「贊天地之化育，與天地參矣」，在明道這一圓頓義理詮釋之下，已是離人而言之，蓋化育僅屬天地之事，不屬於人，人僅是去「贊之」而已。

> 凡言充塞云者，卻似個有規模底體面，將這氣充實之。然此只是指而示之近耳。氣則只是氣，更說甚充塞？如化育，則只是化育，更說甚贊？贊與充塞又早卻是別一件事也。〔註134〕

此條說得更渾融一體。一般言「充塞」者，的確像是有個規模底體面，而後把氣充實之。但此只是「指而示之近耳」，焉能如此質實地想？氣之中即含有理，理與氣本就一體而流，圓密不可分，哪能分證誰來充實誰？明道說此言，須知其中已蘊含他的「圓頓一體」思想，並非理與氣混然不分。而理氣一體而流，亦不能照朱子的解法，而言理依循著氣而流，實際上乃氣在活動，而理絕不活動。明道對於理、道、天的看法，與濂溪、橫渠一致，同樣賦予它神用之妙運義。唯具神用之道，方能解釋氣化生生不息之源，也才能真正主宰氣化的運行。只此氣，便是理之流行，更說甚充塞？如化育，則只是化育，更說甚贊？此乃明道圓頓義理之下當然會有的結論。如另一條云：「言體天地

〔註133〕見《二程全書》冊一〈遺書二上〉「呂與叔東見二先生語」，頁15。
〔註134〕見《二程全書》冊一〈遺書二上〉「呂與叔東見二先生語」，頁17。

之化，已膪一體字。只此便是天地之化，不可對此個別有天地。」〔註135〕也不出上述之意。

　　總之，明道這些話頭自是蘊含一套圓頓思想，而此思想之源來自「心、性、天」為一說。心性天如何能是一呢？按上文明道解「易、道、神、性」時有言：「其體則謂之易，其理則謂之道，其用則謂之神，其命於人則謂之性。」性者為易道之命於人者，性與道本即為一；至於心，則觀明道論「仁」亦可知其非以「形氣之心」談「仁心」，仁心乃有別於心理情緒之心而為化育之體，與天、性是同等地位的。此若無法證立，則以上諸話頭皆不能說，甚而連「參天地、贊化育」亦不能言。

> 嘗喻以心知天，猶居京師往長安。但知出西門，便可到長安。此猶
> 是言作兩處。若要誠實，只在京師便是到長安，更不可別求長安。
> 只心便是天，盡之便知性，知性便知天。當處便認取，更不可外求。
> 〔註136〕

> 「窮理盡性以至於命」，三事一時並了，元無次序。不可將窮理作知
> 之事。若實窮得理，即性命亦可了。〔註137〕

朱子正是將窮理作知之事，是以在朱子體系底下，「窮理盡性以至於命」，三事不可能一時並了，更無法說只心便是天，盡之便知性，知性便知天。原夫朱子從始至終將心視為形氣之心，視神為氣化之靈，心、神俱非體，僅為形下之氣，理、性、命三事一時並了的圓頓妙理始終是不可講的。然明道無此限制，故可於此充分發揮其義理妙義。

　　或曰：窮理盡性，二事一時並了，在理、性為一下，彼義無疑；然「至於命」者，命畢竟是氣之事，何故亦能與理性一時並了？此處即須探討「命」義為何。依先秦儒家之學，不論《論》、《孟》、《中庸》、《易傳》，命義大抵有兩層，一為性所定之「大分」，為性所命之本分之命，即孟子所謂「君子所性，雖大行不加焉，雖窮居不損焉，分定故也」之性分；另一則為吉凶禍福壽夭之氣命。後者有限制，不能無限擴張；前者則為性體所命，唯是充分實踐之，責無旁貸，以成吾人之德。由氣命之限，消極地節制吾人之欲，使人不行險僥倖，不妄冀非分；由性之大分，給予吾人一行德之方向，積極地使人成仁

〔註135〕見《二程全書》冊一〈遺書二上〉「呂與叔東見二先生語」，頁4。
〔註136〕見《二程全書》冊一〈遺書二上〉「呂與叔東見二先生語」，頁3。
〔註137〕參見《二程全書》冊一〈遺書二上〉「呂與叔東見二先生語」，頁3。

取義。兩義合併，皆是成就一義理之當然。故窮理盡性者，一則順通性分之理以明性體爲吾人性命之源，一則安於氣之限，無妄動非爲之想。此即「至於命」之義。故言「命」取「至」之辭，不用「窮」「盡」之辭，意亦在此。

　　理、性、命三事並了，必須先肯定心、性、天爲一，換言之，即須肯定天道性命乃互相通貫的，理氣乃圓融不離的。彼亦非僅明道有之，凡肯定天道神用者，莫不有此「天道性命相貫通」之共識，試看橫渠即可知。

（三）一本圓頓的不恰當表示

　　由濂溪、橫渠至明道，反覆鄭重天道神體之於穆不已，橫渠已有融太虛即氣一體而運的傾向，明道尤有此義，「只此便是天地之化，不可對此個別有天地之化」，道、神、理、氣皆在此，渾融一體不可分；雖則不可分，形上形下亦是截得分明。此處如不善體會，或者若朱子一般，視性與太極只是理，視心與神據屬於氣，如此天道之神義、妙義、於穆不已之天命流行之義，俱泯失無餘；或者如熊先生一樣，視理生氣爲一分析命題，結果氣無獨立意義。；或者像劉宗周（號蕺山）、黃宗羲（號梨洲）等人，爲表天下國家心意知物體用一源，顯微無間，措詞稍偏，譬如宗周之子劉汋述其父曰：

> 按先儒言道分析者，至先生統而一之。先儒心與性對，先生曰「性者心之性」；性與情對，先生曰「情者性之情」；心統性情，先生曰「心之性情」；分人欲爲人心，天理爲道心，先生曰「心只有人心，道心者人心之所以爲心」；分性爲氣質義理，先生曰「性只有氣質，義理者氣質之所以爲性」；未發爲靜，已發爲動，先生曰「存發只是一機，動靜只是一理」。推之，存心致知，聞見德性之知，莫不歸之於一。（《劉子全書》卷 40 上下〈蕺山年譜〉十二月存疑雜著）

將多種分解對立的概念統而一之，並非不好，只是這又何礙於分解說明呢？過度強調此義，而說「盈天地間，一氣而已矣。氣聚而有形，形載而有質，質具而有體，體列而有官，官呈而性著焉。」（《劉子全書》卷七，〈語類〉七，〈原性〉）縱然蕺山說此言乃爲表明性氣融即一起而一體呈現，但乍然說出「盈天地間一氣而已」是否太過？若不慎辨蕺山「性宗」「心宗」之義者，難道不會流於「天地間唯氣流行」的誤判，而誤將天命流行之體斷爲氣化流變？黃梨洲即有此傾向。

　　《明儒學案・崇仁學案三》梨洲評論魏莊渠表示道：

> 先生言：「理自然無爲，豈有靈也？氣形而下，莫能自主宰，心則虛

> 靈而能主宰。」理也，氣也，心也，歧而為三，不知天地間祇有一氣，
> 其升降往來即理也。人得之以為心，亦氣也。氣若不能自主宰，何以
> 春而必夏、必秋、必冬哉！草木之枯榮，寒暑之運行，地理之剛柔，
> 象緯之順逆，人物之生化，夫孰使之哉？皆氣之自為主宰也。以其能
> 主宰，故名之曰理。其間氣之有過不及，亦是理之當然，無過不及，
> 便不成氣矣。氣既能主宰而靈，則理亦有靈矣。若先生之言氣之善惡，
> 無與於理，理從而善之惡之，理不特死物，且閒物矣。其在於人，此
> 虛靈者氣也，虛靈中之主宰即理也。……〔下略〕〔註138〕

魏莊渠想必宗朱子學之學者，故言理乃無為無作，豈有靈不靈的問題？如此言則理氣二分不能圓融即一，非究竟之論。梨洲深受其師影響，自然不以此說為諦當，必將之歸於一本。歸於一本之理念固甚好，可是梨洲卻將此一本歸之於「氣」，理竟成為氣之附屬。觀其言，「不知天地間祇有一氣，其升降往來即理也」，如此言理，理成為僅是氣化之規律條理，而非氣化所以然之理。人物之生，天道之運行，全是氣為之主宰，再以其能主宰，故名之曰理。此時理不再具獨立意義，而淪為氣的另一種代辭。主體在氣，不在理。這豈是儒家形上學可應允之義？再者，為駁斥理為死理，不具虛靈義，以氣之往來感應這一分靈動性，而說理亦有虛靈義，至於理之真正「寂然感通」的神妙義卻被漠視忽略了，如是言理之靈，安能得其真義？

若說梨洲之義不過為強調性氣一體，性即在氣中，如蕺山所說「氣聚而有形，形載而有質，質具而有體，體列而有官，官呈而性著焉」，性就在官體的日用動作間，是以偏於以氣為主，實際上梨洲依然是儒家之心學派，繼承蕺山的性宗學問，不是真正的唯氣論。然而我們如果再多瀏覽梨洲的其他評論，這樣的說辭是否可以站得住腳，實在可疑。觀梨洲評胡直之文：

> 夫所謂理者，氣之流行而不失其則者也。太虛中無處非氣，則亦無
> 處非理。孟子言萬物皆備於我，言我與天地萬物一氣流通，無有礙
> 隔，故人心之理，即天地萬物之理，非二也。〔註139〕

不論周、張、程、朱，或是象山、陽明，甚至劉蕺山，從無這般論天理，天理一定是氣之所以生生不息的所以然之因。氣化本身固然有其特殊結構理則，但此理則絕非統天地萬物之理。而孟子之言萬物皆備於我，亦絕非我與

〔註138〕見黃宗羲《明儒學案》上冊，卷三〈崇仁學案三〉，頁 46。
〔註139〕見黃宗羲《明儒學案》中冊，卷廿二〈江右王門學案七〉，頁 512。

天地萬物一氣流通之意。此說應循明道論「仁」來詮釋方為正確。仁以感通為體，以潤澤為用，仁心之感潤無底限，其極可至萬物全體，是則「萬物皆備於我」矣。如斯解釋方貼切孟子之說。可是梨洲卻以「我與天地萬物一氣流通，無有礙隔」以釋《孟子》，果然如此，孟子何必再說「反身而誠，樂莫大焉」呢？「反身而誠」正是萬物皆備於我的前提要件，不能反身而誠，就不可能得證萬物皆備於我。宗羲之說正是「義外」而非「義內」，此恰是孟子極力矯正的論點，如是，尚能言黃梨洲為正統儒家者流？以此立說，又如何真得儒者所謂「性體」義哉！試看梨洲評王浚川之言：

> 先生主張橫渠之論理氣，以為氣外無性，此定論也。但因此而遂言性有善有不善，並不信孟子之性善，則先生仍未知性也。蓋天地之氣，有過有不及，而有愆陽伏陰，豈可遂疑天地之氣有不善乎？夫其一時雖有過不及，而萬古之中氣自如也，此即理之不易者。人之氣稟，雖有清濁強弱之不齊，而滿腔惻隱之心，觸之發露者，則人人所同也，此所謂性即在清濁強弱之中，豈可謂不善乎？若執清濁強弱，遂謂性有善有不善，是但見一時之愆陽伏陰，不識萬古常存之中氣也。先生受病之原，在理字不甚分明，但知無氣外之理，以為氣一則理一，氣萬則理萬，氣聚則理聚，氣散則理散，畢竟視理若一物，與氣相附為有無，不知天地之間，只有氣更無理。所謂理者，以氣自有條理，故立此名耳。亦以人之氣本善，故加以性之名耳。如人有惻隱之心，亦只是氣，因其善也，而謂之性，人死則其氣散，更何性之可言？然天下之人，各有惻隱，氣雖不同而理則一也。故氣有萬氣，理只一理，以理本無物也。宋儒言理能生氣，亦只誤認理為一物，先生非之，乃仍蹈其失乎？〔註140〕

王浚川斷性有善有不善，而不信孟子之言性善，當然是一錯誤看法，而宗羲以氣之萬古常存自如以言氣善而理善，其差謬與浚川亦無幾，同樣不解孟子。孟子之言性善或四端之心，是立基於不受感性氣質影響的道德意識論說；至於氣，嚴格講無所謂善不善，因為在氣中沒有所謂的道德意識，既無道德意識，就不能論斷氣善或氣惡。氣唯有清濁厚薄的區分，清明者或許較易於從事道德踐履，昏濁者則較難從事道德行為。但無論怎麼說，它總是與道德善惡無關，不能以此論氣善，更不能就此論性善。於茲可見宗羲根本不解儒家

〔註140〕見黃宗羲《明儒學案》下冊，卷五十〈諸儒學案四〉，頁1174。

所謂天命流行、心、性、道之義。觀其論理氣：所謂理者，以氣自有條理，故立此名耳。亦以人之氣本善，故加以性之名耳。全然不知古人立言之分際，兼且不明性善之因由，居然以為人有惻隱之心，亦只是氣，因其善也，而謂之性。這種看法與唯氣論者有若何差別？

　　黃宗羲或許非唯氣論者，或許也承繼其師之真傳，﹝註141﹞但他不識儒者言道即氣之圓頓呈現的講法則為事實，誤認流行之體只是氣變之化，把儒者常說的圓頓詭辭視為實然的陳述，再兼混淆道體之妙運與氣化之變動而不分，遂直以知覺運動等一切至變之流行便是性，將心、性、仁之圓頓表示謬解為氣化之變，而總結以氣化之變為流行之體，卻不知天命流行得以成立的超越的道體、神體已在其論述中完全喪亡。梨洲為蕺山之門人高弟，竟然有此見解，實叫人詫異。或者因為受其師之影響，雖明曉儒者言心性之義，為泯除理氣二本之誤遂有此不恰當的表達；或者其人對儒家形上學根本一無所知，對蕺山的學問其實領悟甚少，加上蕺山一些不當的滯辭，於是造成梨洲誤以理為氣之自然質性。不管怎樣，黃宗羲的講說方式絕非圓頓一本義的適當表達，於斯亦可見圓頓義之陳述有多麼不容易，稍一不慎，變淪於氣化論；若非淪於氣化論，亦可能流為熊先生的氣行為幻化之說。此皆非表達天命流行的適當之論。

第四節　結　語

　　欲論證理氣圓頓為一者，須證明理生氣，意即證明氣行之不息源自於理的活動。在朱子的體系下，作為萬物之存有之理無活動可言，緣於朱子論證仁義禮智以「由然推其所以然」之方式推述，故爾推論出「只是存有而不活動」的理。這樣的理當然無從創生、生化，實際創生化育者在氣不在理，於是，理氣各有歸屬，而不相即矣。若不循此思路進行，回歸孔孟的真實本義，以悱惻不安、惻隱不忍之心論道德之理，則道德之理不應僅是客觀的、靜態的法則而已，它應具有起實踐道德之動能。

﹝註141﹞黃宗羲是否應定位在「心學」一派，牟先生與劉述先先生有迥然迥異的看法。本文對於這方面的討論不及詳備，唯針對宗羲對「道即氣之圓頓呈現」的講法作一考覈，蓋本文之目的旨在列舉圓頓呈現的不當表示為何。關於牟先生對黃宗羲的評論，見《心體與性體》，第二冊〈附識：黃宗羲對於「天命流行之體」之誤解〉。劉先生之論則見其大作《黃宗羲的心學定位》。

　　周濂溪、張橫渠的論述，雖非從孔孟心性之說開始，而是繞道自《中庸》、《易傳》論本體之神用。縱然如此，他們也未將道體置於「只存有而不活動」的地位，天道雖是萬物生化之體，然非超絕於形下之「物」，它全體即是一神用，是即寂即感、即動即靜，寂感動靜通一的神體。神體之寂感，就是氣之生化之源，也是氣化之能生生不息之動力。進至明道這位擅長以「圓頓教」方式說法之大儒，索性言「只此便是天地之化，不可對此個別有天地」，氣中本有神體寂感之用，神體之寂感也定有氣化之生生，論至最後，全神是氣，全氣是神，神與氣本來爲一，絕不能分屬爲二對待。

　　宇宙論式的說法若此，落實到人物之心性上，還須藉由「心」來貫通天與人，此時心不能止於朱子所界定的「氣之精爽」而已，須再進一步提昇至「體」的地位，與理、性同一，如是方能昭顯道體、性體與神體，而道體、性體之寂感神用即透過心之寂感而呈現，吾人也方能說「只此便是天地之化，不可對此個別有天地」。總之，論述「天道性命相貫通」者，爲「理之妙運氣」最後必有的歸宿。

第六章　天命流行之化境

　　論道體天命如何流行，濂溪「寂然不動，感而遂通」以及橫渠「參兩通一」的原則，再加上明道的一本論，即已足矣，因為此三人之說已蘊含「天命貫注貞定每一物」的流行意義，此正是論「天命流行」之核心要義。不過天命之貞定每一存在物，必須透過人之存心養性，踐仁知天，此一義方能確定無疑，否則亦流於虛妄無根之談。這就是濂溪等人必將所解悟之本體宇宙論回歸聖人的體證的原因。

　　論德行，總須回歸實踐工夫論，而工夫論論至最後依然得指向「心」之活動，畢竟心才是德行實踐的核心原則，至於性僅為客觀原則。性之實義內容必須藉由心的充分擴展實現，才能完全表彰無餘。是以至南宋陸象山倡揚「心即理」之說，傳延至明儒王陽明著力「致良知」教，皆象徵儒學已愈來愈重視心的地位，以心為立說的基準點，由此發展他們的學理。自北宋三家以至明代王學，通貫成一整套的道德形上學，不能說濂溪、橫渠乃外於道德意識考察存在的涵義，因此首推一太極以為存在之本原；至於陽明則對濂溪等人所展示的「超驗進路」無興趣，也無意在人的意識活動領域之外對理、氣等關係作出規定，陽明感興趣的唯是人的意識活動，其對存在的考察總是與主體的意識聯繫在一起，〔註1〕與濂溪、橫渠等天道論者逕相別異。

　　這種說法無異將北宋諸家以及陽明學派視為不相干的獨立體系，同時也忽略儒學之所以為儒學的本質，亦即以道德意識為進路，默契天道生化原理，由此以證道體、性體與心體是一。若輕忽此義，則北宋三家必成為獨斷的宇

〔註1〕參見楊國榮《良知與心體～王陽明哲學研究》，第三章〈心物之辨〉，洪葉文
　　　　化事業有限公司，1999年版。

宙論者，而陽明也僅是泛泛的意識現象學而已。此處需詳案儒學發展史脈，以避免此種誤解。

雖然道德實踐必以心為基礎，但非意謂心僅止於道德實踐而已，它同時也關聯到存有論，在陽明、龍溪這一對師弟的闡發下，萬物之存在也是根源於心，「心、意、知、物」分別說為四，圓頓說即為一，物亦在心的涵攝當中。「心外無理，心外無物」，這是陽明最常說的一句話，天理固不外於心，而物也不離心之靈明知覺，由於心如如地虛明應物，物也如如地各得其所，天理即在此如如流行中呈現，日用所行，眼前所見，無非道體之具體流行。平常自然，灑脫無執，「抬頭舉目渾是知體著見」，「捧茶童子是道」，寓化境於平常，極高明而道中庸，便成了道體流行之最真實的表現。這一路學脈由泰州學派發揚光大，成為此派之特殊風格。而能順泰州學派作真實工夫使良知知體真流行於日用之間，羅近溪為一特別傑出者，本文即以羅近溪作為陳述道體流行之具體呈現的代表。

第一節　王陽明致良知教

讀孟子有得而能盡情發揮孟子「本心」涵義者，象山為第一人，陽明則接續其後。是以若欲論心學，理當以象山為討論的第一對象；不過象山之學率皆個人之實踐心得，且其人重在當機指點學子如何回歸本心，不重學問概念之解說。比起象山，陽明則多所解析立說，可從其中窺探幾個主要概念的界定，所以本文採王陽明之學說充當心學之代表，緣由於此。

一、陽明論「心即理」

心之作為踐行天理、修德養性的主觀原則，此為眾多儒者之共識；可是有關心之內容及其定位，則非人人同一，觀乎朱子界定心為「氣之精爽」，可知他把心定位在形下之氣，與理為二。心之能具理緣於它能知覺理而納受於己身，至於心本身是否即為理之根源，它是否可以自發自立道德法則，朱子則是不確定的，甚而傾向否定一面。何以如此？原因便在他將心劃歸在「形氣之心」而已，既是有限的形氣之心，自然與形上之理有別。此心與理之分別，非若某些學者所言，僅是「惟以人有氣稟物欲之雜，而心之用，乃恆不如理，而理若只超越於此心之上；故人當前現有之心，可合理，亦可不合，

而心與理即於此可說爲二。」〔註2〕氣稟物欲之雜,不是只有朱子注意到,任一有眞知力行者,對人欲之難克,必感觸良多。此並非構成心、理爲一爲二的因素。

朱子這一「心不即理」的見解,在當時即受到象山強烈的質疑反駁,象山所根據者與朱子有異,他不把心侷限在形氣之心這一層次,而將之提昇到可以自發自律道德法則的「道心」的層次,也即孟子所言「本心」、「良知」。至此層次,則心不再僅是「遵循」天理,而是它自身便是理,它就是至善之理之發源處。這一理脈傳至陽明而大放異彩,雖則陽明思考格物致知的問題起源於反省朱子的格物之說,可是他的學問基礎最終仍是定立在「心即理」這一原則上。

《傳習錄》一書記載他多次與學生討論至善之理在心中亦或事中的問題,此問題當然與朱子脫離不了關係,蓋朱子常言「即物而窮其理」,意即就事事物物上求其所以然之理,此爲朱子工夫論的一大關鍵。依從其言,則理當在事事物物上,而不在心上。清儒戴東明同樣有此看法。至於陽明會如何看待此流行之說呢?譬如有人懷疑至善若只求諸心,恐於天下事理有不能盡。如事父之孝,事君之忠,交友之信,其間應有許多理在,恐不可不察。陽明即答覆曰:

> 此說之蔽久矣,豈一語所能悟;今姑就所問者言之。且如事父,不成去父上求箇孝的理;事君,不成且去君上求箇忠的理;交友、治民,不成去友上、民上求箇信與仁的理?都只在此心。心即理也,此心無私欲之蔽,即是天理,不須外面添一分。以此純乎天理之心,發之事父便是孝,發之事君便是忠,發之交友、治民便是信與仁。只在此心去人欲、存天理上用功便是。(《傳習錄》卷一)

說者謂事父、事君、交友或治民,皆有種種不同的應變之道,此種種應變之理似應根據外在對象才能做出適當調整,《孟子》一書中告子之徒即曾以此難孟子諸人:

> 孟季子問公都子曰:「何以謂義內也?」曰:「行吾敬,故謂之內也。」「鄉人長於伯兄一歲,則誰敬?」曰:「敬兄。」「酌則誰先?」曰:「先酌鄉人。」「所敬在此,所長在彼,果在外,非由內也。」(〈告子章句上〉)

〔註 2〕見《唐君毅全集·中國哲學原論原教篇》,頁205。

彼意也以為日常縱須敬伯兄，一旦伯兄與鄉人在，則應先酌鄉人者，均是出於外在對象決定，故曰「所敬在此，所長在彼，果在外，非由內也。」凡有此看法的人，都只注意到態度的變化緣由對象的改變，且以對象事由為變化的主因，卻忽略了態度之所以隨著對象改變主要是出自心靈的抉擇判斷，外在之事不過提供了一項機緣，心順隨外在的機緣而起現相應之行，故事父能孝，事君能忠，交友能信，而不會顛倒錯亂。孝、忠、信、仁之理，果真存在父、君、友、民上？當然不是，它乃存於心對事父、事君等行為理應做出何種回應，而有孝、忠、信、仁之表現。

　　欲順成此結論，前提必須是「心即理也」方可。心本身即是理，對應千萬種世間事，而有諸種道德之理回應。這也不是說心預先儲藏萬理以應付世間事，若如此，則心乃為一死物。須知陽明所論之心為道德本心之心，道德本心自然知惻隱、知是非、知辭讓、知羞惡，惻隱、羞惡、辭讓、是非無須預學即能知能行，此乃不學而能、不慮而知的良能良知。道德本心就是此知仁知義、知是知非的良知。若將良知之「知」做為認知意義的「知」，而為一切知識的基本，則誤矣。勞思光先生云：

> 蓋陽明用「良知」一詞，原指價值意識及作價值判斷之能力而言；屬於「道德語言」而非「認知語言」。依陽明自己的解釋，即所謂「知善知惡是良知」。「良知」被界定為「知善知惡」之能力，分明與認知事物或規律之「知」，截然兩事。而所謂「良知之外，別無知矣」，正表明陽明心目中並無認知意義之「知」也。〔註3〕

是以論「心即理」之心，乃所謂「本心」，所言之理是扣緊德性而說的「理」。若以大陸學者陳來先生的理解便是：

> 心即是理，在一個意義上，可以表述為「心之條理即是理」，是指人的知覺活動的展開有其自然的條理，這些條理也就是人的行為的道德準則。如依人的知覺的自然條理，事親自然是孝，交友自然是信。因而，是人的知覺的自然條理在實踐活動中賦與了事物以條理，使事物呈現出道德秩序。〔註4〕

陳先生的用詞易予人誤解，難道陽明的「心即理」是認知活動的自然條理嗎？顯然不是，陳先生應該也是扣緊道德法則而說，而道德法則只能來自道德心

〔註3〕見勞思光《新編中國哲學史·第三卷上》，頁409～410。
〔註4〕見陳來《宋明理學》，頁262。

體，不應來自認知主體。陳先生也是此意，故而下文續道：

> 王守仁主張的心即理，這裡的心並不是指知覺而言，「心即理」的心
> 只是指「心體」或「心之本體」而言，這個心之本體也就是孟子到
> 陸九淵的「本心」的概念，它不是現象意識層面經驗的自我，而是
> 先驗的純粹道德主體。〔註5〕

此處陳先生與勞先生無二致，事實上，大凡對中國儒學稍有研究者，不應反
對此義，「心即理」等同「心即是理」之意。不過有的學者擔心光是「心即理」
三字恐予人在邏輯推理上指認心「是」理，誤認為這是指邏輯論證之推論時
二名詞的關係，〔註6〕遂有一番更細密的辯述。其實只要了解心即理是就道德
意義上說，不具認識論之性質，便不至有此誤解。

　　論本心，孟子原本列舉四端以彰本心之妙用，是非之心只是其中一樣，
如今陽明獨將知是知非的良知提升上來以之代表本心，其云：

> 良知只是個是非之心。是非只是個好惡。只好惡就盡了是非，只是
> 非就盡了萬事萬變。是非兩字是個大規矩，巧處則存乎其人。(《傳
> 習錄》卷三)

這樣是否過度偏向「智」之一面，而忽略了仁、義、禮？陽明高足王龍溪曾
對此有所說明：

> 仁統四端，知亦統四端。良知是人身靈氣，醫家以手足痿痺為不仁，
> 蓋言靈氣有所不貫也。故知之充滿處，即是仁；知之斷制處，即是
> 義；知之節文處，即是禮。說箇仁字，沿習既久，一時未易覺悟。
> 說箇良知，一念自反，當下便有歸著，喚醒人心，尤為簡易，所謂
> 時節因緣也。(《王龍溪全集》卷4〈東遊會語〉)

此即是將惻隱、羞惡、辭讓皆涵知是知非之「知」內，由此可知，陽明所說
的良知，雖倣自孟子，其意義不全同於孟子。然而以「知」統仁義禮智四端，
果真無礙？這麼做果然比說仁道義來得更能喚醒人心？對此牟先生有極透徹
的見解：

> 孟子即心言性，心理亦一，而且亦充分彰著出此心性即是指導吾人
> 行為之道德的心性。然而孟子尚是仁義禮智並列地言之，而陽明則

〔註5〕　見陳來《宋明理學》，頁263。
〔註6〕　參見談遠平《論陽明哲學之圓融統觀》，第三章〈陽明心即理說之圓融統觀〉，
　　　　文史哲出版社，民國82年版。

就其所言之是非之心之智而言良知，將智冒上來而通徹於仁義禮中，通徹於心德之全部，以彰著並保住心之超越性，涵蓋性，主宰性，純粹至善無對性。就此而言之，吾人可說：仁義禮是心之實，而智是實亦是用。（用就靈明言）心惟有此「既實亦用」之一德，始能先天地知而決定是非善惡之當然之理。〔註7〕

是非善惡之當然之理，必通過仁義禮來表現，發心動念之仁不仁、義不義，禮不禮，就是「是不是」、「善不善」；當惻隱而惻隱即為是，當惻隱而不惻隱即為非，類推其他事理亦然。所以陽明說「只是非就盡了萬事萬變」；而在是非之際，能知其所是而是之，能知其所非而非之，見是者自然滿心愛好，見非者或不善者如探湯，《大學》云：「所謂誠其意者：毋自欺也，如惡惡臭，如好好色，此之謂自謙。」自修者欲為善以去惡，當實用其力，將人心本有好善惡惡的能力無自欺地發揮出來，惡惡應如惡惡臭，好善如好好色，皆務決去，而求必得之。順此而說「是非只是個好惡，只好惡就盡了是非，只是非就盡了萬事萬變」，不亦宜乎！此知是知非、好善惡惡便是良知的運用，而總論天下之理，亦不出是非善惡而已，是故天下萬理皆不出一個良知之是非判斷。

良知者，即是心之本體也。陽明曾分辨心與知為：「心者，身之主也，而心之虛靈明覺，即所謂本然之良知也。」（《傳習錄》卷二）此言似乎以心為其體，知則為其用，其實論道德本心，其作用即知是非、定善惡，除此之外，心亦無其他內容。是故就心之全體而言，無非一個虛靈明覺，而此虛靈明覺即為心之良知。良知即為知是非天理者，陽明曾說：

良知只是一個天理自然明覺發現處，只是一個真誠惻怛，便是他本體。故致此良知之真誠惻怛以事親便是孝，致此良知之真誠惻怛以事兄便是弟，致此良知之真誠惻怛以事君便是忠。只是一個良知，一個真誠惻怛。（《傳習錄》卷二〈答聶文蔚〉）

孟子所言之本心，散列說可有四端，陽明即直接將此四端收歸於一個良知上講，真誠惻怛就是良知之本體，意即它的最內在的本性。此個最內在的本性遇種種特殊的機緣，便自然會表現為各種不同的天理，如在事親便是孝，事君便是忠等，孝、弟、忠，甚而仁、信等便是所謂「天理」。這些天理均是良知所自然明覺之而自發表現者，故陽明總說「良知之天理」，天理不能從良知

〔註7〕見牟宗三《從陸象山到劉蕺山》，頁260。

處割離，它不是良知之對象，乃即在良知本身之眞誠惻怛處，且是良知自然明覺之所呈現。〔註8〕

　　當良知是其所是而非其所非的時候，即爲良知之發散用顯，當其時即有天理流行於此明覺中；當良知歸於無所是無所非，即此良知之收斂而隱於虛。良知之發散收斂，乃即其發散以爲收斂，也就是「即其實以爲其虛」。時時虛、時時實，故能虛靈不滯，而人乃常有一不昧之明覺。〔註9〕此爲唐先生對良知之爲虛靈明覺的大要解釋。再深入窮索，良知「其時時實，即時時有此理流行於明覺之中；其時時虛，即此流行之理既顯，而若自隱，以退藏於密。由此而即在此虛靈明覺對事物，無所發用，如鏡之無物可照時；此虛靈明覺，亦通體全是理。」〔註10〕是以良知之實未嘗不虛，其虛亦未嘗不實；良知發散時未嘗不收斂，而正其收斂時亦未嘗不發散。此虛靈明覺之發散或收斂、或實或虛，即和盤托出此理，「心即理」之義應當如是，不可將其想像成心綜合具備許多天理，遇事時再檢擇以何項天理應之。而應改爲良知之發散、收斂，或實或虛之本身，即是理。非發散而放出理，收斂而更收回此理；而是其放其收，均是此理之表現。〔註11〕唐先生如是解道：

> 其「放」，是此理以一般所謂實之姿態表現，而其實未嘗不虛；其「收」，是此理以一般所謂虛之姿態表現，而其虛未嘗不實。故此虛靈之明覺即通體是此理。由此而不能說此心在未嘗與物感通而未發之際，此心之自存養其虛靈明覺，其心即空而無理；亦不能謂此自存養，只所以去氣稟物欲之雜，打開此理之由此心而昭顯呈現之門，如朱子之說也。而當說此心當下之虛之靈之明而能覺，即已攝其所可能覺者，以爲此心之理，而皆現成在此。〔註12〕

因此聖人之應變不窮，並非預先講求，而是「聖人之心如明鏡，只是一個明，則隨感而應，無物不照。未有已往之形尚在，未照之形先具者。」（《傳習錄》卷一）良知之自然明覺隨人情事變而呈現相應之行，例如周公制禮作樂以文天下，皆聖人所能爲，堯舜何不盡爲之而待於周公？孔子刪述六經以詔萬世，亦聖人所能爲，周公何不先爲之而有待於孔子？是以知聖人乃遇此時，方有

〔註8〕見牟宗三《從陸象山到劉蕺山》，台灣學生書局，民國73年版，頁218。
〔註9〕參見《唐君毅全集‧中國哲學原論原教篇》，頁325。
〔註10〕見《唐君毅全集‧中國哲學原論原教篇》，頁325。
〔註11〕參見《唐君毅全集‧中國哲學原論原教篇》，頁325。
〔註12〕參見《唐君毅全集‧中國哲學原論原教篇》，頁325。

此事。這也不是事先講求預備，而是聖人自然明覺之變化以應事。故以「明鏡」喻聖人之心，彼心也不過是個昭昭朗朗、隨感而應之明覺。

明白心之體即為明覺感應之良知，則不應懷疑陽明所倡者有「專求本心，遂遺物理」之虞，此中之「物理」乃行為物、行為事之理，非謂自然物之構造之理。事事物物皆為吾心所制，於此應當孝親，即有孝之理應現；於此應當辭讓，即有辭讓之理表現。天下任一事之理均為心之良知所制，故言物理皆不外乎吾心，外吾心而求物理，無物理矣；遺物理而求吾心，吾心亦不知何物也。陽明解之曰：

> 心之體，性也，性即理也。故有孝親之心，即有孝之理，無孝親之心，無孝親之理矣；有忠君之心，即有忠之理，無忠君之心，即無忠之理矣。理豈外於吾心邪？……心一而已，以其全體惻怛而言謂之仁，以其得宜而言謂之義，以其條理而言謂之理。不可外心以求仁，不可外心以求義，獨可外心以求理乎？（《傳習錄》卷二〈答顧東橋書〉）

天理就在良知之明發呈現中，相應各種機緣而有種種道德之理呈現，譬如純於孝親之心，多時自然思量父母的寒，便自要去求個溫的道理；夏時自然思量父母的熱，便自要去求個清的道理，雖然父母之要求或溫或清，有待於子女的細心觀察，此觀察須有經驗為底子，亦即須有經驗知識，但是體貼父母此時應溫或應涼，卻是那誠孝之心所發出來的要求，難不成父母身上本就有溫清的道理？故知天理便在此心上，至善只是此心純乎天理之極便是。判斷父母需要溫暖或清涼，此或有待於知識，可是此種知識卻包含在良知之推致上，良知斷制吾予父母溫清之行為，也斷制如何使父母溫清之行為。這些皆是良知天理之所貫徹，只是在此行為之成就中，不能不有如何溫清的知識，以及對父母健康狀態的認識。是以欲將良知之天理推致到事事物物上，知識之補充亦不可少。縱然如此，我們亦可說專求本心，不會有「遂遺物理」之虞。

基於此，我們亦可明瞭何以陽明強調「心外無理，心外無義，心外無善」。在陽明〈與王純甫書〉中曾論及：

> 心外無物，心外無事，心外無理，心外無義，心外無善。吾心之處事物純乎天理而無人偽之染謂之善，非在事物之有定所之可求也。處物為義，是吾心之得其宜也。義非在外可襲而取也。格者格此也，致者致此也。（《王陽明全集》卷四〈與王純甫〉第二書（癸酉））

緣於心即是道德本心，理亦是指道德之理，自然心外無理，心外無義，義理皆由心所自定。此義大率為研究陽明之學者所肯認，鮮有對此有異議者，較有紛錯處乃在「心外無物」一義上。

二、「心外無物」之詮解

依從上節的陳述，陽明言「心即理」既是立足於道德意義上，自然「心外無理」之說是絕對可以成立的，它無求於外，這是每一位對陽明學有所認知之人所必須肯定的。可是言至「心外無物」，則是眾說紛紜，畢竟「心外無物」一句涉及存有的問題，不似「心外無理」僅討論應然之道德範域即可。

何以陽明談心外無理又涉及「心外無物」呢？此須從其論心、意、知、物四者說起。陽明分論此四者是：「身之主宰便是心，心之所發便是意，意之本體便是知，意之所在便是物。」（《傳習錄》卷一）為何陽明有此一說？緣於其門人徐愛之問，

> 愛曰：昨聞先生之教，亦影影見得工夫須是如此；今聞此說益無可疑。愛昨曉思「格物」的「物」字，即是「事」字，皆從心上說。
>
> 先生曰：「然。身之主宰便是心，心之所發便是意，意之本體便是知，意之所在便是物。如意在於事親，即事親便是一物；意在於事君，即事君便是一物；意在於仁民、愛物，即仁民、愛物便是一物；意在於視聽言動，即視聽言動便是一物。所以某說無心外之理，無心外之物。」（《傳習錄》卷一）

由於「意之所在便是物」一句為陽明直接論及「物」的界定文句，故多數學者即從此處發揮他們對「心外無物」的解釋。

（一）認「物」全為「事」者

觀陽明之論「物」，多舉事親、仁民、交友、愛物等等為例以說明何為物，這些事例，毫無例外的，全是指向「行為物」，也就是「事」，陽明甚而有「心即理也，天下又有心外之事，心外之理乎」之說，看來陽明本人亦是以「事」解「物」。譬如談遠平先生說：

> 物是意念所發，而有此意念必有具體行為之事與其相應，故物即事、事即物，二者皆可「從心上說」。可見心外無物之關鍵在「意」，蓋心之所發是意，意之所著是物，知是意之體，物乃意之用，這樣才

能説「心外無物」。質言之，我人任何活動云爲皆依心意起用也，正
所謂「在物爲理，處物爲義，在性爲善。因其處而異其名，而皆吾
之心地也。」」〔註13〕

勞思光先生也就「專求本心，遂遺物理」一段表明他對陽明説「物」的看法：

此段緊扣理不在心外之義。顯然此處所謂「理」取規範義，而非規
律義；而所謂「物理」者，不指經驗世界中事物呈現之關係及規律，
而是就行爲説「物」，就行爲之規範説「物理」。〔註14〕

這些都是以行爲之事規定陽明所説之物，並以爲「心外無物」之義，即等同
於「意之所在爲物」之義。若僅依「意之所在爲物」來看物，則物乃純爲行
爲之事，此觀點十分合理，畢竟道德實踐就是以具體行爲朗現道德之理，而
意念不會懸空而發，必有所爲而發，陽明就曾説道：「凡意之所用無有無物者。
有是意，即有是物。無是意，即無是物矣。物非意之用乎？」（《傳習錄》卷
二〈答顧東橋書〉）此忠義涵，誠如陳來先生所論：

在「意之所在爲物」這句話中，「意」指意識、意向、意念，「意之
所在」指意向對象、意識對象，「物」主要指事，即構成人類社會實
踐的政治活動、道德活動、教育活動等，這個命題表示，意識必然
有其對象，意識是對對象的意識，而事物只有在與意識、意向相關
的結構中才能被定義，所以這個定義本質上是「從心上説物」。他認
爲，事物作爲人的意向結構的一個極，是不能脱離主體的，正如我
們日常生活中看到的，一切活動都是意識參與下的活動，在這個意
義下，離開主體的事物是沒有的。〔註15〕

然而切勿忘記，這一切的解説是繫於「意之所在爲物」這句話之下，方無疑
義。若論及「心外無物」，是否可純以「意之所在爲物」解析之，則大有問題。
首先陽明説「心」與論「意」是截然不同的，心是道德本心，是身之主宰，
是所謂本然之良知也，此爲眾多學者所公認，亦爲上述所引之學者所肯定；
而意不過是心之所發，意念之發動可以循道德本心之方向，亦可不循此方向，
當其依順本心而發，便是善，不依順本心而發，便是惡。心、意在陽明的理
論中，有著超越與經驗之區別，「意之所在爲物」固然是就「行爲」説物，然

〔註13〕參見談遠平《論陽明哲學之圓融統觀》，頁85～86。
〔註14〕見勞思光《新編中國哲學史·第三卷上》，頁437。
〔註15〕見陳來《宋明理學》，頁265。

而「心外無物」也可依此界定嗎？

　　除「意之所在爲物」，陽明尚有其他關於物的論述，如「以其凝聚之主宰而言，則謂之心；以其主宰之發動而言，則謂之意；以其發動之明覺而言，則謂之知；以其明覺之感應而言，則謂之物。」（《傳習錄》卷二〈答羅整菴少宰書〉）或如「良知是造化的精靈」、以及遊南鎮看花等對答，在在顯示此中之物，絕不僅限於行爲物，它應該可以擴大至一般物而說，陽明談良知必不止於道德行爲而已，它也縱攝一般存有，換言之，陽明之良知學不僅是道德學，也是存有論。上引兩位先生之言，卻無一道及此。

（二）將「物」歸結為「意念」

　　將「物」一律視爲行爲之「事」者，除上述兩位學者外，陳來先生亦有此意，其云：「『意之所在爲物』是要爲『物』下一個定義，……這裡的『物』並不是泛指山川草木等物，而是指『事』。就是說，『心外無物』這個命題在一開始提出來時，主要是指『事』而言。」〔註 16〕除此外，他尚認爲「意」所指向的，也可以是僅作爲意識之中的對象，他說：

> 在王守仁這個「意之所在爲物」的定義中，作爲意之所在的物顯然
> 包括兩種，一種是意所指向的實在之物或意識已投入其中的現實活
> 動，一種是僅作爲意識之中的對象。就是說，在「意之所在便是物」
> 中他並未規定物（事）一定是客觀的、外在的、現成的，這個意之
> 所在可以是存在的，也可以是非存在的即僅僅是觀念的；可以是實
> 物，也可以僅僅是意識之流中的對象。王守仁只是強調「意」一定
> 有其對象，有其內容，至於對象是否實在並不重要，因爲他要強調
> 的是意向行爲本身。〔註17〕

不知陳先生哪裡來的想法，雖說他似也首肯物可當「實物」解，但更多的傾向是：物也可以僅僅是個觀念而已。即便陽明只是強調「意」一定有其對象，未曾明文表示此物一定是外在客觀的，但從諸多《傳習錄》的條文中，並沒有一條明示或暗示「物是觀念、是意識流中的對象」，陳先生這樣的主張，究竟有什麼理據？細閱其書，陳先生理解陽明的「意之所在爲物」，特別著重意爲構成物的條理與意義的根源，事物的意義來自它，事物的秩序也來自它，物不能脫離意識結構來定義。於是，陳先生推論道：

〔註16〕見陳來《宋明理學》，頁 265。
〔註17〕見陳來《宋明理學》，頁 265。

意念是決定事物道德性的根源，事物的理必須由善的「意」賦予它，因而意是決定事物的要素，物不過是意的結果。在這裡，意向對象是否存在，意向是否已對象化都是不重要的，重要的是意向行爲本身，因爲意向行爲本身決定著作爲對象的物的性質。「意在於孝親即孝親便爲一物」，孝親這個「物」既可以指正在實現的活動或已經實現的活動，也可以僅指意念內容。對於王守仁來說，「物」主要不是指現實的東西，而是指意向之物，即呈現在意識中的東西。〔註18〕

最後的結論即是：

他的（王陽明）「意之所在便是物」的命題根本正是要把物歸結爲意念，只有把格物的物歸結爲意念，才能把「格物」解釋爲「格心」，心外無物的意義就是要人在心上做格物工夫。〔註19〕

對於陽明的「意之所在爲物」，無可否認他的確強調人的各種現實活動均離不開意念的貫注，意念之發若爲善，則此行爲便是善，反之則爲惡。例如他說：「指意之靈明處謂之知，指意之涉著處謂之物。只是一件。意，未有懸空的，必著事物。故欲誠意，則隨意所在某事而格之，去其人欲，而歸於天理，則良知之在此事者無蔽，而得致矣。」（《傳習錄》卷三）然則陽明有從此觀點繼續發展出一套知識論嗎？顯然沒有。陽明自始至終全環繞道德議題講述，說此言也不過凸顯意念從不虛發，意必著於事而有，由是彰顯道德之不離日常百用。如自此而引申「是意構成了事物的意義，事物的秩序來自構成它的意，因而物不能脫離意識結構來定義。」〔註20〕亦已太過。若再續引申爲「意念是決定事物道德性的根源，事物的理必須由善的意賦予它」，則便錯得離譜了。事物道德性的根源是發自道德本心，是「心即理」之心，不是來自「意」，可見陳先生在論述之中，已不知不覺將「意」等同於「心」，因之全然取「意之所在爲物」解「心外無物」。更甚者，又進一步把物化爲意念，遂道陽明的格物之說，其實便是「格心」。果然格物便是格心，陽明只須講明「誠意」之工夫即可，何故再加上「格物」云云？豈非多餘而無意義？陳先生之論自有其新穎獨到之處，不過論至是否貼合陽明本意，恐非十分自然浹洽。

〔註18〕 見陳來《宋明理學》，頁266。

〔註19〕 見陳來《宋明理學》，頁266。

〔註20〕 見陳來《宋明理學》，頁265。

（三）心之外化而建構一「意義世界」

　　除上述三位學者各有其特殊見解外，今人楊國榮先生也有令人驚奇的想法，他認爲所謂「心外無物」者，是心體之「外化」而構建一個「意義世界」，此意義世界不能離心而獨立，是謂「心外無物」也。比起前面三位較高明的地方乃是：楊先生直接由「心體」說起，而不全以「意之所在爲物」爲前提。首先看楊先生如何論心。

　　楊先生認爲王陽明所說的心，含義較爲廣，指知覺、思維、情感、意向等等。〔註 21〕這是他對陽明論心的扼要描述。可是這樣的描述如何說明「心即理」？是以楊先生續道：關於心體的內涵，干陽明作了多方面的界定。他首先將心與理聯繫起來。作爲本原，心不僅僅是一種感性的存在（不專是一團血肉），它以理爲其內在的規定。理的滲入，賦予心以二重相互聯繫的品格：即先天性與普遍必然性。此處所說的理，更多指向作爲行爲和評價準則的道德律。就這樣，通過以理界定心，王陽明將先驗的道德律引入了心體。從靜態看，心呈現爲普遍必然的道德律，就動態言，心又表現爲道德實踐領域的立法者，前後相比，後者體現了心的主宰性。〔註22〕

　　上述的解析十分精準，確乎表達陽明論「心即理」的要義。不過依楊先生的說法，陽明論心並非止於道德律而已，他在肯定心體有先天的普遍必然之理的同時，又將其與經驗內容與感性存在聯繫起來，這裡就是陽明與程朱相異之處。怎麼說陽明說心即理的同時也將其與經驗內容與感性存在聯繫起來？他根據的是《傳習錄》上的一段話：

> 耳目口鼻四肢，身也，非心安能視聽言動？心欲視聽言動，無耳目
> 口鼻四肢亦不能，故無心則無身，無身則無心。（《傳習錄》卷三）

可見心雖不專是一團血肉，而是視聽言動所以可能者，但它又非隔絕於耳目口鼻等感性的存在。以下楊先生即發揮道：

> 從意識的層面看，感性存在總是涉及經驗內容，心不能離身（無身
> 則無心），決定了心無法與經驗內容絕緣。王陽明在談到心與情的關
> 係時，便肯定了這一點：「喜、怒、哀、懼、愛、惡、欲，謂之七情。
> 七情俱是人心合有的。」相對於理性的靈明覺知，情感屬於感性經
> 驗的序列，王陽明將七情視爲人心的題中應有之義，同時即意味著

〔註21〕參見楊國榮《良知與心體》，頁 81。
〔註22〕參見楊國榮《良知與心體》，頁 81～82。

對先驗的心體與經驗的內容作了溝通。〔註23〕

很明顯這裡有兩層區分，一是先驗的理性，另一則是經驗的感性。在楊先生看來，程朱一系要求化心爲性、性其情，在心性關係上表現爲以性說心，偏重將心的先驗性與超驗性聯繫起來，而對心的內容未予以應有的注意。陽明則不同了，他在強調心有其先天來源的同時，並未將關注之點引向其超驗性。〔註24〕相反的，陽明以心之全體惻怛爲仁，其意就是把情感視爲主體意識的內在要素。〔註25〕譬如陽明說：「樂是心之本體，雖不同於七情之樂，亦不外於七情之樂。雖則聖賢別有眞樂，而亦常人之所同有。」（《傳習錄》卷二）樂從廣義上看雖有感性快感與精神愉悅之分，所謂聖賢之眞樂，便更多地側重於精神愉悅。但無論是感性的快感，抑或精神的愉悅，都滲入了某種情感的認同。二者的區分雖有其相對性，但在不同程度上都蘊含著經驗的內容。〔註26〕此爲楊先生對陽明把情感視爲主體意識的內在要素的論證解析。總結來說便是：

> 王陽明所說的心體既以理爲本及形式結構（心之條理），又與身相聯
> 繫而內含著感性之維。在前一意義上，心與性有相通的一面，所謂
> 「心之體，性也，性即理也」，即是就此而言；在後一意義上，心又
> 不限於性：不外於七情的樂之本體，便很難納入理性化的性之本體。
> 以理爲本（以性爲體）決定了心的先天性（先驗性），與感性存在的
> 聯繫則使心無法隔絕於經驗之外。這樣，心體在總體上便表現爲先
> 天形式與經驗內容、理性與非理性的交融。〔註27〕

以上引文清楚顯示楊先生詮解陽明所論之心體，自始便是兩種成分的融合，除思維情感以外，尚包含了理，它是理和個體意識的綜合統一。其意在於理作爲普遍規範，總是超越個體的存在，而表現爲一種外在要求，以對象性的方式存在吾人面前，這樣，不免導致理是理，我是我，難以溝通二者。只有將揚棄理之普遍規範的對象性，將其化爲主體意識，才能眞正使道德實踐受

〔註23〕見楊國榮《良知與心體》，頁83。

〔註24〕參見楊國榮《良知與心體》，頁82。

〔註25〕楊先生道：「孟子以惻隱之心爲仁之端，王陽明則以心之全體惻怛爲仁，二者
都把情感視爲主體意識的內在要素。在這方面，王陽明確乎不同於程朱而更
接近儒學源頭之一的孟子。」不僅陽明，連孟子亦將情感視爲主體意識的內
在要素了。參見楊國榮《良知與心體》，頁83。

〔註26〕參見楊國榮《良知與心體》，頁84。

〔註27〕見楊國榮《良知與心體》，頁85。

其制約。所謂心即理，首先便意味著普遍之理與個體意識的融合。〔註28〕而普遍之理向個體之心的內化，並不是以抽象理念的形式入主個體意識，而是滲入於主體的情感、意向、信念等等之中，並進而轉化爲主體意識的內在要素。〔註29〕這整個主體意識便是楊先生所謂的「心體」，「心即理」之命題象徵心與理的統一，並且在主體意識中化爲個體性與普遍性的統一。

由此主體意識所發之意必有所涉著，楊先生以爲這是陽明要求理內化於心的同時，又肯定心體有其外化的趨向，意便是心體在外化過程中的顯現。〔註29〕這種解釋相當獨特，也頗能表達「意」的特色。接著，作爲「意之所在」的物，便不同於本然的存在，所謂本然的存在總是外在於主體意識，意即未爲主體所作用；至於意所在之物，已爲意識所作用並進入意識之域的存在。親、君、民等物唯有在意識之光照射其上時，才獲得道德實踐的意義。而這些物，並不是意識在外部時空中構造一個物質世界，而是通過心體的外化（意向活動），賦予存在以某種意義，並由此建構主體的意義世界；而所謂心外無物，亦非指本然之物（自在之物）不能離開心體而存在，而是指意義世界作爲進入意識之域的存在，總是相對於主體才具有現實意義。〔註30〕此乃楊先生對「意之所在爲物」構成某種不離主體的存有論之大略說明。

通過心體的外化（意向活動），賦予存在以某種意義，並由此建構主體的意義世界，楊先生這套理論看來頗能補足前面幾位學者的缺失，既不失物之爲物的獨立性，又可納入心體的涵攝範圍，而非僅止於「意」的範域而已，確乎是個精妙合理的說法。然而我們仍要檢視楊先生的這套論述是否符合陽明之意。

如果陽明所說的「心」純粹是「主體意識」，則楊先生這番剖析可能足以展現陽明良知學所涉及的存有論。可是細案楊先生陳論心體的方式，他僅是將作爲普遍道德律的理和個體的意願、情感等意識「交融」在一起，「滲入」在一起，以爲這樣便可原貌呈現完整的心體。但問題是，在他的陳述底下，理依舊是理，情依然是情，理決斷行爲的準則，譬如面對親長，我決定當有孝親之情，孝親之情於是生焉。此中孝親之理屬於先驗的道德之理，孝親之情歸屬於感性之情，這種分類乃楊先生所堅持的，此種陳述與朱子有何異？

〔註28〕　參見楊國榮《良知與心體》，頁89。
〔註29〕　參見楊國榮《良知與心體》，頁89。
〔註29〕　參見楊國榮《良知與心體》，頁108。
〔註30〕　參見楊國榮《良知與心體》，頁108。

除了心能否自發自立道德法則之外，朱子同樣謹守理與情的分際，如是楊先生與朱子的說法有什麼不同？

而且說普遍之理與個體意識的交融，或是普遍之理滲入於主體的情感，這兩者是怎麼滲入？怎麼交融？交融之後，此心體依舊是道德本心，還是泛泛說的「主體意識」？這都是不可解的疑惑。是以陽明論心即理，是否意味著普遍之理與個體意識的融合，或說是心與理的統一，不無啓人疑竇。這種「統一」說、「融合」說，恐怕未能完全貼切表達陽明的思想，關鍵便在「心體」的界定上，以及心體與情的關係，應當如何表示方爲恰當的問題。

考察陽明良知學，應是遠承孟子學而來，故欲論道德本心，回顧孟子談四端之心，應爲一恰當做法。孟子談四端之心是以人皆有不忍人之心爲契機說起。「所以謂人皆有不忍人之心者，今人乍見孺子將入於井，皆有怵惕惻隱之心。」（《孟子・公孫丑章句上》）此心不爲納交於孺子之父母，亦非爲要譽於鄉黨朋友，純是其不忍無辜孺子即將滅頂，而所發的傷痛之情。此處孟子是否還分辨怵惕之情爲形下之氣，所以怵惕惻隱方是形上之理？通篇上下孟子並無此意，所以他才可直接宣表下列結論：由是觀之，無惻隱之心，非人也；無羞惡之心，非人也；無辭讓之心，非人也；無是非之心，非人也。於是又說：惻隱之心，仁之端也；羞惡之心，義之端也；辭讓之心，禮之端也；是非之心，智之端也。此處之惻隱之心、羞惡之心等等，其實就是惻隱之情、羞惡之情，而此四端之情同時便是仁義禮智之理。是故孟子論心，不僅自立道德法則，它同時即具有充沛之情爲動力以實踐道德行爲。此道德之情，不能因爲它是情，便將之列爲感性之情，而是道德之理的貫注，使此情提昇至形上的地位，換言之，此情不屬感性之情，而是「理性之情」。理的表現在人身上，便是以心和情的形式呈現出來。

此章如不能充分顯示「理是情」之義，再看孟子另一說：「故理義之悅我心，猶芻豢之悅我口。」（《孟子・告子章句上》）人心所同然者固爲普遍必然之理義，可是理義若僅止於普遍的約束法則，而心若只限於感性的心靈，則人心如何能眞誠悅此理義呢？心若下落爲私欲之心，私欲之情，則理義不必悅心，而心亦不必悅理義，不但不悅，反而十分討厭它。正因爲心可以上提至超越的本心，與理爲一，所以必然的它對道德之理會由衷地感興趣，此感興趣便是道德感、道德情感。當心自給法則就是它悅這法則，心自己決定自己就是它甘願這樣決定，它願意這法則，它喜悅這法則，它自身就是興趣，

就是興發的力量，就能生起作用，並不需要摻雜感性來激發它。如是悅理義之心與情，不能再列屬爲經驗情感。牟先生分析此中義理云：

> 理義悅心，心悅理義，純粹理性就能是實踐的，而悅理義之心與情
> 必須是超越的本心本情，如是它自然非悅不可，即這「悅」是一種
> 必然的呈現。它自給法則就是悅。就是興發力。心與理義不單是外
> 在的悅底關係，而且即在悅中表現理義，創發理義。理義底「悅」
> 與理義底「有」是同一的。〔註31〕

陽明說「樂是心之本體」亦應如是分釋，縱然此樂不外於七情之樂，但也不同於七情之樂，因爲它是本心自我之悅樂，無須外在激發自然就能悅樂，是以雖在自苦迷棄之中，此樂未嘗不存。若如楊先生所言，此樂在某種程度上也蘊含著經驗內容，則陽明安能斷言「雖在自苦迷棄之中，而此樂未嘗不存」？可見楊先生的判定有誤。

　　再者，楊先生又以爲人心所蘊含的惻隱、羞惡等情感，主要爲仁義等道德意識的形成提供了可能，〔註32〕這豈不是說道德情感在先，而道德意識在後？道德意識反而是道德情感所引發的，論道德所以成立的順序可以如是談嗎？且就孟子所言「理義之悅我心，猶芻豢之悅我口」，在楊先生的解析下變成了：「理性作爲廣義的人性，以理義等爲對象，但理義要成爲人性的現實內容，又離不開以情感等形式表現出來的人心的認同：所謂悅我心，也就是一種情感的認同。這樣，理性的確認（心之所同然）與情感的認同（悅我心）相互聯繫，展示了人心與人性的統一。」〔註33〕我們承認道德之理是以情感等形式表現出來，不過這並未表示此種道德情感依然下屬於經驗情感，而孟子也毫無聯繫理性的確認與情感的認同的意思。

　　以「主體意識」詮釋陽明所謂「心體」，由前文種種論證看來，顯然是不得當，因爲這樣的詮釋無形中泯除心體的普遍性與客觀性，緣於心體已摻入個體的情感意願等感性因素；而由此主體意識所建構的「意義世界」以，怕也不能說明「心外無物」之眞諦。陽明說「良知生天生地，成鬼成帝」，此中分明寓含良知是造化的根源，並非僅意謂著「天地萬物與不同的個體構成不同的意義關係」而已。說此言者，其意在於每一個人都有一個屬於「他的」

〔註31〕見牟宗三《心體與性體》，第一冊，頁166。
〔註32〕參見楊國榮《良知與心體》，頁71。
〔註33〕參見楊國榮《良知與心體》，頁71。

世界，雖然作爲自在物的天地萬物，其存在變化並不以人爲轉移，但是，意義世界總是有其相對性的一面，如是，每一個人均有一個他的獨特的意義世界。若順斯言，則良知之普遍性何在？良知「生天生地」的「生」義又當如何自圓其說？所謂「生」難道只是依憑、依存的意思而已嗎？可見此論有待商榷。

（四）心之感通無方以涵蓋萬物

大凡學者解「心外無物」一語，皆自「意之所在爲物」說起，是以「物」泰半解爲「行爲物」之「事」。此解自有其依據，所憑藉者便是《傳習錄》所記載之條文；可是若關聯到良知心體而說「心外無物」，則「意之所在爲物」就不能用來解釋「心外無物」了，因爲心與意是不同意義的，「無善無惡心之體」，「至善者心之本體」，心乃超越的道德主體，純善無惡，無有作好，無有作惡，意則是心之所發，「有善有惡意之動」，意是屬於經驗層上的，是以取「意之所在爲物」來詮析「心外無物」，本質上即已不相應。

其次，陽明說物也不止於「意之所在爲物」這個方式，「心之明覺感應之爲物」同樣也是說物，可是「意之所在」與「心之明覺感應」涵義絕對不同。上述幾位學者論「心外無物」，明顯地全都忽略這兩點，徑以意念的涉著處說心外無物。能避免此阱陷者，惟牟宗三先生一人而已。那麼牟先生從何著手講「心外無物」？曰：直接從良知明覺之感應，而與天地萬物爲一體說起。陽明〈大學問〉一文有道：

> 陽明子曰：大人者以天地萬物爲一體者也，其視天下猶一家，中國猶一人焉。若夫間形骸而分爾我者，小人矣。大人之能以天地萬物爲一體也，非意之也，其心之仁本若是其與天地萬物而爲一也。豈惟大人，雖小人之心亦莫不然，彼顧自小之耳。是故見孺子之入井而必有怵惕惻隱之心焉，是其仁之與孺子而爲一體也。孺子猶同類者也。見鳥獸之哀鳴觳觫而必有不忍之心焉，是其仁之與鳥獸而爲一體也。鳥獸猶有知覺者也。見草木之摧折而必有憫恤之心焉，是其仁之與草木而爲一體也。草木猶有生意者也。見瓦石之毀壞而必有顧惜之心焉，是其仁之與瓦石而爲一體也。是其一體之仁也，雖小人之心亦必有之。是乃根於天命之性而自然靈昭不昧者也。〔註34〕

〔註34〕見《王陽明全集》卷 26，河洛出版社，民國 67 年版，頁 470。

真誠惻怛之仁心的感通，就是良知明覺之感應，感應於孺子，便與孺子為一體，
而孺子得其所；感應於鳥獸，即與鳥獸為一體，而鳥獸得其所，草木、瓦石皆
然。由此擴而充之，天地萬物皆在吾心之明覺感應中，我即與天地萬物為一體。
此與程明道說「仁」的方式一模一樣。牟先生即是從這裡說「心外無物」的。
他並無否認意之所在之物乃行為物，只是說「物」不可僅限於此。如果意念純
從良知起，絲毫不為私欲氣質所影響，則意念之動皆是良知天理之流行，此時
意之所在為物即是良知明覺之感應為物，即在此，牟先生分辨道：

> 而在此明覺之感應中，有事亦有物，如是，則物字既可是事（行為
> 物），亦可是物（存在物或個體物），如是，則訓物為事，不免稍狹，
> 蓋此只就意之所在為物而言也。實則陽明所謂「事事物物」不必是
> 籠統地泛說而一是皆歸於事，很可即就此「事事物物」而事物兩指。
> 蓋就明覺之感應而言物，則物必兩指也。〔註35〕

牟先生有何憑證說此言？前所引〈答聶文蔚書〉有云「致此良知之真誠惻怛
以事親便是孝，致此良知之真誠惻怛以事兄便是弟，致此良知之真誠惻怛以
事君便是忠。」不僅事親、從兄、事君是事，治民、聽訟、讀書無不是事。
然若從事這些行為時，均以良知之真誠惻怛以實之，亦即提升至明覺之感應
而言之，則事親、從兄、事君等行為固然成為我之德行，即便親、兄、君等
之個體物，也在我的良知明覺之涵潤中皆各得其位育而不失其所。牟先生道：

> 感應於親，而有事親之行（事）；感應於兄、民、書、君、訟等等，
> 而有從兄、治民、讀書、事君、聽訟等等之事。親、兄、民、書、
> 君、訟等，則所謂物也（存在物或個體物。視親、兄、民、君等為
> 物好像有點不敬或不雅，但此只就其為一獨立的存在而言。訟本亦
> 是事，但對聽訟而言，則訟即指兩造之對質）。事親、從兄、治民、
> 讀書等，則所謂事也。事是感應於物而有以對之或處之之態度或方
> 式。這些態度或方式便就是我的行為。真誠惻怛之良知，良知之天
> 理，不能只限於事，而不可應用於物。心外無事，心外亦無物。一
> 切蓋皆在吾良知明覺之貫徹與涵潤中，事在良知之貫徹中而為合天
> 理之事，一是皆為吾之德行之純亦不已。而物亦在良知之涵潤中而
> 如如地成其為物，一是皆得其位育而無失所之差。〔註36〕

〔註35〕見牟宗三《從陸象山到劉蕺山》，頁239。
〔註36〕見牟宗三《從陸象山到劉蕺山》，頁239～240。

牟先生以此解「心外無物」之義，此言之得以成立完全繫於「良知明覺之感應爲物」一義上，牟先生將「意之所在爲物」擱在一旁，純由明覺之感應說起，如是物之爲「事」即可順適無礙地轉爲存在物，不會侷限於意念之範圍，而強將物解成「意念」或「與主體不離的意義世界」。這都是前面幾位學者所缺乏的，惟牟先生慧眼獨具，洞澈此中之差異。爲徹底了解何謂良知明覺之感應爲物，吾人有必要好好探索一番。

三、心之明覺感應之爲物

（一）致知以誠意正物

經過層層的抽絲剝繭，再對照陽明的講說，「物」在陽明的良知學底下，應有兩義，既可指行爲之事，又可指存在之物。不過，如果我們若將物關聯到「心」與「意」這兩層來看，那「意之所在爲物」與「心之明覺感應之爲物」顯然有兩層差別。「意之所在爲物」可泛指一般經驗行爲、現實活動，後者則繫屬在心之明覺感應下，而繫屬在心之明覺感應下之物是否等同於自然物或經驗存在，則有必要詳覈細察。

雖說良知本心人人具有，可是要完全朗現心體，仍舊要下一番工夫，在踏實地作工夫中，才能明白何謂「明覺感應」，也才能清楚「明覺之感應爲物」是什麼意思。陽明之工夫論無非就是「致良知」以「正心誠意」，由此關聯到物本身，如是完成陽明道德學之存有論。

王陽明〈答羅整菴少宰書〉中道：

> 理一而已。以其理之凝聚而言，則謂之性；以其凝聚之主宰而言，則謂之心；以其主宰之發動而言，則謂之意；以其發動之明覺而言，則謂之知；以其明覺之感應而言，則謂之物。（《傳習錄》卷二〈答羅整菴少宰書〉）

依從這段引文，理之凝聚而賦予人者謂之性，此爲宋明儒之共識，遵循「天命之謂性」而來；能盡此凝聚之理者唯心而已，心爲一身之主宰，是性行之於身的一個機竅。而心之發動者謂之意，雖然心無有不善，可是人畢竟是一感性的存在，難免受人欲的影響，而有不順心體之意念起現，一如濂溪所云「誠無爲，幾善惡」，誠體固是純善無爲，然幾之發動總會受氣質的阻隔，而有或善或惡的可能。濂溪所說的「幾」等同此處所講的「意」，幾有善惡，意也有善惡，在感應事變，發心動念之際，所發動的意是善是惡，本心之靈昭

明覺未嘗不知，此即所謂「良知」。意乃經驗層之物，良知則凌駕經驗層之意念上而照臨之，意念有善有惡，良知則是純善無惡，而爲判斷善惡是非的標準。存善去惡之功就在此「誠意」之關鍵上致力，良知之天理明覺也於此時方能具體呈顯。陽明云：

> 《大學》之所謂身即耳目口鼻四肢是也。欲修身，便是要目非禮勿視，耳非禮勿聽，口非禮勿言，四肢非禮勿動。要修這個身，身上如何用得工夫？心者身之主宰。目雖視，而所以視者心也。耳雖聽，而所以聽者心也。口與四肢雖言動，而所以言動者心也。故欲修身，在於體當自家心體，常令廓然大公，無有些子不正處。主宰一正，則發竅於目，自無非禮之視；發竅於耳，自無非禮之聽；發竅於口與四肢，自無非禮之言動。此便是修身在正其心。

> 然至善者心之本體也，心之本體那有不善？如今要心正，本體上何處用得功？必就心之發動處，纔可著力也。心之發動，不能無不善，故須就此處著力，便是在誠意。如一念發在好善上，便實實落落去好善；一念發在惡惡上，便實實落落去惡惡。意之所發，既無不誠，則其本體如何有不正的？故欲正其心，在誠意。工夫到誠意，始有著落處。（《傳習錄》卷三）

這一段由黃以方所錄的引文，最能展現陽明談「格物致知，誠意正心」之工夫。這四步工夫──格、致、誠、正，既可從最基層的「物」開始說起，層層昇進至工夫之源──「至善之心體」；亦可由工夫之源，亦即至善之心體步步落實至基層之「物」上。此段引文明標自心體有「致知」之力，以致而有一連串的誠意格物之功。首先談正心、誠意。依照此段引文之敘述，至善者心之本體也。心之本體既爲至善，何須正之之工？正心的工夫實應落在心之發動處才可著力。心之發動，受感性氣質的影響，不能無不善，於此處著力格惡去不善，便是誠意。「如一念發在好善上，便實實落落去好善，一念發在惡惡上，便實實落落去惡惡。意之所發，既無不誠，則其本體如何有不正的？故欲正其心，在誠意。工夫到誠意，始有著落處。」順是而論，陽明所謂「心體」不應等同泛泛而說的「主體意識」，雖然有善有惡之意亦爲心所發，不過那是受到氣質影響所致，並非直接無曲折地發自心體。在陽明敘述當中，意是被對治的對象，被心體所發的虛靈明覺之知所對治，虛靈明覺之良知方爲適切於心體的內容。

可是這樣的心體並非一個孤懸抽象之物，它的發用就在口鼻耳目四肢，口鼻耳目四肢雖是感性的形體，卻是聽命於心之號令，所以說目雖視，而所以視者心也。耳雖聽，而所以聽者心也。若要耳目口鼻四肢非禮勿視聽言動，豈是耳目口鼻四肢自能勿視聽言動？須由心掌控方能如此，這視聽言動就是心。心之本體無有不善，故一切視聽言動理當順適合禮，然有非禮者，不是心有缺陷不善處，而是心所發動之意有不善，故有非禮之行。如今要正心，心本無不正，何須正之？必就心之發動處才可著力。心之發動處便是意，正心工夫實落在「誠意」上；如何誠意？一念發在好善上，便實實落落去好善，一念發在惡惡上，便實實落落去惡惡，沒有一絲推諉假借，也沒有一點掩飾蓋藏，此即是誠意。

只是意之發動十分幽微不顯，若一味等待意之成形發諸於外，再做改過遷善之功，總歸治標不治本。前文陳述周濂溪「知幾」、「審幾」之時，亦曾討論濂溪所謂「知幾」者，非謂審知事變之幾而趨利避害，而是審知當中能通化受感性影響之惡幾，使之轉為善幾。幾之善不善，心獨知之。此處誠意之功亦然。意之善不善，惟心獨知之。故誠意之本又在於「致知」也。陽明續接上引文說：

> 然誠意之本又在於致知也。所謂人雖不知，而己所獨知者，此正是吾心良知處。然知得善，卻不依這個良知便做去，知得不善，卻不依這個良知便不去做，則這個良知便遮蔽了，是不能致知也。吾心良知既不能擴充到底，則善雖知好，不能著實好了，惡雖知惡，不能著實惡了，如何得意誠？故致知者意誠之本也。
>
> 然亦不是懸空的致知。良知在事實上格。如意在於為善，便就這件事上去為；意在於去惡，便就這件事上去不為。去惡固是格不正以歸於正，為善，則不善正了，亦是格不正以歸於正也。如此，則吾心良知無私欲蔽了，得以致其極，而意之所發，好善去惡，無有不誠矣。誠意工夫實下手處，在格物也。若如此格物，人人便做得。人皆可以為堯舜，正在此也。（《傳習錄》卷三）

良知即是本心，特提「良知」為心之體者，以其「知是知非」之「知」義表心之明覺。良知明覺無有不照，且其照臨不只是空頭地一覺，即在其照臨的一覺中隱然自決一應當如何之方向，此即所謂良知之天理。〔註37〕牟先生如

〔註37〕參見牟宗三《從陸象山到劉蕺山》，頁238。

是爲良知明覺事物做一提醒之解釋，切勿將良知之照臨視同佛老之「觀照」，後者並無道德意義，但良知明覺必含有道德天理於其中；且良知又不只是決定一方向，它本身的眞誠惻怛就具有一種不容已地要實現其天理於意念乃至意念之所在以誠之與正之之力量。〔註38〕所以陽明方能由此而說誠意乃至格物，格物便爲良知實踐的最後結果，「致知」不是懸空可以致得的，必在「事實」上格，如意在於爲善，便就這件事上去爲；意在於去惡，便就這件事上去不爲。事之善與不善，雖是由意念所影響，而欲爲善去惡也先從意念上著手，可是此處陽明強調的是從致知以至誠意格物，最後的結果必通徹至外在的事實上，不可能僅止於主觀的意念純化上而已。是故陳來先生之言「王守仁只是強調『意』一定有其對象，有其內容，至於對象是否實在並不重要，因爲他要強調的是意向行爲本身」，此言可能有待商討。

陽明在另一處也說道：

> 鄙人之見，則謂意欲溫凊、意欲奉養者，所謂意也，而未可謂之誠意。必實行其溫凊之意，務求自慊而無自欺，然後謂之「誠意」。知如何而爲溫凊之節，知如何而爲奉養之宜者，所謂知也，而未可謂之致知。必致其知如何而爲溫凊之節者之知，而實之以溫凊；致其知如何而爲奉養之宜者之知，而實之以奉養，然後謂之「致知」。溫凊之事，奉養之事，所謂物也，而未可謂之格物。必其於溫凊之事也，一如其良知之所知當如何爲溫凊之節者，而爲之無一毫之不盡；於奉養之事也，一如其良知之所知當如何爲奉養之宜者，而爲之無一毫之不盡，然後謂之「格物」。溫凊之物格，然後知溫凊之良知始致；奉養之物格，然後知奉養之良知始致。故曰「物格而後知至」。致其知溫凊之良知，而後溫凊之意始誠；致其知奉養之良知，而後奉養之意始誠。故曰「知至而後意誠」。(《傳習錄》卷二〈答顧東橋書〉)

溫凊之節、奉養之宜必有良知以通貫之，方能謂之「致知」；「誠意」亦然，務求自慊而無自欺，而實行溫凊奉養，方謂之「誠意」。不論誠意或致知，均得落實在溫凊、奉養等「事實」上，此方稱得上「格物」。物與意縱使在陽明的解說下相即不離，仍然是涇渭分明，意是內在主觀的念頭，物是外在的行爲表現，可視之行爲雖是出於內在之意念，但兩者的分際依然可以區別得開。

〔註38〕參見牟宗三《從陸象山到劉蕺山》，頁 238。

當代學者蔡仁厚先生則是以「純化意念與純化意念之內容」來區分誠意與格物。他說：

> 吾心之良知雖然動無不善，但卻不是懸空可以致得的，「非即其事而格之，則亦無以致其知」，離了實事，知如何致？譬如離了孝親的實事，如何致得孝親的良知？可見知之致正在物之格（正）處。所以致知是誠意之本，而誠意工夫實下手處，又在格物。四句教末句云：「為善去惡是格物。」所謂為善去惡，即是在致良知中純化意念與純化意念之內容（意念之內容，即意之所在的事或行為）。自純化意念而言，是誠意；自純化意念之內容而言，則是格物。〔註39〕

此解確能表詮陽明言意與物之精義，即使格物之源在於誠意，但也不能因之化物為意，而說格物者即是格心之謂也。陳先生之說顯然不允當。

從其上之詮釋，格物致知乃不可分之實踐方法，其義已與朱子所倡之格物致知兩相有別。陽明分辨他與朱子所言「格物致知」有何不同如下：

> 朱子所謂格物云者，在即物而窮其理也。即物窮理是就事事物物上求其所謂定理者也，是以吾心而求理於事事物物之中，析心與理而為二矣。夫求理於事事物物者，如求孝之理於其親之謂也。求孝之理於其親，則孝之理其果在於吾之心邪？抑果在於親之身邪？假而果在於親之身，則親沒之後，吾心遂無孝之理歟？見孺子之入井，必有惻隱之理。是惻隱之理果在於孺子之身歟？抑在於吾心之良知歟？其或不可從之於井歟？其或可以手而援之歟？是皆所謂理也。是果在於孺子之身歟？抑果出於吾心之良知歟？以是例之，萬事萬物之理，莫不皆然。是可以知析心與理為二之非矣。……若鄙人所謂「致知格物」者，致吾心之良知於事事物物也。吾心之良知，即所謂天理也。致吾心之天理於事事物物，則事事物物皆得其理矣。事事物物皆得其理者，格物也，是合心與理而為一者也。（《傳習錄》卷二〈答顧東橋書〉）

朱子論心以「認知」為心之作用，必須不間斷即物而窮事物所以然之理，而後具於心中，方是充盡心之用，故孟子「盡心知性」套在朱子體系下，是知性在先，盡心在後，非知得性理完全，否則無可言完盡此心。陽明言「格物致知」非如是也，知非知覺之謂，而是自然明覺之良知，推致良知之天理於

〔註39〕見蔡仁厚《王陽明哲學》，三民書局，民國63年初版，頁33。

事事物物，則事事物物皆得其理，謂之「致知格物」。是以格物之訓亦不同朱子，順朱子義，則「格」字乃「至」也，至物上而窮其理，謂之「格物」。至若陽明之「格」字，理應以「正」義訓之，正其不正以歸於正，故其所謂「格物」意即正彼不正之物以歸於正。兩義有別，不容混淆。另一方面由茲亦可得證陽明談「格物」，是落實於物上格之正之，不單只是「格心」罷了，陳來先生之說不合陽明原意，於此又得一顯證。

车先生對陽明所謂「致」良知，有如下精闢的解釋：

> 陽明言「致」字，直接地是「向前推致」底意思，等於孟子所謂「擴充」。「致良知」是把良知之天理或良知所覺之是非善惡不讓它爲私欲所間隔而充分地把它呈現出來以使之見於行事，即成道德行爲。直接的意思是如此，再進而不間斷地如此，在此機緣上是如此，在彼機緣上亦如此，隨事所覺皆如此，今日如此，明日亦如此，時時皆如此，這便是孟子所謂「擴而充之」，或「達之天下」。能如此擴而充之，則吾之全部生命便全體皆是良知天理之流行，此即是羅近溪所謂「抬頭舉目，渾全只是知體著見，啓口容聲，纖悉盡是知體發揮」(《盱壇直詮》卷下)，亦孟子所謂「睟然見於面，盎於背，施於四體，不言而喻」也。(盡心篇)。到此，便是把良知「復得完完全全，無少虧欠」。故「致」字亦含有「復」字義。但「復」必須在「致」中復。復是復其本有，有後返的意思，但後返之復必須在向前推致中見，是積極地動態地復，不只是消極地靜態地復。〔註40〕

天命流行從何得見？即從具體日用事物一一俱合於天理而見，而日用事物之合於天理者，亦在良知能向前推致以正事事物物，事事物物在此格致下皆各得其所。是以自家生命全幅是天理流行，良知所及之物亦是天理流行，此方是達到羅近溪所言「抬頭舉目，渾全只是知體著見，啓口容聲，纖悉盡是知體發揮」。因此，前文曾說良知不僅爲道德實踐之基礎，同時也關聯著存有論，而爲萬物存有之根基。此義須從「明覺感應之爲物」談起。

（二）明覺感應之為物

雖然陽明談物多就事親、事君、交友、讀書等「事」說物，而少對獨立的存在物說物。但良知明覺之感應，不能只限於事，而不適用於物。陽明常

〔註40〕見车宗三《從陸象山到劉蕺山》，頁229。

說：「心外無理，心外無物。」順著良知天理之感應，一切皆在明覺之貫徹與涵潤之中，事固然成為合天理之事，物也在良知的涵潤中而如如地成其為物，一是各得其位而無失所，上所引陽明〈大學問〉一文正是詳申此義，茲不覆引述。就此良知明覺之感應而與天地萬物為一體，牟先生於此發揮解釋道：

> 感應於物而物皆得其所，則吾之行事亦皆純而事亦得其理。就事言，良知明覺是吾實踐德行之根據；就物言，良知明覺是天地萬物之存有論的根據。故主觀地說，是由仁心之感通而為一體，而客觀地說，則此一體之仁心頓時即是天地萬物生化之理。仁心如此，良知明覺亦如此。蓋良知之真誠惻怛即此真誠惻怛之仁心也。〔註41〕

良知感應亦如仁心涵潤無方一樣，不能有預定的限制範圍。明道說：「仁者渾然與物同體。」也同於陽明所講的「大人者以天地萬物為一體者也」，兩者之能與天地萬物為一體者，非意之也，其心之仁本若是其與天地萬物而為一也。真誠惻怛之仁心本即是感潤遍覺一切，故不僅為實踐德行之根基，同時也是萬物存有之根基。《中庸》言「誠者物之終始，不誠無物」，此物字亦不限於事言，一切事與物都在誠體的妙運下成始成終。由是分隔「意之所在為物」與「良知感應為物」而論，前者訓「物」為「事」，訓「格」為「正」；後者則事物兼賅，而「格」字之「正」義在事在物俱轉而為「成」義，格者成也，格物者，成己成物之謂也。「成」者實現之之謂也，即良知明覺是「實現原理」也。就成己言，是道德創造之原理，即引生德行之純亦不已。就成物言，是宇宙生化之原理，亦即道德形上學之存有論的原理，使物物皆如如地得其所而然其然，即良知明覺之同於天命實體而「於穆不已」也。〔註42〕於此，道德創造與宇宙生化是一，兩者均在良知感應中朗現。

此而明矣，《傳習錄》上有些以認知方式去說明卻總是說明不清的篇章，其實應歸屬良知明覺縱貫式的存有論方式講解，方解得通。看以下的問答即可知：

> 先生遊南鎮。一友指巖中花樹問曰：「天下無心外之物；如此花樹，在深山中自開自落，於我心亦何相關？」
>
> 先生曰：「你未看花時，此花與汝心同歸於寂；你來看此花時，則此花顏色一時明白起來：便知此花不在你的心外。」（《傳習錄》卷三）

〔註41〕見牟宗三《從陸象山到劉蕺山》，頁241。
〔註42〕參見牟宗三《從陸象山到劉蕺山》，頁242。

若以有限心的認知方式解此章，怎麼說也說不通，天下焉有一物是依靠個人的有限心靈而存在？故知此中所謂「心外無物」之心，非謂受限於感觸直覺的思辨心，而是作為天地萬物本體的無限心、神心。良知感應無外，必與天地萬物全體相應，此即涵著良知明覺之絕對普遍性，如是方能說「心外無理，心外無物」。未看花時，良知尚未感應，此花之存與不存，與汝心自不相干，換言之，於汝心一點意義也無，故說「此花與汝心同歸於寂」。同歸於寂，亦非否定花的存在，只是此花的存在與汝心毫無意義。直至來看此花時，明覺感應瞬間鮮活起來，此花之精神顏色也同時明白起來，此時花與汝心呈一體之感應，此花對汝心才有意義可言，可知物不在心外。

　　一味執定陽明的良知學就是意識現象學的人，則會認定「所謂花自開自落，著眼的是本然的存在；花的顏色明白與否，則是相對於觀花的主體。就本然的存在而言，花之開與花之落與心體似乎並不相干；但花究竟以何種形式呈現出來，亦即花究竟對主體來說具有何種意味，則很難說與心體無關；花的顏色鮮亮（明白）與否，已涉及花的審美形式，這種形式並不是一種本然的存在，它只有對具有審美能力的主體來說才有意義。」〔註43〕若是，陽明與朋友的這一段對談全成了美學的對話，因為若是一個無審美能力的人，花開花落對他自是毫無意義，則我們尚可說此花在其心中？這樣，陽明論「心外無物」尚可成立否？

　　須知，物在不在心內，唯在「感應之幾」上看，明覺之感應無外，感應到何物，此物便與我同體，若是方能言萬物與我為一。陽明與朋友那一段「深山之花在心中或心外」的對答，應奠基於此才有圓滿的解釋。不僅深山之花，其他萬物若沒了我這個靈明之感應，則無天無地亦無物了。試看下列對答：

　　　　先生曰：「你看這個天地中間什麼是天地的心？」

　　　　對曰：「嘗聞人是天地的心。」

　　　　曰：「人又什麼教做心？」

　　　　對曰：「只是一個靈明。」

　　　　曰：「可知充天塞地中間只有這個靈明，人只為形體間隔了。我的靈明便是天地鬼神的主宰。天沒有我的靈明，誰去仰他高？地沒有我的靈明，誰去俯他深？鬼神沒有我的靈明，誰去辨他吉凶災祥？天地鬼神萬物離卻我的靈明，便沒有天地鬼神萬物了。我的靈明離卻

────────────

〔註43〕見楊國榮《良知與心體》，頁 112。

> 天地鬼神萬物，亦沒有我的靈明。如此，便是一氣流通的，如何與
> 他間隔得？」
> 又問：「天地鬼神萬物千古見在，何沒了我的靈明，便俱無了？」
> 曰：「今看死的人，他這些精靈遊散了，他的天地萬物尚在何處？」
> （《傳習錄》卷三）

良知靈明就是天地萬物的實現原理，一切存在皆在靈明中存在。這個靈明不
僅是你的、我的，同時也是整個天地萬物的，它是一個普遍而超越的靈明。
天地鬼神萬物皆依存這個良知靈明存在。最後，陽明說：

> 良知是造化的精靈。這些精靈生天生地，成鬼成帝，皆從此出，眞
> 是與物無對。人若復得他完完全全，無少虧欠，自不覺手舞足蹈。
> 不知天地間更有何樂可代？（《傳習錄》卷三）

人若復得良知完完全全，亦即發心動念皆順依明覺本心，則天地萬物均依存
良知存在，故說「良知是造化的精靈」。這是順著「明覺感應之爲物」而說。
在此說中，實踐之工夫當然已是義精仁熟，達至化神之境界，如是方能體證
「良知生天生地，成鬼成帝」，而與天地萬物爲一體。陽明許多高談妙論均由
此發。「良知生天生地，成鬼成帝」是一套本體宇宙論，並非僅意謂著「天地
萬物與不同的個體構成不同的意義關係」而已。

　　順承明覺之感應爲物說，一切對治誠正的工夫相即泯而不顯，心意知物
渾是一事，體用顯微只是一機，無須分列四項別說，若此圓頓化神之境，任
一眞修力行之大儒皆首肯之，然唯有陽明高弟王龍溪明白說出。天命流行必
歷此階段，方能完全朗現德行與存在之一致，也才能過渡至「極高明而道中
庸」的平實之境。

第二節　王龍溪「四無」說

　　檢別心體的內容，意在區隔良知與一般主體意識不同，是以良知明覺與
物的關係不能僅以「意義結構」或「意義世界」之心物不離的方式陳述，縱
然「意之所在爲物」，或可採彼形態解釋，然而陽明除此意義外，其所重視者
應是「從明覺之感應」而說物。此爲上文論述陽明言物的結論。良知之虛靈
明覺才是眞正的心之本體，能澈悟此本體，而立根於本體，即本體言工夫、
言意與物，則心、意、知、物一起皆渾化矣，心無心相，知無知相，意與物

亦然，四者均凝攝於本體之自然流行，此即是王龍溪「先天正心」之工夫。

一、龍溪「先天正心」之學

　　陽明提出「格物致知，誠意正心」之學，其本根乃出自至善之心體，由心體之虛明靈覺照臨一切意念之上，知善知惡，而格不正之物以歸於正。陽明這一套致良知教發展至其門人後學，便有多樣的分化展衍，就王龍溪而言，其人之思想是逕向以悟無善無惡之心體去發展。此為唐先生研讀龍溪學之心得。唐先生說：

> 此中王龍溪思想之發展，則逕向以悟無善無惡之心體去發展，亦即悟本體即工夫之方向去發展，而以此為第一義之先天之正心之學；更以只是由知意之善惡之動，而為善去惡者，為第二義之誠意之學。此即謂致良知之學，應先見得此良知本體，方可言推致之於誠意之功。若徒泛言為善去惡以誠意，則一切世儒之教，亦教人為善去惡以誠意，此固不必即是致良知之學。既是致良知之學，固當先悟得此良知，亦必先有此良知之見成在此。愈能悟得此良知本體，即愈有致良知工夫。而悟此本體之正心之學，即應為第一義之學也。〔註44〕

回視陽明致良知教，其學本即立基於良知之知善知惡這一超越的道德主體上，而良知學也是以悟此良知本體為最後目標，那麼陽明與龍溪有何殊異？當知，陽明之良知教雖是立足於良知本體，不過其下手做工夫處卻在「純化意念」上頭，於此顯示心與意乃不同層次之物；而龍溪之立基於無善無惡之心體，是全由此心體朗現知、意、物，心與知固屬超越層，意與物也同屬超越層，究此思路之根源，當可發現其原自陽明論「心之明覺感應」，換言之，王龍溪純從「心之明覺感應」這一層面說法立教。由此層面立教說法，頓可立判意之從心、不從心有懸殊之別，而龍溪之工夫論也從意之從心起動而說。是故龍溪必嚴判心體與識及意之差別。其云：

> 夫心本寂然，意則其應感之跡；知本渾然，識則其分別之影。萬欲起於意，萬緣起於知；意勝則心劣，識顯則知隱。故聖學之要，莫先於絕意去識。絕意，非無意也；去識，非無識也。意統於心，心為之主，則意為誠意，非意象之紛紜矣；識根於知，知為之主，則

〔註44〕見《唐君毅全集‧中國哲學原論原教篇》，頁365～366。

識為默識，非識神之恍惚矣。（《王龍溪全集》卷八〈意識解〉）

意、識本為了別之用，其作為了別之用者，雖也是從心知而起，而為心知之應感之用，不過此中已夾雜「氣之動」了，換言之，意象或意識之起乃「動於物」而起者，如此則不順心知而起，而與心知不一。當此處，陽明即以良知之照察以誠意正物，而龍溪卻直由良知之明覺感應，立根於先天心體，而起意動念，則意之所動無不善也。由此而分先天正心之學與後天誠意之學：

> 先生謂遵嚴子（王遵嚴）曰：「正心先天之學也，誠意後天之學也。」
> 遵嚴子曰：必以先天後天分心與意者何也？先生曰：「吾人一切世情嗜欲皆從意生。心本至善，動於意始有不善。若能在先天心體上立根，則意所動自無不善，一切世情嗜欲自無所容，致知工夫自然易簡省力，所謂後天而奉天時也。若在後天動意上立根，未免有世情嗜欲之雜。纏落牽纏，便費斬截，致知工夫轉覺繁難，欲復先天心體，便有許多費力處。」（《王龍溪全集》卷一〈三山麗澤錄〉）

此「正心」之「正」實無意義，只是借用之以表示頓悟，這套工夫必先頓悟心之本體，自此立根，意所動自無不善，一切世情嗜欲自無所容，致知工夫自然易簡省力。在心體上做工夫，唯是「順其天機而已」，無須勞爾腳勞手擾，刻意做作，只須去心之累即可。龍溪云：

> 良知本虛，天機常活，未嘗有動靜之分。如目本明，如耳本聰，非有假於外也。致知之功，惟在順其天機而已，有不善者，欲為之累，如目之有翳，耳之有垢，非聰明本然也，累釋則天機自運，翳與垢去，則聰明自全矣。離婁之明，師曠之聰，天下莫加焉，然其耳目，初未嘗有異於人也。（《王龍溪全集》卷十四〈松原晤語壽念菴羅丈〉）

良知之知體本自有虛明之力以去累消垢，除世情嗜欲，然應注意者，龍溪之談釋累去欲，是「順其天機之自運」，自然而然，無有誠意正物之有為相，誠如唐先生所解說的：

> 在此先天正心之學中，此心體良知，原不落善惡意念：故此心體良知之主宰，自見於其流行與用或工夫中，儘可不表現為一般所謂知善知惡、好善惡惡、為善去惡之事，而仍有其本自然之明覺之寂而能感，以成其流行或用或工夫之事在。〔註45〕

循此先天正心之學，欲作工夫者，也唯有在「心之未發」上用功，養於未發

〔註45〕見《唐君毅全集‧中國哲學原論原性篇》，頁479。

之際，才是先天之學。龍溪曰：

> 夫寂者，未發之中，先天之學也。未發之功，卻在發上用；先天之功，卻在後天上用。……前謂未發之功，只在發上用者，非謂強矯矜飾於喜怒之末，徒以制之於外也。節是天則，即所謂未發之中也；中節云者，循其天則而不過也。養於未發之豫，先天之學是矣。後天而奉時者，乘天時行，人力不得而與，曰奉、曰乘，正是養之之功。（《王龍溪全集》卷六〈致知議辨〉）

綜合以上論述，龍溪之先天正心之學可包含兩義：首先闡明立根於先天心體上而順天機之發用，則心意知物一起皆渾化為一矣，不再有各自之分別相；其次，立足於此心體上而作工夫，是「無作為」之工夫，是無工夫之工夫，換言之，乃「無相」之工夫。立基先天心體，必衍化出無相之工夫；由無相之工夫，必全盤朗現無相之本體，而心意知物、顯隱體用一起皆昭然揭顯，無餘蘊矣。即本體便是工夫，即工夫即是本體，兩者蘊含互發，缺一不可，此為先天正心之學必涵之義理。表達此精妙之義理者，惟龍溪之「四無說」可以表之。先天正心之學惟於此四無說才可顯露無遺。以下即陳述龍溪之「四無說」。

二、龍溪之論「四無」

「四無」之提出乃對照「四有」而說，四有是陽明依據「意之所在言物」分別界劃心、意、知、物四者而言。單就意念發動來說，意之發動可能善可能惡，順此意之所在之物，也就或正或不正，──須由良知誠正之。循是而有所謂「四句教」：「無善無惡心之體，有善有惡意之動，知善知惡是良知，為善去惡是格物。」〔註46〕此四句又稱「四有句」，稱其「四有」者，乃因與「四無句」對照而突顯「有」相，故又稱「四有」。四有與四無來自王龍溪與錢緒山印證彼此所學之是非，《王龍溪全集》卷一〈天泉證道記〉如此記載：

> 陽明夫子之學，以良知為宗，每與門人論學，提四句為教法：無善無惡心之體，有善有惡意之動，知善知惡是良知，為善去惡是格物。學者循此用功，各有所得。緒山錢子謂此是師門教人定本，一毫不可更易。先生謂夫子立教隨時，謂之權法，未可執定。體用顯微只是一機，心意知物只是一事。若悟得心是無善無惡之心，意即是無善無惡之

〔註46〕參見《王龍溪全集》「天泉證道記」，或《傳習錄》卷三錢緒山與王龍溪之論學。

意，知即是無善無惡之知，物即是無善無惡之物。蓋無心之心則藏密，無意之意則應圓，無知之知則體寂，無物之物則用神。天命之性粹然至善，神感神應，其機自不容已，無善可名，惡固本無，善亦不可得而有也。是謂無善無惡。若有善有惡，則意動於物，非自然之流行，著於有矣。自性流行者，動而無動；著於有者，動而動也。意是心之所發，若是有善有惡之意，則知與物一齊皆有，心亦不可謂之無矣。

上文曾說先天正心之學，蘊含「本體即工夫，工夫即本體」之義，解說「四無」者，或者從本體上說起，或者從工夫作用之圓熟說起。以古人為例，與王龍溪同門之錢緒山、聶雙江，以及後來的東林學派，大率從本體是否能下貫為四無來討論龍溪之說；而周海門則較能注意到四無表現在工夫一面之意義。在近世，唐君毅先生也以為龍溪之說四無是從本體之悟入上立論，牟先生則認為四無應從工夫之圓熟上把握。當代學者王財貴先生就此側重本體或工夫作為解龍溪四無的原則，為了解析之便，區分為「體四無」與「用四無」，其言：

> 若必兼而言之，自本體上說，即體而言全用在體，則悟得本體，即可說到四無，而工夫已在其中，所謂因賅果海也，吾稱之為「體四無」，或「因四無」；自工夫上說，即用而言全體在用，則工夫脫化，亦可說到四無，而本體已在其中，所謂果徹因原也，吾稱之為「用四無」，或「果四無」。〔註47〕

雖分為體四無和用四無，實際就理上而說，真欲成就「四無」，必兩面俱到，而就龍溪之表現說，吾人亦見其兩面兼而有之。〔註48〕王先生如是解釋。總言之，龍溪之四無乃欲完全朗現體用一如之化境，此化境，體用必定兼備且圓融為一，自體上說，必賅其「順天機流行」之自然無相工夫；從用上說，本體亦必藉由四無之工夫化境方能全顯無隱。下文即詳說此由體說之四無，與從用上說的四無。

（一）自體上說四無

此部份以唐先生之論為主。唐先生之論龍溪學，開始即斷定「王龍溪思想之發展，是逐向以悟無善無惡之心體去發展，亦即悟本體即工夫之方向去發展。」（見上引文）「無善無惡心之體」為陽明四句教之首句，唐先生對此

〔註47〕見王財貴《王龍溪良知四無說析論》，師大國文研究所集刊第 35 號抽印本，頁 37。
〔註48〕參見王財貴《王龍溪良知四無說析論》，頁 37。

句的認知是：龍溪特重此心體良知之超乎善惡之上。〔註49〕此認知通貫唐先生對龍溪學及四無的解說，十分重要。在後天誠意之學中，有「意」待誠，此意乃感於物而動，歧出於心體之感性意念，故有善有惡。良知固知其善惡，以好善惡惡。但也落在意念之後，故龍溪稱其爲第二義的工夫。「然在先天正心之學中，則此心自始能應感而無跡，初無善惡意念之形成，而只爲一超於善惡意念之上之無善無惡之心體之呈現。」〔註50〕之所以有善惡意念之紛紜，此紛紜意念原是依心而有，不過心無法善保其自己，而化爲識與念，離心起意而有。但是「剋在心體上看，即原來著不得識字、意字，自當直說之爲超善惡，說其爲無善無惡之至善者，而人即可直以契此心體爲工夫。契此心體之工夫，即此心體之呈現，而自正位居體於一般意念之上一層次，即自然無意念之紛紜之起。」〔註51〕此所以正心之學不在意念上立根，依然有自然的誠意之功者。心體朗現，自可銷化嗜欲，以開蔽障，而意與識亦由此同歸心之本體，此爲龍溪所以要先「絕意去識」，蓋所絕所去者，乃離心而動於欲之意與識，由斯，「意統於心，心爲之主，則意爲誠意，非意象之紛紜矣；識根於知，知爲之主，則識爲默識，非識神之恍惚矣。」

在良知明覺感應中，無善惡念之可知、可好、可惡，而恆寂恆感，生機自在。由此無善無惡之知，心是無善無惡之心，由心而動之意，就是無善無惡之意，所對之物，亦是無善無惡之物。於茲解四無句乃是：

> 此心體見於知善知惡之知，則其「知」初不同於「有能所相對之識知」，而知即無知之知，而「體寂」。此心體之見於好善惡惡之誠意，則意爲「不離心知之寂而貫於感」之「幾」。時時好善惡惡，於所惡之意念「纔動即覺，纔覺即化」，於所好之意念，亦更不自以爲善，於善亦化而不留。則更無依識而有之善惡「意象之紛紜」，而意即無意之意，而「應圓」。此心體之見於爲善去惡之格物，則其「所感」之物，不囿於一曲。時時爲善去惡，爲善亦忘其善，更無眼中金屑；而物即無物之物，而「用神」。〔註52〕

「無心之心則藏密，無意之意則應圓，無知之知則體寂，無物之物則用神」，

〔註49〕參見《唐君毅全集‧中國哲學原論原性篇》，頁475。
〔註50〕見《唐君毅全集‧中國哲學原論原性篇》，頁477。
〔註51〕見《唐君毅全集‧中國哲學原論原性篇》，頁477。
〔註52〕見《唐君毅全集‧中國哲學原論原教篇》，頁381。

此四無句在唐先生以無善無惡之心的貫徹攝聚下，即爲如此解釋。王先生以「建體立極」一觀念稱呼此種自體上解四無者，〔註 53〕此語用得十分精準恰當。循此模式者，必攝用以歸體，由體以開用，全用在體，全體是用。唐先生的分析正表現此意。

（二）從用上說四無

從用上說四無，亦即判定龍溪四無之成立，寄寓在工夫之化境上，或在作用地體現上，牟先生主要注目於此。其視〈天泉證道記〉一文，開端即著眼在「若是有善有惡之意，則知與物一齊皆有，心亦不可謂之無矣」，此所謂「一齊皆有」，「不可謂之無」，究竟是什麼意思？〔註 54〕因之而引申「作用上無相」之理論。

依牟先生之見，追本溯源，四有與四無的差別即在「有相」、「無相」之分。所謂無相者，如無善無惡之心、無善無惡之意、無善無惡之知、無善無惡之物云云，在工夫作用上不顯心相、意相、知相與物相。與此相對者，則是有心意知物之相。然則何以會有心意知物分別之相？首先，須區分存有論上的有與作用相上的有，兩種「有」有不一樣的意義。在存有論上，心意知物皆是有，無善無惡之心與知善知惡之知，皆肯定是存在的，它們和有善有惡之意及有正有不正之物有一點差別，意即心與知不能說也有善有惡，如此則不成話，變成良知的否定。雖則意乃心之發動，但心之體乃超越的本心自體，發動而爲意是在感性條件下發動，如意不守自性以致歧出而著於物，則成爲有善有惡之意。如是，意自是意，心自是心，不能因意有善惡，而謂心體也有善惡。

龍溪之所以說「若是有善有惡之意，則知與物一齊皆有，心亦不可謂之無矣」，意在由於對治有善有惡之意，必突顯良知超越的決定相，此決定之知相一顯露，即不可再說「其體寂」，因其相已跟著有善有惡而凸現矣。牟先生特爲此解釋道：

> 此「有」是存有之有，與有善有惡之有不同。意與物是經驗層上的感性的有，而心之體與良知則是超越層上的睿智的有。有之層次不同，然皆是有也。凡正面分解地說者皆欲建立或表示有也。建立有或表示有即有「有」相，就實踐之對治說，即各就其爲有而顯其「相」。良知之爲知善知惡的有即順意之有善有惡而顯其知善知惡之知相而

〔註 53〕 參見王財貴《王龍溪良知四無說析論》，頁 37。
〔註 54〕 參見牟宗三《從陸象山到劉蕺山》，頁 268。

非無知之知矣。「無知之知則體寂」，此顯一知相之有知之知即顯一
浮動之決定相，或凸現一決定之知相，而其體不寂矣。此即知之亦
爲有也。此有是有「相」之有。〔註55〕

同理，心體即順意之有善有惡而顯其至善之相而不同於意，因而也非無心之心，
其藏不密矣；物之爲有也是隨意之爲有而有，其爲有，有正之有與不正之有，
正的物有其物相，不正的物也有它的物相，如是則非無物之物，其用則不神矣。
蓋有物相之物其爲意之所用，即多滯礙而不神。此多滯礙不神之物就反顯有意
相之意，而非無意之意矣，其動於物而滯於物，便不能圓應無方。

有相、無相之別，循此陳論而觀之，則是工夫作用熟不熟、能化不能化
的關係。當工夫未熟，尚須步步對治時，意未能如如從知起現，即有善惡之
分歧，意一旦有善惡之相現起，則心、知、物一齊皆有也矣，四者均各有自
體相，唯有意如如從知體起現，此時意之動乃動而無動，是無動相之動，換
言之，即以「不起意」的方式表現。意之所以有意相，在於它隨感性而造作
起念，若不隨感性起念，則意念之起即無意相可言，此時之意乃純然是天機
流行之意，而不知其究爲意抑爲非意也，故爲無相之意。〔註56〕

無知之知亦然，雖則良知的表現總是自然的，不是有意造作的，但在未
至一體渾化之境時，總會凸顯超越之決定相，直到渾化之境時，良知無經驗
層上之意與物爲其所對，才能有無知相之知如如流行。心、物亦然。心意知
物雖然各有自體相，而在渾化神聖之境中爲無相之呈現，此即是天命之性，
神感神應，其機自不容已的自然流行。於此情形中，惡固本無，善亦不可得
而有。善惡相畢竟是經驗層上的分別，原是不能形狀渾化的神聖之境。

欲達此神聖之境，對於本體之爲本體者，即不能不有一透徹証悟，龍溪
比於其他王學門人，更有此通透高明之穎悟。其所領悟之良知本體，原是「一
念靈明」而已，其云：

> 千古聖學，只從一念靈明識取。保此一念靈明，便是學；以此觸發
> 感通，便是教；隨事不昧此一念靈明，謂之格物；不欺此一念靈明，
> 謂之誠意；一念廓然，無一毫固必之相，謂之正心。此是簡易直截
> 根源。〔註57〕

〔註55〕見牟宗三《從陸象山到劉蕺山》，頁270。

〔註56〕見牟宗三《圓善論》，台灣學生書局，民國74年版，頁318。

〔註57〕參見黃宗羲《明儒學案》上冊，卷一二，〈浙中王門學案二〉華世出版社，民

本體之爲本體者，就是一先天虛寂的靈明之心，此靈明之心就表現爲一念靈
明，縱於重重嗜欲障蔽中，總有此昭昭之良知靈明在，人唯直下於此一念靈
明，加以自見自悟，即依此良知本體除欲化障，此中工夫無盡，效驗亦無盡。
龍溪說：

> 只將一點靈明默默參究，無晝無夜，無閒無忙，行立坐臥，不論大
> 眾應酬，與棲心獨處，時時理會照察。念中有得有失，此一點靈明，
> 不爲念轉。境上有逆有順，此一點靈明，不爲境奪。人情有向有背，
> 此一點靈明，不爲情遷。此一點靈明，窮天窮地，窮四海，窮萬古，
> 本無加損，本無得喪。是自己性命之根，盡此謂之盡性，立此謂之
> 立命。……這一點靈明，體雖常寂，用則隨緣。譬如太虛無相，不
> 拒諸相。全體放得下，方全體提得起。予奪縱橫，種種無礙。才爲
> 達才，不爲才使；識爲眞識，不爲識縛；談說理道，不滯於詮；撰
> 述文詞，不溺於藝。〔下略〕（《王龍溪全集》卷一〈天泉證道記〉）

龍溪所談之「一點靈明」與陽明說「虛靈明覺」意同，均不離天理是非，但此
一點天理是非之感應，又非某種「實物」可尋，是以二王皆以「虛寂靈明」形
狀之，或乾脆以「無」形容之。縱然如此，言「無」亦僅是表顯本體之「藏」
之「密」，無「誠正相」、「對治相」顯示。此四無說，依據陽明的講法，乃是爲
上根人立教，四有之說爲中根以下人立教。（《王龍溪全集》卷一〈天泉證道記〉）
因爲「上根之人悟得無善無惡心體，便從無處立根基，意與知物皆從無生，一
了百當，即本體便是工夫。易簡直截，更無剩欠，頓悟之學也。」（同上）「從
無處立根基」者，意即自明覺之感應說物，則良知明覺是心之本體，明覺感應
無不順適；而意從知起，自無善惡之兩歧；物循良知之天理而現，自無正與不
正之駁雜。如是，明覺無所對治，心意知物一體而化，一切皆是如如呈現。〔註
58〕明覺無知無不知，無任何相可著，此即是「從無處立根基」之謂。惟上根、
利根之人，可以直從人心本原上悟入，而人心本體原是明瑩無滯的，原是個未
發之中，利根之人一悟本體即是工夫，人己內外一齊俱透了，故能直截透發，
更無餘剩。至於「中根以下之人未嘗悟得本體，未免在有善有惡上立根基，心
與知物皆從有生，須用爲善去惡工夫，隨處對治，使之漸漸入悟，從有以歸於
無，復還本體，及其成功一也。」（《王龍溪全集》卷一〈天泉證道記〉）

國 76 年版，頁 252。
〔註58〕參見牟宗三《從陸象山到劉蕺山》，頁 273。

此即為龍溪「先天正心」之工夫，自本體下手，心意知物只是一事，體用顯微只是一機，各分際相均不顯，這是王龍溪穎悟造詣之高，故能頓悟此理。雖然「四無說」從無處立根基，但不能因之而斷其「著於無」矣，其實翻遍《王龍溪全集》，真正談到「四無」處也僅限於卷一的〈天泉證道記〉，其餘處龍溪不斷重述良知之「一點靈明」，焉有著於無之蔽？近人劉述先先生即有此誤解：

> 龍溪謂不可以著於有，此則固然，但難道因此便可以著於無麼？有無雙遮雙照，始為究竟之旨。而龍溪津津樂道四無之旨，庶不知既無矣，則亦無可說，何需那老漢在這裏饒舌，弄精魂，實可以一棒打殺與狗子吃。而龍溪竟謂：「從無處立根基，意與知物皆從無生，一了百當」，正統儒家那有這種說法，張載說：「知虛空即氣，則無無」，這才是儒家立場；朱子說：「釋氏虛，吾儒實」，宗旨清楚明白；陽明也只說：「無善無惡心之體」，斷不會滑轉到「從『無』處立根基，意與知物皆從『無』生」、「從『有』以歸於『無』」這樣的說法。事實上龍溪這一類的玄思還夠不上禪宗的透徹，充其量只不過及於老氏之「無」罷了！〔註59〕

有、無之說，儒釋道三家皆有，儒家肯定天命實體、良知本體為實有者，此為說「有」之義；但要如何體現此天命道體呢？若一逕體會成只是理，那就是朱子「性即理」的路線；若集中焦距在氣化之生生不息，而忽略氣之所以生生不息之動力來源，則是唯氣論的一偏之見；不陷於此二端，但一味落在習心意念的對治上，凸顯心體的「有」相以及良知的「知」相，此亦非體證本體最相應無偏之工夫，畢竟論至最後，何曾有一個良知待你證悟？陽明即曾說過：

> 有只是你自有良知本體，原來無有本體，只是太虛。太虛之中，日月星辰，風雨露雷、陰霾瞳氣，何物不有？而又何一物得為太虛之障？
>
> 人心本體亦復如是。太虛無形，一過即化，亦何費纖毫氣力？〔註60〕

龍溪之說「寂」說「無」亦是此意，何曾有違正統儒家的立場說法？張載之言固有其側重處，龍溪之說亦有其欲發揮的地方，兩者並無衝突而互不相容，怎可以張載之言駁龍溪之說？歷數儒門之磐磐大才，對於道體之穎悟超過龍溪者，寥寥無幾，如果儒釋兩家之境界相當，龍溪之悟未必及不上禪宗的透

〔註59〕見劉述先《黃宗羲心學的定位》，允晨文化，民國75年版，頁42。
〔註60〕見《王陽明全集》卷卅四，〈年譜三・五十六歲在越〉，頁665～666。

徹，更遑論老氏之無了。劉氏之論恐是不詳龍溪四無說而引起的。

為何未嘗悟得本體者，其心與知物皆從有生，理由已在上文陳論過，茲不再覆述。據此引文，縱是中下根人在有善有惡上立根基，行對治之功，最終亦須從有以歸於無，復還本體，才算真正見道、悟道。所以必如是者，原為道之流行本無許多枝節分解，而是平平實實，一體而化的。人之體證道體流行，出於踐仁修德，悟得仁心之感應無體，覺潤無方，天地宇宙原是在仁心覺潤下方有無窮的價值意義。踐仁知天，盡心知性以知天，此本為儒家道德形上學的形式規模，在此規模下，心物至終須達至合一之境，當良知本體一時頓現，所感應之事與物也一時全現，此即所謂「圓頓之教」，也就是所謂「即本體便是工夫」；再換另一個角度看，也是明道所說「只此便是天地之化，不可對此個別有天地」之圓頓一體的思想。因此，欲平實妥貼地落實天命流行，須達至此本體無本體相，工夫亦無工夫相之一體流行的地步，才能真實朗現天命之於穆不已。

從「建體立極」之方式解四無，必開藏發蘊深涵於其中的「無之工夫」；由工夫化境闡明四無，亦必歸結到此虛明感應之本體。不論從哪一端為起點，總是相通無礙。不過平心而論，牟、唐兩位大哲的分析，以牟先生較能開顯四無之「無」義，更切要的是，他的解說可以呈露蘊藏四無中的存有論，此存有論乃相承陽明「心之明覺感應之為物」而來，即便只是簡短的「無物之物則用神」一句話，仍透露在明覺感應之下之存有，是具有特殊意義之物，而非一般自然物或個體物。此義須待下一章〈兩重存有論〉的證明，方能清楚明晰，此處便不詳論。

此圓頓之境，並非唯有龍溪個人有之，北宋三家亦有之，而在宋明理學諸家，真以平實姿態朗現此圓頓之境與天命之於穆不已為主要課題者，有王學的泰州學派一分支，其中之佼佼者莫過於羅近溪，故以下即論述近溪之學以明此風格。

第三節　羅近溪的「無工夫之工夫」

依龍溪的看法，若有善有惡之意，乃動於物，著於有矣，非自然之流行；真正的自然流行者，是「動而無動」，也應「靜而無靜」，如同濂溪所云。欲達此境，意必須提昇至無善無惡之意，純從知體起現之意，如是才算「從無處立根基」，也才真顯發「體用顯微只是一機，心意知物只是一事」，而全幅

朗現道體天命之流行。欲表現此自然流行，不能一味停留在「有心」對治有善有惡之意與物，而須將工夫升提至「無心爲道」的層次。唯有實踐之心全如那無相的實體性的心，無相的實體性的心無相可名，無形可狀，彼實體性的無相心始完全朗現。此時兩種心（意即實踐之心與實體性之心）合而爲一，就只是那事先分解肯認的無相心之如如朗現而無一毫沾滯。是故，欲達此四無境界，「無心爲道」之工夫是一重要關卡。

　　無心爲道之工夫即「無工夫之工夫」，它是以「無著無執無相」之工夫呈顯無相之心體。心體雖無相，但它仍是存在、存有的，換言之，就存有層面而言，無善無惡之心體是遍體於人而存在；但要將之全幅無滯的朗現，則須進至「無工夫之工夫」，方能充盡顯現無相之心體。陽明曾云：「有心俱是實，無心俱是幻；無心俱是實，有心俱是幻。」龍溪解之曰：「有心俱是實，無心俱是幻，是本體上說工夫；無心俱是實，有心俱是幻，是工夫上說本體。」（《傳習錄》卷三）前一句是就存有層面肯定心體之存有，後一句則乃依作用上明示「無心」之工夫才能呈現心知明覺。

　　此說雖高曠清妙，不過仍屬於義理的解析建構，眞正落實儒學義理者，應當要能完全消化此門學問，將之自自然然實踐於日常生活，儒學直至發展到泰州學派，才以此爲講學課題而成爲它的傳統宗旨。下文即論述之。

一、泰州學派之特殊風格

　　泰州學派始自王艮（號心齋），以其人所居之地「泰州」而名此學派。論泰州學派之思想義理，並無一明顯而可以一以貫之的宗旨，以王心齋爲例，據《明儒學案》的記載，心齋倡言「淮南格物說」與「安身論」，這兩個主張幾可以說是他的思想宗旨，不過心齋以後的泰州學派儒者，多不傳此思想。《明儒學案》卷 22「江右王門學案七」引胡直《困學記》云：「王心齋公之學，誠一時傑出，獨其徒傳失其眞，往往放達自恣。」心齋之徒傳失其眞者，可能指「淮南格物說」與「安身論」這兩樣主張，至於心齋「講學的風格」，其後人倒不失其眞，甚而發揚光大者有之。

　　王心齋的講學風格，「自然」、「樂學」就是他的特色。平日倡言「百姓日用即道」，〔註61〕不以辯才折服人，只是於童僕往來動作處，指其不假安排者

〔註61〕參見黃宗羲《明儒學案》中冊，卷卅二〈泰州學案一〉，頁 710。

示之。常說：「聖人之道無異於百姓日用，凡有用者皆謂之異端。」〔註62〕或是「百姓日用條理處，即是聖人之條理處，聖人知便不失，百姓不知便爲失。」〔註63〕平常自然，講學大眾化，全無學究氣。此便是心齋傳道講學的風格。

其子王東崖繼承此風格，又從龍溪處承繼「見在良知」的指點，常說：「鳥啼花落，山峙川流，饑食渴飲，夏葛冬裘，至道無餘蘊矣。」〔註64〕論學則是：「纔提起一個學字，卻似便要起幾層意思。不知原無一物，原自現成，順明覺自然之應而已。自朝至暮，動作施爲，何者非道？更要如何，便是與蛇添足。」〔註65〕這一切皆重實踐之當下落實，而不重良知概念的建構分解，而前儒所言之義理內涵即已蘊蓄其中。譬如說：

> 斯道流布，何物非眞？眼前即是，何必等待？略著些意，便是障礙。
> 諸公今日之學，不在世界一切上，不在書冊道理上，不在言語思量
> 上，直從這裡轉機向自己。沒緣沒故，如何能施爲作用？穿衣喫飯，
> 待人接物，分青理白，項項不昧的參來參去，自有個入處。此非異
> 學語，蓋是爾本有具足的良知也。〔註66〕

穿衣喫飯，待人接物，分青理白，這些都是平常不過的事情，可是良知明覺感應就在此中行，故欲學明覺之工夫，不在世界一切上，不在書冊道理上，不在言語思量上，直從這裡轉機，「這裡」便是「見在良知」，便是人之自然的視聽言動，於茲不能自得，自昧其日用流行之眞，是謂不智不巧，則其學不過出於念慮億度，展轉相尋之私而已矣，豈天命之謂乎！〔註67〕

此學重自然、平常、灑脫，勿有一絲滯意橫隔胸中，隨順明覺之自然感應而動作施爲，若更要如何，便是與蛇添足。此工夫看似平常，卻是極高明之境界，它乃拆穿良知本體凸顯之光景，而落至平實之日用行事。此學若先無孟子工夫，便一似說夢。黃宗羲論王東崖云：

> 白沙云：「色色信他本來，何用爾腳勞手攘？舞雩三三兩兩，正在勿
> 妄勿助之間。曾點些兒活計，被孟子打併出來，便都是鳶飛魚躍。若
> 無孟子工夫，驟而語之以曾點見趣，一似說夢。」蓋自夫子川上一嘆，

〔註62〕 參見黃宗羲《明儒學案》中冊，卷卅二〈泰州學案一〉，頁714。
〔註63〕 參見黃宗羲《明儒學案》中冊，卷卅二〈泰州學案一〉，頁715。
〔註64〕 參見黃宗羲《明儒學案》中冊，卷卅二〈泰州學案一〉，頁722。
〔註65〕 見黃宗羲《明儒學案》中冊，卷卅二〈泰州學案一〉，頁721。
〔註66〕 見黃宗羲《明儒學案》中冊，卷卅二〈泰州學案一〉，頁724。
〔註67〕 參見黃宗羲《明儒學案》中冊，卷卅二〈泰州學案一〉，頁722。

已將天理流行之體一口併出。曾點見之而爲暮春，康節見之而爲元會運世。故言學不至於樂，不可謂之學。至明而爲白沙之藤蓑，心齋父子之提唱，是皆有味乎其言之。然而此處最難理會，稍差便入狂蕩一路。所以朱子言曾點不可學，明道說康節豪傑之士，根本不貼地，白沙亦有說夢之戒。細詳先生之學，未免猶在光景作活計也。〔註68〕

是不是在作光景活計，唯看此人是否從格物致知、爲善去惡做工夫來。若不先經此一關，直欲趨鳶飛魚躍之自然流行，便有可能入狂蕩一路。而作孟子工夫，若未至大而化之之境，則亦有執意不化的光景。光景可有兩意：粘附著良知說，良知本身足以使吾人對它起一種光景；又，良知自須在日用間流行，若無眞切工夫支持之，則此流行只是一光景。前一種光景之升起，在於不能使良知貼合具體地流行於日用間，而只懸空地去描畫它是如何如何，所以良知本身成了光景。我們既須拆穿流行之光景，也須拆穿良知本身之光景，此處便須一眞實工夫。順泰州學派作眞實工夫以拆穿良知本身之光景，使之眞流行於日用施爲間，而言灑脫自然者，羅近溪爲箇中巨擘，故本文以其爲主以論述此「無工夫相之工夫」如何使良知貼地流行於日用間。

二、羅近溪之拆穿光景

羅近溪嘗謂：「學有以用功爲先，有以性地爲先者。」「用功爲先」者即是由工夫以復其本體，「性地爲先」者則是頓悟本體即爲工夫，兩種工夫近溪取意何者？案其人之說：

彼以用功爲先者，意念有個存主，言動有所執持，不惟己可自考，亦且眾共見聞。若性地爲先，則言動即是現在，且須更加平淡，意念亦尚安閒，尤忌有所做作，豈獨人難測其淺深，即己亦無從增長。縱是有志之士，亦不免舍此而之彼矣。然明眼見之，則眞假易辨，就如子所舉戒愼恐懼一段工夫，豈是憑此四字，便可去戰慄而漫爲之耶？也須小心查考，立言根腳，蓋其言原自不可離來。道之所在，性之所在也；性之所在，天命之所在也。既天命常在，則一有意念，一有言動，皆天則之畢察，上帝之監臨，又豈敢不兢業捧持，而肆無忌憚也哉？如此則戒愼恐懼，原畏天命，天命之體極是玄微，然

〔註68〕見黃宗羲《明儒學案》中冊，卷卅二〈泰州學案一〉，頁719。

則所畏工夫，又豈容草率？今只管去用工夫，而不思究其端緒，即
如勤力園丁，以各色膏腴堆積芝蘭，自詡壅培之厚，而秀苗纖芽，
且將消阻無餘矣。〔註69〕

察其言即可知彼亦與龍溪相似，同以先悟本體為工夫下手處，悟得「性之所在，
即天命之所在」，則兢業捧持、戒慎恐懼等工夫即不召自來。「若不認得日用皆
是性，人性皆是善。蕩蕩平平，事無差別，則自己工夫，先無著落處，如何去
通得人、通得物、通得家國，而成大學於天下萬世也哉？」(《盱壇直詮上》) 故
吾人可曉知近溪之學以悟性地為先，以不犯手做作為妙，此中實著不得一念，
亦不可以一念著之也。這工夫非無工夫，而是一絕大之工夫，是銷融破除所有
的「意、必、固、我」之見方得形此絕大之工夫。近溪終生畢力於此，其學風
亦以此為特色，本文即藉此特色論析如何將天道性命平實地落於日用之間。

據黃宗羲《明儒學案》的描述，近溪少時讀薛文清語，自謂：「萬起萬滅
之私，亂吾心久矣，今當一切決去，以全吾澄然湛然之體。」決志行之。於
是閉關臨田寺，置水鏡几上，對之默坐，使心與水鏡無二。久之而病心火。
幸遇顏山農，近溪自述不動心於生死得失之故，山農曰：「是制欲，非體仁也。」
近溪疑曰：「克去己私，復還天理，非制欲，安能體仁？」山農遂曰：「子不
觀孟子之論四端乎？知皆擴而充之，若火之始燃，泉之始達，如此體仁，何
等直截！故子患當下日用而不知，勿妄疑天性生生之或息也。」近溪時如大
夢初醒，明日即往納拜稱弟子，盡受其學。〔註70〕

子曰「克己復禮為仁」，克己當然是為仁之重要方法，然問題是如何克己？
若如原憲之「克伐怨欲不行焉」，夫子即不以為仁，僅曰：「可以為難矣，仁則
吾不知也。」〔註71〕蓋原憲之功僅是一味制欲，未必出於本心好善惡惡而行之，
是以壓抑勉強之意重，而本心擴充之功少。如是久之，自然病於心火。須知夫
子告顏淵問仁，是顏子之擴充之功已具，方告之以「非禮勿視，非禮勿聽，非
禮勿言，非禮勿動」，視聽言動均聽從本心之自然感應，自是無非禮之行。若夫
子初見顏回，即誡之以非禮勿視聽言動，難免顏回不受病。羅近溪之病亦然。

縱已知本心良知為吾人之主，但強力持之，亦不免有病，此即強造一良
知光景。日後近溪嘗過臨清，劇病恍惚，見老人語之曰：「君自有生以來，遇

〔註69〕見黃宗羲《明儒學案》中冊，卷卅四〈泰州學案三〉，頁 796～797。
〔註70〕參見黃宗羲《明儒學案》中冊，卷卅四〈泰州學案三〉，頁 761。
〔註71〕參見《論語》〈原憲第十七〉第一章。

觸而氣每不動，當倦而目輒不瞑，擾擾而意自不分，夢昧而境悉不忘，此皆心之痼疾也。」近溪愕然曰：「是則予之心得豈病乎？」老人曰：「人之心體出自天常，隨物感通，原無定執。君以夙生操持強力太甚，一念耿光，遂成結習。不悟天體漸失，豈惟心病，而身亦隨之矣。」近溪驚起叩首，從此執念漸消，血脈循軌。〔註72〕

　　由不知擴充之功而強力制欲，此爲一病；覺本心良知之爲體，而勉力操持之，不悟「心無體，以天地萬物感應之是非爲體」（《傳習錄》卷三），一意持守這凸顯的良知光景，一念耿光，自然成爲結習，而天體亦在此結習中漸失。此又是一病。義理架構的解析，乃屬理論學問之事，可是人之實踐天德良知，不能囿於義理的分解而執定之，又或於靜坐中有所體悟，也不能執持爲超脫日用間之炯炯一物，此皆足以構成良知光景，再無法神感神應，通透靈活。近溪有感於此病之不易去且重，特著力於光景之拆穿，而求良知之順適無礙，自然平常。這就是他的教學特色，也是整個泰州學派的傳統。

　　《明儒學案》有關羅近溪語錄曾記載如是對答：

> 一友每常用工，閉目觀心。羅子問之曰：「君今相對，見得心中何如？」曰：「炯炯然也。但常恐不能保守，奈何？」曰：「且莫論保守，只恐或未是耳。」曰：「此處更無虛假，安得不是？且大家俱在此坐，而中炯炯，至此未之有改也。」羅子謂：「天性之知，原不容昧，但能盡心求之，明覺通透，其機自顯而無蔽矣。故聖賢之學，本之赤子之心以爲根源，又徵諸庶人之心以爲日用。若坐下心中炯炯，卻赤子原未帶來，而與大眾亦不一般也。吾人有生有死，我與老丈存日無多，須知炯炯渾非天性，而出自人爲。今日天人之分，便是將來鬼神之關也。今在生前，能以天明爲明，則言動條暢，意氣舒展，比至歿身，不爲神者無幾。若今不以天明爲明，只沉滯襟膈，留戀景光，幽陰既久，歿不爲鬼者亦無幾矣。」〔註73〕

本心良知之覺察，有時在日用起意動念時逆察之，有時須隔離一下現實活動而靜坐體認，不論何者皆屬逆覺體證之法。陽明的「致良知」重日用省察體悟，若如朱子之授業師李延平則是先「默坐澄心，體認天理」。陽明之工若是一種「內在的體證」，延平則是屬「超越的體證」。不論哪一種，均爲察識天

〔註72〕參見黃宗羲《明儒學案》中冊，卷卅四〈泰州學案三〉，頁761。
〔註73〕見黃宗羲《明儒學案》中冊，卷卅四〈泰州學案三〉，頁771。

理、本心。不過後者之工易導致把體悟所得之體停滯在抽象狀態中，耿耿於此，此即所謂光景。這是踐履未至純熟自然而有的現象，故作此超越體證工夫者，必期於踐履之純熟自然，洒然自得，冰解凍釋，如此才是眞所謂「天理流行」。朱子述其師李先生云：

> 先生既從之學，講論之餘，危坐終日，以驗夫喜怒哀樂未發之前氣象爲何如，而求所謂中者。若是者蓋久之而知天下之大本眞有在乎是也。……故言曰：「學問之道不在多言，但默坐澄心，體認天理。若見，雖一毫私欲之發亦退聽矣。久久用力於此，庶幾漸明，講學始有得力耳。」又嘗曰：「學者之病，在於未有洒然冰解凍釋處。縱有力持守，不過苟免顯然尤悔而已。若此者，恐未足道也。」〔註74〕

默坐澄心固有體認之功，然除非已至洒然冰解凍釋處，否則未免耿結成習，前引羅子之友即如是，未能洒然脫釋，是以常見心中炯炯然也，此一念炯炯，即與赤子不似，亦與大眾不一般。此蓋是「景光」而已，出自人爲，絕非天性。靜養時，此心雖是精明朗照，瑩徹澄湛，自在無擾，寬舒不迫，但一至應事接物，往往便奪去不能恆久。此種工夫本是逆覺本體之方法，何以會產生此段「光景」？近溪的解釋是：

> 殊不知天地生人，原是一團靈物，萬感萬應而莫究根原，渾渾淪淪而初無名色，只一心字，亦是強立。後人不省，緣此起個念頭，就會生個識見，露個光景，便謂吾心實有如是本體，本體實有如是朗照，實有如是澄湛，實有如是自在寬舒。不知此段光景，原從妄起，必隨妄滅。及來應事接物，還是用著天生靈妙渾淪的心。心儘在爲他做主幹事，他卻嫌其不見光景形色，回頭只去想念前段心體，甚至欲把捉終身，以爲純亦不已，望顯發靈通，以爲宇泰天光。用力愈勞，違心愈遠。〔註75〕

無論是延平的靜坐體認中體，或是此處靜養心體，皆易將靜中所見投射至抽象狀態終而成一物，順此一物，就會生個識見，露個光景，便謂吾心實有如是本體，本體實有如是朗照，實有如是澄湛，實有如是自在寬舒。不知此段光景，原從妄起，必隨妄滅。眞正之心乃一團靈物，萬感萬應而莫究根原，渾渾淪淪而初無名色，縱一心字，也是強立。所以延平才急於達至洒然冰解

〔註74〕見《朱子文集》，第九冊，卷97，頁4753～4754。
〔註75〕見黃宗羲《明儒學案》中冊，卷卅四〈泰州學案三〉，頁768。

凍釋處，未及於此，都是把捉、造作。此種弊病也非靜坐方有，其他欲切實踐履天德者，不論何種工夫，只要有對治與被對治之分，就有此弊端。真正欲達到「從無處立根基」者，唯有踐履至無工夫相之地，此工夫方無一點窒礙。近溪一生全在拆穿光景、破除矜持造作之蔽而努力，由於著重在此，故一切工夫論，於近溪看來皆有弊，即是它們未能全體放下，平平流行於具體日用間。剋就此論，近溪之工夫論有異於一般人，原因在此。

三、捧茶童子是道

嘗有人問近溪：「吾儕或言觀心，或言行己，或言博學，或言守靜，先生皆未見許，然則誰人方可以言道耶？」觀心、行己、博學、守靜理當為行道之方，可是近溪皆未見許，其因自是這些工夫皆帶著能所分別的執持相，一有此執持相，自然未能順應心體之圓而神，而有所凝滯。真達至圓而神之化境者，惟聖人能之，可是近溪卻答道：「此捧茶童子卻是道也。」何故一平常無奇之童子卻是道耶？蓋童子日用捧茶雖是極小極不起眼之事，然亦知戒慎恐懼，當他從茶房到廳事，經過多少門限階級，不曾打破一個茶甌，此個知乃不慮而知，屬之天也。覺得是知能捧茶，又是一個知，此則以慮而知，其知屬之人也。天之知是順而出之，所謂順，則成人成物也。人之知卻是返而求之，所謂逆，則成聖成神也。故曰以先知覺後知，以先覺覺後覺。人能以覺悟之竅，而妙合不慮之良，使渾然為一方，是睿以通微，神明不測也。〔註76〕

知戒慎恐懼，知齊莊恭敬，知惻隱羞惡，皆是人人本有之良知，聖人與童子均有此知，順此知而行，即是不慮之良能。良知良能本就接物無滯，應事無方，無須再另尋找一個炯炯若有形象之物，而謂此物為心、為良知，此則非不慮之知，亦無不慮之能了。觀心、靜坐等，雖是易於澄思汰慮，若不謹記良知乃隨事感應無方，必落在現實中行，則易陷於留戀光景，此則平地起土堆，最終仍得花工夫剷平這些土堆。「捧茶童子是道」，非謂捧茶童子即是聖人也，而是童子不慮而知、不慮而能之行，就是良知天理的順適流行。彼童子適足以為把捉天理者之楷模。

近溪之工夫論由此可見一端，蓋是化除一切內外、心性、工夫而歸於平平，其對友人釋「用功」之意如下：

〔註76〕參見黃宗羲《明儒學案》中冊，卷卅四〈泰州學案三〉，頁773。

我的心，也無個中，也無個外。所謂用功，也不在心中，也不在心
外。只説童子獻茶來時，隨眾起而受之，從容啜畢，童子來接時，
隨眾付而與之。君必以心相求，則此無非是心；以工夫相求，則此
無非是工夫。若以聖賢格言相求，則此亦可説動靜不失其時，其道
光明也。〔註77〕

此種用功正是蘊蓄極精妙工夫，看似無宗旨，其實不離良知本體，即本體是工
夫，即工夫便是本體。近溪隨言對答，雖多歸之於赤子之心，或捧茶童子，或
大眾一般，因爲「赤子孩提，欣欣長是歡笑，蓋其實身心猶相凝聚」，〔註78〕
身心二端本樂於會合，而苦於支離。一旦馳求外物，老死不肯回頭，身心截然
不相屬，多少光景、造作、把捉皆因此而起。「惟是有根器的人，自然會尋轉路。
曉夜皇皇，或聽好人半句言語，或見古先一段訓詞，憬然有個悟處，方信大道
只在此身。此身渾是赤子，赤子渾解知能，知能本非學慮，至是精神自是體貼，
方寸頓覺虛明，天心道脈，信爲潔淨精微也已。」〔註79〕

　　不論何種踐履，總歸於不學而知，不學而能之良知良能，而良知良能之
流行，原是神應無方，渾然無個規矩，而規矩自在其中。觀孔子之行，無意、
無必、無固、無我，又言「無適也，無莫也，義之與比」，正是此項工夫的最
佳寫照。是以總論近溪之學，黃宗羲有如下評語：

先生之學，以赤子良心、不學不慮爲的，以天地萬物同體，徹形骸、
忘物我爲大。此理生生不息，不須把持，不須接續，當下渾淪順適。
工夫難得湊泊，即以不屑湊泊爲工夫；胸次茫無畔岸，便以不依畔
岸爲胸次，解纜放船，順風張棹，無之非是。學人不省，妄以澄然
湛然爲心之本體，沉滯胸膈，留戀景光，是爲鬼窟活計，非天明也。
論者謂龍溪筆勝舌，近溪舌勝筆。顧盼咳欠，微談劇論，所觸若春
行雷動，雖素不識學之人，俄頃之間，能令其心地開明，道在眼前。
一洗理學膚淺套括之氣，當下便有受用，顧未有如先生者也。〔註80〕

體會天理之生生不息，即是近溪工夫論之宗旨。欲體會此，把持、接續、湊
泊只會阻礙生息，凝滯此理，是爲鬼窟活計，非天明也。以思慮起滅，不得

〔註77〕見黃宗羲《明儒學案》中冊，卷卅四〈泰州學案三〉，頁775。
〔註78〕參見黃宗羲《明儒學案》中冊，卷卅四〈泰州學案三〉，頁764。
〔註79〕見黃宗羲《明儒學案》中冊，卷卅四〈泰州學案三〉，頁764。
〔註80〕參見黃宗羲《明儒學案》中冊，卷卅四〈泰州學案三〉，頁762。

寧貼，而好靜惡動，貪明懼昏，卻不知一心以宰運化，則舉動更無分別，有何起滅之可言！〔註81〕將學問做一件物事，苦於難照管持守，卻不知既把學問做物事看，便方所而不圓妙，縱時時照見，時時守住，亦有何用？〔註82〕總之，工夫難得湊泊，即以不屑湊泊爲工夫；胸次茫無畔岸，便以不依畔岸爲胸次，解纜放船，順風張棹，無之非是。此便是近溪無工夫相之工夫。不曉此工夫之艱苦者，則必誤以爲近溪或整個泰州學派全爲自然主義、快樂主義，甚或以爲此派乃代表中國哲學的世俗主義傳統，〔註83〕這些看法全是對儒學之形上境界無知不解的謬論，不值一哂。

第四節 結 語

從濂溪說下來，諸理學家重在立綱維，立宗旨，闡明天、性、心、知、意、物等諸觀念，儒學也在此義理分解下得以大明。不過欲將此豐富而複雜的一套學問概念，完全無滯礙地實踐於日用常行，全幅展現「天命流行」之實，則必須把一套又一套的系統相、軌道相、格套相消化殆盡，只剩一知體流行，圓轉如意，天命流行方能全然落實。自濂溪以來之發展，直至羅近溪，才不再以分解義理爲宗旨，而全力關心如何拆穿光景，化掉矜持把捉，使知體平常貼地的流行於日用間，此是近溪之學之可貴。牟先生總論此學是：

> 羅近溪何以如此重視破光景？蓋因道體平常，即在眼前故也。道體平常實即道體之既超越而又內在，此本是儒家之通義，何以他人不於此重視破除光景之義，而唯近溪特重視之？此非他人不重視，亦非他人不知光景之須破除，只因在展現此學之過程上，他人多重視義理之分解以立綱維，故心思遂爲此分解所吸住，而無暇正視光景問題矣。但自北宋開始，發展而至陽明，分解已到盡頭。……故順王學下來，問題只剩一光景之問題：如何破除光景而使知體天明亦即天常能具體而真實地流行於日用之間耶？此蓋是歷史發展之必然，而近溪即承當了此必然，故其學問之風格即專以此爲勝場。〔註84〕

〔註81〕參見黃宗羲《明儒學案》中冊，卷卅四〈泰州學案三〉，頁771。
〔註82〕參見黃宗羲《明儒學案》中冊，卷卅四〈泰州學案三〉，頁769。
〔註83〕參見尤西林〈百姓日用是否即道——關於中國哲學世俗主義傳統的檢討〉，《哲學與文化》21卷第9期，1994年4月。
〔註84〕見牟宗三《從陸象山到劉蕺山》，頁290。

破除光景也非易事，近溪之「當下渾淪順適」，又「工夫難得湊泊，即以不屑湊泊爲工夫」，亦非眞不須工夫，它是以無工夫之姿態呈現，此則更是一絕大之工夫，吊詭之工夫。唯賴此無工夫之工夫，天命流行方能全部朗現昭明。

第七章　兩重存有論──「執」的存有論與「無執」的存有論

　　根據上述六章對於「天命流行」一概念之探討，吾人知曉儒家形上學所指涉蘊含的問題有哪些，其中「理」和「氣」的互動最重要，再來即是天命如何落實於個體生命以朗現自己。理、氣之間是什麼關係？是主從之關係，亦或平等關係？依宋明兩代絕大多數的理學家看來，理氣一定是主從關係，且是理為主、氣為從之關係。可是即便如此，其間亦有相當複雜的歧見，未必人人皆有共同的定論，以朱子與北宋三家比較，他們對於理如何與氣連上關係，便有很不一致的看法，這些看法全仰仗對於「理」如何體會解釋。在這一點，朱子的體會是有偏差的，理氣之互動應如濂溪與橫渠之說方是。然而說「理氣之互動」亦不甚貼切，正確來講，應是「理生氣」方為恰當。「理生氣」雖是一個可以豁顯理氣關係的適宜的說法，恐未必能立即服人之心，因為對於「生」的定義，現代人多未有如同北宋鴻儒一般之穎悟慧解，心中仍不免有疑問：說氣是依理之寂感而生生不息，理之寂感究竟怎樣「寂感」以致可以生氣？是否像兩物摩擦產生氣體一般而生出氣化？而且理之生氣，是一開始即有陰陽兩種氣，還是由太初之元氣分衍陰陽二氣？這些惱人的問題會隨著理生氣此命題一一到來，濂溪、橫渠的解說已無助人了解。

　　再從天命之落實處這方面看，天命之欲落實在個體性命中，需先肯定天命即性，性即是理，進一步再論斷理即是心，心即是理。此肯定將心提昇至「本體」之位，使得心不僅為道德行為之源，同時也是萬化之源，陽明再三明示「心外無理，心外無物」即隱含涉及心體為萬物生化之始，換言之，心

體不僅關乎倫理學，亦涉及到存有論，此是陽明學必旁涉的內容，是以心、物之關係成為研究王學之人一項避不開的課題。

　　雖則以近乎現象學的方式闡述「心外無物」，看似亦可達到陽明所要求的心物緊密相連的程度，但仍未至「良知是造化的精靈」一層次。縱然良知之明覺顯發也是賦予萬物某種意義，然而這與各人的主觀意識賦予天地某種意義，因此我有我的意義世界，你有你的意義世界這類意涵完全不同。說「各人有各人不同的意義世界」是基於個人的主觀意識，可是論到良知本體，它雖是主觀之心，同時也是客觀的本體，它是既主觀又客觀，既超越又內在，若依從現象學的講法，則每個人只能侷限在個人的小天地，如何與宇宙天地相通？

　　由此須區別開意念與良知之異，兩者之異不但是層次的差異，所關涉之物亦有天壤之別。陽明的文集、書信中對「意之所在」與「良知之明覺感應」不曾混淆一處，只是陽明本人似也未嘗明文區別此兩者所涉及之物有絕大的差異，是以後人常將「意之所在為物」和「良知明覺之感應為物」混作一處看。想在此得一清楚明白的劃分，求助於龍溪的「四無說」或許是個不錯的辦法，只不過須對龍溪所謂「四無」先有一相應的理解，此又非易事，徒然衍生許多歧見、錯解，或者以為龍溪歧出陽明之學，或者以為龍溪著於「無」而不化，終究無益於認識「意之所在為物」和「良知明覺之感應為物」之差別。

　　先賢講學大率重視啟發人之心志，使人有欲為聖之心，至於學問用語的精準切當，多半不甚要求，以致讓後人有如墮五里霧中之感。這一缺憾或許可藉由近代哲學的嚴格論證與分解架構來補足，當代彥儒牟宗三先生所倡「兩重存有論」，誠有此功效，本文介紹牟先生之理論，一方面可藉茲觀察近代儒學之發展，一方面也是牟先生的哲學性論證有助於理解先賢之學，保存儒家形上智慧得以延續不墜。

第一節　牟宗三先生論「兩重存有論」

　　此二重區別在牟先生的義理體系有專門術語，彼稱之曰「執的存有論」與「無執的存有論」，或是「現象」與「物自身」二語。後者「現象」與「物自身」來自康德哲學，因此若論現象與物自身的超越區分，有必要參考康德如何論說此二者之別。

一、「現象」與「物自身」之區分

（一）現象之客觀性

依牟先生對康德哲學的研究，他認為康德的哲學系統隱含兩個預設：一是現象與物自身的超越區分，另一則是人是有限的存在。〔註1〕第一預設函蘊第二預設，第二預設包含第一預設，雖然這兩個預設幾可為其哲學體系的基石，但有關這兩個預設，康德並未有積極而確定的說明，因此現象與物自身的超越區分祇是隨文點到而已，未曾有清楚而明確的證成。

那麼康德如何隨文點出現象與物自身這一區分呢？我們可先從感性說起。依康德，外物現於感性主體上即為「現象」（appearance），康德在《純粹理性批判》一書中有云：

> 顯現的東西（現象 appearance），就其依照範疇之統一而被思為對象而言，它們即被名曰「法定象」（phaenomena）。但是，如果我設定一些東西，它們只是知性底對象，縱然如此，它們卻又能即如其為知性之對象而被給與於一種直覺，雖然不是被給與於一感觸的直覺──因此可說是被給與於智的直覺──則這樣的東西即被名曰「智思物」（noumena）。〔註2〕

這是康德對現象與智思物兩概念之簡要區分，凡現於感性主體而為感觸直覺所直覺者為「現象」，進一步，這些為感觸直覺所直覺的東西經由法則性的概念（也就是範疇）所決定，這些現象又可名之曰「法定象」。至於「智思物」意即純是知性的理智活動所思之物，既不現於感性，又不為範疇所決定，只是作為純然的知性之對象，而給與於一智的直覺中，此種智思物與現象比起來，特顯其為一本身自在之物，或說為本來自如之物，故依其義，亦可名曰「本自物」或「物自身」。

先不論物自身義，單就現象而言，這種現象之「現」是認識論的，不是存有論的。認識論的現象意義自希臘辯士說「人為萬物的尺度」即已然，只是傳統的西方認識論除現象義，並無物自身義，直到康德始說凡現到我這裡的，依存於我的心靈覺知的，只是一現象，不是一物自身。物自身是永不能依其物自身的身分現到我這裡，既然物自身永不能依其身分現到我這裡，何

〔註1〕參見牟宗三《現象與物自身》，學生書局，民國79年版，頁3。

〔註2〕見牟宗三譯註《康德純粹理性批判》上冊第二卷〈原則底分解〉第一版文，學生書局，民國75年版，頁488～489。

不取消之？因為它是一個支持點，現象亦依賴它，故必須預定之。是則從物自身至現到我這裡而為現象，這其間有一層曲折。

如果一直內在於我們的感性主體，恐怕永無法知此差別，更不能推定一個物自身。吾人須跳出感性主體，對於人類的感性主體加以反省，始能知之。依康德，人類的感性主體去攝取外物以為對象是在一定樣式下攝取之。一定樣式依兩義而被規定：一是我們的感性主體之特殊構造，如耳目鼻舌身之特殊構造；另一是依時空之形式去攝取。依前者而有感覺，依後者，則對於感覺所與而有直覺。最後終於只有直覺始可將對象給予於我們，而我們的感性之一定樣式乃以時空來標誌。既有一定樣式，即函著有不是此樣式者。而凡有一定樣式者皆為有限存在，其他有限存在是何樣式，是否必定用時空，非我們所可知。但是由是可以推定無限存在沒有感性，當然也說不到一定樣式，譬如上帝即是如此。因之可以確知上帝的直覺不使用時空為其形式，是則上帝的直覺不是「感觸的直覺」。

吾人之感性主體既有一定樣式，則外物之現於此特定樣式下必不同於其現於另一樣式下，是故，我們知其為現象，而不是物自身的樣子。因有如此多的型態樣式，故現於樣式下之物必是現象，而非物自身，所以必預設有一物自身。

雖然現於樣式下的現象與物自身，兩者之分別看似只是主觀性與客觀性之別，事實上，依康德的說法，此二者並非主觀性與客觀性的分別，因為在一定樣式下所現的現象可進而對之作一客觀的決定，使它成為客觀的；不過雖是客觀的，仍然是現象，而非物自身。康德雖不誇大感性所給的現象之主觀性，可是他不以此規定現象，推之，物自身亦非以客觀性來規定。此兩者必有其特殊意義，不僅以主觀、客觀區分。

然而現象之客觀性如何決定呢？依康德的解述，首先是在時空中，其次是在概念中。時空是感性之直覺，概念的決定則是知性的作用。凡現象通過概念的決定，也就是前文所引的「當它們是依照範疇之統一而被思為對象時」，它們即有客觀的普遍性相，不能說它們僅是主觀的呈現而已，於是它們遂有另一個名稱「法定象」。法定象一詞即表露現象具有客觀普遍性意義不純然是主觀的而已。總言之，我們以時空為形式的感性與使用概念之知性合起來賦予外物一種普遍性相，此普遍性相即是現象的客觀性；不過除開人類之外的有限存在，是否一如人類一樣使用感性與知性認識外物，或者其感性不

以時空爲其樣式，或者其知性不使用概念，此皆不得而知。但至少我們確定上帝這一無限存在便不使用概念，而是直覺的。是以現象對人類有客觀的普遍性相，依舊是現象，而非物自身。物自身是不在一定樣式下且是「智的直覺地」爲上帝所知者，此方爲眞正的物自身。順此可知，現象與物自身的區分並非一經驗的區分，而是一「超越的區分」。

（二）物自身之內容意義

可是物自身究竟是什麼呢？從康德之說，有某些東西如其爲純然的知性之對象而被給與於一直覺，雖然不是給與於一感觸的直覺，而是被給與於一智的直覺，這樣的一些東西即被名曰「智思物」。這樣解釋似乎將現象與智思物視爲兩種不同之物，其實就康德的意思，

> 同時，如果我們名某些對象，當作顯現者看，曰「感觸物」（現象，法定象），則因爲我們把那「我們於其中直覺這些被名曰感觸物的對象」的模式與那「屬於這些對象之在其自身」的本性區別開，是故此種區別就函著：我們把這些對象之在其自身（依它們自己之本性而論，雖然我們不能如其自己本性而直覺之），或我們把其他可能的東西（這些其他可能的東西不是我們的感取之對象，但只通過知性而被思爲對象），置於與那些被名曰感觸物的對象相對反的地位，而在這樣置對中，我們名這些對象之在其自身或這些其他可能的東西曰「智思物」（本自物）。〔註3〕

尋思此段文義，顯然現象與智思物非指謂兩樣不一的對象，所指的應是同一個東西，只是它們的身分依照現於攝取它們的直覺模式之差異，而有不同的身分。扼要區分，即是對著感觸直覺而爲現象，對著智的直覺而爲智思物或物自身。依據這樣的分解，牟先生以爲可稱得上智思物者有兩種：一種是就現於感性主體的現象而說它們的在其自己之本性，即屬於它們之在其自己而不給與於吾人的感觸直覺中那本性，此即康德所隨處說的物自身（物之在其自己）；另一種是指「其他可能的東西」說，此其他可能的東西亦不是我們的感覺之對象，但只是通過知性而被思爲對象。〔註4〕

綜觀康德《純粹理性批判》一書，可以綜括地說智思物可包含：（1）物

〔註3〕見牟宗三譯註《康德純粹理性批判》上冊第二卷〈原則底分解〉，第二版文，頁489～490。
〔註4〕參見牟宗三《現象與物自身》，頁43。

之在其自己；（2）自由意志；（3）不滅的靈魂；（4）上帝。這一切都不呈現在感觸直覺的樣式下，唯呈露於智的直覺之中。雖然人類唯有感觸直覺，並無智的直覺，可是我們皆知有一無限存在——上帝，上帝就有智的直覺朗現物自身。事實上，上帝的創造，康德說祂的創造是不帶有時空形式去創造，所創造之被造物也不在時空中，因此，祂所創造者是物自身，而不是現象。

即使這麼說，上帝的存在也需要一智的直覺來肯定之，人類既無智的直覺，則上帝這一智思物該如何斷言祂的存在呢？在康德，判斷一命題是或然、實然、定然乃為知性法則所決定，每一判斷代表一知識，知識之成須有直覺與範疇相互配合，如是所成的知識便是康德所言的「知解的知識」（理論的知識）。這樣的知識是經過客觀決定了的，如是才有必然的確定性。上帝的存在，一無直覺以直覺之，二無範疇可決定之，則對上帝的知識，不論如何，總不是一具有必然的確定性之「知解的知識」。

在《純粹理性批判》一書，「上帝存在」是一無法為純粹思辨理性肯定的命題。不過在理性的實踐運用上，上帝之存在卻具有主觀的必然性，其必然性是就主體而說的一「必然的設定」，也即是一「設準」。康德在《實踐理性批判‧序言》為「設準」一詞如此做註解：

> 純粹實踐理性底設準，這「設準」一詞，倘若讀者把它與純粹數學中的設準之意義相混時，則它很可引起誤會。在純粹數學中，設準是有「必然的確定性」的。它們設定「一種活動之可能」，此活動之對象是早已在理論上（理論地或知解地）先驗地被承認為是可能的，而且它具有圓滿的（完整的）確定性。但是，實踐理性底設準卻是依必然的實踐法則而設定一對象自身之可能性（即上帝與靈魂不滅之可能性），因而也就是說，只為一實踐理性之目的而設定之。因此，此被設定的可能性之確定性總不是理論的（知解的），因而亦就是說，總不是必然的（案意即不是客觀地決定了的必然的），那就是說，它不是就對象而說的一種已被知的必然性，但只是就主體而說的一種必然的設定，即對此主體之服從（或遵守）其客觀而實踐的法則而為一必然的設定。因此，它只是一必然的假設。我對於這種「既是主觀的卻又是真正的而且是無條件的」合理的必然性，找不到比「設準」一詞為更好的詞語以表達之。〔註5〕

〔註5〕見牟宗三譯《康德的道德哲學‧實踐理性批判序言》，頁138。

實踐理性之設準不僅上帝一命題，靈魂不滅與自由意志也同為實踐理性的必然設準。就思辨理性而言，這些設準均不具備必然的確定性，因彼皆非理論的知識；可是一旦面對實踐理性，這些設準即具有主觀的必然性，不論其是否具有理論的知識，是必須假設的設準。「設準」一詞即由此而來。這些設準均十分重要，尤其「自由意志」一設準，是實踐理性欲接近智思物界的必經管道。

（三）進入本體界之路

實踐理性者，亦即純粹理性的實踐運用，其所實踐者沒有別的，正是道德實踐。是以上文所引述「就主體說」，或就「此主體服從其客觀而實踐的法則」說，所指示的其實就是充分而完整地實現道德法則說。而論道德法則之源，除來自自由意志外，它不能來自任何其他原則。自由意志因為道德法則而顯露，其他兩個理念（上帝與靈魂不滅）則無似自由意志一般可為其他法則顯露，因之自由之概念可說是純粹理性的全部系統之拱心石。《實踐理性批判・序言》即扼要說明自由與其他兩概念的關係：

> 只要當自由之概念之實在性因著實踐理性底一個必然的法則而被證明時，則它即是純粹理性底全部系統之拱心石，甚至亦是思辨理性底全部系統之拱心石，而一切其他概念（如上帝之概念以及不朽之概念），由於是純然的理念，它們在思辨理性中是無物以支持之的，然而現在它們附隨於這自由之概念，並因此自由之概念而得到其穩固性與客觀的實在性；那就是說，它們的可能性是因著「自由實際地存在」（實有自由）這事實而被證明，因為自由這個理念是為道德法則所顯露。〔註6〕

雖然康德將自由之概念說得煞有介事，似乎吾人可以立即斷言自由確乎存在。但是我們仍應知，由道德法則所顯露的意志之自由仍是一「設準」，原於吾人對之並無智的直覺以及之，因此，它是主觀地就實踐理性之道德法則之必須如此這般而被肯斷，即在實踐上邏輯地逼迫著吾人必須肯斷意志是自由的，否則無條件的道德法則無由建立。而此種肯斷並不表示吾人已對自由意志本身能直覺地知之，因而可以客觀地認知地肯斷其是如此。

自由是思辨理性底一切理念中唯一的一個「我們先驗地知其可能性（但

〔註6〕見牟宗三譯《康德的道德哲學・實踐理性批判序言》，頁128。

卻沒有理解它)」的理念〔註7〕，何故自由是唯一的一個我們可以先驗地知其可能性者？原於自由是我們所知的道德法則之條件。而單只是這個自由之概念，便大大擴展了我們的超感觸物之領域方面的知識，雖則此類知識非知解的知識，而是實踐的知識。然而為何單單唯有自由可以達到這種程度，而別的理念依然僅是理念而已？康德解道：

> 因為我不能無範疇而思考任何東西，所以我必須首先為我現在所要
> 討論的理性底自由之理念尋求一範疇；而此範疇就是因果之範疇；
> 而雖然自由這一理性底概念，由於是一超絕的概念，它不能有與之
> 相應的任何直覺，可是知性底概念，即因果之概念，卻必須有一「早
> 先已給與於它」的感觸直覺，而因著這感觸直覺，它的客觀實在性
> 始首先被保證了的。〔註8〕

但是知性的因果範疇縱然有被保證的客觀實在性，此保證與自由之概念有何關係？它同樣也能保證自由之客觀實在性嗎？此即康德所要費心解釋的：

> 第二類範疇（關於因果以及關於一物之必然性的那些範疇）不需要
> 這齊同性（即綜合中有條件者與條件底齊同性），因為在這裡我們所
> 要去解釋的並非這直覺如何從其中的雜多而被組合成，而只是與直
> 覺相應的那有條件的對象之存在如何被加到這條件地存在上去（即
> 是說，在知性中，當作與條件底存在相聯繫而被加到這條件地存在
> 上去）；而在這情形中，去在超感觸的世界中設想這無條件的以先於
> 感覺世界中那全然是有條件者，並且去使這綜合成為超絕的，這是
> 可允許的，雖然這所設想的無條件者是停在不決定的狀態中。〔註9〕

康德對知性的先驗概念分為四類十二範疇，此四類又可別為兩類，一類是數學的，另一類則是力學的。前者是關乎對象的量概念與形式概念而說，此部份與時間空間有關，是就時空所直接表象而說的，是故若欲在此種綜合中，想去發現這無條件的先於隸屬時空形式的有條件者存在著，這是不可能的，因為所找到的無條件者亦必隸屬於空間與時間，因而它必仍然又是有條件者。第二類範疇則是涉及對象的存在，它無須像第一類範疇必得與有條件者齊同，它可以撇開時空的限制，是以康德認為在超感觸的世界中設想這無條

〔註7〕 參見牟宗三譯《康德的道德哲學・實踐理性批判序言》，頁128。
〔註8〕 見牟宗三譯《康德的道德哲學・實踐理性批判分析部》，頁331。
〔註9〕 見牟宗三譯《康德的道德哲學・實踐理性批判分析部》，頁332。

件的先於隸屬感覺世界的有條件者，這樣設想是可允許的。因此，在純粹思辨理性的辯證中，去爲在感觸世界處於因果底系列中之有條件者去思議一個沒有感觸條件的因果性，這是可行的，並不構成眞正的矛盾。此爲康德所以說自由是一切理念中我們能先驗地知其可能性的唯一一個，一方面道德法則顯露它，二方面在感觸世界中設想一不受感觸條件約束的無條件者，是可能的，因此結論便是：

> 這同一活動，即由於屬於感覺世界，它總是感觸地有條件的，即是說，它總是機械地必然的，那同一活動，它卻同時又可以從一不是感觸地有條件的因果性中被引生出來（所謂「不是感觸地有條件的」因果性就是「作爲屬於超感觸世界」的那活動的存有底因果性），因而結果也就是說，它「可以」被思議爲是自由的。〔註10〕

在思辨理性的領域內，自由可以被思議爲是可能的，然而在實踐理性範圍下，自由可以變成「實是」自由的，而不僅是可能的。這是因爲實踐法則的緣故，純粹理性的實踐法則（道德法則）透顯出這個無條件之自由，此自由便是擺脫感觸條件而昇入超感觸界或本體界的拱心石。所以康德才說：同一活動，由於屬於感覺世界，它總是感觸地有條件的，然而由於它同時又可以從一不是感觸地有條件的因果性中被引生出來，而因此，結果它「可以」被思議爲是自由的。人，這一有限存在，因之既可以是身屬感觸條件系列的現象界，同時也隸屬於超感觸的智思界，後者康德稱之曰「目的王國」；人不僅是一工具，他同時也是一目的，此目的不從別的因果而來，他本身就是一目的。

綜言之，康德以爲進入形上學之路，捨道德實踐外，別無其他途徑；而其中最重要之基石便是「自由」一概念。由意志獨立不倚感性條件而自發自律法則見出「自由」，由此自由意志人可爲目的王國的一份子，亦即人可即此體證本體界。這一大套便是康德哲學的一大洞見，不過其洞見與通識難被人把握，一方面由於這通識與洞見是虛的，一方面亦由於康德本人對之不甚通透，或至少亦缺乏一能使之通透的傳統。〔註11〕此是牟先生對康德哲學的總評。案其義，康德的「現象與物自身」之超越區分不甚穩固，因爲他否決人具有智的直覺，他把智的直覺擺在上帝那邊，於是現象與物自身的區分究竟是一種主觀、客觀的事實之別，抑是價値意味之分，就難以抉擇；再者，既

〔註10〕見牟宗三譯《康德的道德哲學・實踐理性批判分析部》，頁332。
〔註11〕參見牟宗三《現象與物自身・序》，頁1。

承認道德法則爲已成之事實，又追溯道德之源來自意志之自由，卻又否認人具有此種完全不受感性影響的神聖意志（自由意志），只爲受限於西方的基督教傳統，視人類爲一決定性的有限存在，那麼康德苦心孤詣所造的這一大套系統，畢竟要立基於何處？豈非全然落空？此即是康德不甚通透的地方。以下略述之。

二、康德哲學不透之處

根據康德對現象與智思物或物自身的扼要定義，可以知曉兩者的區別實不在一個主觀、一個客觀，物自身固然有它的客觀性，現象同樣也有其普遍客觀性，但是人們或可說以範疇決定而成的客觀性仍是主觀的客觀性；如過於重視這感性上的主觀性，則人亦可說，無論如何我們總湊泊不到那純粹的客觀性，縱使能接近一點，也是「接近」一點，那純粹的絕對的客觀性總無法完全顯露出來。如是，我們即以此純粹而絕對的客觀性爲物自身，順此，物自身之概念就是意指一物之「事實上的原樣」而言。我們所知的不是它的原樣，多少總是會扭曲一點。如果物自身是這個意思，則它表示是一個事實概念，而我們總可以求接近它。可是按康德的敘述，物自身並不是個「事實上的原樣」之概念，也不是一個可以求接近而總不能接近之的客觀事實，它乃是根本無法以我們的感性與知性去接近的。物自身是無限心底智的直覺之所對，既爲無限心底智的直覺之所對，則它不是認知上所知的對象之「事實原樣」即十分明顯，因之，「物自身一概念乃是一個高度的價值意味的原樣，如禪家之說『本來面目』是。」〔註12〕此爲牟先生對「物自身」之概念一項重要的釐清，落實此釐清，現象與物自身之區分爲超越的區分，始能穩定得住。

經由這樣的釐析，吾人應明瞭康德隨文點示的「物自身」並非一「事實概念」，而是一個高度的價值意味的概念；然而，依牟先生看來，康德這般隨文點示其實不能充分證成此超越的區分，理由有二：一是從物自身方面來看，康德不能充分穩住物自身一概念之高度的價值意味；二是從我們人類的感性與知性這方面看，康德視我們的感性與知性爲不可轉變的定然事實，如是，在我們身上就沒有一個顯明對照，藉以決定物自身是一價值意味的概念，並決定我們所知者唯是現象。以下細述之。

〔註12〕參見牟宗三《現象與物自身》，頁7。

（一）從物自身方面看

　　現象與物自身的基本差別在於前者為感觸直覺之對象，後者則是智的直覺之所對。可是在康德見解下，智的直覺僅為上帝所有，人類以及其他有限存在並不能有之，於是，物自身這一概念之內容與意義，就僅為上帝所知，吾人對之仍是漆黑一團。而且，照牟先生的想法，吾人在上帝身上構成「智的直覺」這一概念，這種構成全是想像底遊戲，或只由神學而知，總之可說全是戲論，〔註13〕無法給予充分的證成。在上帝身上安置智的直覺既為一種戲論，則物自身亦不免僅是一邏輯概念，因而，物自身之具體真實的意義仍不得呈現。

　　復自另一個角度看，依據神學，我們知道上帝以智的直覺去覺一物，即是創造地去實現一物，據此而得知智的直覺之創造性。不過根據基督教傳統，凡上帝所創造的被造物皆為有限的現實存在物，此被造的有限存在是現象抑或物自身，單從上帝的創造是不得而知的。康德在其書說上帝創造萬物並不帶有時空形式去創造，因此，所創造的被造物也不在時空中，是以，其所創造的是物自身，而不是現象。

　　這是一個很有意義的想法，不過我們仍免不了要質疑：上帝不帶有時空形式去創造，而祂所創造的有限的現實存在有時間性與空間性，因而有生滅性，這豈必定是不可的嗎？因為上帝無限，可是祂所創造的卻是有限。因此，上帝不在時空中創造，而祂所創造的卻有時空性，這豈必定是不可通嗎？〔註14〕既然上帝所造者定然是有限存在，以上種種質疑總免不了，而物自身即不能被穩住；難道我們要說祂所創造的也是無限嗎？這似乎亦不能說。這便成了夾逼狀態。牟先生認為只有兩可能來解除這夾逼狀態：（1）有限是決定的有限，如此，我們不能穩住其為物自身；（2）雖有限而可以具有無限性之意義，如是方可穩住物自身。〔註15〕然而康德只就上帝那兒說祂以智的直覺創造萬物，如此是無法顯出第二義的，連帶地，物自身之概念亦穩不住；物自身概念一旦穩不住，則它的限制作用，也就是與現象相對反的作用，即因而被減殺，可有可無，人們可以不理，依然就現象而說物自身。此即康德不通透處，不能使人顯豁地信服，毫無疑議地接受。

〔註13〕參見牟宗三《現象與物自身》，頁10。
〔註14〕參見牟宗三《現象與物自身》，頁10。
〔註15〕參見牟宗三《現象與物自身》，頁11。

（二）從我們的感性與知性看

因爲康德無法充分穩住物自身之高度價值意味，所以也就不能規定出它之「雖有限而可具無限之意義」。康德之所以走入這個死胡同，也在於他對有限存在的看法。依康德，吾人只有使用時空形式之感性，以及使用先驗範疇的知性，這樣的知性與感性是個事實問題，是事實上之定然的，對之不能再加任何顏色，譬如說它是一種「識心之執」。如是，牟先生批評說：

> 如果它們（感性與知性）只是事實問題，我們將沒有一個顯明的標準可以斷定我們所知的只是現象，而不是物自身。光說這樣事實感性與知性，即這樣在一定樣式下的有限性與獨特性的感性與知性，而不能再進一步加以價值意味的封限，則我們不能知我們所知的只是現象而不是物自身。順這事實的感性與知性說出去，我們只能說我們所知的有限，或隱隱約約的，而不能說我們所知的只是現象而不是物自身。〔註16〕

牟先生這番澄清是十分重要的，由於康德認定人類之感性與知性乃定然不可更改之事實，不能對此進一步加以價值意味的封限，也就寓函人沒有標準以分別現象與物自身，因爲人用以攝取外物的直覺一律是「感觸直覺」，不可能有智的直覺呈現，因此人無法肯定其所知者定是現象，而非物自身。若此，則物自身爲價值意味之概念，非事實之概念，連帶也無法穩住。且實際說來，康德實未曾明朗地明說物自身是一個價值意味之概念，他說物自身常是和事實問題不分的。

要穩住具價值意味的物自身，除非吾人亦有智的直覺呈現之，換言之，人不能封死在有特定形式的感性與知性之下而轉不開，康德必須考慮人亦有朗現智的直覺之無限心之可能。這樣一來，我們對於感性與知性即有一價值上的封限，而不是定然之事實。「如是，在我們身上，無限心與識心有一顯明的對照，即執與不執之對照；我們即由此對照而有一標準，以之去決定物自身是一個價值意味底概念，並能顯明地決定我們的知性感性（識心之執）之所知定是現象，而不是那有價值意味的物自身，並能充分地決定這分別是超越的分別。」〔註17〕此爲牟先生之推論語，可惜康德並未做到這一點。依康德的想法，人不可能有智的直覺，而最能契接物自身的「自由」，也僅是一設

〔註16〕見牟宗三《現象與物自身》，頁11～12。

〔註17〕見牟宗三《現象與物自身》，頁12。

準，康德並未將它規定爲無限心。這就是康德不透的地方，使得他的通識與洞見模稜閃爍，亦難令人完全信服，並深知現象與物自身的區別，是價值意味的超越區分，不是事實的經驗區分。

第二節　牟先生對兩重存有論的論述

一、超越的區分的正確證成之道路

康德不能充分證成他的洞見的原因，在乎他不以爲人可呈顯智的直覺，所以人沒有一標準來判斷其所知者是現象而非物自身。如今我們反其道而行，承認在我們身上即可展露一主體，它自身即具有智的直覺，它能使有價值意味的物自身具體地朗現在吾人的眼前，吾人能清楚而明確地把這物自身的眞實意義表象出來。不要把無限心只移置在上帝那裡，人類身上亦可展露無限心。此爲第一步。下一步即須進而把感性與知性加以封限，把它們一封封住，不只是把它們視爲事實之定然，而且須予以價值上的決定。這個決定即是說明它們只是「識心之執」而已。〔註18〕

將感性與知性視爲識心之執，這是牟先生順中國哲學傳統對西方哲人視爲知識之源的感性、知性予以價值的批判。知性和感性不僅在事實上是有限的，而且有它們本質上的「執著性」。有限心即是執著心，也就是識心，故名之曰「識心之執」。知性與感性都是這識心之執。凸顯識心的執著性，同時即顯一無執著性的無限心，於是我們可把感性與知性封住，不再視它們爲定然而不可轉。這一封住，我們即可以肯定它們所知者必然是現象；不但只知現象，同時即挑起或皺起現象，由於它們的執著性而挑起或皺起。就著什麼而挑起現象呢？即是就著無限心處有價值意味的物自身而皺起挑起現象。

康德曾說物自身與現象之分不是客觀的，但只是主觀的。物自身不是另一個對象，但只是就同一對象而說的表象之另一面相。不過他本人無法證成物自身這一面相，所以他也就不能表彰這超越區分的「主觀義」；唯有就同一個體而說：對執的主體而言爲現象，對不執的主體而言爲物自身。如此主觀義方得成。

何故對不執的主體而言即爲有價值意味的物自身？爲何區分執的主體與

〔註18〕參見牟宗三《現象與物自身》，頁 16。

不執的主體之後，就能穩住物自身？據牟先生的講法是：

> 在無限心底明照上，一物只是如如，無時間性與空間性，亦無生滅相，如此，它有限同時即具有無限性之意義。無時空性，無生滅相，此兩語即顯示一價值意味。說「獨化」，是化無化相的，是無有轉化之過程的。說自在自得，是一個價值意味，不是事實問題中的一個光禿禿的「在」。說「無物之物」，這是說物無物相，即不作一有限的現實物看，這表示一個價值的意味，故云「無物之物則用神」：雖物也，而即具有無限性之意義；雖物也，而即是知體明覺之著見。說「一色一香無非中道」，這色與香不作色香看，當體即是中道（「即空即假即中」之中道）：這是一個價值意味的色香，透明了的色香，不是有限現實物的色香。〔註19〕

牟先生泛就儒釋道三家之妙境解物自身乃一高度的價值意味，而非就現實論一個物的事實原樣。其中之關鍵便在「有限可轉為無限」。而有限之可轉為無限，源於無限心的明照，在其明照下，物即是當體如如，既無時空相，亦無生滅相，連帶也沒有一異相、來去相等等，知性的先驗十二範疇在此均用不上。既無這種種的有限相，尚能說它仍是有限的嗎？它自是函具無限意義。即如康德所說的目的王國，亦應立基於此：當自由無限心呈現時，我自身即是一目的，我觀一切物其自身皆是一目的。一草一木其自身即是一目的，這目的是草木底一個價值意味，因此，草木不是當作有限存在物看的那現實的草木，這亦是通化了的草木。〔註20〕無限心若一直遠置在上帝身上，則康德亦不能充分證成他的目的王國，也不能清楚而明確的說明物自身。

　　現象與物自身的區分不在於何者較接近事實原樣這樣的區分，執的主體與不執的主體也不是認知方式的區別，是以看待物自身不能將之視為另一種知識；無限心覺照物自身，即是存有論地實現物自身，此種存有論地實現亦可說「創造」，但不是上帝的創造，因此，物客觀地就是如此，就是這樣有價值意味的物自身，此即是物之實相：實相一相，所謂無相，即是如相。在不帶有特定樣式的無限心明照下，物就是如斯呈現，唯有在識心之執的認知活動前，它始成為決定的有限存在物，成為現象義的對象，因而有時空相、生滅相等等。牟先生認為只有肯定人亦可朗現無限心，現象與物自身這種超越

〔註19〕見牟宗三《現象與物自身》，頁17～18。
〔註20〕參見牟宗三《現象與物自身》，頁18。

的區分方保得住，否則易流於無定準的猜測。

　　無執的無限心在中國哲學有種種名，佛家稱之曰「智心」，道家稱之曰「道心」，儒家則是「本心」、「良知」或「良知之明覺」：有執著的認知心，西方哲學名之曰感性、知性，中國哲學則有識心、成心、見聞之知或氣之靈之心等等名稱。爲此書探討儒家形上學之故，故專一在儒家所暢談的良知明覺處論述，看看牟先生如何將現象與物自身這種來自西方哲人的術語用在儒學上，又，這樣的引用是否可以增進吾人對儒家形上學的了解，此皆一一詳述在下一段落中。

二、儒家的無執的存有論

（一）知體明覺所開之存在界

　　牟先生論及儒家的無執的存有論，首先集中在陽明所言之「知體明覺」。儒家立教本就是一個道德意識，由此道德意識呈露那內在的道德實體。知體明覺就是那個道德實體，此知體有三性：一曰主觀性，二曰客觀性，三曰絕對性。牟先生分述此三性爲：

> 主觀性者，知體之爲「良心」也，即「獨知」之知，知是知非（道
> 德上的是非）之知也。客觀性者其本身即理也。絕對性者其本身即
> 「乾坤萬有之基也」，亦即王龍溪與羅近溪依《易傳》「乾知大始」
> 所說之「乾知」也。〔註21〕

知體之主觀性與客觀性易明瞭，對道德實踐稍有所得的人均應無異議，唯獨知體之絕對性，則鮮有人能有深刻的認識。知體之絕對性關係到知體之爲造化之源、萬物之根，文中所列舉的《易傳》或龍溪、近溪所言「乾知」，莫不明示知體之作爲萬物之始基，「乾知大始」者，意即天以乾健之德（即生德）作爲萬物之大始，由之以創生萬物也。乾「知」者，乾「主」也，乾之可以主萬物之始以其爲「生道」之故，而生道之所以爲生道之實則在「心」也，「仁」恰可表示此生道之義，故歷來亦以「仁」說此生道，此義程明道表彰最爲明顯。

　　此實體所貫徹的萬事萬物（行爲物與存在物），都直接能保住其道德價值的意義。在此，萬事萬物都是「在其自己」之萬事萬物。此「在其自己」是具有一顯著的道德價值意義的。〔註22〕這個有道德價值意味的「在其自己」，

〔註21〕見牟宗三《現象與物自身》，頁93。
〔註22〕參見牟宗三《現象與物自身》，頁436。

不是由感觸直覺的時空形式與知性範疇的否定，所可直接分析出的，也就是，它不能以識而被知。必須由泯除識之執知這一種遮顯，再進至道德實體之挺立這一種表詮，始能顯出道德價值意味的「在其自己」。這是康德談物自身之本義，儒家正好能維持住這個本義，不僅維持住，且能明朗之，不似康德那樣視自由為設準，只由這設準意義的自由虛籠地接近之。

當致明覺感應之知以誠意正物之時，現實中有善有惡之意即轉為純善之意，亦即還歸於明覺而與明覺為一，而成為「無意之意」；而行為物之為事亦繫於明覺而為事之在其自己，亦即如如之事之自在相，它並非是明覺之對象，而只是明覺之直接引生，直承明覺而來之自在物，此即是「無物之物」。無物之物，無對象相，只是自在相。此時並非有一外在的既成的行為物為明覺所感應，而只是知體明覺之具體不容已地流行，即在此流行中，知體明覺與行為物一體呈現。王陽明說：「理一而已矣。以其理之凝聚而言，則謂之性。……以其明覺之感應而言，則謂之物。」〔註23〕就字義而言，「感應」本身並不是物，這只是知體明覺之具體的活動。「以其明覺之感應而言，則謂之物」，實即於明覺之感應中，就其所感應者或感應處而言，則謂之物。感應是能所合一的，故如此渾淪說之。說知體明覺之「流行」，或覺渾淪，故實之以感應；說感應仍渾淪，故分疏之以能所，就其所感應處而言物。但應注意的是，分疏之以能所只是方便之權言，此「所」實無對象義，因此，仍須合之，而言一體呈現。〔註24〕

在感應無外之一體朗現中，事是「在其自己」之事，是實事，也是德行；物是在其自己之物，其自身即為一目的。此時事與物俱不可作現象看，因為它們繫於明覺之感應，而不繫於識心之認知。它們可以是知體明覺之「用」，因其感應而為用，但是用不必是現象。它們只是在其自己之如相，如相無相，不但無善惡相，並亦無生滅常斷一異來去相，怎能視為現象？它們是知體之著見，如如地在知體中呈現。此時全知體是事用，全事用是知體。全知體是事用，則知體即在用：全事用是知體，則事用即在體。此即儒者所謂「體用」，所謂「即體即用」，所謂「體用不二」之義。〔註25〕

是故，論陽明「心外無物」一語應就著知體朗現物自身而說。此言當然

〔註23〕見王陽明《傳習錄》卷二〈答羅整菴少宰書〉。

〔註24〕參見牟宗三《現象與物自身》，頁438～440。

〔註25〕參見牟宗三《現象與物自身》，頁444。

不是說「心即是物」，只是說物之存在即在心體之顯發而明通中存在，離開心之顯發明通，物即爲非有。物之爲非有自然也是物之非在其自己之義。物爲非有，心之顯發明通亦不可說矣。是以「心外無物」一詞只爲表達心體與物一起朗現之義。此一起朗現或可勉強說「在感應中統攝而爲一」也，不過此種統攝乃是形而上的統攝，非認知的綜合也。形而上的統攝亦是統而無統，攝而無攝，唯是在明覺感應中如如地一起朗現。〔註26〕此形而上之感應統攝自非現象學意義所可比擬，以主體意識所聯繫的意義世界，更不足以解釋心體之爲萬化存有之源，因爲「主體意識」僅有主觀性，並無客觀性，自然也沒有絕對性。但是陽明之論「心外無物」顯有「心之無限性」、「絕對性」，由此而開存在界。此「存在」自是指物之在其自己之「存在」，非現象之「存在」。

在此種「存在」境下，即物而言，心在物；即心而言，物在心。物是心的物，心是物的心，羅近溪說：「抬頭舉目渾全只是知體著見，啓口容聲纖悉盡是知體發揮。」抬頭舉目、啓口容聲，盡是知體流行，或說知體全在抬頭舉目、啓口容聲處著見流行，心、物無能所對立，亦無分別矣。

（二）智的直覺與物自身

若套上康德的哲學術語，知體明覺之與物能一體朗現而無能所分別，在於知體明覺之感應本即含有一種智的直覺。知體明覺之感應乃是「神感神應，其機自不容已」的感應，此感應不是物感物應，若張橫渠所說「客感客應」。物感物應者，牟先生解爲：「物感者既成的外物來感動於我也，物應者我之感性的心被動地接受而應之也。」〔註27〕因之，感性的心之接應就是一「物應」，而知體明覺之無限心之神感神應，則是感無感相，應無應相，唯是知體之不容已地顯發明通。就在此顯發明通中，物如如地呈現。物之呈現是由於知體之顯發明通而使之存在，所以吾人可以推斷知體明覺之神感神應便是一存有論的呈現原則，亦即創生原則或實現原則。

此種顯發明通實即是康德所說的「智的直覺」，因爲它不是被動地直覺，而是知體自身的自我活動，此正是智的直覺之特色。當康德論及一個主體如何能內部地直覺其自己時，形容智的直覺有數種特色，茲整理如下：

　　（1）如果該主體的直覺只是自我活動，即是說，只是智的直覺，則該主
　　　　　體必應只判斷它自己。

〔註26〕參見牟宗三《現象與物自身》，頁97。
〔註27〕見牟宗三《現象與物自身》，頁98。

（2）如果那引起自我意識的機能直覺其自己是直接地自我活動的，它必應只表象它自己。

（3）如果那一切在主體中是雜多的東西是為自我活動所給與，則內部的直覺必應是智的直覺。〔註28〕

智的直覺與感觸直覺的關鍵差別便在一個乃直接地自我活動，另一個則是經由外物被動地感動。因為是被動地感動，所以有雜多可被給與，此為感觸直覺；當知性與感性面對此對反於自己的雜多，是以知解的方式認知它或決定它。至於智的直覺只是主體之自我活動，亦即只是主體自己如如地朗現，故應只判斷它自己，也僅表象其自己，縱有雜多，亦是自我活動所給與的。換言之，物其實為智的直覺之內生之存在，於智的直覺中，物以「在其自己」的身分而存在，此為物的自在相。既為智的直覺之內生之存在，故物不與智的直覺相對，兩者冥冥為一而一體呈現。

知體明覺之感應與智的直覺兩相比較，自可發現兩者其實一致，蓋知體明覺之顯發明通亦如智的直覺一般，唯是自我活動，自己感動自己。何由肯斷之呢？牟先生解道：

> 吾何以能知此「知體」本身耶？即依此知體明覺在隨時呈露中（如乍見孺子入井，人皆有怵惕惻隱之心），其自身之震動可以驚醒吾人，遂乃逆覺而知之。其震動之驚醒吾人，如海底湧紅輪，並不是感性的。因此，此逆覺而知之之「逆覺」乃即是其自身之光之返照其自己，並不是以一個不同於其自身之識心感性地被動地來認知其自己而又永不能及於其自己之本身也。因此，此逆覺而知之，是純智的，不是感性之被動的。此種逆覺之知即是該知體明覺之光所發的智的直覺之自照。〔註29〕

或有論曰：人之所以發怵惕惻隱之感，源於人乍見孺子入井，若無此乍見之事發生，人何由發此怵惕惻隱之感？可知人之有怵惕惻隱之心，亦是經由外物的感動而有，非自身即能感動自己。此處應小心分別。論乍見孺子入井，這不過是個機緣，在這乍見的機緣上，本心呈現。見雖是眼見，是感性的，然而本心之呈現，卻非感性的識心在作直覺之攝取以攝取那孺子入井之事象，也不是辨

〔註28〕參見牟宗三譯註《康德純粹理性批判》上冊第一部〈對於超越的攝物學之一般的省察〉，頁163。

〔註29〕見牟宗三《現象與物自身》，頁100～101。

解的知性在作概念的思考以思考那事象，而乃是本心呈現自決一無條件的行動之方向。所以乍見孺子只是一驚醒吾人本心之機緣，本心之震醒仍是本心自我之震動，它以自身之光逆覺自照其自己，其光之自照就是智的直覺。當其震動而驚醒自己者即豁然而自肯認其自己，此謂本心之自肯；而吾人即隨之當體肯認此心以爲吾人之本心，此種肯認便是「逆覺體證」。〔註30〕此爲牟先生對智的直覺或知體明覺如何自我活動的大要解釋。

　　借用西方哲學架構以重新釐析並建構中國哲學，牟先生並非第一人，不過他所採用的「現象與物自身」之區分確有幫助我們了解中國哲學的深刻意涵。若無此助，可能很難理解陽明何以對著友朋說「你未看花時，此花與汝心同歸於寂；你來看此花時，則此花顏色一時明白起來：便知此花不在你的心外。」來證明心外無物，如純以知識論的角度來看，是怎麼說也說不通的；而若以主觀意識所建構的意義世界來說，又會泯失「良知爲造化的精靈」之義。再從北宋三家論「理生氣」，往往會流於朱子一類的見解而不自知，亦即理是理，氣是氣，兩者平行不一，然而始終無法消泯「死人騎活馬」之譏。若非如此解，又容易流於熊十力先生的說法，爲表示萬化來自天道天理的生成，乾脆將氣還歸爲理，而說萬物乃天道幻化的表現。

　　朱子之說已不易見出其病，而熊先生的詮釋更難令人窺破其癥結所在，若能據牟先生所闡述的兩重存有論以觀之，則其與儒家形上學難密合處，或可稍稍見出。

第三節　熊氏哲學之再反思

　　關於十力先生的哲學體系，第二章已論述過，於彼章亦曾提出與傳統儒學不合的疑點；雖則如此，吾人亦不禁懷疑熊氏哲學分明建基在「天命流行」這一古老的儒學觀念底下，何故其說卻又發展成與儒學難以緊密嵌合的地步？此則非第二章之內容所可解釋，故將其移置此章，藉由牟先生的兩重存有論以審視之，或能稍見其由。

一、熊先生與宋明理學家之差異

　　由第二章的陳述可清楚見到熊先生的學思源頭來自萬化生生不已的生成

〔註30〕參見牟宗三《現象與物自身》，頁 101。

之根，此根源便是大《易》所言之天道實體；彼實體以「恆轉勢能」之姿開展整個宇宙世界，藉由一翕一闢之變，既凝聚萬物之存在，又不停滯於物，整個宇宙不停地向前變化去。熊先生形容此本體功能是「無有實物可得，體是虛偽，猶如雲氣，闇然流動，遷流不息，幻似萬物，剎那移形」，換言之，就是一團不斷變化的動力勢能。為表此動力勢能的恆轉不已，物之存在即不能有片刻常住，一切都只是「剎那剎那別別頓轉無間似續」而已。在此前提下，物之為物必得說成「幻似有質而實非質的無量動點」，否則會破壞「遷流不息，剎那移形」的恆轉勢能這一大前提。

對於宇宙之創生，熊先生服膺儒家傳統之觀念，認為宇宙之生化有其根源動力，此動力自然源出天道本體。不過論至天道實體如何「創生」萬物，熊先生之描述顯然脫離宋明理學家的說法，而自成其一家之言。差異處首在熊先生乃以描述「客觀事實」的方式推論天道生物的步驟，而無論北宋三家或陽明學派，顯非如是。以濂溪、橫渠為言，即使二者之論亦有寡頭論斷天道流行之嫌，不過論其實，兩者皆拳拳服膺《中庸》《易傳》之老傳統，即以「誠」為實體。

以濂溪為例，《通書》首章即曰：「誠者聖人之本。大哉乾元，萬物資始，誠之源也。乾道變化，各正性命，誠斯立焉。純粹至善者也。故曰：一陰一陽之謂道，繼之者善也，成之者性也。元亨，誠之通。利貞，誠之復。大哉易也，性命之源乎？」此全是以道德意識之「誠」詮解天道，而以誠作為天之道之體，在乎人直下體現此誠體，由此而悟及彼乃天道創生之真幾，或可說天道創生其實即為一道德之創造。至於道德之創造，取前文兩重存有論的架構解之，道德創造是道德實體之存有論地呈現物自身，此呈現源於道德創生之真幾的顯發明通，萬物在此顯發明通中而呈如如自在相。所謂道德的形上學、道德的創造之本體宇宙論，應築基於此方能周流而不蕩。

論及物自身，自康德以及牟先生的論述中，我們知曉物自身者非另一種與現象不同之存在，它是即現象而論其「本來面目」，它的本來面目應是一高度價值意味的如如自在，不夾雜任何有限識心的執著相而呈現其如如自在的原貌。說物之本來面目，或說物之原貌，亦不是討論物之「事實原樣」，若如此，則兩重存有論探討的是一客觀事實的問題，然而牟先生再三重申物自身絕非一事實問題，而是一高度的價值意味問題。這就意謂論述道德的形上學不能繞出去從一寡頭的天道客觀地描述天道如何生物，易言之，不能將天道

生物當成一客觀事實來陳述。因爲陳述一客觀事實，是在吾人之感性知性的樣式下，方有「客觀事實」可言，如今道德的形上學立足在無條件的自由自律之道德實體上，一切有限存在的攝取認知外物的模式皆用不上，我們就不能說道德之創造可以取一種觀解的、理論的方式去描繪它，這麼做是一種「誤置」，誤將知識模式放在物自身上。

　　熊先生的天命流行之說正是這樣的誤置，儘管有學者分辯熊先生的本體學是一主客相互攝入，活生生的實存的「生活學」，是自己認識自己的學問。〔註31〕熊先生自己也說，他不似一般人談本體是「向外尋求，各任彼慧，構畫搏量，虛妄安立」，〔註32〕而是要求「眞見體」，「眞見體者，反諸內心，自他無間，徵物我之源，動靜一如，泯時空之分段。至微而顯，至近而神，沖漠無朕，而萬象森然，不起於坐，而遍周法界。」〔註33〕熊氏之學依然不脫「客觀論證」天道如何創生萬物之過程。既有論證，就有眞假可諍，有步驟歷程可尋。觀其書，顯而易見，熊先生確以本體爲其欲論證之觀點，闡明本體的確是萬化根源，是一切智智，一切智中最上之智。而闡明這樣的本體，不能採推度臆測的態度，亦即不能以「量智」來推尋本體，這種講法對儒學稍有認知者均同意；只是就如何論證本體一事言，其中之過程是否有「構畫搏量」，這才是我們關心的地方。

　　熊先生論證本體生物之過程中，究竟是依本體即心，心即理而進一步建立他的形上學，還是直以其所認識的本體應該如何如何爲本，再建構他的理論體系？依本文的考察，熊先生恐是偏於後者居多。基於他的本體流行，乃生滅滅生，恆相續起，無有斷絕，一切物生滅相續者，實際上元是眞實力用之流行，他必須說明在此前提下「物之存在」爲何，於是才有陸續的「動點」理論延伸。這一切都是基於「天命流行」一義而有的必然結論。這一連串的過程，自然有虛實可辨，有眞假可分，本文即循此以衡量熊氏之學是否有不貼切儒學處，此舉應無不當。

　　爲貫徹流行之生滅滅生，無有斷絕，熊先生假託唯識之說力辯心、物皆無實自體，此又是其與宋明理學家的絕異之處。關於此，雖然熊先生用心在另一處，並非眞以唯識學爲宗，讀者理當體會理解；只是他取此方式以保天

〔註31〕　參見林安梧《存有・意識與實踐》，頁 43。
〔註32〕　參見熊十力《新唯識論》，頁 43。
〔註33〕　見熊十力《新唯識論》，頁 43。

命流行義，則會留下「物為幻化不實之表象」這一結論，此結論則與傳統儒學「實事實理」之共識牴觸，熊先生有無辦法化除這牴觸呢？除非放棄「流行變遷」之前提，不然有何助於泯除與傳統共識之牴觸？此即為本文質疑熊氏之學之肇端。

二、天命流行與實事實理

本文首章〈導論〉即已概論傳統儒學有關「天命流行」一義之見解，此義既蘊藏天理實體，又涵氣化之變，兩者並會方貼切天命流行之深義。言流行者，自是有生滅變遷之相可尋，有由此至彼，廣延周旋、流轉伸展等等之意，否則「流行」之義無由成立。可是天命流行儘管有生滅變遷相，此來去變遷亦應只在氣化自身顯，天理自身是無動靜相，無來去相的，此義在第五章論濂溪、橫渠之天道論時，已有詳贍之解析。既無遷流動靜，天理實體當然不可論流行不流行，流行之實處在氣化，彼實體不過在其後鼓之舞之，使其自得之，恰似熊先生描述的若有一盛大之功能，綿綿若存，冥冥密運，孕群有而不滯，極萬變而莫測，天得之以成天，地得之以成地，人得之以成人，物得之以成物。〔註 34〕此功能闐然流動若風輪，雲峰幻似，剎那移形，風力廣大，蕩海排山，遍為萬物實體，帝網重重，無非清淨本然，秋毫待之成體，莫不各足。〔註 35〕善哉此言，確能將廣大之氣化變遷形容得淋漓盡致，而此變遷之背後，又明示一恆轉不息之功能使之如此。

然而若一心著意於此，則萬物之成自是不可有瞬息常住，實則只有剎那剎那別別頓轉無間似續，人見之有常住者，蓋由「相似隨轉」，而得作是解。其實前剎那法纔生即滅，次剎那有似前法生起，亦即此剎那法，此剎那法雖生旋即便滅，以下剎那皆應準知。是則物之常住者，乃緣人忽其剎那生滅相續之實，故誤以為物得以暫住一段歷程而不滅。依彼論所述，宇宙是如此剎那剎那生滅，然則「理」在何處顯？僅於流行中識其有則而不可亂，可乎？《易傳》所言「各正性命」之貞定尚可存焉？

平心而論，熊先生之論大化流行義，相當深微精妙，其所述者不能定於識心所對之「現象」界，其已突破識心習智的封限而進至無限心之位。察其言：「芸芸品類，萬有不齊。自光線微分，野馬細塵，乃至含識，壹是皆資始

〔註 34〕參見熊十力《新唯識論》，頁 82。
〔註 35〕參見熊十力《新唯識論》，頁 75。

乎功能之一元而成形凝命，莫不各足，莫不稱事。斯亦譎怪之極哉！故觀其殊，即世界無量；會其一，則萬法皆如。斯理平鋪，烏容議擬。夫品物流行，明非斷片各立；宇宙幻化，徵其圓神不滯。故知功能無差別，方乃遍萬有而統爲其體，非是各別多能，別與一一物各自爲體。」〔註36〕確乎進至玄妙之境也。但是理之爲實理，物之爲實物仍隱沒其中，無法就此玄境彰顯而出，而此正是儒家之儒家之實，遺略此實義，則儒家與佛老又何異？

　　理之爲實理，物之爲實物，非就「事實」方面論斷，而是就其「價值意味」上論斷。當事與物轉爲認知心的對象時，它是在時空中而爲概念所決定，此時它們是現象，而被拉扯在條件串系中。牟先生於此論道：

> 當其（亦即現象）一旦被拉扯於條件串系中，它們即都在緣起中。
> 但既是在條件串系中，它們即是有定相的緣起，即，是現象意義的
> 緣起，而不是空無自性的緣起，即不是如相無相之實相的緣起。但
> 緣起，如就其爲緣起而觀之，而不加以任何執著，它本就是無自性
> 的（因爲有自性即不須緣起），因而亦就是無定相的。定相是概念所
> 決定成的，因此，顯然是屬於遍計執的。儒家對於事物無緣起底說
> 法，但此不能逃，不在說不說。當事與物對見聞之知而言，即必須
> 在緣起中。緣起繫於見聞之知而有定相，即是現象；緣起繫於知體
> 明覺而歸於事與物之在其自己，即喪失其緣起義。儒家不直就緣起
> 之定相與無定相（如相）而直接翻，而是緣起繫於知體明覺而歸於
> 事與物之在其自己，即喪失其緣起義。物之在其自己其自身即是一
> 目的，此時即不作一緣起觀；事之在其自己其自身是實德，是知體
> 之著見，是一個道德意義的「實事」，此時亦不作緣起觀。〔註37〕

熊先生之力述萬物之幻化無實自體，正緣於他立足在「實相緣起」之立場論說，再配以天道創生不已之論，導致有物無常住，一切唯是生滅滅生，剎那剎那別別頓轉無間似續的結論。其中所謂剎那剎那，亦非時間之分割，《新唯識論》明宣「吾宗所言剎那，非世俗時間義」，〔註38〕而所云「念念生滅」者，亦非常途所謂之念，而是依生滅不斷，而假說每一生滅爲一念頃。實則生滅滅生，不可劃分間隙，即念念之間，無有間隙，不可以世俗時間觀念應

〔註36〕見熊十力《新唯識論》，頁82。
〔註37〕見牟宗三《現象與物自身》，頁446。
〔註38〕參見熊十力《新唯識論》，頁73。

用於此處。〔註39〕既泯除時間樣態，可知熊先生之論生滅非現象義之有定相的生滅，其所言之刹那亦非就造化之跡上說，兩者均是就大化流行之「妙」而說。是故熊先生論本體轉變之「變」義有三：一、非動義。二、活義。三、不可思議義。其詳說曰：

> 其一曰：變者，非動義。動者，移轉義，是先計有空間和時間，並計有個動的物，即由其有質量的東西，依其在空間上有所經之距離，和時間上有所歷之久暫，而由一狀態遷移轉化為別一狀態。如此，便叫做動。今此所謂變者，係剋就大用流行而言，此是超時空的。易言之，時空的形式，是與物質界俱時顯現的，而在這大用流行的觀點上說，卻是完全沒有時空的。大用流行，根本不是具有質量的東西，即不可當做一件物事來猜擬。所以說變非是動。我們若以動的意義來理會這個變，那就要墮入千重迷霧了。孔門傳授的《中庸》一書有曰：「不動而變。」這句話的意義，是很深遠的。所謂變，是要向無物之先去理會他。不曾有物移轉，而法爾有這樣奇妙的變。吾國先哲所謂神化的意義，就是如此。〔註40〕

是以也不能將熊先生所論「大用流行」貿然以為現象之生滅，他原是立於時空之外、無物之先論刹那生滅的。此境固為玄妙深遠，可是不一定從道德意識出發乃能至於此，緣起，就其為緣起而觀之，不加以任何執著，它本就是無自性的，因而亦就是無定相的。只須定相與無定相直接翻即可。可是大《易》所倡談之乾道流行，不能立基於是，正如牟先生所說的：

> 儒家立教本就是一個道德意識，無有如此明確而顯豁者。儒家不像佛家那樣從生滅流轉向上翻，亦不像道家那樣從「執、為」向上翻，而是直接由道德意識（慎獨）呈露形而上的實體（本體）的。道德進路是不能由「把眼前不道德的活動加以否定即可顯出道德」這一種程序而形成的。……我們必須捨此否定之遮詮，直接由我們的道德意識呈露那內在的道德實體。這是四無傍依而直接睹體挺立的，不是來回旋轉，馳騁妙談，以求解脫或滅度的。〔註41〕

儒家所倡之乾道流行須築基在道德意識方密合原儒本意，由道德意識呈露那

〔註39〕 參見熊十力《新唯識論》，頁73。
〔註40〕 見熊十力《新唯識論》（語體文本），頁351。
〔註41〕 見牟宗三《現象與物自身》，頁435。

內在的道德實體，此實體陽明稱其為「知體」，對於實相之緣起，儒者不是就其無自性觀之，乃是將緣起繫於知體明覺而歸於事與物之在其自己，而喪失其緣起義。物之在其自己其自身即是一目的，此時不作一緣起觀；事之在其自己其自身是實德，是知體之著見，是一個道德意義的「實事」，此時亦不作緣起觀。因此儒者不論緣起。不談緣起未必表示陷於現象觀，事物既然都是在其自己，不在時空中，也不在概念決定中，當然是如相無相，而歸於實相。我們空卻由計執而成的定相，並未連帶空卻法自身就是如幻如化的實相緣起，儒者在此說是「實事」，這是繫於知體明覺而有道德意義的實事，事因著知體明覺之感應，良知之天理，為實而非幻。〔註42〕此便是論大化流行與實事實理不相互衝突牴觸的唯一之法，熊先生哲學肇端於寡頭的「流行」義，再參照唯識之緣起觀，遂有如是哲學理論發生，而與傳統儒學基本觀念互有扞格，此甚為可惜。

第四節　「理生氣」與「兩重存有論」之結合

熊先生的形上學理論除與「實事實理」之儒學基本觀念互有扞格外，對於物質的構成亦有令人難以信服的地方，此即物質（或氣化）是天道之「乍現」，是「無量動點」之幻成，幻似有質而實非質也。如果熊先生陳述這個理論是以「事實命題」的方式陳述，無論如何，總有窒塞不通處，氣化的獨立性畢竟不能輕易抹煞，此於第二章已有討論。但是，熊先生之所以有這樣的推論，目的也是在闡述理、氣之間的一以貫之，忖度其意，似乎若理、氣為兩種異質之物，則理要如何產生氣？又應怎樣運化主宰生生不已的氣？

一、濂溪之「靜無動有」的生化義

根據前文若干章節的討論，理生氣不能是分析命題，它應該是個綜合命題；可是它之「綜合」也不可如同朱子所述，僅是「理氣不離不雜」而已，它應該是天道動力的引生，濂溪《太極圖說》逕直以「太極動而生陽，靜而生陰」來明表天道動力的創生。固然，單視這一句無法說明太極怎樣動而生陽，靜而生陰，有必要參覈其他文獻，才能判斷濂溪這句話的義理。

從前述第五章有關濂溪的部分，可以得知濂溪論太極，非憑空想像一個

〔註42〕參見牟宗三《現象與物自身》，頁446。

作為萬化之源的太極應該如何如何，而是立根於誠體這一道德意識論太極，簡言之，太極便是天道創生之真幾，同時也是道德創造之真幾。不識此中之義者，肯定會將太極生物滑轉至氣之生化，而把太極視為最初之「元氣」。本文選擇依從牟先生的解釋，將天道生物解為誠體之流行貫注每一個體生命，完成由始至終之生成。誠體必有氣行以彰顯自身，氣變亦須有誠體流注方能流行不已。

以上是就生成事實來看，氣行是形而下，天道誠體是形而上，形上之寂感真幾就在氣中妙運不窮。順此觀點，則太極動而生陽，靜而生陰便只能就「氣跡」說陰陽，於是所謂太極之動乃到了跡上之該動的時候太極便動，就是自然上的陽；到了跡上該靜的時候而靜就是自然上的陰，太極之動與靜全看氣跡之張弛動靜而順應之。然而論太極之「妙運」義，未必得純自氣跡上看待，亦可將之提至理氣一體流行之神化境界，則太極之虛明感應即無須配合著氣跡之或動或靜而言動靜。

論氣化本身，並無決定性論據說它一定是現象或物自身，氣化是現象或為物自身，端視主體如何觀之：是以感觸直覺與知性範疇架構之，或以智的直覺明通顯發之。若為前者，則氣化便是現象，是「氣跡」；若是後者，則氣化便不可說為氣跡，而是與天德同流之神化妙跡，是「事之在其自己，物之在其自己」的物自身。如以儒家形上學本義（其本義就是立基在聖人的體證下而說）裁決，在聖德明覺感應下，物是自在之物，不受任何樣式重新構造的本來面目，如是，太極妙運陰陽，乃太極與陰陽一體而流，陰陽此時已非「氣跡」可比擬，它是與天德同流之神化妙跡，與太極誠體是同一層次的，陰陽之生生乃基於誠體真幾之神化妙運而然，故爾說太極運化二氣，不一定非轉個彎從自然生命之跡上講才可。

此是就濂溪的形上思想以「兩重存有論」的架構解之，結果並無背離歧異的危險，反而順適恰當，更能擷取濂溪之深義。將此兩重存有論應用於橫渠的「太和之道」上，結果亦然。

二、橫渠之「參兩通一」之神化義

太虛之生化，以橫渠之言來說，便是「參兩通一」之交感，《正蒙・參兩篇》曰：「地所以兩，分剛柔、男女而效之法也。天所以參，一太極兩儀而象之性也。」雖然萬象紛雜不齊，然而其所呈者卻有定而不可亂之相，彼物之

法相均表現為兩兩對立之相，即在此兩兩對立的萬象中，理通而一之。理之能通貫萬象者，在其「圓而神」之即寂即感。《正蒙・參兩篇》繼之曰：「一物兩體，氣也。一故神，兩故化。此天之所以參也。」「一」表太虛理道，太虛或理之所以神，在於它周行萬物之間，說它在這裡，同時它也在那裡，無一物不在，無一物不體，是以謂「神」。無此一之神，世界就是一片斷裂的、偶然的世界，處處無可解說的世界。

　　再深入推述，理之通貫萬象者，是以超越實體提攝宇宙萬象而縱貫地明其生化大用，在超越實體的縱貫提攝下，剛柔、晝夜、男女、死生、幽明等之陰陽氣變者，一是皆為本體神化流行之具體內容，是故陰陽、剛柔、晝夜已非純然之氣化活動，它們正是天道之大用流行，均應提攝至「物自身」一層次，而為形而上的神化意義之存在。論「理生氣」必提昇至此無執的存有論，方能保住天道之「神化」意義。

　　不論是濂溪或橫渠之論天道神化，並未將萬物視為幻化無質的「理之乍現」，顯然物仍是氣化中之物，並未歸屬於理道，只是在道德本心的明覺感應中，它們都具有形上意義，雖具形上意義，也不表示氣與理可以完全合而為一，在「無執的存有論」之境界上，萬物是差而無差，與心知之明覺無能所之分；然在現象界，它們仍是「無差有差」，理是理，氣是氣，形上形下依然有別。然則橫渠之言參兩通一，是一種客觀事實的摹繪嗎？宛如熊先生以近似事實命題來說明恆轉功能怎樣孕生萬物，橫渠之論果然如此嗎？

　　在討論北宋三家之天道論時，吾人切不可忘記一點，北宋三家，尤其濂溪、橫渠二人，即使他們的講述有予人獨斷宇宙論的聯想，事實上，他們始終秉持「踐仁知天」這一路線，所有的講述皆立基在聖人之精誠化境。一言及化境，定然離不開主觀實踐，以橫渠為言，橫渠談兼體不累、參和不偏，其根源應來自濂溪之形容誠體：「寂然不動者誠也，感而遂通者神也。動而未形、有無之間者幾也。」（《通書・聖第四》）「寂然不動，感而遂通」是神化的基本要義，任一人都不能背離。而「寂然不動，感而遂通」之神義，依濂溪的講述，它是奠基在聖人的踐形修為之中，是以〈聖第四〉篇繼而曰：「誠精故明，神應故妙，幾微故幽。誠神幾曰聖人。」最後一句即表明此「寂然不動，感而遂通」之理境早蘊畜在聖人之實踐中，已由聖人所證實，為聖心所開發，一言以蔽之，濂溪的陳述是闡發聖人的化境，不是憑空談一套理論的形上學。

　　橫渠之神化義既不離濂溪的「寂然不動，感而遂通」，可知其所述者亦是聖人之化境，在聖心的顯發明通中，氣化之生生有天德參和其間，使其兩兩通一，雖然氣有陰陽、屈伸、相感之無窮，而神之應也無窮；其散無數，而神之應也無數。這並非依照某種「事實原樣」在描繪宇宙之生生，而是聖人化境的呈現，整個宇宙在聖心的呈顯下，就是一「參兩通一、交感生化」的天命流行。

　　是故，論及儒家道德的形上學，聖人之化境與客觀的現象事實是不一樣的，此處有兩層分別，一是繫於脫然無累之聖心所對之境界，另一則是受限於感性知性的現實世界。從現實層面看，整個宇宙便是氣化之生生不息，然而此生生不已的氣化有其動力根源，此根源即是天道之創生。不過從天道實體處探討如何生氣生物，其中可有兩種歧徑：或者直接將現實的氣化連接天道而說明天道怎樣生化；或者反觀內省，由道德意識出發，知道德實理如何決定一道德行為，亦即如何由無中生出一道德實事，而悟及天道之創生亦是一「道德真幾」之創生。對照熊先生與濂溪、橫渠的論說，熊先生明顯地有直接將氣化連接天道說明的嫌疑，此嫌疑終究來自他沒有像牟先生一般有清楚的「現象與物自身」之兩重區分。

第五節　龍溪「四無說」與「無執的存有論」之結合

　　龍溪之四無境界，根本就是「物自身界」的描述，是以無論心或意或知或物，自然是一體呈現，一機顯發，無有心相、知相、意相及物相的分別。良知本心若全幅朗現，則一切皆順知體之明覺感應而起，於是「意統於心，心為之主」，「識根於知，知為之主」，物也統於心知而為神用之物，為如如自在之物。若不順知體之明覺感應而起，便是智的直覺之退聽，而以感觸直覺為主，此即「離心起意」。離心起意，意則為經驗意義之「識」，可善可惡之「念」，心意知物循此通通落轉到現象界，心已不是「無心之心」，意也不是「無意之意」，知與物也不再是「無知之知」與「無物之物」，一切都落在「有相」中。

　　起意不起意是如此重要，龍溪甚至將「起意」視為千過萬惡之淵藪。其道：

> 知慈湖「不起意」之義，則知良知矣。意者，本心自然之用，如水鑒之應物，變化云為，萬物畢照，未嘗有所動也。惟離心而起意則

爲妄，千過萬惡皆從意生。不起意，是塞過惡之原，所謂防未萌之欲也。不起意，則本心自清自明，不假思爲，虛靈變化之妙用，固自若也。空洞無體，廣大無際，天地萬物，有像有形，皆在吾無體無際之中，範圍發育之妙，固自若也。……即視聽言動，即事親從兄，即喜怒哀樂之未發，隨感而應，未始不妙，固自若也。(《王龍溪全集》卷五〈慈湖精舍會語〉)

不起意，才能返諸物自身界，恢復智的直覺之朗照，此中自有虛靈變化之妙用，天地萬物，有像有形，便在吾無體無際之中，孟子言「天地萬物皆備於我，反身而誠，樂莫大焉」，意即是此。對照四句教之建立在歧出之意念上，四無彷彿更能暢達良知之本義，因之龍溪稱四有爲「權法」。觀〈天泉證道記〉龍溪回答錢緒山之言：「夫子立教隨時，謂之權法，未可執定。」又說：「學者自證自悟，不從人腳根轉，若執著師門權法，以爲定本，未免滯於言詮，亦非善學也。」蓋論實際之法，心意知物本應同屬「無執的存有論」一層，若不同層，則是意與物墮於現象層，而與心知隔離不一，此即是「執的存有論」，非究竟界也。龍溪曾說：

夫養深則跡自化，機忘則用自神，若果信得良知及時，即此知是本體，即此知是工夫，固不從世情嗜欲上放出路，亦不向玄妙意解內借入頭。良知之外更無致法，致知之外，更無養法。良知原無一物，自能應萬物之變，譬之規矩，無方圓，而方圓自不可勝用，貞夫一也。有意有欲，皆爲有物，皆屬二見，皆爲良知之障。於此消融得盡，不作方便，愈收斂愈精明，愈超脫愈神化，變動周流，不爲典要。日應萬變，而心常寂然，無善無不善，是爲至善；無常無不常，是爲眞常；無迷無悟，是爲徹悟。此吾儒不二之密旨，千聖絕學也。

(《王龍溪全集》卷十七〈不二齋說〉)

固然龍溪這種視師門教法爲「權法」的態度，頗招來好些責難，責其狂悖太過，牟先生也批評他「只以先天後天對翻，好像教人捨後天趨先天，這便有病；把先天之學看得太容易，又把四句教只看爲後天，而忽略了其致良知之先天義，這便成了蕩越。」〔註43〕不過此只是將四無作爲一「教法」來看，又兼龍溪有些措詞疏闊不諦，故招人之譏議。若純把四無作爲「理境」對待，則四無的確把形上境界推至最究竟處，這是龍溪之穎悟，也是儒家形上學理當有之內容。

〔註43〕參見牟宗三《從陸象山到劉蕺山》，頁281。

第六節 對於「人之有限而無限」之誤解

案牟先生對兩重存有論的闡揚說明，根本在於人具有智的直覺一義上，人因有智的直覺，是以雖為有限之存在，也可與天地合德，與日月合明，與四時合其序，與鬼神合其吉凶，簡言之，便是上下與天地同流。此乃源於人之至德感應，萬物均涵潤在其明覺感應下，而為物自身意義之存在。若以天道論之語言之，便是萬物萬象皆兩兩通於一之神化，萬物在天道的提攝下，皆有形上之必然性，不再僅是氣變之偶然。人之道德本心即是天道本體，本心之明覺感應就是天道之寂感創生，於是有人質疑：這種說法是否將人等同於神？近人彭高翔先生便有此疑難：

> 以人的無限性為基本預設且將無限心委之於人，會引發何種理論後果，這更是牟宗三先生的圓善論所應認真對待的。牟先生雖極力反對將無限智心人格化，卻同時又建立了一個內在超越的人格神，這個神便是人本身，如此人即神，神即人。當然，這並非說牟先生不明人神之分界，而是說其理論效果不免將人提高到神的地位。事實上，人雖有道德的本然狀態，但同時人又無疑是一個感性的存在，抹殺或忽略這二重身份的哪一面，均是有所偏失的。……人一旦自以為神，則難免不自認為能夠「從心所欲不踰矩」，如此極易導致蕩越和妄為。……因此，對人具有無限性的理論決定，固然會對人們希賢產生極大的鼓舞，但卻不具普適性。如不加以限定，勢必導致道德狂熱，相比之下，康德對人的有限性的認定，也許會給人們成聖成賢的道德自信打上一些折扣，但卻較為切實。〔註44〕

雖然此文是彭先生針對牟先生論圓善的議題而作，但與本文論「天命流行」乃理、氣一體而化亦相關，相關處便在理命氣命之一體而流是建立在「無執的存有論」這一層次上，此層次須藉由主體之智的直覺方能呈顯。雖則我們肯定人具有無限心，此無限心相當於天道本體，但不代表人即可從有限之存在完全化為無限之天道，人依然有感性的存在，人仍舊會生老病死，無法隨意改變現實世界。彭先生只注意到人具有無限心，卻忽略了人之無限心所鋪展的物自身意義的世界，是一高度價值意味的世界，不是一客觀現實的世界，牟先生明明說了：「無限性之意義是一個價值意味，不是說它是一個現實的無

〔註44〕見彭高翔〈康德與牟宗三之圓善論試說〉，《鵝湖月刊》，第 266 期，1997 年 8 月。

限存在。」〔註45〕又分別人與上帝：「當然具有這種無限性的人不會就是上帝那樣無限的存有，而且根本上亦與上帝不同。」〔註46〕何以彭先生視而不見？同理，人也不是天道，人之明覺感應也不可能取代天道來創生萬物。

牟先生在另一書《中國哲學的特質》也有對人的有限性作一番懇切的反省：

> 人力有限，儒家並不是不知道。天道茫茫，天命難測，天意難知，這在孔孟的教義中意識得很清楚。但雖然如此，它還是要說盡性知天，要在盡性中體現天道。所謂「知天」之知也只是消極的意義，而盡性踐仁則是積極的。「知天」只是在盡性踐仁之無限過程中可以遙契天。故《中庸》云：「肫肫其仁，淵淵其淵，浩浩其天。」並非人的意識可以確定地知之而盡掌握於手中。故孔子「五十而知天命」是極顯超越的意義的。又，所謂體現天道也只是把天道之可以透露於性中、仁中、即道德性中者而體現之，並不是說能把天道的全幅意義或無限的神秘全部體現出來。故《中庸》云：「及其至也，雖聖人亦有所不知，有所不能。」儘管如此，還是要在盡性踐仁之無限過程中以遙契之並體現之。故孟子云：「聖人之於天道也，命也，有性焉。君子不謂命也。」〔註47〕

儒者對於人的有限性，悉數瞭然於胸。肯認人之無限意義，不表示把人擴舉至「無限的地位」。然而人之有限即無限，乃「有限不礙無限，有限即融化於無限中；無限不礙有限，無限即通徹於有限中。」〔註48〕人之無限與天道之無限不能等同齊觀，前者是就價值意味說，後者則可就現實而說。人可經由主觀實踐證成天道之內容意義，藉以充實天道之具體內容，然而天地之大，猶有所憾，人間在天道顯無限之大用之下，自不免有缺憾，剋就此點而說，人無法與天地之無限相抗衡，人畢竟有命限的限制，不能隨心所欲，人的個體生命與無窮複雜之氣化相遇，或者相順，或者不相順，由此造成人生的吉凶禍福。

《易繫辭上傳・第五章》盛讚天道「顯諸仁，藏諸用。鼓萬物而不與聖人同憂，盛德大業至矣哉！」天道既顯諸於仁心之感應，也藏諸於生化之大用中，

〔註45〕參見牟宗三《現象與物自身》，頁13。
〔註46〕參見牟宗三《現象與物自身》，頁27。
〔註47〕見牟宗三《中國哲學的特質》，學生書局，民國73年版，頁106。
〔註48〕參見牟宗三《現象與物自身》，頁28。

作《易》者不過欲將道之客觀性意義轉成仁體、心體之主觀性內容，藉以充實天道的具體內涵。然而天道之於穆不已、圓神不測，固亦有人之無可企及處，《易傳》下文即說「鼓萬物而不與聖人同憂」，此處即顯人與天道之差距。朱子註此云：「程子曰：天地無心而成化，聖人有心而無為。」〔註49〕此解有味，扼要表出聖人與天道之「無差而差」。然則何謂「無心成化」及「有心無為」？無心、有心依據什麼而分？范良光先生於此有十分透闢的析論：

> 天道圓神不測而有生化萬物之實事，固因其具無限的盛德而顯現無限的大用，此即「成象之謂乾」。此是客觀地尊天道之盛德大業。而天地之大猶有憾，人間之缺憾自亦不免，然自客觀性之天道自身言，天道是密而無心者；正由於天道之無限性，即此天地間之缺憾皆為其本質上之內容意義，不捨缺憾以成其為密而無心之無限性，以見天道森然之尊嚴，即是儒家宇宙悲情之超越根源。而此即「天地無心而成化」之內容意義。然而，正由此缺憾之不可免，而即見天道含無限豐富的意義且超越地持載天地萬物，故自聖者主觀實踐地盡道盡性言，此缺憾固亦無可奈何而必深致其憂患之情者，是即亦不捨天地萬物而為踐仁盡性之本質內容也。聖者亦人，聖者體仁而有心，故不能無憂，聖者之憂正是其深仁之具體表現，是亦顯而有心也。天道「顯諸仁」者以此。是則聖者憂患之仁心當下即是天道密而無心之具體而真實的印證，不，天道即是此本心仁體。是以攝歸於道德本心仁體而言，天道「顯諸仁，藏諸用」，亦即是仁心化育流行之全幅內容。〔註50〕

「有心、無心」不能以「有意、無意」的格式套用，聖人與天道之別，不在修為境界的高低，而在生化事實之對待，自客觀性之天道說，天道是密而無心者，無心正由於其無限性，天道生物無窮，自不能對任一物有憂患之心，正如老子所云：「天地不仁，以萬物為芻狗；聖人不仁，以百姓為芻狗。」（《老子‧第五章》）王弼註曰：「天地任自然，無為無造；萬物自相治理，故不仁也。仁者必造立施化，有恩有為。」〔註51〕案老子言「天地不仁」，非謂天地

〔註49〕 見楊家駱主編《易程傳‧易本義》「周易本義」部分，頁58。

〔註50〕 見范良光《易傳道德的形上學》，頁54。

〔註51〕 見樓宇烈校釋《王弼集校釋‧老子道德經第五章》，華正書局，民國81年版，頁13。

殘酷狠斷，而是天地任自然，無為無造，不特別顯「仁」，亦不特意顯「不仁」，天道是超越了仁與不仁之上。牟先生論此道：「是超過仁與不仁之對待而顯一絕對之沖虛，非是與肯定命題相對之否定命題，而是超過肯定否定之兩行而顯一絕對之『一』。」〔註52〕此語僅是雙遮兩邊、無所主無所適的遮顯語句。《易傳》所言「天地無心而成化」，語意同此。

　　由於無心以成化，人間之缺憾自亦不免，即此不免之缺憾都是天道本質上必有的內容意義，循此以見天道森然之尊嚴，也是儒家宇宙悲情之超越根源。縱使聖者與天地合其德，聖者也是人，他是體仁而合天德的，自其體仁而說他有心，對人間種種缺憾，聖者無法視而不顧，故不能無憂，聖者之憂正是其仁德的具體表現，就此憂患而言，正是顯而有心也。而聖者之有心即是天道密而無心之具體而真實的印證。於茲可識人與天道之既有差，亦無差，「差」與「無差」各有其道理，一是就修為之德說，一是就現實上說，宣稱「人之具有智的直覺」乃是將人視為神者，都是不明瞭人之有限即無限之真實意義，弄混了此中義理的分際。

第七節　結　語

　　兩重存有論的區分雖是來自康德的啟發，可是康德本人未能充分證明此一洞見，蓋受限於西方宗教與哲學的傳統。中國哲學本自有此無執之存有論的傳統，只是一般人視而不見，鮮能正視此義，牟先生即是少數能正視而掘發此項義理者。藉由兩重存有論的區別，我們得以廓清許多模稜不得其解的說法，譬如理氣關係。縱然我們肯定理是即存有即活動者，但是氣又是另一個可以活動凝聚萬物者，氣有其獨立不歸屬理的規則，如是，吾人將如何說明這個世界？究竟萬物之生是源於氣，抑是由於理？若不順從唯氣論之說，則很可能歸於熊先生那一套體系。如何在斷言理生氣的同時，又能肯定理氣二者之獨立性，誠為一件難事。這個問題，若思以康德所說的「思辨理性」解決，則濂溪、橫渠或明道那些精妙玄說，怎麼說也說不通，其中必然有背反矛盾存在。因為吾人可以設想，理之運化氣，氣自身有無自己的活動能力？若有，則兩股力量是否會有衝突牴觸的時候？如果沒有，此又與傳統認氣有虛靈活動義相違。單是此問題就足以令「理生氣」這一說煙消瓦解。

〔註52〕見牟宗三《才性與玄理》，頁 145。

　　反之，若我們不自知性知解的層面看待這個問題，而從自由自律之意志（亦即良知明覺）這一層面觀之，良知明覺之所對是物之如如在其自己，無個體相、來去相、生滅相等等定相，物就在良知明覺感應之顯發中自生自在，知體與物能所合一，寂寂朗朗不容已地流行，即氣之流行便是理之流行，二者相即不離，無須再追問理是如何運化陰陽二氣，又是怎樣由陰陽二氣構造凝聚萬物。「理生氣」若明白歸屬在「無執的存有論」的層次上，則可免除種種疑難，因為儒家形上學是立足於自由無限心上，當然不能以思辨理性的觀點檢驗之，理生氣若從此觀點考覈，決計禁不起分析檢驗的。是以理生氣必須另尋它解，最適當的解釋莫過於將它置於「無執的存有論」一層面上討論，如此可避免種種知性思維的疑難處。

　　無執的存有論是一高度的價值意義存有，所以理生氣也是一價值意味的陳述，它是聖人實踐純熟之化境上所體悟的智慧，它繫屬於主觀的誠體心體，雖是主觀，但同時又是客觀絕對的，因為心體直通天道本體，是爾心體所體證之境界自然也具客觀普遍性，只是此客觀普遍性不是基於知性的決定而來，而是源自萬物生化之本體。此普遍客觀性其實比起知性之客觀普遍性更具絕對意義，畢竟知性是無限心的坎陷起了執著而有的，就此點而言，它即已不具絕對普遍性了。

　　先賢之智慧自是精微深遠，若欲將此智慧以現代哲學方式架構陳論之，兩重存有論誠然是一絕佳之法，可藉此剷除許多無謂的疑難，也釐清若干糾纏不清的觀點，是故本文特提牟先生的兩重存有論，便是原於此理論對儒家形上學有莫大的澄清之功。另一方面亦可藉茲得見儒學在近代發展的成果，在西方哲學的刺激下，儒學當然不可故步自封，擷取西方哲學之特長，以推擴開展另一個新層次、新領域，也應為現代儒者之責。對於此兩面之釐清擴展，牟先生均無所愧，對儒學之宏揚，的然功不可沒。

第八章　結　論

　　「天命流行」是探討儒家形上學必須接觸一個議題，它展現先儒原始質樸又具深度的形上智慧。此語既密蘊理之默運，也含藏氣的流行；既須立足於心性之道德主體，兼須有申展通貫至形上天道的慧解，否則「天命流行」必不得圓滿解釋。儒學既爲中國學術主流，詮釋儒家哲學之作品，自是汗牛充棟，不過能全備上述幾樣條件者，則甚爲稀少，或者偏理，或者重氣，此於前面幾章皆已討論過；至於極力堅持儒學原貌只能謹守道德實踐、人文活動這一領域，不得跨界一步過渡到形上界者，則較少，這一類的學者大多不識儒者之言「天道」之實義，誤以爲一談到形上本體，便是西方式的思辨的、獨斷的形而上學，纏夾進這一類的思想，當然是淆混儒學的義理。於是主張純粹的儒學，不應夾雜有天道論的形上思想。由於這種根深柢固的想法，導致某些盛談道德形上學之理境者，在其詮解下，全然不可解，全部都有背反矛盾的難題。針對此類不明道德形上學之意義者，本文有必要作一番澄清。

第一節　以西方思辨之形上學解天道之義者

　　本文一再重申儒家立教以道德意識爲起點，儒學之鼻祖孔、孟兩位先聖便是以此開展其學。特別強調這一點，甚而以此作爲儒學之全幅內涵，無須橫跨至形上學者，可以勞思光先生爲代表。在勞先生殫精竭力所完成之大作《中國哲學史》的鋪陳論述下，他斷言儒家之道德學只要奠基於心性論即可，不必講形上學，更無須用形上學來充當道德心性論的理論基礎。這個想法貫徹所有關於討論儒家哲學的部分，由先秦孔孟，至宋明理學，以心性學說爲

唯一的標竿，超出心性論者，如《中庸》一書，是各種非儒學之觀念與儒學相混合的產物，不可視爲先秦儒學之發展；〔註1〕《易十翼》更屬後人僞作，摻雜了方士邪說、古代習俗，極爲雜亂，更不足爲談，〔註2〕這類思想均已歧出孔孟之宗旨。判定宋明儒學亦然。他認爲宋明儒對於形上學或宇宙論的種種講法，於儒學的本義而言是不必要的，宋明儒六百年的發展就是逐步揚棄宇宙論、形上學，而回歸《論》、《孟》之心性論過程。

勞先生何以會有如斯見解，究其原，應與其如何理解儒家之「天道」有關。依據前文所陳論的內容，宋明儒之領會道體有其不同於其他學派的進路，此即「踐仁知天」之路數，捨此之外，別無進路，周、張等人絕不可能單獨就「物之存在」探索其存在性，或根源性，而形成一套存有論或宇宙論之形而上學。而勞先生正是視盛談天道論或形上學之儒者，爲脫離道德實踐而空談天道或存有的意義，其說散見在《新編中國哲學史》第三卷上各處，尤其集中在第二章〈宋明儒學總說〉，雖集中在這一章，也已透露他對儒家天道論許多的決定性看法。本文不便細述勞先生如何陳論他的主張，只能大略性的隨提隨論以評論他的理念。

在〈宋明儒學總說〉這一章，勞先生清楚明白地表示，從濂溪至晦翁，就肯定世界這個問題說，有一共同點，此即：「不就主體觀念建立肯定，而就存有觀念建立肯定是也。如此肯定建立時，簡言之，即對「價值」作一『存有論意義之解釋』（Ontological Interpretation）。然後據之以斷定『世界』之爲『有價值』。」〔註3〕這種說法或許適合晦翁，但恐不適於濂溪、橫渠等人，然而勞先生以毫無商量餘地的口吻論斷從濂溪至晦翁都是就存有觀念建立關於世界的肯定。此無異是說濂溪、橫渠諸人都不是依「踐仁知天」這一規模立說，純然是就一存有探討此存有之意義，而後論斷世界之爲有價值，若此，一切價值觀便立足在這一「存有論意義之解釋」。此想法顯然沒有考慮濂溪談「誠」、橫渠論「神」以及明道說「一本」是何意義，貿然地便以知解性的存

〔註1〕 勞先生說：「蓋《中庸》大致出於秦漢之際，此時原始信仰因文化上之大破壞而重現，各種非儒學之觀念亦相繼與儒學混合，終有漢代之『天人觀念』出現。《中庸》之形上學系統原屬此一儒學變質時期之產物，未可視爲孔孟所代表之先秦儒學之『發展』也。」參見勞思光《新編中國哲學史‧第一卷》，頁200。

〔註2〕 參見勞思光《新編中國哲學史‧第一卷》，頁83。

〔註3〕 參見勞思光《新編中國哲學史‧第三卷上》，頁53。

有論扣在他們身上。前提既已立足不穩，遑論其後來的結論。

　　對於就存有觀念建立肯定，又可粗分為兩型，其一即以《易傳》所謂「天地之大德曰生」為代表，其二則可以《中庸》之「盡性」一觀念為代表。前者，勞先生稱之為「天道觀」，周張及明道係屬於此；後者則稱為「本性觀」，伊川朱子被歸類在此。察勞氏之說，主要反「天道」立論，從對天道的偏差解釋，擴展至反一切有關道德形上學的所有典籍與論述。是故本文僅討論勞氏的天道觀，本性觀就略而不述。勞先生所謂的「天道觀」，他的定義是什麼？勞先生說：

　　　　持天道觀以肯定世界時，其說大致先斷定有一形上共同原理，實際運
　　　　行於萬有中，而為存有界之總方向，即就此方向建立價值觀念。〔註4〕

既已認定北宋諸儒是離開主體之實踐而建構他們的寡頭、獨斷的形而上學，有此推斷是可以預料的。這些內容均表明勞先生完全忽略周張等人不斷提醒此乃聖德所體證之境，並非他們憑著知解理性先斷定有一形上共同原理，而後就此原理建立價值觀念。

　　順此不具實踐意義的天道觀，會有哪些特色呢？第一，它必有實質意義的內容，不然不能實際運行於萬有中；第二，此天道又必為價值之根源，不如是者，則據天道以肯定世界必不可能。那麼據天道而有之總方向與價值觀是什麼？勞先生道：

　　　　以《易傳》中「大德曰生」之天道觀念為例。此一生生不息之原理，
　　　　即以說明萬有之總方向，故非一形式概念。而此一為天道所表之總
　　　　方向，又必須視為「善」或「價值」之根源。換言之，順此方向為
　　　　善，逆此方向為惡。〔註5〕

另一段又補充說：

　　　　天道之內容既是生之原理，則據此以肯定世界時，必須以世界實際
　　　　上循此生生之理運行為論據，同時此處又是一價值肯定，即以世界
　　　　本身為實現此價值之歷程，故又必須將此運行方向定為一最高價值
　　　　標準。且此價值標準又必須與道德實踐直通，成為道德生活及判斷
　　　　之基礎。〔註6〕

〔註4〕見勞思光《新編中國哲學史·第三卷上》，頁53。
〔註5〕見勞思光《新編中國哲學史·第三卷上》，頁53。
〔註6〕見勞思光《新編中國哲學史·第三卷上》，頁54。

兩段解釋充分說明了勞先生所認知之天道乃遠離道德主體，另外冒出來的價值之源，只因它是萬有生化的根源，故必決定萬有之總方向，且成爲道德生活及判斷之基礎。於是順此方向者爲善，逆此方向者爲惡。由茲立即衍生重重問題。首先是人間善惡的問題。天道既實際運行於萬有之中，萬有就應承受天道之決定，何以又有不順天道而生之可能？此所謂「不順天道而生」自然指「惡」而言。宋明儒於斯提出「人欲」一觀念，以解釋惡之原來。從勞先生的理解，宋明儒之談人欲，「其大意以爲人有『情緒』，而情緒之活動可以合乎天道之方向或不合乎此方向，故必在情緒上有所節制，然後方能合乎天理或天道。」〔註7〕如此一來，又滋生另一個難題：天道倘實際決定萬有，則何以人的情緒獨能悖乎天道？

次之，天道既以「生」爲其總方向，若是，順生者即爲善，逆生者就是惡。但是在實際世界中，「生」與「生之破壞」常相依而立，某一存有之生，常依另一存有之生之破壞爲條件。如此，則此處顯有一「背反」問題。蓋若「生」與「生之破壞」相依而呈現，則吾人說世界生生不息，同時亦可說世界不斷有「生之破壞」也。〔註8〕而且若就立價值標準說，世界之「生」被視爲一有價值意義之方向，則由此背反問題，可推出如下之困境：每一「善」皆與「惡」不離；每一「價值」實現時，其否定亦實現。於茲道德實踐被推入一個開脫不了的泥淖窘境，就是：在道德生活中，將不見有善而不惡之行爲成立。而與惡相依之善，本身也成爲一種相對性概念。這種種困境，勞先生推斷是：

> 由於在實際世界或現象世界中，強求一形上原理。換言之，即落在
> 自然世界上求「世界之肯定」時所招致之理論困難。〔註9〕

推溯上述困難的源頭，勞先生所言甚切諦，只是「天道觀」之所以會產生如許多的窘困，全來自勞先生個人的錯解，他錯解宋儒是在實際世界或現象世界中，強求一形上原理，然而事實上，根據前文的陳述，宋儒之天道論絕非如是，因之，依彼錯誤前提而來的種種困難，也不能用在儒家之天道論上。

雖則上述種種困難，不能用在儒家之天道論上，但勞先生對天道觀的質疑仍有必要澄清。論「天道創生」可有兩層涵義，一是就無執的存有論這一

〔註7〕見勞思光《新編中國哲學史·第三卷上》，頁54。
〔註8〕參見勞思光《新編中國哲學史·第三卷上》，頁54～55。
〔註9〕見勞思光《新編中國哲學史·第三卷上》，頁55。

層面說，另一則是就現象界說。落於實然上，就現實存在之種種自然曲折之勢論，天道所生之物長短不齊，高下不均，厚薄不等，此為必然有之現象，天道並無保證它必生善之物，而不生惡之物。蓋天道之生物乃「無心成化」，天無有作好，無有作惡，天地中何物不有？天地豈嘗有心揀別善惡？明道即常說：「事有善有惡，皆天理也。天理中物須有善惡。蓋物之不齊，物之情也。但當察之，不可自入於惡，流於一物。」（《二程全書》第二上，二先生語二上〈呂與叔東見二先生語〉）又說：「天下善惡皆天理。謂之惡者非本惡，但或過不及便如此，如楊墨之類。」（同上）這一類的話頭並非就天理天道本身說善惡，而是落於氣質上之偏雜與物情物狀之不同而言一種「自然之勢」，此種「自然之勢之理」本來就有善惡美醜、大小不一之不等，人欲、情緒等稟氣而有之氣質，也隸屬於物情一面，彼之發而不中節，或過或不及，就物情物狀來說，也無可避免，此蓋為自然物勢之理。於此不能因萬物皆為至善之天道所生，故必為善而不為惡，此亦不察矣。是以勞先生所提之疑難，實際上並不成立。

當然天道之運化自有其方向與目的，其方向與目的，依儒者的體證，自是基於道德目的朝善的方向發展。這一切皆是儒者真積力久的實踐工夫才有的證語，不是憑思辨之推理而推述出來的，換言之，這是儒者通過道德實踐所證到的道德價值來解釋整個宇宙存在，於是而說天道創生合乎道德目的。於斯不能取現實物情之善惡不均以反駁此說，因為儒者之體證此說並非來自考察經驗事物而然，兩者乃基於不同前提、立場而有的結語，不能以此難彼，企圖找尋矛盾所在。至於天道之發展，自有其無窮奧秘，或許如老子所言「反者，道之動。弱者，道之用」，道之流行，似相反而實相成，似是朝惡，其實乃中途之小曲折，畢竟儒者之用心不在此。

再看第二個問題。此問甚不合理，「生生不息」一命題本不涵「生而不滅」之義，說天道之生生只能生而不准滅，惟是人之妄執，天之生物豈能如是？氣化之變遷，物勢之消長，此為自然生命必有之現象，生滅滅生，如此天道方能「生生不息」，此義熊十力先生言之最為透闢，覆閱第二章即可知。此處「生」不為善，「滅」亦不是惡，生滅是自然物勢發展必然有的，不能於此說「背反」，「背反」乃人強依其知解理性思構一套獨斷之形而上學，所必然會有的自我矛盾難題產生，此處方能說背反。生滅滅生為自然變化所必有的，焉能以「背反」說之？更不能以此推之：每一「善」皆與「惡」不離；每一

「價值」實現時，其否定亦實現。這一切錯解，均源自勞先生不深辨宋儒如何談天理論天道，強以自己之誤解安在先儒身上，自然會有此類不合理之說出現。

雖則《易繫辭傳》曾說「天地之大德曰生」，又說「生生之謂易」，似乎天道理應以「生」為原則，可是《易傳》說此言並非就萬物之化生現象上說，依然是就德性實踐所體證之內容為根據而說此言，誠如楊祖漢先生所說：

> 所謂「生生之德」，是須扣緊道德心性之自發而無條件的活動，及仁心之無限感通來了解的。德性生命之精誠奮發，時時振拔而不昏昧，即是生生。由在我的德性生命之振拔，人便可體會天道之神用，及其生化之妙，「窮神知化」必以踐德為根據，即必先反求諸己以顯發自己的真生命，洞開價值之源，然後才會見到天地洋溢著生生之德，而不能光只是以自然界為對象來觀察推測。〔註10〕

於茲可察覺勞先生之論，實為不當。至於勞先生說明本性觀之內容，也不全如理，本文不再一一詳評。綜觀勞先生批駁宋儒之見，究其根源，一方面植基於對道德形上學的偏頗理解，另一面則可能與他固守道德實踐僅須立足主觀心性即可的心態有關。

關於道德實踐是否不應也無須擴及至形上領域的問題，此實為勞先生個人的局限，將道德局限在主體心性，不知仁心之感通必周遍充滿整個天地而後止，安能限制在某一範圍？不如此者，亦非真正之道德本心。姑不論《中庸》、《易傳》如何盛談天道性命相貫通，即連孟子也說：「萬物皆備於我，反身而誠，樂莫大焉。」將道德主體普而為絕對之大主，非只主宰吾人之生命，實亦主宰宇宙之生命，有何不可？牟先生在其論濂溪之學時曾道：

> 道德意識中函有道德主體之挺立，德性動源之開發，德性人格（德性之體現者）之極致。而周子之默契此義，則自《中庸》與《易傳》入。《中庸》《易傳》者是先秦儒家繼承《論語》《孟子》而來之後期之充其極之發展。所謂「充其極」，是通過孔子踐仁以知天，孟子盡心知性以知天，而由仁與性以通澈「於穆不已」之天命，是則天道天命與仁、性打成一片，貫通而為一，此則吾亦名曰天道性命相貫通，故道德主體頓時即須普而為絕對之大主，非只主宰吾人之生命，實亦主宰宇宙之生命，故必涵蓋乾坤，妙萬物而為言，遂亦必有對

〔註10〕見楊祖漢《當代儒學思辨錄》，鵝湖，民國87年初版，頁135。

　　於天道天命之澈悟，此若以今語言之，即由道德的主體而透至其形
　　而上的與宇宙論的意義。〔註11〕

精誠之道德意識必是成己而亦成物，且其與物的關係是「一體感通」，萬物皆
涵潤在仁心覺情，或說是良知明覺的感應下，每一位先儒定有此識見。此識
見即透露道德實踐不止於人文之現實活動，它浮顯一涵蓋宇宙萬物之形上論
趨向，順此而建構的形上學是依道德主體所建立的「本體宇宙論」，非思辨理
性獨自建構的「客觀宇宙論」。本體宇宙論所依者乃無限智心，由無限智心之
顯發明通所呈露的「無執的存有論」，此處明白，則不會有天道與實際世界、
或理與氣之間難以解通的疑惑。勞先生種種的疑難均來自不曉道德形上學之
殊特處，草率地以西方式的形而上學比擬儒學，當然惟有闡揚心性者方符合
孔孟精神，其餘皆是歧出；而儒家經典除《論》《孟》外，其他都是僞造，非
純粹儒學思想。如是一來，儒學還剩下什麼？僅剩囿於現實界的人文活動而
已，豈非貧乏得可憐？

第二節　回顧與展望

　　回歸本文所探討的理、氣流行之問題，前文曾提過「天命流行」之語既
密蘊理之流行，也含藏氣的流行，那麼此兩者有無主從之別？如果有，則理
氣二者是並行匯流、不離不雜呢？還是彼此滲融相即，即理即氣，即氣即理？
除了這項考慮之外，此語另有一重要標誌，即此語指向一個動力來源，動力
是天命得以流行之因。能展現此動力之源者，方有資格論天命流行。

　　以後者動力因來檢驗本文列舉的各家學說，朱子的理氣論最不明朗，其
餘各家的動力呈顯均十分充足；若以前者「理氣並重」為標準，唯氣論與熊
先生之說則須面臨嚴格的考驗。如此篩選的結果，只有少數幾人的說法真正
展露「天命流行」之智慧。歸結來說，「天命流行」其實就是「理生氣」的另
一說法，它的具體內容就是「理妙運氣」；然則理如何妙運氣？是氣本來就含
蘊在理之中，從理的流行就可以直推出氣，如此「理生氣」便是一項分析命
題；如果理氣是兩種異質異層的東西，理是形而上，氣是形而下，理生氣是
一綜合命題，那麼理究竟要如何運氣以使氣化運轉不息？這些都是頗讓人費
解的難題。本文由此議題開始，考覈比較某些古今賢哲的學說，思索到底「理

〔註11〕見牟宗三《心體與性體》，第一冊，頁 322。

生氣」應如何解方能妥貼無疑，因之而有以上篇章的陳論。

從上述篇章的研析，我們可以十分確立「理生氣」這一古老智慧的義涵，其實就是本心自我活動的朗現，在本心自我朗現中，自可明瞭物之生化為何，因為物便在本心朗現下如其本來面目呈現，是以儒者著重「踐仁知天」、「盡心知性以知天」，非虛言也。此種實踐之形而上學，是一高度的價值意味之形上學，非描述客觀事實的知解的形上學。就知性的觀點看，整個世界便是一氣化流行，何來之超越之理？若有超越之理，則理之與氣亦僅能如朱子所述只是「理前導氣之流行」，不然我們應如何思考無形無體之理運轉有形有質的氣？

但是實踐的形而上學是不能取知性的觀點看的，它純粹之無限心的朗照呈現，整個氣化事實因它而得到高度的豐富意義與價值；然而氣化也並未因此而全然化為理，氣仍是氣，依舊保有它的獨立性與特殊性，理氣仍然有形上形下之別，不過在此理生氣的圓融一體的呈顯下，理氣相即不離，即理即是氣，即氣即是理，此義最為程顥所津津樂道。

提不住此價值意味的形上學意義者，十分可能下滑至唯氣論，把它當成一客觀事實說明；或者為了表達理的活動性及與氣之相即不離的關係，出語不慎，也容易沾有「以氣為本」的嫌疑。提得住此義，卻無清晰的兩重存有論區分，或是對心體沒有「識心」與「智心」的嚴格劃分，也有可能將價值意味的形上學，當成一事實來說明，遂有物質乃天道之乍現之說。這些講述或多或少總會損及「天命流行」的實義，故本文須一再釐清其間之理緒，以不妨先德古儒之高智深慧。

以上為本論文寫作之動機與目標，循此理、氣命合一之義理基礎，可以旁開近似歷史哲學的內容，亦即以本文「天命流行」義為宗旨，申論歷史的發展變化有無「理」、「道」規範之，若有，循依儒家之道德形上學，歷史的曲折變化應作何解釋？此路或可充當本文後續發展的一條理脈。

先儒言天命，其來已久，致力研究此課題者亦不少，持平以論，天命不能偏於理說，也不能偏於氣說，究其實，全幅氣化便是天命的呈露，全氣是理，全理亦是氣，此中自有莊嚴的嚴肅意義在內，牟先生對此有相當深刻的解析，引之以總結本論文。

> 「在天」不必一定偏於理說，亦可偏於氣說。偏於理說的天命、天道之生化與性體道德創造之純亦不已（至誠不息）為同一意義。……

　　而大人與天地合德亦只是合其偏於理說之「德」，此是超越的「意義」
相同，「大而化之」之「化境」相同，甚至其「神」亦可說相同，而
其個體生命之「氣」畢竟不能與天地之氣等量齊觀也。「氣之運化以
現理」之「質」同，而量不同，其「無窮複雜」之質同，而無窮複
雜之量不同（氣始可說「無窮複雜」）。即因有此不同，故個體生命
之氣命與天地氣化之運行或歷史氣運之運行間始有一遭遇上之距離
與參差，因而有所乘之勢與所遇之機之不同。此則非我所能控制者，
它超越乎我之個體生命以外與以上。此亦是天理中事、天命中事、
天道中事，亦得簡言之曰天。此是天理、天命、天道之偏於氣化說，
但亦爲其神理所貫，全氣是神，全神是氣。既全神是氣，則無限量
之無窮複雜之氣固亦天理、天命、天道中事。……而此即對於吾個
體生命有一種超越的限定。……孔子所說的「知天命」、「畏天命」、
「不知命無以爲君子」，以及有慨嘆意味的「天也」、「命也」等辭
語，……皆是說的這種「命」。但是此種命雖以氣言，卻亦不能割掉
它的神理之體。「氣命」之氣不是塊然的純然之氣，它是「全神是氣，
全氣是神」中的氣。即因此，它對吾人所成之超越的限定始有一種
莊嚴的嚴肅意義，所以才值得敬畏。……正面說的孔子之踐仁以知
天，孟子之盡心知性以知天，其所知之天固首先是正面同於仁，同
於心性之「以理言」的天，但決不止於此，亦必通著那不離其神理
之體的無窮複雜之氣。此兩面渾而爲一才是那全部的天之嚴肅意義
與超越意義之所在。〔註12〕

「全神是氣，全氣是神」正爲道德形上學之精義，也是「天命流行」一語之
最佳寫照，此莊嚴理境爲人之精誠道德意識所透射而暢發，無關乎「知解理
性」，亦無關乎佛老，本文之撰寫即在澄清剝離這些似是而非的觀點，以期還
原先儒對天道所領悟之智慧。

〔註12〕見牟宗三《心體與性體》，第一冊，頁 524～526。

參考書目

一、古籍部分（依年代順序排列）

1. 《十三經注疏》，（清）阮元校刻，北京中華書局出版，1980 年版。
2. 王充，《論衡》，陸費逵總勘，臺灣中華書局重校訂，1965 年版。
3. 周敦頤，《周子全書》，清董榕輯，台北，廣學社印書館，1975 年版。
4. 張載，《張子全書》，台灣中華書局，1988 年版。
5. 程頤、朱熹，《易程傳・易本義》，台北，世界書局，1993 年版。
6. 程顥、程頤，《二程全書》，台灣中華書局，1976 年版。
7. 朱熹，《朱子文集》，陳俊民校定，中央研究院歷史與語言研究所出版，2000 年。
8. 朱熹，《朱子語類》，宋黎靖德編，台北，華世出版社，1987 年版。
9. 朱熹，《朱子遺書》，台北，藝文印書館，1969 年版。
10. 朱熹，《四書章句集註》，台北，鵝湖出版社，1984 年版。
11. 陸九淵，《陸九淵集》，北京中華，1980 年版。
12. 王守仁，《傳習錄》，台北，金楓出版社，1978 年版。
13. 王守仁，《王陽明全集》，台北，河洛圖書出版社，1978 年版。
14. 王畿，《王龍溪全集》，台北，華文書局，1970 年版。
15. 王艮，《王心齋全集》，台北，中文出版社，廣文書局據日本永嘉元年和刻本印本。
16. 羅近溪，《盱壇直詮》，台北，廣文書局，1996 年版。
17. 劉宗周，《劉子全書》，台北，華文出版社，1968 版。
18. 黃宗羲，《宋元學案》，台北，河洛圖書出版社，1975 年初版。

19. 黃宗羲，《明儒學案》，台北，華世出版社，1987 年版。

20. 戴震，《孟子字義疏證》，台灣中華書局，1990 年版。

21. 樓宇烈校釋，《王弼集校釋・老子道德經》，台北，華正書局，1992 年版。

二、近人論著（依作者筆劃順序排列）

1. 牟宗三，《心體與性體》第一冊、第二冊、第三冊，台北，正中書局，1985 年版。

2. 牟宗三，《從陸象山到劉蕺山》，台北，學生書局，1984 年版。

3. 牟宗三，《中國哲學的特質》，台北，學生書局，1984 年版。

4. 牟宗三，《中國哲學十九講》，台北，學生書局，1983 年版。

5. 牟宗三，《現象與物自身》，台北，學生書局，1990 年版。

6. 牟宗三譯註，《康德純粹理性批判》，台北，學生書局，1986 年版。

7. 牟宗三譯註，《康德的道德哲學》，台北，學生書局，1983 年版。

8. 牟宗三，《才性與玄理》，台北，學生書局，1985 年版。

9. 牟宗三，《歷史哲學》，台北，學生書局，1976 年版。

10. 牟宗三，《周易的自然哲學與道德函義》，台北，文津出版社，1988 年版。

11. 《牟宗三先生紀念集》，東方人文學術研究基金會印行，民國 85 年版。

12. 朱建民，《張載思想研究》，台北，文津出版社，1989 年版。

13. 李明輝，《當代儒學之自我轉化》，台北，中研院文哲所，1994 年版。

14. 李明輝主編，《當代新儒家人物論》，台北，文津出版社，1994 年版。

15. 李明輝主編，《儒家思想的現代詮釋》，台北，中研院文哲所籌備處，1997 年版。

16. 余英時，《論戴震與章學誠》，台北，華世出版社，1980 年版。

17. 吳光，《儒家哲學片論》，台北，允晨文化圖書公司，1988 年版。

18. 何冠彪，《明末清初學術思想研究》，台北，學生書局，1991 年版。

19. 林安梧，《存有・意識與實踐》，台北，東大出版社，1993 年版。

20. 林聰舜，《明清之際儒家思想的變遷與發展》，台北，學生書局，1990 年版。

21. 范良光，《易傳道德的形上學》，台北，台灣商務印書館，1990 年版。

22. 胡適，《戴東原的哲學》，台北，遠流出版社，1986 年版。

23. 侯外廬主編，《中國思想通史》，北京人民出版社，1960 年版。

24. 侯外廬、邱漢生、張豈之主編，《宋明理學史》，北京人民出版社，1987 年版。

25. 唐君毅,《唐君毅全集‧中國哲學原論導論篇》,台北,學生書局,1991 年版。

26. 唐君毅,《唐君毅全集‧中國哲學原論原教篇》,台北,學生書局,1991 年版。

27. 唐君毅,《唐君毅全集‧中國哲學原論原性篇》,台北,學生書局,1991 年版。

28. 唐君毅,《唐君毅全集‧中國文化與世界》,台北,學生書局,1991 年版。

29. 唐君毅,《唐君毅全集‧中國文化之精神價值》,台北,學生書局,1991 年版。

30. 島田虔次,《熊十力與新儒家哲學》,台北,明文書局,1992 年版。

31. 郭齊勇,《熊十力與傳統中國文化》,台北,遠流出版社,1990 年台灣初版。

32. 郭齊勇,《天地間一個讀書人:熊十力傳》台北,業強出版,1994 年版。

33. 陳拱,《王充思想評論》,台灣商務印書館,1996 年初版。

34. 陳來,《朱熹哲學研究》,台北,文津出版社,1990 年版。

35. 陳來,《宋明理學》,遼寧教育出版社,1992 年版。

36. 陳來,《有無之境──王陽明哲學的精神》北京:人民出版社,1991 年版。

37. 陳榮捷,《朱學論集》,台北,學生書局,1982 年版。

38. 陳榮捷,《朱子新探索》,台北,學生書局,1988 年版。

39. 陳榮捷,《王陽明傳習錄詳註集評》,台北,學生書局,1988 年版。

40. 陳榮捷,《王陽明與禪》,台北,無隱精舍,1973 年初版。

41. 陳俊民,《張載哲學與關學學派》,台北,學生書局,1990 年版。

42. 徐復觀,《中國人性論史》,台灣商務印書館,1969 年版。

43. 高柏園,《中庸形上思想》,台北,東大圖書公司,1988 年版。

44. 秦家懿,《王陽明》,台北,東大圖書公司,1987 年初版。

45. 張永儁〈讀程明道定性書略論〉,《臺大哲學論評》第四期,臺大哲學系,1981 年。

46. 張永儁,《二程學管見》,台北,東大圖書公司,1988 年版。

47. 張德麟,《程明道思想研究》,台北,學生書局,1986 年版。

48. 張麗珠,《清代義理學新貌》,台北,里仁書局,1999 年版。

49. 張立文,《戴震》,台北,東大圖書公司,1991 年版。

50. 梁啟超,《中國近三百年學術史》,台北,台灣中華書局,1978 年版。

51. 梁啟超,《清代學術概論》,台北,台灣中華書局,1978 年版。

52. 勞思光,《新編中國哲學史》第一卷,第三卷上,台北,三民書局,1990年版。

53. 景海峰,《熊十力》,台北,東大圖書公司,1991年版。

54. 傅偉勳,《批判的繼承與創造的發展》,台北,東大圖書公司,1986年版。

55. 楊祖漢,《儒家的心學傳統》,台北,文津出版社,1992年版。

56. 楊祖漢,《當代儒學思辨錄》,台北,鵝湖出版社,1998年版。

57. 楊祖漢,《儒學與康德的道德哲學》,台北,文津出版社,1987年版。

58. 楊儒賓先生主編的,《中國古代思想中的氣論及身體觀》,台北,巨流圖書公司,1993年版。

59. 楊國榮,《良知與心體——王陽明哲學研究》,台北,洪葉文化事業有限公司,1999年版。

60. 熊十力,《新唯識論》,台北,文津出版社,1986年版。

61. 熊十力,《讀經示要》,台北,洪氏出版社,1982年初版。

62. 熊十力,《乾坤衍》,台北,學生書局,1976年版。

63. 熊十力,《體用論》,台北,學生書局,1976年版。

64. 熊十力,《原儒》,台北,明文書局,1997年版。

65. 蔡仁厚,《宋明理學·北宋篇》,台北,學生書局,1985年版。

66. 蔡仁厚,《宋明理學·南宋篇》,台北,學生書局,1983年版。

67. 蔡仁厚,《儒學的常與變》,台北,東大圖書公司,1990年版。

68. 蔡仁厚,《王陽明哲學》,台北,三民書局,1974年初版。

69. 談遠平,《論陽明哲學之圓融統觀》,台北,文史哲出版社,1993年版。

70. 劉又銘,《理在氣中》,台北,五南圖書出版公司,2000年版。

71. 劉述先,《朱子哲學思想的發展與完成》,台北,學生書局,1984年版。

72. 劉述先,《黃宗羲心學的定位》,台北,允晨文化圖書公司,1986年版。

73. 鄭家棟,《當代新儒學論衡》,台北,桂冠圖書公司,1995年版。

74. 蔣國保、王茂、余秉頤、陶清合著,《清代哲學》安徽人民出版社,1992年。

75. 錢穆,《朱子新學案》,台北,三民書局,1970年版。

76. 錢穆,《中國近三百年學術史》,台北,台灣商務印書館,1987年版。

77. 錢穆,《中國思想史》,台北,學生書局,1983年版。

78. 錢穆,《陽明學述要》,台北,正中書局,1967年版。

79. 鍾彩鈞,《王陽明思想之進展》,台北,文史哲出版社,1983年初版。

80. 戴瑞坤,《陽明學漢學研究論集》,台北,學生書局,1988年初版。

三、單篇論文（依作者筆劃順序排列）

1. 丁爲祥，〈張載人性論溯源〉，《鵝湖月刊》總號 311 期，2001 年 5 月。

2. 王開府，〈戴東原性理思想述評〉，師大國文學報，第 18 期，1989 年 6 朋。

3. 尤西林，〈百姓日用是否即道──關於中國哲學世俗主義傳統的檢討〉，《哲學與文化》21 卷第 9 期，1994 年 4 月。

4. 岑溢成，〈王心齋安身論今詮〉，《鵝湖學誌》第 14 期，1995 年 6 月。

5. 吳汝鈞，〈程明道的圓頓的一本論〉，《哲學與文化》第 22 卷第 2 期，1995 年 2 月。

6. 周兆茂，〈戴震與程朱理學〉，《哲學研究》，1992 年第 1 期。

7. 周昌龍，〈戴東原哲學與胡適的智識主義〉，《漢學研究》，第 12 卷第 1 期，民 83 年 6 月。

8. 陳立驤，〈張載天道論性格之衡定〉，《鵝湖月刊》總號 311 期，2001 年 5 月。

9. 陳振崑，〈論天德流行的超越性與內在性──唐君毅先生的天德流行論初探〉，《哲學與文化》第 26 卷第 8 期，1999 年 8 月。

10. 陳郁夫，〈王陽明的致良知教〉，《師大學報》，第 28 期，民國 72 年。

11. 郭齊勇，〈中國哲學史上非實體思想〉，《哲學與文化》第 26 卷第 11 期，1999 年 1 月。

12. 張永儁，〈陽明先生的知行合一說〉，《革命哲學》，國防部總政治作戰部，民國 74 年。

13. 張慶熊，〈熊十力的新唯識論和胡塞爾的現象學〉，《鵝湖學誌》第 12 期，1994 年 6 月。

14. 張壽安，〈戴震義理思想的基礎及其推廣〉，《漢學研究》，第 10 卷第 1 期，民 81 年 6 月。

15. 彭高翔，〈康德與牟宗三之圓善論試說〉，《鵝湖月刊》第 266 期，1997 年 8 月。

16. 楊祖漢，〈從當代儒學的觀點看韓儒「心體善惡」之論爭〉，收錄在由中央研究院與美國史丹福大學合辦之「中國哲學與文化的現代詮釋」學術研討會上，1999 年 8 月。

17. 劉述先，〈陽明心學之再闡識〉，《中文大學新亞學術年刊》，第 14 期，民國 61 年，香港。

18. 魏明政，〈《中庸》天命思想承繼之初探──以勞思光先生爲中心討論〉，《鵝湖學誌》第 22 期，1999 年 6 月。

19. 關鎮強，〈牟宗三先生論圓教之根據：無限智心〉，《鵝湖學誌》第 14 期，1995 年 6 月。

四、學位論文（依作者筆劃順序排列）

1. 王財貴，《王龍溪良知四無說析論》，師大國文研究所集刊第 35 號抽印本。
2. 王國基，《朱子心性論研究》，香港新亞哲學碩士論文，1992 年。
3. 方蕙玲，《張載思想研究》，東海哲學博士論文，1994 年。
4. 方世豪，《周敦頤誠體學說研究》，香港新亞哲學碩士論文，1994 年。
5. 石黑毅，《周濂溪之研究以「形上思想」、「聖人思想」爲中心》，台大哲學碩士論文，1994 年。
6. 李相勳，《王陽明功夫論之研究》，東海哲學博士論文，1994 年。
7. 李得財，《羅近溪哲學之研究》，東海哲學博士論文，1997 年。
8. 宋河璟，《王陽明心學之研究》，台灣師大國文所博士論文，1986 年。
9. 林啓聰，《王龍溪哲學思想之研究》，文化哲學碩士論文，1995 年。
10. 林日盛，《程明道思想之研究》，文化哲學碩士論文，1994 年。
11. 周古陽，《王龍溪的心學與易學》，中興中文碩士論文，2000 年。
12. 金根郁，《張載哲學中「氣」之地位與意義》，文化哲學碩士論文，1995 年 1 月。
14. 金春植，《張載氣化論之結構》，政大哲學碩士論文，2000 年。
15. 陳幼慧，《王陽明功夫進路的省察》，東海碩士論文，1993 年。
16. 曾漢塘，《王充命定觀之淵源與內涵探源》，台大哲學博士論文，1996 年。
17. 黎惟東，《王充思想研究》，文化哲學博士論文，1984 年。
18. 劉啓崑，《張橫渠「太虛即氣」之思想史結構》，台大哲學碩士論文，1995 年。
19. 鄭相峰，《朱子心論研究》，台大哲學博士論文，1994 年。
20. 蔡家和，《王龍溪思想的衡定》，中央哲學碩士論文，2000 年。
21. 潘南霏，《周濂溪「天人關係」研究》，淡江碩士論文，2000 年。
22. 鍾偉強，《張載道德哲學之衡定》，香港新亞哲學碩士論文，1990 年。
23. 魏月萍，《羅近溪「破光景」義蘊》，台大中文碩士論文，2000 年。